인천광역시
공무직 채용시험

일반상식 + 시사상식

시대에듀

2024 시대에듀 인천광역시 공무직 채용시험
일반상식(사회 · 지리 · 윤리 · 한국사) + 시사상식 + 무료동영상(최신시사 특강)

Always **with you**

사람의 인연은 길에서 우연하게 만나거나 함께 살아가는 것만을 의미하지는 않습니다.
책을 펴내는 출판사와 그 책을 읽는 독자의 만남도 소중한 인연입니다.
시대에듀는 항상 독자의 마음을 헤아리기 위해 노력하고 있습니다. 늘 독자와 함께하겠습니다.

인천광역시 공무직 채용시험, 합격의 길을 열어드립니다!

세계로 도약하는 도시 인천광역시에서 2024년도 채용예정자 선발을 위해 공무직 근로자 채용시험을 시행합니다. 공무직은 지방공무원법 제2조에 따르면 공무원에 해당하지 않는 민간인으로서 기간의 정함이 없는 노동계약을 체결한 사람을 말합니다.

이번 채용의 응시원서 접수는 9월 초 진행될 것으로 보이며, 필기시험은 9월 중 실시될 것으로 예상됩니다. 공고일 이전일부터 최종시험일까지 계속하여 인천광역시에 주민등록상 주소지를 두고 있는 자여야 하며, 취업지원 대상자, 저소득층, 고령자에게는 가점을 줍니다. 필기시험 과목은 일반상식으로 인천광역시에서 자체 출제하며 고등학교 사회, 역사, 윤리, 지리 관련 교과 내용을 출제할 예정입니다.

일반상식, 합격에 필요한 내용만을 체계적으로 공부해야 합니다!

이에 본서는 인천광역시 공무직 근로자 채용시험을 준비하는 수험생 분들이 확실하게 필기시험을 대비할 수 있도록 고등학교 사회, 역사, 윤리, 지리 관련 교과 내용과 관련된 이론과 출제예상문제를 수록했습니다. 또한 공공기관에서 출제되었던 시사상식 문제도 함께 실어 한 권의 책으로 출간하게 되었습니다.

도서의 특징

❶ 사회 · 역사 · 윤리 · 지리 등 이번 일반상식 시험에 나올 수 있는 이론 내용을 정리하고 과목별 출제예상문제를 수록해 대비할 수 있도록 했습니다.

❷ 공공기관 채용시험에서 출제되었던 시사상식문제를 통해서 이번 채용 필기시험에 출제될 가능성이 있는 시사상식 분야도 대비할 수 있게 했습니다.

❸ 인천의 역사와 문화, 시책을 한눈에 파악할 수 있도록 정리해두었습니다. 빠른 시간 안에 필요한 내용을 찾아볼 수 있도록 본 도서 안에 포함시켰습니다.

인천광역시 공무직 채용시험을 준비하는 수험생 여러분들이 본서를 통해 합격의 길로 나아가시길 바랍니다.

시사상식연구소 씀

이 책의 구성과 특징 STRUCTURES

PART 1 시사상식

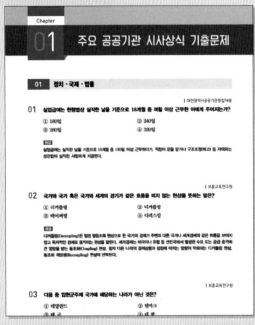

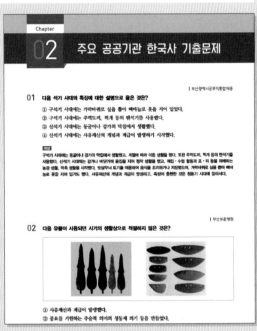

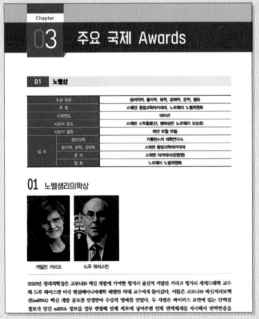

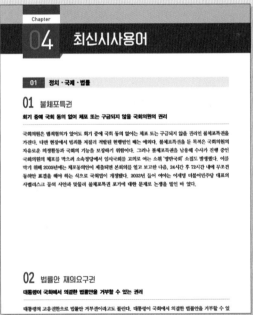

시사상식 기출문제/한국사 기출문제/국제 Awards/최신시사용어

공공기관에서 가장 최근에 출제된 시사상식과 한국사 기출문제를 선별 수록하여 출제될 가능성이 있는 시사상식문제를 대비할 수 있도록 하였습니다. 또한 출제분야 중 가장 출제가 많이 되는 한국사 기출문제는 별도로 수록하여 빈틈없이 시험에 대비할 수 있도록 하였습니다. 아울러 국제 주요 시상식의 수상 내역과 최신시사용어를 함께 수록하였습니다.

PART 2 　일반상식

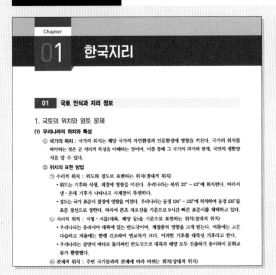

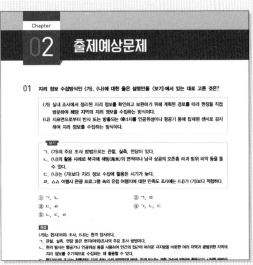

사회/지리/윤리/한국사/출제예상문제
일반상식 시험에 출제되는 고등학교 사회 교과 과정의 네 과목을 핵심이론과 출제예상문제로 정리하여 과목별로 효율적인 학습이 가능하도록 했습니다.

PART 3 　인천광역시 역사 · 문화 · 시책

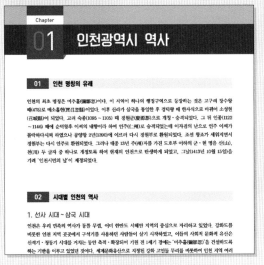

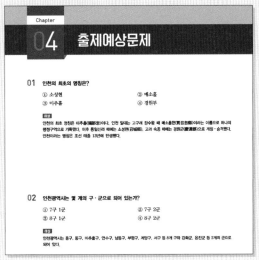

인천광역시 역사 · 문화 · 시책/출제예상문제
지자제의 공무직 채용시험에서는 해당 지역에 관한 역사 · 문화 · 시책에 대한 내용도 출제될 수 있습니다. 따라서 이와 관련된 내용을 정리하여 한눈에 파악할 수 있도록 하였습니다.

시험안내 INTRODUCE

⬡ 선발인원

인원 : 총 ○○명 예정(직종 : 단순보조, 시설관리, 현업종사, 지도단속, 도로보수 등)

⬡ 시험과목 및 방법

❶ 제1차 시험 : 필기시험

시험명	필기시험과목	문항수	비고
2024년도 인천광역시 공무직 (무기계약 근로자) 채용시험	일반상식(1과목)	50문제	고등학교 사회 · 역사 · 윤리 · 지리 교과 과정 위주

※ 합격기준 : 100점 만점의 40% 이상 득점한 경우

❷ 제2차 시험 : 서류전형(제2 · 3차 병합 실시)
• 응시자격 요건, 당해 직무수행에 관련된 자격요건 등 소정의 기준에 적합한지 여부를 심사
• 직종별 증빙서류는 필기시험 합격자를 대상으로 제출받으며, 필기시험 합격자 결정 공고 시 제출 일정과 방법을 별도 안내

❸ 제3차 시험 : 면접시험
• 당해 직무수행에 필요한 능력 및 적격성 등을 심사
• 면접시험 등급기준(아래 5개 항목, 상 · 중 · 하 등급 평가)

> ① 공직자로서의 정신자세　　　　　② 전문지식과 그 응용능력
> ③ 의사표현의 정확성과 논리성　　　④ 예의 · 품행 및 성실성
> ⑤ 창의력 · 의지력 및 기타 발전 가능성

– 우수 : 시험위원의 과반수가 평정요소 5개 항목 모두를 "상"으로 평정한 경우
– 미흡 : 시험위원의 과반수가 평정요소 5개 항목 중 2개 항목 이상을 "하"로 평정하였거나, 시험위원의 과반수가 어느 하나의 동일한 평정요소를 "하"로 평정한 경우
– 보통 : 제1호 및 제2호 외의 경우

⬡ 시험일정

구분	응시원서 등 접수기간	시험장소 공고일	시험일	합격자 발표일
필기시험	9월 초	9월 중	9월 중	10월 중
서류전형 및 면접시험	해당 없음	10월 중	11월 중	11월 중

⬡ 접수방법 및 응시수수료

구분	내용
접수처	지방자치단체 인터넷원서접수센터(local.gosi.go.kr) 또는 인천광역시 시험정보홈페이지 (www.incheon.go.kr/gosi)
접수기간	기간 중 24시간 접수 가능(단, 접수 시작일은 09:00 시작, 접수 마감일은 18:00 마감)
응시수수료	무료

※ 응시원서 접수 시 사진등록용 사진파일(JPG, 해상도 100dpi 이상, 3.5cm×4.5cm) 필요, 접수 전 6개월 이내에 촬영한 동일원판의 모자 등을 쓰지 않은 정면 상반신 사진

⬡ 응시자격

❶ **응시자격** : 인천광역시 공무직근로자 및 기간제근로자 관리규정 제9조(채용결격사유)에 해당되지 아니하고, 다른 법령에 의하여 응시자격을 정지당하지 아니한 자

> ### 인천광역시 공무직 인사관리 규정
>
> **제 9조(채용결격사유)** 다음 각 호의 어느 하나에 해당하는 사람을 공무직으로 채용할 수 없다.
> 1. 피성년후견인
> 2. 파산선고를 받고 복권되지 아니한 사람
> 3. 금고 이상의 형을 선고받고 그 집행이 끝나거나 집행을 받지 않기로 확정된 후 5년이 지나지 아니한 사람
> 4. 금고 이상의 형을 선고받고 그 집행유예기간이 끝난 날부터 2년이 지나지 아니한 사람
> 5. 금고 이상의 형의 선고유예를 선고받고 그 선고유예기간 중에 있는 사람
> 6. 법원의 판결 또는 다른 법률에 따라 자격이 상실되거나 정지된 사람
> 7. 근로자로 재직기간 중 직무와 관련하여 「형법」 제355조 및 제356조에 규정된 죄를 범한 자로서 300만원 이상의 벌금형을 선고받고 그 형이 확정된 후 2년이 지나지 아니한 사람
> 8. 「성폭력범죄의 처벌 등에 관한 특례법」 제2조에 규정된 죄를 범한 사람으로서 100만원 이상의 벌금형을 선고받고 그 형이 확정된 후 3년이 지나지 아니한 사람
> 9. 미성년자에 대하여 「성폭력범죄의 처벌 등에 관한 특례법」 제2조에 따른 성폭력범죄, 「아동·청소년의 성보호에 관한 법률」 제2조제2호에 따른 아동·청소년대상 성범죄를 저질러 파면·해임되거나 형 또는 치료감호를 선고받아 그 형 또는 치료감호가 확정된 사람(집행유예를 선고받은 후 그 집행유예기간이 경과한 사람을 포함)
> 10. 징계에 따라 해고의 처분을 받은 날부터 5년을 경과하지 아니한 사람

❷ **응시연령** : 18세 이상, 60세 미만(출생일이 1965.1.1.~2006.12.31.인 사람)

❸ **성별·학력** : 제한없음(자격요건이 있는 직종의 경우 자격요건 충족여부 확인)

❹ **거주지 제한**
- 아래 ①과 ②의 요건 중 하나를 충족하여야 함(주민등록표 기준)
  ① 2024년 1월 1일 이전부터 당해 시험의 최종시험 시행예정일(면접시험 최종일)까지 계속하여 인천광역시에 주민등록상 거주하는 사람
  ※ 같은 기간 중 주민등록의 말소 및 거주 불명으로 등록된 사실이 없어야 함
  ② 2024년 1월 1일 이전까지 인천광역시에 주민등록상 주소지를 두고 있었던 기간을 모두 합산하여 3년 이상인 사람

⬡ 응시자 유의사항

❶ 응시원서 접수 상의 기재 착오 또는 누락, 연락불능, 자격미비자의 응시, 거주지 제한 미확인, 합격자 발표 미확인 등은 응시자의 책임이므로 이를 확인하지 않았을 경우 본인에게 불이익이 될 수 있으며, 공고문을 통해 시험일정과 합격여부 등을 응시자 본인이 반드시 확인하시기 바랍니다.

❷ 필기시험 합격자는 반드시 필기시험 합격자 발표일에 안내하는 서류제출기간에 서류를 제출하여야 하며, 제출하지 않을 경우 면접시험에 응시할 수 없습니다.
※ 제출서류 : 이력서, 자기소개서, 경력 및 자격증명서(사본), 자격요건 검증을 위한 동의서, 기타 증빙자료 등(필기시험 합격자 공고 시 첨부된 서식 활용)

❖ 본 시험안내는 2023년 인천광역시 공무직 채용시험 공고를 바탕으로 정리한 것입니다. 시행계획 및 상세 일정 등이 변경될 수 있으니 반드시 인천광역시 시험정보홈페이지(www.incheon.go.kr/gosi)에서 전체 공고문을 확인하시기 바랍니다.

이 책의 차례 CONTENTS

PART1

시사상식

남에게 이기는 방법의 하나는 예의범절로 이기는 것이다.

- 조쉬 빌링스 -

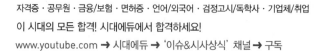

01 정치·국제·법률

| 대전광역시공공기관통합채용

01 실업급여는 현행법상 실직한 날을 기준으로 18개월 중 며칠 이상 근무한 이에게 주어지는가?

① 180일 ② 240일

③ 280일 ④ 320일

해설

실업급여는 실직한 날을 기준으로 18개월 중 180일 이상 근무하다가, 직장이 문을 닫거나 구조조정(해고) 등 자의와는 상관없이 실직한 사람에게 지급된다.

| 보훈교육연구원

02 국가와 국가 혹은 국가와 세계의 경기가 같은 흐름을 띠지 않는 현상을 뜻하는 말은?

① 리커플링 ② 디커플링

③ 테이퍼링 ④ 디리스킹

해설

디커플링(Decoupling)은 일명 탈동조화 현상으로 한 국가의 경제가 주변의 다른 국가나 세계경제와 같은 흐름을 보이지 않고 독자적인 경제로 움직이는 현상을 말한다. 세계경제는 미국이나 유럽 등 선진국에서 발생한 수요 또는 공급 충격에 큰 영향을 받는 동조화(Coupling) 현상, 점차 다른 나라의 경제상황과 성장에 미치는 영향이 약화되는 디커플링 현상, 동조화 재발생(Recoupling) 현상이 반복된다.

| 보훈교육연구원

03 다음 중 입헌군주제 국가에 해당하는 나라가 아닌 것은?

① 네덜란드 ② 덴마크

③ 태 국 ④ 네 팔

해설

현대의 입헌군주제는 '군림하되 통치하지 않는다'를 기조로 국왕과 왕실은 상징적인 존재로 남고 헌법에 따르며, 실질적인 통치는 주로 내각의 수반인 총리가 맡는 정부 형태를 말한다. 현존하는 입헌군주국에는 네덜란드와 덴마크, 노르웨이, 영국, 스페인, 일본, 태국, 캄보디아 등이 있다. 네팔은 1990년에 입헌군주정을 수립했으며 2008년 다시 절대왕정으로 회귀하려다 왕정을 폐지했다.

04 일정 기간이 지나며 법률의 효력이 자동으로 사라지는 제도는?

① 종료제
② 일몰제
③ 순환제
④ 실효제

> **해설**
>
> 일몰제는 시간이 흐르고 해가 지듯이 일정 시간이 지나면 법률이나 규제·조항의 효력이 자동으로 종료되는 제도를 말한다. 1976년 미국의 콜로라도주 의회에서 최초로 제정됐으며 해당 법률에 대한 행정부의 감독과 책임의식을 증대하기 위해 시작됐다.

05 다음 주요 공직자 중 임기가 가장 짧은 공직자는?

① 검찰총장
② 감사원장
③ 국회의원
④ 대법원장

> **해설**
>
> 검찰총장, 국회의장, 국회부의장의 임기는 2년이다. 임기가 4년인 공직자는 감사원장, 감사위원, 국회의원이며, 5년은 대통령, 6년은 헌법재판소재판관, 중앙선거관리위원장, 대법원장, 대법관이다. 일반 법관은 10년으로 가장 길다.

06 국가가 선거운동을 관리해 자유방임의 폐해를 막고 공명한 선거를 실현하는 선거제도는?

① 선거공영제
② 선거법정제
③ 선거관리제
④ 선거보전제

> **해설**
>
> 선거공영제는 국가가 나서서 선거 전반을 관리하고 여기에 소요되는 비용을 부담해 선거가 방임됨으로써 일어나는 폐단을 방지하기 위한 제도다. 비용이 부족해 선거운동에 나서지 못하는 일이 없도록 기회의 균등을 확립하기 위함이다. 우리나라는 선거공영제를 헌법으로서 기본원칙으로 삼고 있다.

07 다음 중 우리나라의 국경일에 해당하지 않는 날은?

① 한글날
② 제헌절
③ 현충일
④ 개천절

> **해설**
>
> 국경일은 나라의 경사스러운 날을 기념하기 위한 날로써 3·1절(3월 1일), 제헌절(7월 17일), 광복절(8월 15일), 개천절(10월 3일), 한글날(10월 9일)이 이에 해당한다. 국토방위에 충성으로 목숨을 바친 이들을 기리는 현충일(6월 6일)은 국경일이 아닌 공휴일로 지정돼 있다.

08 국회의원의 헌법상 의무가 아닌 것은?

① 청렴의 의무
② 국익 우선의 의무
③ 품위유지의 의무
④ 겸직금지의 의무

해설

국회의원의 헌법상 의무에는 재물에 욕심을 내거나 부정을 해서는 안 된다는 청렴의 의무, 개인의 이익보다 나라의 이익을 먼저 생각하는 국익 우선의 의무, 국회의원의 신분을 함부로 남용하면 안 된다는 지위 남용금지의 의무, 법에서 금지하는 직업을 가져서는 안 되는 겸직금지의 의무 등이 있다. 품위유지의 의무는 국회법상 국회의원의 의무에 해당한다.

09 다음 중 법의 체계가 올바르게 나열된 것은?

① 헌법-법률-명령-조례-규칙
② 헌법-명령-법률-규칙-조례
③ 법률-헌법-명령-조례-규칙
④ 헌법-법률-조례-명령-규칙

해설

법의 올바른 체계는 헌법→법률→명령→지방자치법규(조례·규칙)다. 헌법은 모든 법령의 근본이 되며 다른 법률이나 명령으로는 변경할 수 없는 국가의 최상위 규범이다. 법률은 헌법이 정하는 절차에 따라 국회에서 제정하며 일반적으로 국민의 권리와 의무사항을 규정한다. 명령은 법률을 시행하기 위해서 필요한 사항에 관하여 대통령이 발하는 명령인 대통령령과 국무총리 또는 행정 각부의 장관이 법률이나 대통령의 위임에 의거하여 발하는 명령인 총리령으로 나눈다. 조례는 지방자치단체가 지방의회의 의결에 의하여 법령의 범위 내에서 자기의 사무에 관하여 규정한 것이고, 규칙은 지방자치단체의 장이 법령 또는 조례에서 위임한 범위 내에서 그 권한에 속하는 사무에 관하여 규정한 것이다.

10 우리나라의 심급제도에 대한 설명으로 틀린 것은?

① 우리나라는 3심제를 원칙으로 하고 있다.
② 제1심 판결에 불복해 상급법원에 신청하는 것은 항소다.
③ 재판의 공정성과 개인의 권리를 보장하기 위함이다.
④ 모든 재판은 대법원의 판결로 종결된다.

해설

심급제도는 재판의 공정성과 정확성을 확보하여 국민의 기본권을 보장하기 위한 제도로 우리나라는 3심제를 원칙으로 한다. 3심급 중 제1심과 제2심은 사실심, 제3심은 법률심이다. 1심 재판(지방법원)의 재판에 불복하여 2심(고등법원)에 상소하는 것은 '항소'라고 하고, 2심 재판의 항소 재판에 불복해 3심(대법원)에 상소하는 것은 '상고'라고 한다. 그러나 판결에 불복해 항소나 상고하여도 상급법원이 이를 기각하면 상급법원의 심판을 받지 못하게 될 수도 있다. 또 재판의 종류에 따라서는 2심제나 단심제를 채택하는 경우도 있다.

11 우리나라의 기소유예 제도에 대한 설명으로 맞는 것은?

① 재판을 받지 않아도 범죄혐의는 명백하므로 유죄가 된다.
② 피의자의 반성사실, 피해자와의 합의 여부 등을 고려해 결정한다.
③ 제1심 법원이 검사의 요청에 따라 결정한다.
④ 일단 결정되면 일정 기간 동안에는 검사가 공소를 다시 제기할 수 없다.

해설

기소란 검사가 어떤 형사사건에 대해 법원에 심판해 달라 요청하는 것을 말한다. 기소유예란 범죄혐의는 명백히 인정되나 피의자의 전과기록, 피해사실과 정도, 피해자와의 합의·반성 여부 등을 고려하여 검사가 기소하지 않는 것을 말한다. 피의자에게 전과기록을 남기지 않고, 삶을 재고할 기회를 주려는 목적이다. 기소유예가 될 경우 전과기록은 남지 않으나, 검사는 언제든 공소를 제기해 피의자를 재판에 넘길 수 있다.

12 우리나라의 현행 헌법이 마지막으로 개정된 연도는?

① 1952년
② 1960년
③ 1987년
④ 1993년

해설

헌법은 우리나라의 최고 기본법이다. 1987년 10월 29일에 마지막으로 개정된 현행 헌법은 전문과 총강, 국민의 권리와 의무, 국회, 정부, 법원, 헌법재판소, 선거관리, 지방자치, 경제, 헌법 개정 등 본문 130개조, 부칙 6개조로 구성되어 있는 민정(民定)·경성(硬性)·성문(成文)의 단일법전이다. 인적으로는 대한민국의 국민에게 적용되고, 장소적으로는 대한민국의 영역 내에서 적용된다.

13 국회의원의 불체포특권에 대한 설명으로 옳은 것은?

① 현행범인 경우에도 체포되지 않을 권리로 인정된다.
② 국회 회기 중이 아니어도 인정된다.
③ 국회의원의 체포동의안은 국회에서 표결로 붙여진다.
④ 재적의원의 과반수 출석에 과반수가 동의안에 찬성하면 해당 의원은 즉시 구속된다.

해설

불체포특권이란 국회의원이 현행범인 경우를 제외하고는 회기 중에 국회의 동의 없이 체포 또는 구금되지 않으며, 회기 전에 체포 또는 구금된 때에는 현행범이 아닌 한, 국회의 요구가 있으면 회기 중 석방되는 특권을 말한다. 법원에서 현역 국회의원의 구속이나 체포가 필요하다고 인정할 경우, 체포동의요구서를 정부에 제출하고 정부는 다시 국회에 이를 넘긴다. 국회가 체포동의안을 표결에 붙이고 재적의원 과반수가 참석해 과반수가 찬성하게 되면 구속 전 피의자심문을 위해 해당 의원을 체포하게 된다. 체포동의안이 가결돼 체포되어도 즉시 구속되는 것이 아닌 일단 법원의 판단을 구하는 것이다.

14 대통령의 법률안 거부권에 대한 설명으로 맞는 것은?

① 법률안 재의요구권이라고도 한다.
② 대통령이 국회가 의결한 법률안에 의의가 있을 때 7일 내에 국회에 돌려보낸다.
③ 거부된 법률안을 재의결해 재적의원 과반수 출석과 과반수 찬성하면 법률이 확정된다.
④ 법률안 외에도 예산안 또한 대통령이 거부권을 행사할 수 있다.

해설
법률안 거부권은 법률안 재의요구권이라고도 불리며, 대통령이 국회에서 의결한 법률안을 거부할 수 있는 권리를 말한다. 법률안에 대해 국회와 정부 간 대립이 있을 때 정부가 대응할 수 있는 강력한 수단이다. 대통령은 15일 내에 법률안에 이의서를 붙여 국회로 돌려보내야 한다. 국회로 돌아온 법률안은 재의결해 재적의원 과반수 출석과 3분의 2 이상이 찬성해야 확정된다. 그러나 대통령은 이러한 거부권을 법률안이 아닌 예산안에는 행사할 수 없다.

15 무력과 엄격한 법으로 국가를 통치하는 정치사상을 뜻하는 것은?

① 세도정치　　　　　　　　　② 왕도정치
③ 패도정치　　　　　　　　　④ 척신정치

해설
왕도정치와 패도정치 논쟁은 중국 춘추전국 시대부터 발생해 이어진 정치사상에 관한 논쟁이다. 왕도정치는 맹자와 순자를 필두로 한 유가(儒家)의 정신을 바탕으로 인(仁)과 의(義)로 백성을 교화하며 평화롭게 다스리는 것을 말한다. 반면 패도정치는 상앙과 한비자가 중심이 된 법가(法家)가 주장하는 정치사상으로 무력과 엄정한 법률로 국가를 강력하게 통치하는 것이다.

16 2023년 5월 확대된 외국인 계절근로자의 최대 국내 체류기간은?

① 3개월　　　　　　　　　　② 5개월
③ 6개월　　　　　　　　　　④ 8개월

해설
외국인 계절근로자는 농어촌의 농·어번기 인력부족을 해결하기 위해 단기간 외국인 근로자를 정식 고용할 수 있도록 하는 제도다. 도입을 결정한 지방자치단체는 각 지역의 계절근로자 수요를 조사하고 고용을 허가한다. 2023년 5월 정부는 기존 5개월이었던 체류기간이 다소 짧다는 지자체와 농어업 현장의 목소리를 반영해, 최대 국내 체류기간을 8개월까지 확대하기로 했다.

17 제2차 세계대전 당시 물리학자 오펜하이머가 주축이 돼 극비로 진행된 미국의 원자폭탄 개발계획은?

① 우란프로엑트
② 맨해튼 계획
③ 바루흐 계획
④ 아마다 계획

해설

미국은 제2차 세계대전 당시 독일 나치가 핵무기 개발을 계획하고 있다는 첩보를 입수하고, 1941년 이론 물리학자인 로버트 오펜하이머를 수장으로 세워 맨해튼 계획을 극비리에 진행했다. 2023년 맨해튼 계획을 소재로 한 영화 〈오펜하이머〉가 개봉되면서, 오펜하이머의 삶이 다시금 주목받았다.

18 2023년 노벨평화상을 수상한 인물은?

① 아비 아머드
② 드미트리 무라토프
③ 나르게스 모하마디
④ 알레스 발랴츠키

해설

2023년 노벨평화상 수상자는 이란의 여성 인권운동가 나르게스 모하마디이다. 그는 이란 여성에 대한 압제와 차별에 저항하고 인권과 자유를 위한 투쟁에 앞장섰다. 2003년 노벨평화상 수상자 시린 에바디가 이끄는 인권수호자 센터의 부회장을 맡으면서 여성의 인권을 비롯해 20여 년간 이란의 민주주의화와 사형제 반대운동을 이끌었다.

▌보훈교육연구원

19 예상보다 저조한 실적으로 기업의 주가에 영향을 미치는 현상을 뜻하는 용어는?

① 그린슈트 ② 블랙스완
③ 어닝서프라이즈 ④ 어닝쇼크

해설

어닝쇼크(Earning Shock)는 기업의 실적이 예상 기대치보다 못 미쳤을 때 실적쇼크로 인해 주가가 하락하는 것을 말한다. 반대로 영업실적이 기대보다 좋아 주가가 큰 폭으로 상승하는 것은 어닝서프라이즈(Earning Surprise)라고 한다.

▌보훈교육연구원

20 상대방의 행동을 변화시키는 유연한 방식의 전략을 의미하는 경제이론은?

① 낙인 이론 ② 넛지 이론
③ 비행하위문화 이론 ④ 깨진 유리창 이론

해설

넛지 이론은 2017년 노벨경제학상을 받은 행동경제학자 리처드 탈러와 하버드대학교의 캐스 선스타인 교수가 공동 집필한 〈넛지〉라는 책에서 소개되며 화제가 된 행동경제학 이론이다. 'Nudge(넛지)'는 '쿡 찌르다, 환기시키다'를 뜻하는데, 상대방의 행동을 변화시키는 유연한 방식의 전략을 의미한다. 선택은 상대방에게 맡기되 그의 행동을 특정한 방향으로 유도할 수 있는 효과적인 방식을 제안하는 것이다.

▌보훈교육연구원

21 우선순위로 둔 상품은 아낌없이 소비하고 후순위에 있는 상품에는 돈을 쓰지 않는 소비자는?

① 모디슈머 ② 크리슈머
③ 프로슈머 ④ 앰비슈머

해설

앰비슈머(Ambisumer)는 양면성(Ambivalent)과 소비자(Consumer)의 합성어다. 우선순위에 있는 상품에는 아낌없이 비용을 지불하지만 그렇지 않은 상품에는 돈을 아끼는 양면적인 소비자를 말한다. 이들은 기본적으로 가성비를 중점에 두고 소비하지만, 가치를 느끼는 상품은 망설임 없이 구매한다.

22 부동산 산업과 빅데이터 분석 등 하이테크 기술을 결합한 서비스는?

① 프롭테크

② 핀테크

③ 임베디드 금융

④ 클린빌

해설

프롭테크(Proptech)는 부동산(Property)과 기술(Technology)의 합성어로, 기존 부동산 산업과 IT의 결합으로 볼 수 있다. 프롭테크의 산업 분야는 크게 중개 및 임대, 부동산 관리, 프로젝트 개발, 투자 및 자금 조달 부문으로 구분할 수 있다. 프롭테크 산업 성장을 통해 부동산 자산의 고도화와 신기술 접목으로 편리성이 확대되고, 이를 통한 삶의 질이 향상되고 있다.

23 다음 중 클라크의 산업분류에 따른 2차 산업에 해당하지 않는 것은?

① 공 업

② 광 업

③ 유통업

④ 건설업

해설

영국의 경제학자 콜린 클라크는 자신의 저서에서 산업을 분류하며 이를 단계별로 나누었다. 1차 산업은 농업과 축산업, 어업, 임업과 같이 자연과 직접 상호작용하는 기초산업이다. 2차 산업은 1차를 제외한 생산업을 말하며 공업, 광업, 건설업이 이에 해당한다. 물류업의 하위인 유통업의 경우 서비스업, 연구개발 등 함께 3차 산업에 속한다.

24 스위스의 휴양도시에서 열리는 세계경제포럼은?

① 보아오 포럼

② 다보스 포럼

③ 제네바 포럼

④ 취리히 포럼

해설

다보스 포럼의 정확한 명칭은 세계경제포럼(WEF ; World Economic Forum)이다. 본부는 스위스 제네바에 위치하고 있다. 1971년 비영리 재단으로 창설되어 '유럽인 경영 심포지엄'으로 출발했으나, 1973년에 전 세계로 넓혀져 정치인으로까지 확대됐다. 독립된 비영리 단체로 세계 각국의 정상과 장관, 재계 및 금융계 최고 경영자들이 모여 각종 정보를 교환하고, 세계경제 발전방안 등에 대해 논의한다.

25 경제지표평가 시 기준·비교시점의 상대적 차이에 따라 결과가 왜곡돼 보이는 현상은?

① 분수 효과
② 백로 효과
③ 낙수 효과
④ 기저 효과

해설

기저 효과는 어떤 지표를 평가하는 과정에서 기준시점과 비교시점의 상대적 수치에 따라 그 결과가 실제보다 왜곡돼 나타나는 현상을 말한다. 가령 호황기의 경제상황을 기준으로 현재의 경제상황을 비교할 경우, 경제지표는 실제보다 상당히 위축된 모습을 보인다. 반면 불황기가 기준시점이 되면, 현재의 경제지표는 실제보다 부풀려져 개선된 것처럼 보이는 일종의 착시현상이 일어난다. 때문에 수치나 통계작성 주체에 의해 의도된 착시라는 특징을 갖는다.

26 국가의 중앙은행이 0.50%포인트 기준금리를 인상하는 것을 뜻하는 용어는?

① 베이비스텝
② 빅스텝
③ 자이언트스텝
④ 울트라스텝

해설

빅스텝(Big Step)이란 중앙은행이 물가를 조정하기 위해 기준금리를 0.50%포인트(p) 인상하는 것을 뜻한다. 이 밖에도 가장 통상적인 0.25%p 인상은 베이비스텝(Baby Step), 0.75%p의 상당 규모 인상은 자이언트스텝(Giant Step), 1.00%p 인상은 울트라스텝(Ultra Step)이라고 부른다. 다만 이러한 용어들은 국내 언론과 경제계, 증권시장에서만 사용하는 것으로 알려져 있다.

27 펀드매니저가 운용전략을 적극적으로 펴 시장수익률을 초과하는 수익을 노리는 펀드는?

① 액티브펀드
② 인덱스펀드
③ 사모펀드
④ 헤지펀드

해설

액티브펀드는 펀드매니저가 시장 전망에 따라 과감하게 종목을 선정하고, 공격적이고 적극적인 운용전략을 수립해 시장수익률을 상회하는 수익을 노리는 펀드다. 공격적으로 투자하는 만큼 수익률은 높을 수 있으나 위험성이 크고, 장기보다는 단기투자의 수익률이 높은 편이다.

28 전략적으로 계산해 소비하는 알뜰한 소비자를 뜻하는 용어는?

① 모디슈머   ② 엠비슈머

③ 프로슈머   ④ 체리슈머

해설

체리슈머는 기업의 상품·서비스를 구매하지 않으면서 단물만 쏙쏙 빼먹는 사람들을 뜻하는 체리피커(Cherry Picker)에서 진일보한 개념이다. 체리피커에 소비자를 뜻하는 'Consumer'를 합한 말로 '알뜰한 소비자'를 뜻한다. 체리슈머는 남들에게 폐를 끼치지 않는 선에서 극한의 알뜰함을 추구한다는 점에서 체리피커에 비해 비교적 긍정적인 의미를 지닌다. 한정된 자원을 최대한으로 활용하는 합리적 소비형태를 띠고 있다.

29 다음 중 한국은행의 기능이 아닌 것은?

① 화폐를 시중에 발행하고 다시 환수한다.

② 통화량 조절을 위해 정책금리인 기준금리를 결정한다.

③ 외화보유액을 적정한 수준으로 유지한다.

④ 금융기관에 대한 감사와 감독 업무를 수행한다.

해설

한국은행의 주요 기능

• 화폐를 발행하고 환수한다.

• 기준금리 등 통화신용 정책을 수립하고 진행한다.

• 은행 등 금융기관을 상대로 예금을 받고 대출을 해준다.

• 국가를 상대로 국고금을 수납하고 지급한다.

• 외환건전성 제고를 통해 금융안정에 기여하며, 외화자산을 보유·운용한다.

• 국내외 경제에 관한 조사연구 및 통계 업무를 수행한다.

30 제품의 가격을 인하하면 수요가 줄어들고 오히려 가격이 비싼 제품의 수요가 늘어나는 것을 무엇이라고 하는가?

① 세이의 법칙

② 파레토최적의 법칙

③ 쿠즈네츠의 U자 가설

④ 기펜의 역설

해설

기펜의 역설(Giffen's Paradox)은 한 재화의 가격 하락(상승)이 도리어 그 수요의 감퇴(증가)를 가져오는 현상이다. 예를 들어 쌀과 보리는 서로 대체적인 관계에 있는데, 소비자가 빈곤할 때는 보리를 많이 소비하나, 부유해짐에 따라 보리의 수요를 줄이고 쌀을 더 많이 소비하는 경향이 있다.

31 소비자의 기분과 감정에 호소하는 광고는?

① 티저 광고   ② 인포머셜 광고
③ 무드 광고   ④ 레트로 광고

해설
무드 광고는 소비자가 기업의 상품과 서비스를 이용하면서 느낄 수 있는 만족감, 기쁨 등의 감정과 기분을 표현하는 광고를 말한다.

32 다음 중 '네 마녀의 날'에 대한 설명으로 틀린 것은?

① 쿼드러플 위칭 데이라고도 불린다.
② 네 가지 파생상품의 만기일이 겹치는 날이다.
③ 우리나라는 2008년에 처음 맞았다.
④ 이 날에는 주가의 움직임이 안정을 띠게 된다.

해설
네 마녀의 날은 쿼드러플 위칭 데이(Quadruple Witching Day)라고도 하며, 우리나라의 경우 매년 3, 6, 9, 12월 둘째 주 목요일은 주가지수 선물·옵션과 주식 선물·옵션 만기일이 겹쳐 '네 마녀의 날'로 불린다. 해당 일에는 막판에 주가가 요동칠 때가 많아서 '마녀(파생상품)가 심술을 부린다'는 의미로 이 용어가 만들어졌다. 네 마녀의 날에는 파생상품과 관련된 숨어 있었던 현물주식 매매가 정리매물로 시장에 쏟아져 나오며 예상하기 어려운 주가의 움직임을 보인다. 우리나라는 2008년 개별주식선물이 도입돼 그해 6월 12일에 첫 번째 네 마녀의 날을 맞았다.

33 국제결제나 금융거래의 중심이 되는 특정국의 통화를 무엇이라 하는가?

① 기축통화   ② 준비통화
③ 결제통화   ④ 기준통화

해설
기축통화는 국제결제나 금융거래의 기축이 되는 특정국의 통화를 말한다. 국제통화라고도 하며 보통 미국 달러를 가리키기 때문에 미국을 기축통화국이라고도 부른다. 기축통화가 정해지기 전까지 영국의 파운드화가 오랫동안 기축통화로서의 자격을 확보해왔으나 제2차 세계대전 이후, 미국이 각국 중앙은행에 달러의 금태환을 약속함에 따라 달러가 기축통화로서 중심적 지위를 차지하게 됐다.

34 다음 중 유니콘 기업으로 분류되는 기업가치의 기준은?

① 5억 달러
② 10억 달러
③ 15억 달러
④ 20억 달러

해설

유니콘 기업은 2013년 카우보이 벤처스를 창업한 에일린 리가 처음 사용한 용어로 '혜성처럼 나타난 기업'을 말한다. 유니콘 기업의 판단 기준은 생겨난 지 10년이 되지 않고, 주식을 상장시키지 않았지만 기업가치가 10억 달러(1조 원)를 넘는 기업을 가리킨다.

35 마케팅 분석기법 중 하나인 3C에 해당하지 않는 것은?

① Company
② Competitor
③ Coworker
④ Customer

해설

'3C'는 마케팅 전략을 수립하면서 분석해야 할 요소들을 말하는 것으로 'Customer(고객)', 'Competitor(경쟁사)', 'Company(자사)'가 해당한다. 자사의 강점과 약점, 경쟁사의 상황, 고객의 니즈 등을 종합적으로 판단해 마케팅 전략을 수립하는 데 활용한다.

36 포화되지 않고, 기존과는 다른 새로운 가치의 시장을 만드는 경영 전략은?

① 레드오션
② 골드오션
③ 블루오션
④ 퍼플오션

해설

'퍼플오션(Purple Ocean)'은 레드오션과 블루오션의 장점만을 따서 만든 새로운 시장을 의미한다. 레드와 블루를 섞었을 때 얻을 수 있는 보라색 이미지를 사용하는데, 경쟁이 치열한 레드오션에서 자신만의 차별화된 아이템으로 블루오션을 개척하는 것을 말한다.

|한국수력원자력

37 일과 가정의 조화를 위해 근무시간과 장소를 탄력적으로 조정하여 일하는 근로자는?

① 퍼플칼라
② 골드칼라
③ 레드칼라
④ 블랙칼라

해설

퍼플칼라(Purple Collar)는 근무시간과 장소가 자유로워 일과 가정을 함께 돌보면서 일할 수 있는 노동자를 말한다. 적은 시간 동안 일하여 보수가 적지만, 정규직으로서의 직업안정성과 경력을 보장받는다는 점에서 파트타임이나 비정규직과는 다르다.

|보훈교육연구원

38 이산화탄소를 배출량 이상으로 흡수하는 것을 뜻하는 용어는?

① 탄소 네거티브
② 넷제로
③ 탄소중립
④ 탄소발자국

해설

탄소 네거티브는 적극적인 탄소감축·친환경 정책으로 이산화탄소를 배출량 이상으로 흡수해, 실질적인 배출량을 마이너스로 만드는 것을 뜻한다. 배출량 상쇄를 넘어 이미 배출된 이산화탄소를 제거할 수 있어야 달성된다.

|영화진흥위원회

39 하지 말라고 하면 더 하고 싶어지는 심리적 저항현상을 뜻하는 말은?

① 칼리굴라 효과
② 로미오와 줄리엣 효과
③ 칵테일파티 효과
④ 서브리미널 효과

해설

칼리굴라 효과는 하지 말라고 하면 더 하고 싶어지는, 즉 금지된 것에 끌리는 심리현상을 말한다. 1979년 로마 황제였던 폭군 칼리굴라의 일대기를 그린 영화 〈칼리굴라〉가 개봉했는데, 미국 보스턴에서 이 영화의 선정성과 폭력성을 이유로 들어 상영을 금지하자 외려 더 큰 관심을 불러일으킨 데서 유래했다.

40 대상의 한 가지 두드러진 특징이 대상을 평가하는 데 지대한 역할을 하는 효과는?

① 초두 효과
② 후광 효과
③ 대비 효과
④ 맥락 효과

해설

후광 효과(Halo Effect)는 어떤 한 대상을 평가하고 인상에 남기는 과정 속에서 대상의 두드러진 한 가지 특징이 커다란 영향력을 끼치는 것을 말한다. 그러한 특징은 대상에 대해 생각함에 있어 일반적인 견해가 되거나 좋고 나쁜 평판을 결정하는 데 영향을 준다.

41 환자의 부정적 감정이나 기대가 의학적 치료 효과를 나타나지 않게 하는 현상은?

① 스티그마 효과
② 피그말리온 효과
③ 노시보 효과
④ 플라시보 효과

해설

노시보 효과(Nocebo Effect)는 의사의 말이 환자에게 부정적인 감정이나 기대를 유발하여 환자에게 해를 입히는 현상이다. 또는 의사의 올바른 처방에도 환자가 의심을 품어 효과가 나타나지 않는 것을 뜻하기도 한다. '나는 상처를 입을 것이다'라는 뜻을 지닌 라틴어에서 유래한 노시보는 마찬가지로 라틴어에서 기원한 플라시보 효과(Placebo Effect)와 대조적인 개념이다.

42 다음 중 영국의 베버리지 보고서에서 정의한 5대 사회악에 해당하지 않는 것은?

① 불신
② 태만
③ 궁핍
④ 불결

해설

베버리지 보고서는 영국의 경제학자인 윌리엄 베버리지(William Henry Beveridge)가 사회보장에 관한 문제를 조사·연구한 보고서다. 이 보고서는 국민의 최저 생활 보장을 목적으로 5대 사회악의 퇴치를 주장하였으며 사회보장제도의 원칙을 제시했다. 베버리지는 궁핍(Want), 질병(Disease), 무지(Ignorance), 불결(Squalor), 태만(Idleness) 등 다섯 가지가 인간생활의 안정을 위협하는 사회악이라고 정의했다.

43 트렌드를 놓치거나 소외되는 것에서 불안감을 느끼는 증후군은?

① 라마 증후군
② 오셀로 증후군
③ 아스퍼거 증후군
④ 포모 증후군

해설

포모 증후군은 마케팅 용어이자 사람들의 불안심리를 표현하는 심리 용어다. 세상의 흐름에 제외되거나 소외받는 것을 두려워하고 불안해하는 심리상태를 뜻한다. 인터넷과 SNS의 발달로 트렌드와 타인의 일상을 관찰하기 쉬워지면서, 포모 증후군에 빠진 사람들이 늘어나고 있다.

44 태어나면서부터 첨단 기술을 경험한 2010년 이후에 태어난 이들을 지칭하는 용어는?

① 베타세대
② N세대
③ 알파세대
④ MZ세대

해설

알파세대는 2010년 이후에 태어난 이들을 지칭하는 용어로 다른 세대와 달리 순수하게 디지털 세계에서 나고 자란 최초의 세대로도 분류된다. 어릴 때부터 기술적 진보를 경험했기 때문에 스마트폰이나 인공지능(AI), 로봇 등을 사용하는 것에 익숙하다. 그러나 사람과의 소통보다 기계와의 일방적 소통에 익숙해 정서나 사회성 발달에 부정적인 영향이 나타날 수 있다는 우려도 있다. 알파세대는 2025년 약 22억 명에 달할 것으로 예측되고 있으며, 소비시장에서도 영향력을 확대하는 추세다.

45 다음 중 파리 협정에 대한 설명으로 옳지 않은 것은?

① 2015년 기후변화협약에서 채택됐다.
② 2020년에 만료됐다.
③ 교토 의정서를 대체한다.
④ 지구 평균 기온을 산업화 이전보다 2도 이상 오르지 않게 하자는 내용이다.

해설

파리 기후변화협약(Paris Climate Change Accord)은 일명 파리 협정으로, 프랑스 파리에서 2015년 12월 12일에 열린 제21차 유엔 기후변화협약에서 195개 협약 당사국이 지구 온난화 방지를 위해 채택했다. 지구 평균 기온이 산업화 이전보다 2도 이상 상승하지 않도록 온실가스를 단계적으로 감축하는 방안으로서, 2020년에 만료된 교토 의정서(1997)를 대신하여 2021년부터 적용됐다.

46 다음 중 교육학의 하위 학문인 안드라고지에 대한 설명으로 잘못된 것은?

① 미국 교육학자 '노울즈'에 의해 이론으로 정립됐다.
② 아동에 대한 교육기법 등을 연구한다.
③ 패다고지와 대비되는 관점의 학문이다.
④ 학습자의 자발적인 학습참여를 전제로 한다.

해설
안드라고지(Andragogy)는 '성인교육론'이라고 번역되며, 성인에 대한 학습방법, 이론, 기법 등을 연구하는 교육학의 하위학문이다. 아동교육을 뜻하는 '패다고지(Pedagogy)'와 대비되는 개념이며, 아동과는 차별화된 성인을 대상으로 한 교육방법을 연구한다. 성인인 학습자의 자발적인 학습참여를 전제로 하고 있다. 1980년대 이후 미국의 교육학자 '노울즈'에 의해 이론으로 정립되기 시작했다.

47 사소한 것들을 방치하면 더 큰 범죄나 사회 문제로 이어진다는 사회범죄심리학 이론은?

① 깨진 유리창 이론
② 하인리히 법칙
③ 이케아 효과
④ 메디치 효과

해설
'깨진 유리창 이론(Broken Window Theory)'은 미국의 범죄학자가 1982년 '깨진 유리창'이라는 글에 처음으로 소개한 이론이다. 길거리에 있는 상점에 어떤 이가 돌을 던져 유리창이 깨졌을 때 이를 방치해두면 그 다음부터는 '해도 된다'라는 생각에 훨씬 더 큰 문제가 발생하고 범죄로 이어질 확률이 높아진다는 이론이다.

48 음식물쓰레기를 줄여 환경을 보호하고 기아인구를 돕기 위해 세계식량계획이 진행한 캠페인은?

① SAS
② ZWZH
③ Breath Life
④ The Cost

해설
유엔세계식량계획(WFP)의 ZWZH(Zero Waste Zero Hunger) 캠페인은 버려지는 음식물쓰레기를 줄여 기후위기에 대처하고 기아인구를 돕는다는 내용이다. WFP에 따르면 매년 전 세계 식량의 3분의 1은 버려지고 있는데, 이는 기아를 악화시키고 탄소를 배출해 기후위기를 심화시키고 있다. 따라서 음식물 낭비를 줄여 탄소 배출을 저감하고, 이렇게 감축한 음식물쓰레기 처리 비용을 기아인구가 식량을 구할 수 있도록 기부하자는 것이 캠페인의 주된 내용이다.

49 국제연합의 기준으로 고령사회를 구분하는 65세 이상 노인의 비율은?

① 7%
② 10%
③ 14%
④ 20%

해설

대한민국은 현재 고령사회에 접어들었다. 국제연합(UN)의 기준에 따르면 65세 이상 노인이 전체 인구의 7% 이상을 차지하면 고령화사회(Aging Society), 14% 이상을 차지하면 고령사회(Aged Society), 20% 이상을 차지하면 초고령사회(Super-aged Society)로 구분한다.

50 영국작가 코난 도일의 소설에서 처음 등장한 말로 사건의 결정적인 단서를 뜻하는 말은?

① 마타도어
② 스모킹 건
③ 포렌식
④ 주홍글씨

해설

스모킹 건(Smoking Gun)은 사건을 해결하는 데 있어서 결정적인 단서를 뜻하는 용어다. 아서 코난 도일의 소설 〈글로리아 스콧〉에서 처음 사용한 말로, '연기 나는 총'이란 뜻이다. 사건·범죄·현상 등을 해결하는 데 사용되는 결정적이고 확실한 증거를 말하는데, 가설을 증명해주는 과학적 근거도 스모킹 건이라고 한다.

51 다음 중 님비 현상과 유사한 개념은?

① 바나나 현상
② 코쿠닝 현상
③ J턴 현상
④ 눕프 현상

해설

바나나 현상(Build Absolutely Nothing Anywhere Near Anybody)은 혐오 시설이나 수익성 없는 시설이 지역에 들어오는 것을 반대하는 현상인 님비(NIMBY)와 유사한 개념이다. 공해와 수질오염 등을 유발하는 공단, 댐, 원자력 발전소, 핵폐기물 처리장 등 환경오염시설의 설치에 대해 그 지역 주민들이 집단으로 거부하는 지역이기주의 현상이다.

52 교육심리학에서 학생에게 교사가 믿음과 기대를 가질 때 실제로 성적이 상승하는 효과는?

① 호손 효과

② 헤일로 효과

③ 골렘 효과

④ 피그말리온 효과

해설

피그말리온 효과는 어떤 것에 대한 사람의 기대와 믿음이 실제로 그 일을 현실화하는 경향을 말하는 것으로, 교육심리학에서는 학생에 대한 교사의 기대와 예측, 믿음이 학생의 성적을 향상시키는 현상을 일컫는다. 1964년 미국의 교육심리학자인 로버트 로젠탈과 레노어 제이콥슨이 실험을 통해 확인했다.

53 실제로는 환경에 유해한 활동을 하면서 마치 친환경적인 것처럼 광고하는 행위는?

① 업사이클링

② 비치코밍

③ 고프코어

④ 그린워싱

해설

그린워싱(Greenwashing)은 실제로는 환경에 해롭지만, 마치 친환경적인 것처럼 광고하는 것을 말한다. 기업들이 자사의 상품을 환경보호에 도움이 되는 것처럼 홍보하는 '위장환경주의'를 뜻하기도 한다. 기업이 상품을 생산하는 과정에서 일어나는 환경오염 문제는 축소시키고 재활용 등의 일부 과정만을 부각시켜 마치 친환경인 것처럼 포장하는 것이 이에 해당한다.

54 한 여성이 가임기간 동안 낳을 것으로 예상되는 평균 출생아 수를 뜻하는 용어는?

① 합계출산율

② 조출생률

③ 일반출산율

④ 대체출산율

해설

② 조출생률은 1년 동안의 총 출생아 수를 해당 연도의 총 인구로 나눈 값에 1,000을 곱한 값, ③ 일반출산율은 1년 동안의 총 출생아 수를 15~49세 여성인구의 수로 나눈 값에 1,000을 곱한 값, ④ 대체출산율은 한 국가의 현재 인구 규모가 감소하지 않고 유지되는 데 필요한 수준의 출산율을 말한다.

┃ 전라남도공무직통합채용

55 다음 문장의 밑줄 친 단어의 쓰임이 올바른 것은?

① 손을 꼭 <u>깨끗히</u> 닦아야 합니다.
② 세심하게 모든 과정을 <u>일일이</u> 챙겼다.
③ <u>오랫만에</u> 친구를 만나 반가웠다.
④ 그는 <u>희안한</u> 버릇을 갖고 있었다.

해설
①은 '깨끗이', ③은 '오랜만에', ④는 '희한한'으로 적는 것이 올바르다. '일일이'의 경우 관련 표준어 규정에서는 '일일이'는 끝소리가 분명히 '-이'로 나는 경우이므로 '일일이'로 적는다고 명시돼 있다.

┃ 부천시공공기관통합채용

56 다음 고사의 내용과 상통하는 한자성어로 가장 적합한 것은?

> 중국 북산에 살던 우공(愚公)이라는 노인이 높은 산에 가로막혀 주민들이 왕래하는 불편을 해소하
> 고자 두 산을 옮기기로 했다. 그의 친구가 만류하자 우공은 "나와 자식은 대를 이어나가도 산은 불어
> 나지 않을 것"이라며 대를 이어 묵묵히 산을 옮기겠다고 했다.

① 격화소양   ② 호연지기
③ 물심양면   ④ 마부작침

해설
위 고사는 〈열자(列子)〉 '탕문편(湯問篇)'에 등장하며, '어리석은 영감이 산을 옮긴다'는 뜻의 한자성어 '우공이산(愚公移山)'의 바탕이 되는 이야기다. 쉬지 않고 꾸준히 한 가지 일을 하면 대업을 이룰 수 있다는 뜻으로 보기에서 이와 가장 상통하는 한자성어는 ④ '마부작침(磨斧作針)'이다. '도끼의 날을 갈아 바늘을 만든다'는 의미다.

57 다음 문장에서 밑줄 친 외래어의 표기가 옳은 것은?

① 오늘 저녁식사는 <u>뷔페</u>로 제공됩니다.
② 잠시라도 좋으니 <u>앙케이트</u>에 참여해주세요.
③ 상점에는 다양한 <u>악세사리</u>가 진열돼 있었다.
④ 그는 처음 참가한 <u>콩쿨</u>에서 우승을 거뒀다.

> **해설**
> ② 앙케이트 → 앙케트(Enquête)
> ③ 악세사리 → 액세서리(Accessory)
> ④ 콩쿨 → 콩쿠르(Concours)

58 다음 중 밑줄 친 단어가 옳게 사용된 문장은?

① 나라를 위해 목숨을 <u>받혔다</u>.
② 아이들이 나란히 우산을 <u>받치고</u> 간다.
③ 그는 그대로 성난 소에게 <u>받치고</u> 말았다.
④ 정성스레 술을 체에 <u>바쳤다</u>.

> **해설**
> ②의 '받치다'는 '물건의 밑이나 옆에 다른 물체를 대다'라는 의미로서 문장에 옳게 쓰였다. '받다'의 사동사로 쓰인 '받히다'는 '한꺼번에 많은 양의 물품을 사게 하다'라는 뜻이며, 피동사로 쓰인 '받히다'는 '머리나 뿔 따위에 세게 부딪히다'라는 뜻으로 쓰인다. '밭치다'는 '채 같은 구멍 뚫린 물건에 국수 따위를 올려 물기를 뺀다'는 의미를 갖는다. '바치다'는 '신이나 웃어른에게 정중히 물건을 드리다', '반드시 내야 할 돈을 가져다주다'라는 의미이다.

59 다음 중 뱃사람들이 쓰는 말로 '서남풍'을 뜻하는 말은?

① 된바람   ② 샛바람
③ 하늬바람   ④ 갈마바람

> **해설**
> 갈마바람은 서풍인 갈바람과 남풍인 마파람이 합쳐진 말로 뱃사람들이 '서남풍'을 이를 때 쓰는 말이다. 바람의 옛 이름은 이외에도 다양하다. 북쪽에서 부는 바람은 높바람(된바람), 동쪽에서 부는 바람은 샛바람, 남쪽에서 부는 바람은 마파람, 서쪽에서 부는 바람은 하늬바람이라 한다. 북동쪽에서 부는 바람은 높새바람이라고 하는데 늦은 봄에서 초여름에 걸쳐 동해로부터 태백산맥을 넘어 불어오는 고온건조한 바람을 뜻한다.

60 다음 음운현상의 설명을 참고할 때, 보기의 단어의 발음이 적절하지 않은 것은?

> 유음화란 자음 'ㄴ'이 유음 'ㄹ'의 앞이나 뒤에서 유음의 영향을 받아 'ㄹ'로 발음되는 현상이다.

① 칼날[칼랄]　　　　　② 찰나[찰라]
③ 닳는지[달른지]　　　④ 공권력[공꿜력]

해설
주로 'ㄴ'으로 끝나는 2음절 한자어의 뒤에 붙는 한자어 초성 'ㄹ'은 [ㄴ]으로 발음한다. 따라서 '공권[공꿘]' 뒤에 한자어 '력'이 결합된 '공권-력'은 [공꿘녁]으로 발음한다.

61 다음 시조의 내용과 가장 관련 깊은 사자성어는?

> 까마귀가 싸우는 골짜기에 백로야 가지 마라
> 성낸 까마귀가 흰 빛을 샘낼세라
> 맑은 물에 기껏 씻은 몸을 더럽힐까 하노라

① 거안사위(居安思危)
② 근묵자흑(近墨者黑)
③ 낭중지추(囊中之錐)
④ 이전투구(泥田鬪狗)

해설
근묵자흑(近墨者黑)은 '먹을 가까이하는 사람은 검게 된다'는 뜻으로, 나쁜 사람을 가까이하면 그 버릇에 물들기 쉽다는 말이다. 문제에 제시된 시조는 고려의 충신인 정몽주의 어머니가 아들에게 나쁜 이를 경계하라는 뜻에서 지었다고 알려진 〈백로가〉다.

62 다음 문장의 밑줄 친 단어의 품사가 나머지와 다른 것은?

① 그는 <u>이미</u> 학교에 도착해 있었다.
② 밤새 눈이 <u>많이</u> 내렸다.
③ 얼음장<u>같이</u> 방바닥이 차가웠다.
④ <u>설마</u> 네가 그럴 줄은 몰랐다.

해설
'같이'는 주로 격 조사 '과'나 여럿임을 뜻하는 말 뒤에 쓰여 어떤 상황이나 행동 따위와 다름이 없다는 의미로 부사로 쓰일 수 있다. 그러나 ③에서는 '얼음장'이라는 체언 뒤에 붙어 '앞말이 보이는 전형적인 어떤 특징'이라는 뜻으로서 격 조사로 쓰였다. ③을 제외한 나머지 밑줄 친 단어들은 모두 부사로 쓰였다.

63 다음 문장 중 밑줄 친 부분의 띄어쓰기가 바르게 쓰인 것은?

① 사람들에게 <u>보란듯이</u> 성공할 것이다.
② 그에게 불가능하다고 <u>몇번</u>이고 말했다.
③ <u>운전중</u>에는 전화를 받을 수 없습니다.
④ 사장님은 현재 <u>부재중</u>이십니다.

해설

④에서 부재중은 한 단어이므로 '부재중'으로 붙여 쓰는 것이 옳다. ①에서 '듯이'는 의존명사로 쓰였으므로 '보란 듯이'로 띄어 써야 하고, ②에서 단위를 나타내는 명사 '몇' 또한 '몇 명'으로 띄어 써야 한다. ③의 '중' 또한 의존명사로서 '운전 중'으로 띄어 써야 한다.

64 다음 문장의 밑줄 친 단어 중 잘못 표기된 것은?

① 할머니 <u>제삿날</u>이라 일가친척이 모두 모였다.
② 집이 <u>싯가</u>보다 비싸게 팔렸다.
③ 밤을 새는 것은 이제 <u>예삿일</u>이 되어 버렸다.
④ 고기를 <u>깻잎</u>에 싸서 먹었다.

해설

②에서 '싯가'가 아닌 '시가(市價)'로 적어야 옳다. 사이시옷은 명사와 명사의 합성어일 경우 쓰이고, 앞 명사가 모음으로 끝나고 뒷말은 예사소리로 시작해야 한다. 또한 앞뒤 명사 중 하나는 우리말이어야 하는데, 다만, 습관적으로 굳어진 한자어인 찻간, 곳간, 툇간, 셋방, 숫자, 횟수는 예외로 한다.

65 우리나라 최초의 한문소설집은?

① 지봉유설   ② 구운몽
③ 백운소설   ④ 금오신화

해설

〈금오신화(金鰲新話)〉는 김시습이 지은 우리나라 최초의 한문 단편소설집이다. 〈만복사저포기〉, 〈이생규장전〉, 〈취유부벽정기〉, 〈용궁부연록〉, 〈남염부주지〉 등 5편이 수록되어 있다. 명나라 구우의 〈전등신화〉의 영향을 받았으며, 귀신·선녀·용왕·저승 등 비현실적이고 기이한 '전기적 요소'가 나타나는 것이 특징이다.

66 국어의 수사법 중 끝을 의문형으로 종결해 청자에게 생각할 여지를 남기는 방법은 무엇인가?

① 영탄법　　　　　　　　　　② 활유법

③ 도치법　　　　　　　　　　④ 설의법

> **해설**
>
> 설의법(設疑法)은 국어의 수사법 중 '변화주기'의 일종이다. 필자 혹은 화자가 단정해도 좋을 것을 일부러 질문의 형식을 취하여 독자 혹은 청자에게 생각할 여지를 준다. 가령 '흔들리지 않고 피는 꽃이 어디 있으랴'처럼 누구나 알고 있는 사실을 질문하는 형식을 통해 상대방이 이에 대해 결론을 내릴 수 있도록 한다.

67 다음 중 30세를 한자로 이르는 말은?

① 이립(而立)　　　　　　　　② 종심(從心)

③ 약관(弱冠)　　　　　　　　④ 지학(志學)

> **해설**
>
> 30세는 한자어로 이립(而立)으로 지칭하며, 모든 기초를 세우는 나이라는 의미이다. 종심(從心)은 70세, 약관(弱冠)은 20세, 지학(志學)은 15세를 가리킨다.

68 가사를 쓴 송강 정철과 함께 조선 시대 시가의 양대산맥으로 손꼽히는 시조 시인은?

① 김수장　　　　　　　　　　② 윤선도

③ 박인로　　　　　　　　　　④ 김천택

> **해설**
>
> 조선 중기의 문신인 윤선도는 유명한 가사(歌辭)를 다수 지은 송강 정철과 함께 조선 시가 양대산맥으로 평가되는 인물이다. 등용과 파직, 유배로 다사다난한 삶을 산 인물로 뛰어난 시조를 많이 지었으며, 특히 벼슬에 뜻을 버리고 보길도에서 지내며 지은 〈어부사시사〉가 유명하다.

┃ 부산광역시공무직통합채용

69 덴마크 출신의 철학자로 실존주의 철학의 문을 연 인물은?

① 쇠렌 키에르케고르
② 마르틴 하이데거
③ 블레즈 파스칼
④ 닉 보스트롬

해설

쇠렌 키에르케고르(Soören Kierkegaard)는 덴마크 출신의 종교 사상가이자 철학자다. 19세기 실존주의 철학의 선구자 중 한 명으로 평가된다. 그는 실존의 측면에 비춰 인간의 삶을 3단계로 구분했다. 아직 실존의 의의를 의식하지 못하는 미적 실존, 윤리적인 사명에 따라 삶을 이어가는 윤리적 실존, 종교에 의지해 삶의 불안감을 극복하는 종교적 실존이 그것이다.

┃ 광주보훈병원

70 다음 중 부산국제영화제에 대한 설명으로 옳지 않은 것은?

① 아시아 최대 규모의 국제영화제다.
② 매년 10월 첫째 주 목요일에 열린다.
③ 1996년부터 개막됐다.
④ 아시아에서 유일한 경쟁 영화제다.

해설

1996년 시작된 부산국제영화제는 도쿄·홍콩국제영화제와 더불어 아시아 최대 규모의 국제영화제다. 매년 10월 첫째 주 목요일부터 10일간 진행되며, 부분경쟁을 포함한 비경쟁 영화제다. 국제영화제작자연맹의 공인을 받았다.

┃ 전라남도공무직통합채용

71 다음 중 유교경전인 사서삼경에 해당하지 않는 것은?

① 중 용   ② 맹 자
③ 예 기   ④ 역 경

해설

사서삼경은 유교의 기본경전이다. 사서는 〈논어(論語)〉, 〈대학(大學)〉, 〈중용(中庸)〉, 〈맹자(孟子)〉이고, 삼경은 〈역경(易經)〉, 〈서경(書經)〉, 〈시경(詩經)〉인데, 여기에 〈예기(禮記)〉, 〈춘추(春秋)〉를 더하면 사서오경이다.

72 경쟁 언론사보다 빠르게 입수하여 독점 보도하는 특종기사를 뜻하는 말은?

① 스쿠프
② 엠바고
③ 아그레망
④ 오프더레코드

해설

스쿠프(Scoop)는 일반적으로 특종기사를 다른 신문사나 방송국에 앞서 독점 보도하는 것을 말하며 비트(Beat)라고도 한다. 대기업이나 정치권력 등 뉴스 제공자가 숨기고 있는 사실을 정확하게 폭로하는 것과 발표하려는 사항을 빠르게 입수해 보도하는 것, 이미 공지된 사실이지만 새로운 문제점을 찾아내 새로운 의미를 밝혀주는 것 등을 모두 포함한다.

73 2024년 하계올림픽 개최도시는?

① 프랑스 파리
② 독일 함부르크
③ 헝가리 부다페스트
④ 미국 로스앤젤레스

해설

2012년 이후 12년 만에 올림픽 개최에 도전한 프랑스 파리는 최종 경쟁지였던 미국 로스앤젤레스(LA)와의 합의 끝에 2024년 하계올림픽을 개최하게 됐다. 언론에 따르면 2024년 올림픽은 LA가 파리에게 양보하고 다음 하계올림픽인 2028년에는 LA가 개최하는 것으로 합의가 진전됐다고 전해졌다.

74 중국의 춘추전국 시대 당시 겸애를 강조하고 만민평등주의를 주창한 사상은 무엇인가?

① 법 가   ② 도 가
③ 유 가   ④ 묵 가

해설

묵가는 중국 춘추전국 시대에 사상가였던 묵자를 계승하는 사상으로 실리주의와 중앙 집권적인 체제를 지향하는 등 유가와 여러모로 대립적인 사상이었다. 또한 '겸애'를 강조하며 만민평등주의와 박애주의를 실천하는 것을 독려했다.

75 다음 중 미륵사지 석탑에 대한 설명으로 잘못된 것은?

① 전북 익산시에 위치한다.

② 1962년 보물로 지정됐다.

③ 백제시대 무왕 때에 건립됐다.

④ 국내에 존재하는 최대의 석탑이다.

해설

미륵사지 석탑은 전라북도 익산시 금마면 미륵사지에 있는 백제시대 석탑이다. 현존하는 석탑 중 가장 규모가 크고 오래된 백제 석탑이다. 백제 무왕 때에 건립되었으며 1962년에는 국보로 지정됐다. 2001년부터 보수 작업이 진행되어 2018년 6월 복원된 석탑이 일반에 공개됐다.

76 독특한 콧수염으로 유명한 초현실주의 화가로 〈기억의 지속〉 등의 작품을 남긴 인물은?

① 후안 미로

② 앙드레 브르통

③ 살바도르 달리

④ 르네 마그리트

해설

1904년 스페인에서 태어난 초현실주의 화가 살바도르 달리(Salvador Dali)는 독특한 모양의 콧수염으로 유명하며, 상징 주의와 무의식을 탐구했다. 20세기 미술사에 큰 족적을 남긴 달리는 다양한 예술 분야에서 활동했고, 1929년에는 초현실 주의 영화 〈안달루시아의 개〉 제작에 참여하기도 했다. 시계가 녹아내리는 이미지의 작품 〈기억의 지속〉은 그의 대표작 중 하나다.

77 다음 중 피아노 3중주에 쓰이는 악기가 아닌 것은?

① 비올라

② 바이올린

③ 피아노

④ 첼로

해설

피아노 3중주는 피아노와 다른 두 개의 악기가 모인 고전주의 실내악의 한 형태다. 일반적으로 피아노와 바이올린, 첼로로 구성된다. '피아노 트리오'라고 부르기도 한다. 대체로 소나타 형식을 취하고 있고 하이든, 모차르트, 베토벤 등 저명한 음악가들도 작곡했다. 멘델스존의 〈피아노 3중주 1번〉이 특히 유명하다.

78 다음 중 역사상 가장 먼저 등장한 사상·사조는?

① 계몽주의 ② 공리주의
③ 사실주의 ④ 낭만주의

해설

계몽주의는 17세기 말 영국에서 시작하여 18세기 프랑스에서 활발히 전개된 사상으로, 봉건적·신학적인 사상에서 탈피하여 이성과 인간성을 중시한다. 즉, 봉건군주나 종교와 같이 복종만을 강요하던 권위에서 벗어나, 인간이 이성을 맘껏 발휘하며 인간적으로 살아가기 위한 자유를 추구하는 것이다. 계몽주의는 몽테스키외의 〈법의 정신〉과 루소의 〈사회계약론〉에 잘 나타나 있으며, 프랑스 혁명과 미국 독립 혁명에 영향을 끼쳤다.

79 프란시스 베이컨이 제시한 인간의 4가지 우상에 해당하지 않는 것은?

① 경험의 우상 ② 종족의 우상
③ 동굴의 우상 ④ 시장의 우상

해설

프란시스 베이컨은 영국의 철학자로 지식의 유용성을 강조하였으며, 자연을 관찰하여 얻은 과학적 지식을 실리에 이용할 것을 주장하였다. 또한 인간의 네 가지 우상을 제시하기도 했는데, 종족의 우상, 동굴의 우상, 시장의 우상, 극장의 우상 등이 있다.

80 파키스탄에 소재한 인더스 문명의 인류 최초 계획도시 유적은?

① 카 불 ② 지구라트
③ 모헨조다로 ④ 하라파

해설

모헨조다로(Mohenjo-Daro)는 지금의 파키스탄 신드 지방에 있는 인더스 문명의 도시유적으로 유네스코 세계문화유산에 등재되어 있다. 기원전 4,000년경 건설되었을 것으로 추정되며 인류 최초의 계획도시로 평가된다. 목욕탕과 배수로, 건축의 반듯한 구획 등이 발굴되었다.

81 다음 중 한국의 전통색상인 오방색에 해당하지 않는 것은?

① 황 색 ② 백 색
③ 흑 색 ④ 녹 색

해설

동양의 음양오행사상을 바탕으로 하는 오방색은 우리나라의 전통색상으로, 흑색(북쪽), 적색(남쪽), 청색(동쪽), 백색(서쪽), 황색(중앙)으로 구성된다. 이 각각의 색을 결합해 녹색, 홍색, 벽색, 자색, 유황색 등 5가지의 '오간색'으로 칭하기도 한다.

82 이탈리아의 예술가 미켈란젤로의 마지막 조각품은?

① 브뤼헤의 마돈나
② 론다니니의 피에타
③ 바쿠스
④ 다비드

해설

〈론다니니의 피에타〉는 이탈리아의 예술가인 미켈란젤로가 1564년 사망하기 직전까지 조각한 미완성의 작품이다. 그는 이 작품을 1552년 처음 조각하기 시작했다가 이듬해 중단했고, 또 다른 구도로 1555년부터 두 번째 작품을 조각하다가 완성하지 못한 채 사망했다. 잘 알려진 바티칸 대성당의 〈피에타〉와 달리 수직적인 구도로 성모 마리아가 예수를 부축하는 형상을 하고 있다.

83 그림물감을 종이 등 화면에 비벼서 채색하는 회화기법은?

① 콜라주
② 프로타주
③ 데칼코마니
④ 그라타주

해설

프로타주(Frottage)는 '비비다', '마찰하다'라는 뜻의 불어 'frotter'에서 나온 용어로, 그림물감을 짜내어 종이 등 화면에 비벼 채색층을 내는 회화기법을 말한다. 독일의 예술가 막스 에른스트가 발견한 기법이다. 채색층을 낸 독특한 기법으로 조형감과 색감을 동시에 획득할 수 있다.

84 오페라 〈마술피리〉를 작곡한 음악가는?

① 자코모 푸치니
② 리하르트 바그너
③ 주세페 베르디
④ 볼프강 아마데우스 모차르트

해설

〈마술피리〉는 오스트리아의 작곡가 볼프강 아마데우스 모차르트가 1791년 작곡한 2막 오페라다. 기존의 오페라는 이탈리아어로 되어 있어 당시 서민들이 즐기기 쉽지 않았다. 그러나 〈마술피리〉는 '징슈필(Singspiel)'이라 하여 가사와 대사가 독일어로 구성되어 있고 희극적인 요소가 가미되어 민간의 서민층에게 인기를 끌었다.

▌보훈교육연구원

85 통신장치를 일정 시간 내에 오가는 데이터 전송량을 뜻하는 용어는?

① 핑　　　　　　　　　　　　② 패 킷
③ 트래픽　　　　　　　　　　④ 트랜잭션

해설

트래픽(Traffic)은 서버 등 통신장치를 일정 시간 동안 오가는 데이터의 양을 말하는 것으로 통신장치와 시스템에 걸리는 부하를 뜻한다. 트래픽양의 단위는 얼랑(erl)이다. 트래픽 전송량이 많으면 네트워크와 서버에 과부하가 걸려 데이터 송수신 장애를 일으킬 수 있다.

▌보훈교육연구원

86 다음 중 스마트폰의 문자메시지를 이용한 휴대폰 해킹을 뜻하는 용어는?

① 메모리피싱　　　　　　　　② 스피어피싱
③ 파 밍　　　　　　　　　　④ 스미싱

해설

스미싱은 문자메시지(SMS)와 피싱(Phishing)의 합성어로, 인터넷 접속이 가능한 스마트폰의 문자메시지를 이용한 휴대폰 해킹을 뜻한다.

▌폴리텍

87 동물의 중추신경계에 존재하며 행복을 느끼게 하고, 우울이나 불안감을 줄여주는 신경전달물질은?

① 옥시토신　　　　　　　　　② 히스타민
③ 세로토닌　　　　　　　　　④ 트립토판

해설

신경전달물질 중 하나인 세로토닌(Serotonin)은 아미노산인 트립토판을 통해 생성된다. 세로토닌은 동물의 뇌와 중추신경계에 존재하며, 감정에 관여해 행복감을 느끼게 하고, 우울감과 불안감을 줄여주는 역할을 하기도 한다. 세로토닌이 결핍되면 기분장애를 유발할 수 있다.

▌전라남도공무직통합채용

88 보일의 법칙은 일정한 온도에서 무엇을 증가시키면 부피가 줄어든다는 법칙인가?

① 질 량　　　　　　　　　　② 고 도
③ 습 도　　　　　　　　　　④ 압 력

해설

1662년 아일랜드의 물리학자 R. 보일이 발견한 '보일의 법칙'은 일정한 온도에서 기체의 압력과 그 부피는 서로 반비례한다는 법칙이다. 온도를 일정하게 유지하는 상태에서 압력을 높이게 되면 물체의 부피는 줄어든다는 것을 실험을 통해 밝혀냈다.

89 다음 중 용연향에 대한 설명으로 틀린 것은?

① 향유고래의 창자 속에서 생성되는 물질이다.
② 바다를 부유하다가 해안가에 밀려들어 발견되곤 한다.
③ 신선한 상태에서는 좋은 향기가 난다.
④ 매우 비싸게 팔리는 것으로 유명하다.

해설

용연향은 수컷 향유고래가 주식인 오징어를 섭취하고 창자에 남은 이물질이 쌓여 배설되는 것으로 알려져 있다. 막 배설된 용연향은 부드럽고 악취가 심하나, 바다에 오래 부유하면서 햇볕에 마르고 검게 변하며 악취도 점차 사라진다. 바다를 부유하다가 해안가에 떠밀려 종종 발견되곤 하는데 알코올에 녹여 고급향수의 원료로 사용한다. 그 가치가 매우 높은 것으로 유명한데, 바다에 오래 떠다닐수록 향이 좋아 고가에 거래된다.

90 다음 중 도심형 항공 교통체계를 의미하는 용어의 약자는?

① UTM
② UAM
③ PAV
④ eVTOL

해설

UAM은 'Urban Air Mobility'의 약자로서 도심형 항공 교통체계를 의미한다. 도시의 항공에서 사람과 화물이 오가는 교통운행 서비스를 운영하는 것으로 드론 등 소형 수직 이착륙기가 발전하면서 가시화되고 있다. UTM(Unmanned aerial system Traffic Management)은 드론의 교통관리체계, PAV(Personal Air Vehicle)는 개인용 비행체를 의미한다.

91 불법 해킹에 대항하는 선의의 해커를 뜻하는 용어는?

① 화이트 해커
② 하얀 헬멧
③ 어나니머스
④ 크래커

해설

화이트 해커(White Hacker)는 불법으로 인터넷 서버나 네트워크에 침입해 파괴하고 정보를 탈취하는 해커(크래커)에 대비되는 개념이다. 해킹 능력을 활용해 네트워크에 들어가 보안상 취약한 점을 발견해 제보하거나, 불법 해킹 시도를 저지하기도 한다. 우리 정부에서도 국내외에서 자행되는 사이버테러나 해킹에 대응하기 위해 전문가를 육성하고 있다.

92 제임스 웹 우주망원경에 대한 설명으로 틀린 것은?

① 허블우주망원경을 대체하는 망원경이다.
② 허블우주망원경보다 크기는 작으나 성능은 개선됐다.
③ 미국 항공우주국 국장의 이름을 땄다.
④ 차세대 우주망원경으로도 불린다.

> **해설**
> 제임스 웹 우주망원경은 허블우주망원경을 대체할 우주관측용 망원경이다. 2002년 미 항공우주국(NASA)의 제2대 국장인 제임스 웹의 업적을 기리기 위해 이러한 명칭이 붙었다. 별칭인 NGST는 'Next Generation Space Telescope'의 약자로 차세대 우주망원경이라는 의미다. 이 망원경은 허블우주망원경보다 반사경의 크기가 더 커지고 무게는 더 가벼워졌다. 사상 최대 크기의 우주망원경으로 망원경의 감도와 직결되는 주경의 크기가 6.5m에 달한다. NASA와 유럽 우주국, 캐나다 우주국이 함께 제작했다. 허블우주망원경과 달리 적외선 영역만 관측할 수 있지만, 더 먼 우주까지 관측할 수 있도록 제작됐다.

93 도파민을 분비하는 신경세포가 만성적으로 퇴행하는 질환은?

① 파킨슨병   ② 알츠하이머병
③ 루게릭병   ④ 뇌전증

> **해설**
> 파킨슨병(Parkinson's Disease)은 만성 진행 신경퇴행성 질환이다. 도파민을 분비하는 신경세포가 서서히 소실되어 가는 질환으로, 서동증(운동 느림), 안정 시 떨림, 근육 강직, 자세 불안정 등의 증상이 발생한다. 연령이 증가할수록 이 병에 걸릴 위험이 점점 커져 노년층에서 많이 발생한다.

94 한국계 미국인 수학자인 허준이 교수가 2022년 수상한 수학계 상의 이름은?

① 필즈상   ② 울프상
③ 아벨상   ④ 에미상

> **해설**
> 수학계의 노벨상으로 불리는 필즈상은 세계수학자대회에서 수여하는 수학계에서는 가장 권위 있는 상이다. 매 4년마다 시상식이 열리며, 1924년 세계수학자대회 조직위원장이었던 '존 필즈'가 국제적 수학상 제정을 제안한 것을 계기로 시작되었다. 새로운 수학 분야 개척에 공헌한 40세 미만의 젊은 수학자에게 수여된다. 2022년에는 한국계 미국인 수학자인 허준이 프린스턴대 교수가 필즈상을 수상해 화제가 되었다.

95 다음 중 챗GPT에 대한 설명으로 옳은 것은?

① 구글이 개발한 대화형 인공지능이다.

② 인공지능 모델 GPT-1.0 기술을 바탕에 둔다.

③ 이미지 창작과 생성이 주요 기능이다.

④ 사용자와의 초반 대화내용을 기억해 질문에 답변할 수 있다.

해설

챗GPT(ChatGPT)는 인공지능 연구재단 오픈AI(Open AI)가 개발한 대화 전문 인공지능 챗봇이다. 사용자가 대화창에 텍스트를 입력하면 그에 맞춰 대화를 나누는 서비스로 오픈AI에서 개발한 대규모 인공지능 모델 'GPT-3.5' 언어기술을 기반으로 한다. 챗GPT는 인간과 자연스럽게 대화를 나누기 위해 수백만 개의 웹페이지로 구성된 방대한 데이터베이스에서 사전 훈련된 대량생성 변환기를 사용하고 있으며, 사용자가 대화 초반에 말한 내용을 기억해 답변하기도 한다.

96 네트워크의 보안 취약점이 공표되기도 전에 이뤄지는 보안 공격을 뜻하는 용어는?

① 스피어피싱

② APT 공격

③ 제로데이 공격

④ 디도스 공격

해설

제로데이 공격(Zero Day Attack)은 네트워크나 시스템 운영체제의 보안 취약점이 발견돼 이를 보완하기 위한 조치가 이뤄지기도 전에, 그 취약점을 이용해 네트워크에 침입하여 공격을 가하는 것을 말한다. 취약점을 뚫리지 않게 하기 위한 보안패치가 배포되기도 전에 공격을 감행해 네트워크는 속수무책으로 당할 수밖에 없다.

97 개방형 클라우드와 폐쇄형 클라우드가 조합된 클라우드 컴퓨팅 방식은?

① 온 프레미스 클라우드

② 퍼블릭 클라우드

③ 프라이빗 클라우드

④ 하이브리드 클라우드

해설

하이브리드 클라우드는 공공에게 개방된 개방형(퍼블릭) 클라우드와 개인이나 기업 자체에서 활용하는 폐쇄형(프라이빗) 클라우드가 조합되었거나, 개방형 클라우드와 서버에 직접 설치된 온 프레미스(On-premise)를 조합한 방식의 클라우드 컴퓨팅을 말한다. 기업·개인이 보유한 IT 인프라와 데이터, 보안 시스템을 한 곳에 몰아넣지 않고 그 특성과 중요도에 따라 분산하여 배치해, 업무효율성과 안전성을 획득할 수 있다.

98 다음 중 딥러닝에 대한 설명으로 틀린 것은?

① 인공지능이 스스로 문제를 해결하도록 한다.
② 인공신경망을 기반으로 한다.
③ 머신러닝 이전에 먼저 개발되었다.
④ 인공지능의 획기적 도약을 이끌었다.

해설
딥러닝(Deep Learning)은 컴퓨터가 다양한 데이터를 이용해 마치 사람처럼 스스로 학습할 수 있게 하기 위해 만든 인공신경망(ANN ; Artificial Neural Network)을 기반으로 하는 기계학습 기술이다. 이는 컴퓨터가 이미지, 소리, 텍스트 등의 방대한 데이터를 이해하고 스스로 학습할 수 있게 돕는다. 딥러닝의 고안으로 인공지능이 획기적으로 도약하게 되었다. 딥러닝은 기존 머신러닝(기계학습)의 한계를 넘어선 것으로 평가된다.

99 토마토에 함유된 붉은 색소로 항암작용을 하는 물질은?

① 안토시아닌　　　　　　② 카로틴
③ 라이코펜　　　　　　　④ 루테인

해설
라이코펜(Lycopene)은 잘 익은 토마토, 수박, 감, 당근 등 붉은색의 과일・채소에 함유된 카로티노이드 색소의 일종이다. 항산화작용과 항암작용을 하는 것으로 유명하며, 산화물질을 효과적으로 제거할 수 있는 중화제로도 알려져 있다.

100 PC 사용자의 인터넷 웹사이트 방문기록이 저장되는 파일을 뜻하는 용어는?

① 쿠 키　　　　　　　　② 북마크
③ 캐 시　　　　　　　　④ 브라우저

해설
쿠키에는 PC 사용자의 ID와 비밀번호, 방문한 인터넷 웹사이트 정보 등이 담겨 하드디스크에 저장된다. 이용자들의 홈페이지 접속을 도우려는 목적에서 만들어졌기 때문에 해당 사이트를 한 번 방문하고 난 이후에 다시 방문했을 때에는 별다른 절차를 거치지 않고 빠르게 접속할 수 있다는 장점이 있다. 하지만 개인정보 유출, 사생활 침해 등 개인정보가 위협받을 수 있다는 우려가 공존한다.

┃ 부산광역시공무직통합채용

01 다음 석기 시대의 특징에 대한 설명으로 옳은 것은?

① 구석기 시대에는 가락바퀴로 실을 뽑아 뼈바늘로 옷을 지어 입었다.
② 구석기 시대에는 주먹도끼, 찍개 등의 뗀석기를 사용했다.
③ 신석기 시대에는 동굴이나 강가의 막집에서 생활했다.
④ 신석기 시대에는 사유재산의 개념과 계급이 발생하기 시작했다.

해설

구석기 시대에는 동굴이나 강가의 막집에서 생활했고, 계절에 따라 이동 생활을 했다. 또한 주먹도끼, 찍개 등의 뗀석기를 사용했다. 신석기 시대에는 강가나 바닷가에 움집을 지어 정착 생활을 했고, 채집·수렵 활동과 조·피 등을 재배하는 농경 생활, 목축 생활을 시작했다. 빗살무늬 토기를 이용하여 음식을 조리하거나 저장했으며, 가락바퀴로 실을 뽑아 뼈바늘로 옷을 지어 입기도 했다. 사유재산의 개념과 계급이 발생하고, 족장이 출현한 것은 청동기 시대에 들어서다.

┃ 부산보훈병원

02 다음 유물이 사용되던 시기의 생활상으로 적절하지 않은 것은?

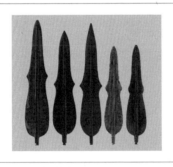 

① 사유재산과 계급이 발생했다.
② 풍요를 기원하는 주술적 의미의 청동제 의기 등을 만들었다.
③ 조·피 등을 재배하는 농경이 시작되고 목축업이 활성화됐다.
④ 움집이 지상 가옥화되고 배산임수의 취락이 형성됐다.

해설

사진은 비파형동검과 반달돌칼로 청동기 시대의 대표적 유물이다. 조·피 등을 재배하는 농경이 시작되고 목축업이 활성화된 시기는 신석기 시대이다. 청동기 시대에는 밭농사 중심의 농경 생활이 주를 이뤘고 벼농사가 시작됐다.

03 다음과 같은 규범으로 사회질서를 유지한 국가는?

> • 사람을 죽인 자는 사형에 처한다.
> • 남에게 상해를 입힌 자는 곡식으로 갚아야 한다.
> • 도둑질한 자는 노비로 삼되, 용서받고자 할 때에는 50만 전을 내야 한다.

① 고조선　　　　　　　　　　② 부 여
③ 금관가야　　　　　　　　　④ 동 예

해설
고조선은 사회질서를 유지하기 위해 8개 조항으로 이뤄진 범금8조를 만들었으며, 현재는 3개 조항만 전해진다. 범금8조의 내용을 통해 인간의 생명 중시, 사유재산 보호 등을 확인할 수 있다.

04 삼한에 대한 설명으로 옳지 않은 것은?

① 신성 지역인 소도에는 군장의 세력이 미치지 못하였다.
② 천군은 농경과 종교에 대한 의례를 주관하였다.
③ 세력이 큰 지배자를 읍차, 세력이 작은 지배자를 신지라 불렀다.
④ 철기 문화를 바탕으로 하는 농경 사회였다.

해설
삼한의 지배자 중에서 세력이 큰 경우는 신지, 작은 경우는 읍차로 불렸다.

05 다음은 어느 나라에 대한 설명인가?

> • 특산물로 단궁이라는 활과 과하마, 반어피 등이 유명하였다.
> • 매년 10월에 무천이라는 제천 행사를 열었다.
> • 동해안에 위치하여 해산물이 풍부하였다.

① 가 야　　　　　　　　　　② 마 한
③ 옥 저　　　　　　　　　　④ 동 예

해설
동예는 강원도 북부 동해안 중심에 형성된 나라로 읍군과 삼로라는 군장이 통치하였다. 방직기술이 발달하였고 족외혼과 책화라는 풍속이 있었다.

06 〈보기〉에 제시된 시기의 백제의 왕은?

> **보기**
>
> 태화 4년 5월 16일 병오일의 한낮에 백 번이나 단련한 철로 된 칠지도를 ○○○○가 만들었다. 온갖 적병을 물리칠 수 있으니 제후국의 왕(侯王)에게 주기에 알맞다. 지금까지 이런 칼이 없었는데 백제 왕세자 기생성음이 일부러 왜왕을 위하여 정교하게 만들었으니 후세에 전하여 보이라.
>
> — 칠지도 명문 —

① 고국원왕　　　　　　　　　② 고이왕
③ 침류왕　　　　　　　　　　④ 근초고왕

해설

근초고왕(346년 ~ 375년)은 백제 제13대 왕으로 활발한 정복활동을 펼쳐, 남쪽으로는 마한 세력을 통합하고 가야 지역까지 진출해 백제 역사상 최대 영토를 자랑하며 전성기를 이룩했다. 북쪽으로는 낙랑의 일부 지역을 확보했고, 평양성까지 진출해서 고구려 고국원왕을 전사시켰다. 그리고 요서지역과 왜에도 진출하여 왜에 칠지도를 하사하는 등 국제적으로 활발히 교류했다.

07 다음 중 고구려 장수왕의 업적이 아닌 것은?

① 고구려 역사상 가장 넓은 영토를 다스렸다.
② 수도를 국내성에서 평양성으로 옮겼다.
③ 북진정책을 펼쳐 중국의 북위와의 전쟁에서 여러 차례 승리했다.
④ 충주에 중원 고구려비를 건립했다.

해설

고구려 제20대 왕인 장수왕은 중국과의 적극적인 외교활동을 펼쳐 당시 중국을 제패한 북위에 사절을 파견해 외교 관계를 맺고 대체로 긴밀한 사이를 유지했다. 북위뿐 아니라 유연 등 다른 중국 민족·국가와도 다각적으로 외교하며 서방의 안정을 꾀했다. 한편 장수왕은 427년 수도를 국내성에서 평양성으로 옮겨 백제와 신라를 향한 남진정책을 펼쳤고, 백제의 위례성을 함락시키고 개로왕을 사살하는 등 전공을 올리는 데 성공한다. 그는 고구려 역사상 가장 넓은 영토를 다스린 왕이며 충주에 중원 고구려비를 건립하기도 했다.

08 다음 중 신라 김헌창의 난에 대한 설명으로 옳지 않은 것은?

① 유력한 왕위 계승 후보였던 아버지 김주원이 왕위에 오르지 못한 것을 구실로 일으켰다.
② 귀족들 간의 왕위계승전이 치열하게 벌어졌던 시기에 일어났다.
③ 무열왕계 귀족의 세력이 더욱 강화되는 계기가 되었다.
④ 난을 일으킨 지 한 달이 못 되어 진압되었다.

> **해설**
> 통일 신라 헌덕왕 때 무열왕계였던 김주원이 원성왕계 귀족들과의 왕위 쟁탈전에서 패배하자 아들인 웅천주(현재 충남 공주) 도독 김헌창이 반란을 일으켰다. 그러나 한 달이 못 되어 관군에 진압되어 실패하였다. 당시는 귀족들 간의 왕위계승 전이 치열하게 벌어지던 시기였는데, 김헌창의 난으로 무열왕계 귀족들은 크게 몰락했다.

09 다음 중 실직주 군주인 이사부를 보내 우산국을 점령한 신라의 왕은?

① 지증왕
② 진흥왕
③ 법흥왕
④ 무열왕

> **해설**
> 삼국 시대 신라의 제22대 왕인 지증왕은 농사에 소를 활용하는 우경을 실시해 생산력을 향상시켰고, 국명을 신라로 확정했다. 전국에 주·군·현을 설치하는 행정제도인 군현제를 실시했고, 이때 지금의 강원도 삼척 지역에 실직주가 탄생하였다. 지증왕은 실직주의 군주로 임명된 이사부를 우산국으로 보내 점령케 했다.

10 다음 중 통일 신라의 지방통치거점이었던 서원경에 대한 설명으로 옳지 않은 것은?

① 지금의 충청북도 청주 지역으로 추정된다.
② 지방 행정구역인 5소경과는 별도로 계획된 도시였다.
③ 신라가 백제를 멸망시키고 삼국을 통일한 후 신문왕 5년에 설치되었다.
④ 서원경 인근 촌락의 정보를 기록한 문서가 일본에서 발견되었다.

> **해설**
> 서원경은 신라의 지방 행정구역인 5소경의 하나로서 현재의 충청북도 청주 인근에 설치되었던 것으로 추정된다. 당시 호남과 영남을 통하는 교통의 요충지였기 때문에 지방 통치의 거점으로 삼았다. 신라가 백제를 멸망시키고 삼국 통일을 이룩한 후 신문왕 5년인 685년에 설치되었다. 이 서원경 인근 촌락의 인구와 토지 등 각종 정보를 기록한 신라촌락문서가 1933년 일본 나라현의 동대사에서 발견되었다.

11 다음 중 발해 무왕의 업적으로 맞는 것은?

① 대흥이라는 독자적 연호를 사용했다.
② 고구려의 옛 땅을 대부분 회복했다.
③ 수도를 중경에서 상경으로 옮겼다.
④ 장문휴를 보내어 당의 산둥반도를 공격하도록 했다.

해설

남북국 시대 발해의 제2대 왕인 무왕은 독자적 연호인 인안을 사용했고, 장군이었던 장문휴로 하여금 당의 산둥반도를 공격하게 했다. 또한 돌궐과 일본을 연결하는 외교 관계를 수립하는 데에도 힘썼다. ①, ③은 제3대 왕인 문왕, ②는 제4대 왕인 선왕에 대한 내용이다.

12 다음에서 말하는 인물에 대한 설명으로 옳은 것은?

> 이 인물은 신라 왕족 출신으로 알려졌으며, 통일신라 말에 반란을 일으킨 양길의 부하가 되어 세력을 키웠다. 이후에는 송악을 도읍으로 삼아 새로운 국가를 세웠는데 스스로를 미륵불이라 칭했다.

① 영락이라는 독자적 연호를 사용했다.
② 국호를 태봉으로 고쳤다.
③ 백제를 계승함을 내세웠다.
④ 청해진을 설치했다.

해설

신라의 왕족 출신인 궁예는 북원에서 반란을 일으킨 양길의 휘하로 들어가 세력을 키워 송악에 도읍을 정하고 후고구려를 세웠다(901). 궁예는 건국 후 영토를 확장해 철원으로 천도하고 국호를 마진으로 바꿨다가 다시 태봉으로 바꿨다. 그는 광평성을 중심으로 한 정치 기구를 새롭게 마련했으나 미륵신앙을 바탕으로 한 전제정치로 인해 백성과 신하들의 원성을 사면서 왕건에 의해 축출됐다.

13 다음 고려의 왕과 업적이 올바르게 연결된 것은?

① 광종 – 전국을 5도와 양계, 경기로 나눠 지방행정제도를 확립했다.
② 성종 – 당의 제도를 모방해 2성 6부의 중앙관제를 완성했다.
③ 숙종 – 쌍성총관부를 공격해 철령 이북의 땅을 수복했다.
④ 예종 – 삼한통보, 해동통보 등의 동전과 활구를 발행했다.

해설

고려 성종은 최승로의 시무 28조를 받아들여 12목을 설치하고 지방관을 파견해 지방세력을 견제했다. 또한 유교국가의 기틀을 마련했으며 당의 제도를 모방해 2성 6부의 중앙관제를 완성했다. 또 성종 때에는 개경(개성)과 서경(평양)에 물가를 조절하는 기구인 상평창이 설치되기도 했다.

14 고려 시대의 향·부곡·소에 대한 설명으로 틀린 것은?

① 향·부곡은 신라 때부터 있었고 고려 때 소가 신설됐다.
② 향·부곡에는 농업종사자가 거주했다.
③ 소에 거주하는 주민은 수공업에 종사했다.
④ 조세의 의무가 면제됐다.

해설

향·부곡·소는 고려 시대의 지방에 있는 특수행정구역이었다. 향·부곡(농업 종사)·소(수공업 종사)에 거주하는 주민이 살았으며 신분은 일반 양민과 달리 노비·천민과 유사한 특수 열등계급이었다. 이곳 주민들이 다른 지역으로 이주하는 것은 원칙적으로 금지됐고, 과중한 세금도 부담됐다.

15 고려 태조 왕건이 왕실자손들을 훈계하기 위해 남겼다고 전하는 항목은?

① 시무 28조
② 훈요 10조
③ 12목
④ 봉사 10조

해설

고려 태조 왕건은 왕권 강화를 위해 〈정계〉와 〈계백료서〉를 통해 임금에 대한 신하들의 도리를 강조했고, 후대의 왕들에게도 지켜야 할 정책 방향을 훈요 10조를 통해 제시했다. 또 사심관 제도와 기인 제도를 활용하여 지방 호족을 견제하고 지방통치를 보완하려 했다.

16 고려 시대 군사조직인 별무반에 대한 설명으로 틀린 것은?

① 숙종 때 윤관의 건의에 따라 설치됐다.
② 예종 때 별무반은 여진을 물리치고 강동 6주를 획득했다.
③ 신기군, 신보군, 항마군으로 구성됐다.
④ 2군 6위에 속하지 않는 별도의 임시군사조직이었다.

해설

고려 숙종 때 부족을 통일한 여진이 고려의 국경을 자주 침입하자 윤관이 왕에게 건의하여 신기군, 신보군, 항마군으로 구성된 별무반을 조직했다(1104). 예종 때 윤관은 별무반을 이끌고 여진을 물리쳐 동북 9성을 설치하기도 했다(1107). 별무반은 고려의 정규 군사조직인 2군 6위와는 별도로 편제된 임시군사조직이었다.

17 다음 대화의 (가)의 인물에 대한 설명으로 옳은 것은?

> 거란 소손녕 : 고려는 우리 거란과 국경을 접하고 있는데 왜 바다 건너 송을 섬기는가?
>
> 고려 (가) : 여진이 압록강 안팎을 막고 있기 때문에 귀국과 왕래하지 못하는 것이다. 여진을 내쫓고 우리 옛 땅을 돌려준다면 어찌 교류하지 않겠는가?

① 강동 6주를 확보했다.
② 동북 9성을 축조했다.
③ 화통도감을 설치했다.
④ 4군과 6진을 개척했다.

해설

거란은 송과의 대결에서 우위를 차지하기 위해 여러 번 고려를 침략했다. 고려 성종 때 1차 침입한 거란은 고려가 차지하고 있는 옛 고구려 땅을 내놓고 송과 교류를 끊을 것을 요구했다. 고려에서 외교관으로 나선 서희는 소손녕과의 외교담판을 통해 거란과 교류할 것을 약속하는 대신, 고려가 고구려를 계승하였음을 인정받고 압록강 동쪽의 강동 6주를 획득하는 성과를 거두었다.

18 고려 시대에 실시된 전시과에 대한 설명으로 옳은 것은?

① 고려 말 공양왕 때 신진사대부의 건의로 실시됐다.
② 관직과 직역의 대가로 토지를 나눠주는 제도였다.
③ 관등에는 상관없이 균등하게 토지를 나눴다.
④ 처음 시행 이후 지급기준이 3차례 개정·정비됐다.

해설

고려 경종 때 처음 시행된 시정 전시과는 관직 복무와 직역의 대가로 토지를 나눠 주는 제도였다. 관리부터 군인, 한인까지 인품과 총 18등급으로 나눈 관등에 따라 곡물을 수취할 수 있는 전지와 땔감을 얻을 수 있는 시지를 주었고, 수급자들은 지급된 토지에 대해 수조권만 가졌다. 이후 목종 때의 개정 전시과 제도는 인품에 관계없이 관등을 기준으로 지급하였고, 문종 때의 경정 전시과는 현직 관리에게만 지급하는 등 지급 기준이 점차 정비됐다.

19 다음 활동을 한 인물에 대한 설명으로 옳은 것은?

> • 위화도회군으로 권력을 장악함
> • 정도전 등과 함께 개혁을 추진함
> • 조선을 건국함

① 〈조선경국전〉을 편찬했다.
② 황산에서 왜구를 격퇴했다.
③ 우산국을 정벌했다.
④ 전민변정도감을 설치했다.

해설

고려 말 우왕 때 요동정벌을 추진했으나, 이성계는 4불가론을 제시하며 반대했다. 그러나 왕명에 따라 출병하게 됐는데, 결국 의주 부근의 위화도에서 군사를 돌려 개경으로 회군하면서 최영 등 반대파를 제거하고 권력을 장악했다. 이후 정도전, 남은 등 신진사대부들과 함께 유교사상을 바탕으로 개혁을 단행했으며 마침내 1392년 공양왕을 쫓아내고 조선을 건국했다.

20 조선 시대 세종이 실시한 것으로 남쪽 백성을 함길도·평안도 등 북방으로 이주시킨 정책은?

① 은본위제
② 13도제
③ 기인제도
④ 사민정책

해설

세종은 한반도 북방의 여진족을 몰아내고 압록강과 두만강 일대의 4군 6진을 개척했다. 이후 1433년에 세종은 조선 백성이 살지 않는 함길도와 평안도 지역에 남쪽 백성들을 이주시키는 사민정책을 실시했다. 또한 해당 지역을 관리할 지방관을 배치하기 위해, 이주한 지방백성들과 같은 지방출신인 관리를 지방관으로 임명하는 토관제도를 실시했다.

21 조선 시대에 당대 시정을 기록하는 일을 맡아보던 관청은?

① 춘추관
② 예문관
③ 홍문관
④ 승정원

해설

② 예문관 : 국왕의 말이나 명령을 담은 문서의 작성을 담당하기 위해 설치한 관서
③ 홍문관 : 궁중의 경서·사적 관리와 문한의 처리, 왕의 각종 자문을 관장하던 관서
④ 승정원 : 왕명의 출납을 관장하던 관청

22 다음 밑줄 친 전쟁 이후 동아시아의 정세에 대한 설명으로 틀린 것은?

> 적선이 바다를 덮어오니 부산 첨사 정발은 마침 절영도에서 사냥을 하다가, 조공하러 오는 왜라 여
> 기고 대비하지 않았는데 미처 진에 돌아오기도 전에 적이 이미 성에 올랐다. 정발은 난병 중에 전사
> 했다. 이튿날 동래부가 함락되고 부사 송상현이 죽었으며, 그의 첩도 죽었다. 적은 드디어 두 갈래
> 로 나누어 진격하여 김해·밀양 등 부(府)를 함락하였는데 병사 이각은 군사를 거느리고 먼저 달아
> 났다. 2백년 동안 <u>전쟁</u>을 모르고 지낸 백성들이라 각 군현(郡縣)들이 풍문만 듣고도 놀라 무너졌다.

① 명나라는 국력 소모를 크게 하여 국가재정이 문란해졌다.
② 조선에서는 비변사의 역할이 크게 축소되고 의정부의 권한이 강화되었다.
③ 만주의 여진이 세력을 확대하는 계기가 되었다.
④ 일본 내의 봉건 세력이 약화되었고 도쿠가와 이에야스가 정권을 장악하였다.

해설
동아시아 3국이 참전한 국제전이었던 7년간의 임진왜란 이후 명나라는 원군 출정으로 인한 국력 소모로 국가재정이 문란
해졌다. 때문에 만주 지역의 여진이 세력을 확장하는 계기가 되었고, 이후 명나라는 무너지고 청나라가 들어서게 된다.
일본에서는 봉건 제후 세력이 약화되어 도쿠가와 이에야스가 정권을 쉽게 장악할 수 있게 되었다. 조선에서는 전쟁 중
기능이 확대된 비변사의 역할과 권한이 그대로 유지되고, 의정부의 역할이 축소되었다.

23 다음 중 조선의 중앙 군사 편제인 5군영에 해당하지 않는 것은?

① 훈련도감   ② 어영청
③ 금위영   ④ 속오군

해설
5군영은 조선 후기 서울과 그 외곽지역을 방어하기 위해 편제된 군사제도로 훈련도감·어영청·총융청·수어청·금위영
이 있다. 이 중 총융청은 경기도 일대를, 수어청은 남한산성을 수비하기 위해 설치되었다. 속오군은 지방군으로서 속오법
에 따라 편성되었고, 각 지방의 주민이 대부분 편입되어 평상시 농사와 군사훈련을 병행했다.

24 다음 인물의 업적으로 옳은 것은?

조선 후기의 대표적 중상주의 실학자인 이 인물은 상공업의 진흥과 수레
·선박의 이용 및 화폐 유통의 필요성을 강조하였다. 또한, 〈양반전〉,
〈허생전〉, 〈호질〉 등을 통해 양반의 무능과 허례를 풍자하고 비판했다.
홍대용, 박제가 등과 함께 북학론을 전개하기도 했다.

① 청나라에 다녀온 뒤 〈열하일기〉를 저술했다.
② 신분에 따라 토지를 차등 분배하는 균전론을 주장했다.
③ 단군조선과 고려 말까지를 다룬 역사서 〈동사강목〉을 저술했다.
④ 신유박해로 탄압을 받아 유배를 갔다.

해설

조선 후기 중상주의 실학자였던 연암 박지원은 상공업의 진흥과 수레·선박의 이용 및 화폐 유통의 필요성을 강조했다.
또한, 〈양반전〉, 〈허생전〉, 〈호질〉 등을 저술해 양반의 무능과 허례를 풍자하고 비판했다. 그는 청나라에 다녀온 뒤 〈열하
일기〉를 저술해 상공업과 화폐의 중요성에 대해 주장하기도 했다.

25 다음 중 조선 정조의 업적에 해당하는 것은?

① 통일법전인 대전회통을 편찬했다.
② 의정부서사제를 도입했다.
③ 직전법을 실시해 토지부족 문제를 해결하려 했다.
④ 규장각을 설치하고 인재를 등용했다.

해설

조선의 제22대 왕인 정조는 선왕인 영조의 탕평책을 이어 받아 각종 개혁정치를 펼쳤다. 왕의 친위부대인 장용영을 설치해
왕권을 강화했으며, 규장각을 설치하고 초계문신제를 시행해 훌륭한 인재를 등용하려 힘썼다. 또한 수원에 화성을 건설하
고, 시전 상인들의 금난전권을 폐지하는 신해통공을 단행했다.

26 '대동법'에 관한 설명으로 틀린 것은?

① 세금을 쌀로 통일한 납세제도이다.

② 광해군이 최초로 시행하여 전국적으로 확산시켰다.

③ 농민에게 과중하게 부과되던 세금이 어느 정도 경감되었다.

④ 전국적으로 확산되면서 쌀뿐만 아니라 옷감·동전으로도 납부할 수 있었다.

> **해설**
>
> 대동법은 광해군 때 최초로 경기도에 한해서 시행되다가 인조가 등극한 후 강원도, 충청도, 전라도까지 확대되었고, 17세기 후반이 되어서 전국적으로 확산되었다.

27 조선 시대에 발생한 다음 네 사화 중 가장 시기가 늦은 것은?

① 기묘사화   ② 을사사화

③ 갑자사화   ④ 무오사화

> **해설**
>
> 사화는 조선 시대 사림파와 훈구파 사이의 대립으로 사림파가 큰 피해를 입은 4가지 사건을 말한다. 1498년 무오사화, 1504년 갑자사화, 1519년 기묘사화, 1545년 을사사화로 이어진다. 을사사화는 명종 재임 당시 일어났으며 인종의 외척이던 윤임과 명종의 외척이던 윤원형 세력의 대립으로 벌어졌다.

28 다음에서 밑줄 친 전쟁 이후 발생한 사건으로 옳은 것은?

> 의정부 참정 심상훈이 아뢰기를, "지금 일본과 러시아 간에 <u>전쟁</u>이 시작된 이후 일본군사들이 용맹을 떨쳐 육지와 해상에서 연전연승한다는 소식이 세상에 퍼져 각기 나라 사람들과 더불어 가서 관전하는 일이 많습니다. 원수부에서 장령(將領)과 위관(尉官)을 해당 싸움터에 적절히 파견하여 관전하게 하는 것이 어떻겠습니까?"하니, 윤허하였다.

① 독립협회가 관민공동회를 개최했다.

② 평민 의병장 출신 신돌석이 을사의병을 주도했다.

③ 고종이 러시아 공사관으로 피신했다.

④ 서양국가와의 최초의 조약인 조미수호통상조약이 체결됐다.

> **해설**
>
> 만주와 조선의 지배권을 두고 러시아와 일본이 1904~1905년에 러일 전쟁을 벌였다. 전쟁에서 승리한 일본이 사실상 열강들로부터 한국에 대한 지배를 인정받자 일본은 을사늑약을 체결하여 대한제국의 외교권을 박탈하고 한국을 식민지로 만들려는 계획을 진행했다(1905). 을사늑약 체결 이듬해 서울에 통감부가 설치됐고, 이토 히로부미가 초대통감으로 부임하여 외교뿐만 아니라 내정에도 간섭하였다. 을사늑약 체결 이후 유생 출신의 민종식, 최익현과 평민 의병장 출신 신돌석 등이 을사의병을 주도했다(1906).

29 다음 중 흥선대원군에 대한 설명으로 틀린 것은?

① 국가운영에 대한 법을 새로 규정하기 위해 〈속대전〉을 편찬했다.

② 왕실의 권위회복을 위해 임진왜란 때 불탔던 경복궁을 중건했다.

③ 군정의 문란을 해결하기 위해 호포제를 실시했다.

④ 서양과의 통상수교 반대의지를 알리기 위해 전국 각지에 척화비를 세웠다.

> **해설**
>
> 흥선대원군은 국가의 재정을 확보하기 위해 양반에게도 군포를 부과하는 호포제를 시행했으며, 사창제를 시행하여 환곡의 폐단을 해결하고자 했다. 또한 임진왜란 때 불에 타서 방치된 경복궁을 중건했고, 비변사를 폐지한 후 의정부와 삼군부를 부활시켜 왕권을 강화했다. 대외적으로는 전국에 척화비를 세우고, 외세 열강과의 통상수교 거부정책을 확고히 했다. 〈속대전〉은 조선 영조 때 국가운영에 대한 법을 새로 규정하기 위해 〈경국대전〉을 바탕으로 새롭게 변화된 조항을 담아 편찬됐다.

30 다음 중 조선 말 흥선대원군의 정책 하에 발행한 화폐의 이름은?

① 상평통보 ② 당백전

③ 건원중보 ④ 유엽전

> **해설**
>
> 조선 말엽 흥선대원군은 왕실의 위엄을 되살리기 위해 경복궁을 중건하였는데, 이 때의 막대한 공사비를 충당하기 위해 원납전이라는 성금을 걷고 당백전을 발행했다. 당백전은 당시 1전 동전의 가치를 100배로 부풀려 발행한 것으로, 이로 인해 극심한 인플레이션과 경제적 혼란이 유발되었다.

31 다음 중 일제가 대한제국의 외교권을 강탈한 불평등 조약은?

① 을사조약　　　　　　　　　　　② 시모노세키 조약
③ 강화도 조약　　　　　　　　　　④ 한일신협약

> **해설**
>
> 을사조약은 1905년 일제가 대한제국의 외교권을 강탈하고 통감부 설치를 강행한 강압적인 불평등 조약이다. 제1차 한일협약 또는 을사늑약이라고도 하며, 일제는 대한제국을 보호국으로 명시했지만 사실상 식민지로 삼으려 했던 신호탄이라고 볼 수 있다. 이 조약에 찬성한 대한제국의 대신들을 을사오적이라고 한다. 을사조약 체결 후 이에 반발한 의병활동이 일어났으며, 고종황제는 조약의 부당함을 알리기 위해 헤이그 특사를 파견했다.

32 다음 중 을미개혁에 대한 내용으로 옳은 것은?

① 지석영이 소개한 종두법 실시를 위해 종두소를 설치하였다.
② 고종이 대한제국을 선포하며 시작되었다.
③ 청의 연호를 폐지하고 개국 연호를 사용했으며 또한 과거제를 폐지하였다.
④ 을미사변이 발생하기 전 일제에 의해 강제로 시행되었다.

> **해설**
>
> 을미사변 이후 일제가 내세운 김홍집 내각에 의해 을미개혁(1895)이 추진되었다. 이 때 지석영이 소개한 천연두를 예방하는 종두법을 실시하기 위해 종두소를 설치하였고, 건양 연호와 태양력을 사용하게 되었으며 단발령이 시행되었다. 단발령은 을미사변으로 격해진 반일 감정의 기폭제가 되어 의병운동으로 이어지게 되었다. 고종이 대한제국을 선포한 것은 광무개혁(1899)이며 개국 연호를 사용하고 과거제를 폐지한 것은 갑오개혁(1894)이다.

33 다음 중 김구의 주도로 중국 상해에서 조직된 독립운동단체의 이름은?

① 한인애국단　　　　　　　　　　② 의열단
③ 신간회　　　　　　　　　　　　④ 신민회

> **해설**
>
> 한인애국단은 1920년대 중반 이후 대한민국 임시정부의 활동침체를 극복하고, 1931년 만보산 사건과 만주사변 등으로 인하여 침체된 항일독립운동의 활로를 모색하려는 목적에서 결성되었다. 김구의 주도로 중국 상해에 조직된 대한민국 임시정부의 특무활동기관이자 1930년대 중국 관내의 대표적인 의열투쟁단체였다.

34 의열단에 대한 설명으로 옳지 않은 것은?

① 1919년 11월 만주 지린성에서 조직되었다.
② 부산경찰서 폭파 사건을 주도했다.
③ 대한민국 임시정부 산하의 의열투쟁단체였다.
④ 〈조선혁명선언〉을 활동 지침으로 삼았다.

해설

의열단은 1919년 11월 만주 지린성에서 조직된 항일 무력독립운동 단체이다. 신채호의 〈조선혁명선언〉을 활동 지침으로 삼았으며, 부산경찰서 폭파 사건, 조선총독부 폭탄투척 의거 등의 활동을 했다. 대한민국 임시정부 산하의 의열투쟁단체는 한인애국단이다.

35 독립협회에 대한 설명으로 틀린 것은?

① 갑신정변 이후 서재필 등이 창립했다.
② 만민공동회와 관민공동회를 개최했다.
③ 독립문을 건립했다.
④ 중추원 폐지를 통해 서구식 입헌군주제 실현을 목표로 했다.

해설

갑신정변 이후 미국에서 돌아온 서재필은 남궁억, 이상재, 윤치호 등과 함께 독립협회를 창립하고 만민공동회와 관민공동회를 개최하여 국권·민권신장운동을 전개했다. 또한 중추원 개편을 통한 의회 설립과 서구식 입헌군주제 실현을 목표로 활동했다. 아울러 청의 사신을 맞던 영은문을 헐고 그 자리 부근에 독립문을 건립하기도 했다.

36 1898년 남궁억과 나수연이 국민계몽을 목적으로 발간한 신문의 명칭은?

① 독립신문   ② 매일신문
③ 한성순보   ④ 황성신문

해설

〈황성신문〉은 1898년 창간된 국한문 혼용 일간지다. 남궁억과 나수연이 이미 발간 중이었던 〈대한황성신문〉의 판권을 인수해 창간했다. 외세침입에 대해 국민을 계몽하고 일제를 비판하기 위한 목적으로 창간했는데, 당시 신문의 주필이었던 장지연의 사설 '시일야방성대곡'이 실리기도 했다.

37 구한말 고종황제의 퇴위 반대 운동을 벌인 민중계몽단체는?

① 근우회　　　　　　　　　　② 보안회
③ 대한자강회　　　　　　　　④ 신민회

해설

1906년 4월 설립된 대한자강회는 민중계몽단체로 국민 교육을 강화하고 그로 하여금 국력을 키워 독립의 기초를 닦기 위한 사명을 띠고 있었다. 윤효정, 장지연, 나수연 등이 설립했으며 교육기관을 세울 것을 주장하고 고종황제의 퇴위 반대 운동을 펼치기도 했다.

38 다음 중 가장 나중에 일어난 항일 독립운동은?

① 조천만세운동　　　　　　　② 6 · 10 만세운동
③ 봉오동 전투　　　　　　　　④ 2 · 8 독립선언

해설

1919년 2 · 8 독립선언은 한국의 독립에 관심을 갖게 된 일본 도쿄의 유학생들이 발표한 독립선언으로 3 · 1 운동에 직접적인 영향을 끼쳤다. 같은 해 일어난 조천만세운동은 4차에 걸쳐 진행되었으며 제주도에서 일어난 대표적 독립운동 중 하나다. 또 이듬해 6월에 시작된 봉오동 전투는 홍범도 장군이 이끄는 한국독립군 부대가 중국 지린성의 봉오동에서 일본군을 크게 격파한 전투다. 6 · 10 만세운동은 1926년 순종황제의 장례식 날 일어난 대규모 만세운동이다.

39 대한민국 임시정부가 주도한 일이 아닌 것은?

① 독립운동자금 모금　　　　　② 건국강령 발표
③ 한국광복군 창설　　　　　　④ 물산장려운동 주도

해설

물산장려운동은 일제의 수탈정책에 맞선 운동으로서, 조선물산장려회에서 주도하였다.

40 일제강점기 당시 독립운동가로 1932년 일왕의 생일날 거사를 일으킨 인물은?

① 김원봉

② 이봉창

③ 윤봉길

④ 조소앙

해설

일제강점기 독립운동가인 윤봉길 의사는 임시정부의 김구가 창설한 한인애국단에 가입해, 1932년 중국 상하이 홍커우공원에서 열린 일왕의 생일기념식에 폭탄을 던져 의거했다. 일왕을 사살하지는 못했으나, 일본군 대장과 일본인 거류민단장이 그 자리에서 사망했다. 현장에서 체포된 윤봉길 의사는 사형선고를 받아 1932년 12월 19일 순국했다.

41 다음 시정 방침의 발표 계기로 옳은 것은?

> 정부는 관제를 개혁하여 총독 임용의 범위를 확장하고 경찰 제도를 개정하며, 또는 일반 관리나 교원 등의 복제를 폐지함으로써 시대의 흐름에 순응한다.

① 청산리 대첩

② 3·1 운동

③ 안중근 의거

④ 6·10 만세운동

해설

일제는 1919년 3·1 운동을 계기로 1910년대 실시했던 무단통치정책을 1920년대 들어 문화통치정책으로 전환한다.

42 일제강점기에 식민사관을 바탕으로 우리나라 역사를 연구한 어용학술단체는?

① 경학사

② 진단학회

③ 청구학회

④ 일진회

해설

청구학회는 경성제국대학과 조선총독부의 조선사편수회가 1930년 조직한 어용학술연구단체다. 식민사관을 바탕으로 우리나라와 만주 등의 역사·문화를 연구하였다. 이들이 연구한 식민주의 역사관은 일제의 침략행위를 정당화하는 데 일조했다.

43 다음 중 1970년대에 일어난 사건이 아닌 것은?

① 민청학련 사건

② 5 · 16 군사정변

③ YH 무역 사건

④ 인민혁명당 재건위 사건

해설

전국민주청년학생총연맹(민청학련)의 학생 180명이 내란 혐의를 받아 구속된 민청학련 사건과 북한의 지령을 받아 국가 변란을 획책했다는 혐의로 1964년 구속됐던 지하조직 인민혁명당이 이 민청학련의 배후라고 규정한 인민혁명당 재건위 사건(제2차 인혁당 사건)은 모두 1974년에 일어났다. 또한 YH 무역의 여성노동자 170여 명이 근로자의 생존권 보장을 요구하며 신민당사에서 농성을 벌인 YH 무역 사건은 1979년에 일어난 사건이다. 박정희의 군부세력이 정변을 일으켜 정권을 장악한 5 · 16 군사정변은 1961년 일어났다.

44 다음 사건과 관련된 인물은?

1970년 11월 13일 서울 청계천 평화시장 재단사였던 그는 열악한 노동환경에 항거해 "근로기준법 을 준수하라", "우리는 기계가 아니다"라고 외치며 분신했다.

① 전태일

② 이소선

③ 김진숙

④ 김주열

해설

전태일 열사는 한국의 노동운동을 상징하는 인물로 청계천 평화시장 재단사로 일하면서 열악한 노동조건의 개선을 위해 노력했으며, 1970년 11월 노동자는 기계가 아니라고 외치며 분신하였다. 그의 죽음은 장기간 저임금노동에 시달렸던 당시의 노동환경을 고발하는 역할을 했으며, 한국 노동운동발전에 중요한 계기가 되었다.

45 전두환 정부 때 있었던 일에 해당하는 것은?

① 남북 이산가족 최초 상봉

② 남북기본합의서 채택

③ 남북정상회담 최초 개최

④ 민족 공동체 통일 방안 제안

해설

전두환 정부 때 남북 이산가족 상봉(1985)이 최초로 이루어졌다.

② 남북기본합의서 채택(1991) : 노태우 정부

③ 남북정상회담 최초 개최(2000) : 김대중 정부

④ 민족 공동체 통일 방안 제안(1994) : 김영삼 정부

46 다음 ㉠ ~ ㉣을 일어난 순서대로 옳게 나열한 것은?

㉠ 6월 민주항쟁	㉡ 4 · 19 혁명
㉢ 부마민주항쟁	㉣ 5 · 18 민주화운동

① ㉠ - ㉡ - ㉢ - ㉣   ② ㉠ - ㉢ - ㉣ - ㉡

③ ㉡ - ㉢ - ㉣ - ㉠   ④ ㉡ - ㉢ - ㉠ - ㉣

해설

㉡ 4 · 19 혁명 : 1960년 4월, 이승만 정권의 부정선거를 규탄하며 일어난 시민혁명이다.

㉢ 부마민주항쟁 : 1979년 10월 16일 ~ 20일, 박정희 유신체제에 대항하여 부산과 마산에서 일어난 항쟁이다.

㉣ 5 · 18 민주화운동 : 1980년 5월 18일 ~ 27일, 당시 최규하 대통령 아래 전두환 군부세력 퇴진과 계엄령 철폐를
    요구하며 광주시민을 중심으로 일어난 민주화운동이다.

㉠ 6월 민주항쟁 : 1987년 6월, 전두환 군부독재에 맞서 일어난 민주화운동이다.

47 밑줄 친 '이 사건'에 대한 설명으로 옳지 않은 것은?

이 사건은 1987년 6월에 전국에서 일어난 반독재 민주화 시위로 군사정권의 장기집권을 막기 위한
범국민적 민주화운동이다.

① 제5공화국이 출범하며 촉발되었다.

② 이한열이 최루탄에 맞은 사건이 계기가 되었다.

③ 4 · 13 호헌조치에 반대하였다.

④ 이 사건의 결과 대통령 직선제로 개헌되었다.

해설

제시된 사건은 6월 민주항쟁이다. 1980년 5월 광주 민주화운동의 비극 이후 전두환이 같은 해 9월 제11대 대통령에 취임하
면서 독재의 서막을 알렸고, 이듬해인 1981년 3월 간접선거로 다시 제12대 대통령으로 취임하면서 제5공화국이 정식
출범하였다. 제5공화국은 1987년 6월 항쟁 이후 대통령 직선제 개헌을 명시한 6 · 29 선언이 발표되며 종지부를 찍었다.

48 다음 중 우리나라의 9차 헌법개정으로 이루어진 것은 무엇인가?

① 대통령 4년 중임 중심제

② 대통령 3선 연임 제한 철폐

③ 대통령 7년 단임 간선제

④ 대통령 5년 단임 직선제

해설

우리나라의 9차 헌법개정은 1987년에 이루어졌으며 10월 29일에 공포되었다. 이는 전두환 정부의 호헌선언과 강압적인 독재정치, 서울대생 박종철군의 고문치사 사건 등으로 촉발한 6월 항쟁의 결실이라 할 수 있다. 이 개헌으로 대통령의 임기와 선출은 5년 단임의 직선제로 시행하게 됐다.

49 다음 중 김영삼 정권 때 일어난 일은?

① 제4공화국

② 베트남 파병

③ 4 · 13 호헌조치

④ 금융실명제

해설

1993년 8월, 김영삼 정권은 '금융실명거래 및 비밀 보장에 관한 긴급재정경제명령'을 발표하면서 금융실명제를 실시했다.

① · ②는 박정희 정권과 관련된 것이다.

③ 1987년 4월 13일, 전두환 정권은 '헌법 개정 논의를 금지한다'라는 특별담화를 발표했다.

50 다음 중 남북한 정상이 최초로 한 정상회담과 관련 있는 사건은?

① 판문점선언

② 6 · 15 남북공동선언

③ 7 · 4 남북공동성명

④ 10 · 4 남북공동선언

해설

남북한의 정상이 최초로 만나 정상회담을 가진 것은 김대중 정부 때다. 2000년 6월 15일 김대중 대통령이 평양을 방문해 북한의 김정일 국방위원장과 만나 첫 회담을 가졌다. 이 회담에서 남북한의 통일에 관한 각자의 견해를 공유하고 통일에 힘을 모으기로 하며 경제협력 등을 약속한 6 · 15 남북공동선언을 발표했다.

주요 국제 Awards

01 노벨상

수상 부문		생리의학, 물리학, 화학, 경제학, 문학, 평화
주 최		스웨덴 왕립과학아카데미, 노르웨이 노벨위원회
시작연도		1901년
시상식 장소		스웨덴 스톡홀름(단, 평화상은 노르웨이 오슬로)
시상식 일정		매년 12월 10일
심 사	생리의학	카롤린스카 의학연구소
	물리학, 화학, 경제학	스웨덴 왕립과학아카데미
	문 학	스웨덴 아카데미(한림원)
	평 화	노르웨이 노벨위원회

01 노벨생리의학상

커털린 커리코   드루 와이스먼

2023년 생리의학상은 코로나19 백신 개발에 기여한 헝가리 출신의 커털린 커리코 헝가리 세계드대학 교수와 드루 와이스먼 미국 펜실베이니아대학 페렐만 의대 교수에게 돌아갔다. 이들은 코로나19 메신저리보핵산(mRNA) 백신 개발 공로를 인정받아 수상의 영예를 안았다. 두 사람은 바이러스 표면에 있는 단백질 정보가 담긴 mRNA 정보를 일부 변형해 인체 세포에 넣어주면 인체 면역체계를 자극해서 면역반응을 일으킬 수 있다는 사실을 밝혀냈고, 이는 화이자와 바이오엔테크, 모더나의 코로나19 mRNA 백신 개발의 토대가 됐다.

02 노벨물리학상

피에르 아고스티니 　　　 페렌츠 크러우스 　　　 안 륄리에

노벨물리학상은 원자 내부에 있는 전자의 움직임을 잡아낼 정도로 파장이 짧은 '찰나의 빛'을 만들어내는 새 실험방법을 고안해 낸 피에르 아고스티니 미국 오하이오주립대 명예교수, 페렌츠 크러우스 독일 막스플랑크 양자광학연구소 교수, 안 륄리에 스웨덴 룬드대학 교수에게 돌아갔다. 이들은 인류에게 원자와 분자 안에 있는 전자의 세계를 탐사할 새로운 도구를 건네준 실험들을 한 공로를 인정받았다.

03 노벨화학상

문지 바웬디 　　　 루이스 브루스 　　　 알렉세이 예키모프

노벨화학상은 문지 바웬디 미국 매사추세츠공대 교수와 루이스 브루스 미국 컬럼비아대 교수, 알렉세이 예키모프 미국 나노크리스털 테크놀로지사 전 수석과학자가 수상했다. 이들은 양자점(퀀텀 도트) 발견과 합성에 기여한 점이 인정되어 영예를 안았다. 양자점은 크기가 수~수십 나노미터인 반도체 결정으로 원자를 수백~수천 개 정도 뭉친 물질이다. 학계에서는 양자점이 향후 휠 수 있는 전자기기, 초소형 센서, 초박형 태양전지, 양자 암호통신 등 여러 분야에 사용될 수 있을 것으로 전망하고 있다.

04 노벨경제학상

클로디아 골딘

노벨경제학상은 여성과 남성의 노동시장 참여도와 임금수준이 차이 나는 이유를 규명한 미국의 노동경제학자 클로디아 골딘 하버드대 교수에게 돌아갔다. 노벨위원회는 "수세기에 걸친 여성 소득과 노동시장 참여에 대한 포괄적 설명을 사상 처음으로 제공했다"며 수상의 이유를 설명했다. 골딘은 200년이 넘는 기간 동안 축적된 미국의 노동시장 관련 자료를 분석해 시간의 흐름에 따라 성별에 따른 소득과 고용률 격차가 어떻게 변화하는 지를 살피고 이러한 차이가 나타나는 원인을 규명해냈다.

05 노벨문학상

욘 포세

노벨문학상은 노르웨이 작가 욘 포세가 수상했다. 그는 소설가로 데뷔했으나 극작을 시작한 이후에는 현대 연극의 최전선을 이끄는 동시대 최고 극작가의 반열에 올랐다. 이외에도 에세이와 시에 이어 아동문학까지 장르를 넘어 종횡무진하는 글쓰기로 유명하다. 현재는 주로 희곡에 집중해 작품활동을 이어오고 있으며, 그의 희곡들은 전 세계 무대에 900회 이상 오른 것으로 알려졌다. 스웨덴 한림원은 "그의 혁신적인 희곡과 산문은 이루 말로 다 할 수 없는 것들을 말로 표현했다"고 평가했다.

06 노벨평화상

나르게스 모하마디

노벨평화상은 이란의 대표 여성 인권운동가이자 반정부인사인 나르게스 모하마디에게 돌아갔다. 그는 이란 여성에 대한 압제와 차별에 저항하고 인권과 자유를 위한 투쟁에 앞장선 인물이다. 2003년 노벨평화상 수상자 시린 에바디가 이끄는 인권수호자 센터의 부회장을 맡으면서 여성의 인권을 비롯해 20여 년간 이란의 민주주의화와 사형제 반대운동을 이끌었다.

01 베니스 영화제

개최 장소	이탈리아 베네치아
개최 시기	매년 8월 말~9월 초
시작 연도	1932년

〈2023 제80회 수상내역〉

• 황금사자상

〈가여운 것들〉　　요르고스 란티모스

그리스가 낳은 세계적인 거장 요르고스 란티모스 감독의 영화 〈가여운 것들〉이 최고 영예인 황금사자상을 수상했다. 〈가여운 것들〉은 스코틀랜드 작가 앨러스데어 그레이가 1992년 출간한 동명소설을 란티모스 감독의 시선으로 재해석한 작품이다. 프랑켄슈타인으로 되살아난 한 여인이 바깥 세상에 대한 호기심을 견디지 못하고 방탕한 변호사와 함께 떠난 모험에서 겪는 일들을 그렸다.

• 심사위원대상/감독상

〈악은 존재하지　　마테오 가로네
않는다〉

심사위원대상은 일본의 하마구치 류스케 감독이 연출한 〈악은 존재하지 않는다〉가 수상했고, 감독상은 〈이오 캐피타노〉를 감독한 마테오 가로네에게 돌아갔다. 〈악은 존재하지 않는다〉는 작은 시골마을에 사는 한 남자와 그의 딸이 마을의 개발을 두고 겪게 되는 일들을 다룬 작품이다. 〈이오 캐피타노〉는 세네갈의 두 청년이 수도 다카르를 떠나 유럽으로 향하는 여정을 그린 현대판 오디세이다.

• 남우주연상/여우주연상

피터 사스가드　　케일리 스페이니

남우주연상은 〈메모리〉의 피터 사스가드가, 여우주연상은 〈프리실라〉의 케일리 스페이니가 수상했다. 〈메모리〉는 치매를 앓는 남자와 사회복지사로 일하고 있는 여자가 고등학교 동창회에서 만나게 되면서 큰 변화를 겪게 되는 내용을 다룬 작품이다. 〈프리실라〉는 1950년대 최고의 스타였던 엘비스 프레슬리의 아내 프리실라의 삶을 다룬 전기영화다.

02 칸 영화제

개최 장소	프랑스 남부의 도시 칸
개최 시기	매년 5월
시작 연도	1946년

〈2024 제77회 수상내역〉

• 황금종려상

〈아노라〉   숀 베이커

최고 영예의 황금종려상은 성노동자 여성을 주인공으로 한 숀 베이커 감독의 영화 〈아노라〉가 수상했다. 그간 작품에서 성소수자, 이민자, 위기가정 아동 등 사회의 소수자들을 주인공으로 내세워왔던 숀 베이커 감독의 황금종려상 첫 수상이었다. 〈아노라〉는 스트립 댄서로 일하는 여성이 러시아 신흥재벌의 아들과 결혼한 뒤 시부모로부터 결혼생활을 위협당하면서 벌어지는 사건을 그렸다.

• 심사위원대상/감독상

〈올 위 이매진   미겔 고메스
애즈 라이트〉

심사위원대상은 인도 여성감독 최초로 칸 경쟁부문에 진출한 파얄 카파디아 감독의 〈올 위 이매진 애즈 라이트〉가 수상했고, 감독상은 〈그랜드 투어〉를 감독한 미겔 고메스에게 돌아갔다. 〈올 위 이매진 애즈 라이트〉는 인도 뭄바이에서 간호사로 일하는 세 여성의 삶과 연대를 다뤘다. 〈그랜드 투어〉는 1917년 영국을 배경으로 한 남자가 약혼녀와 결혼하기로 한 날 도망치면서 전개되는 이야기로 약혼녀가 남자를 찾아 아시아 그랜드 투어를 떠나며 벌어지는 일을 그렸다.

• 남우주연상/여우주연상

제시 플레먼스   아드리아나 파즈,
조 샐다나,
셀레나 고메즈,
카를라 소피아 가스콘

남우주연상은 요르고스 란티모스 감독의 〈카인즈 오브 카인드니스〉에 출연한 제시 플레먼스가 수상했다. 여우주연상은 심사위원상을 수상한 자크 오디아르 감독의 〈에밀리아 페레즈〉에서 열연한 아드리아나 파즈, 조 샐다나, 셀레나 고메즈, 카를라 소피아 가스콘이 공동 수상해 이례적인 일로 평가되기도 했다.

03 베를린 영화제

개최 장소	독일 베를린
개최 시기	매년 2월 중순
시작 연도	1951년

〈2024 제74회 수상내역〉

• 황금곰상

〈다호메이〉　　　마티 디오프

최고영예인 황금곰상은 장편 다큐멘터리 〈다호메이〉를 연출한 프랑스 출신의 감독 마티 디오프가 수상했다. 〈다호메이〉는 19세기 말 프랑스 식민지였던 아프리카 '다호메이 왕국'의 유물 26점이 지난 2021년 11월에 반환되면서 벌어지는 정치적 논쟁을 담았다. 세네갈 출신의 부모를 둔 감독이자 배우 마티 디오프는 3번째 장편 연출작으로 황금곰상을 거머쥐었다.

• 심사위원대상/감독상

〈여행자의 필요〉　넬슨 카를로 드 로스 산토스
아리아스

심사위원대상은 홍상수 감독의 31번째 장편영화인 〈여행자의 필요〉에 돌아갔다. 이 수상으로 그는 베를린 영화제 경쟁부문에 7차례 진출해 부문별 작품상인 은곰상만 5차례 수상하는 기록을 세웠다. 한편 은곰상 감독상은 〈페페〉를 연출한 넬슨 카를로 드 로스 산토스 아리아스 감독이 수상했다. 〈페페〉는 콜롬비아의 마약왕 파블로 에스코바르의 개인 동물원에 살고 있는 하마의 삶을 조명한 작품이다.

• 주연상/조연상

세바스찬 스탠　　　에밀리 왓슨

주연상은 아론 스킴버그 감독의 〈어 디퍼런트 맨〉에서 열연한 세바스찬 스탠에게 돌아갔다. 이 작품은 신경섬유종이라는 안면장애를 앓는 배우 지망생을 중심으로 한 심리 스릴러 영화다. 조연상은 아일랜드-벨기에 합작 영화인 〈이처럼 사소한 것들〉에 출연한 에밀리 왓슨이 수상했다. 이는 1985년 두 부자가 외딴 마을 수녀원의 끔찍한 비밀을 파헤치면서 드러나는 충격적인 진실을 그린 작품이다.

01 정치·국제·법률

01 불체포특권

회기 중에 국회 동의 없이 체포 또는 구금되지 않을 국회의원의 권리

국회의원은 범죄혐의가 있어도 회기 중에 국회 동의 없이는 체포 또는 구금되지 않을 권리인 불체포특권을 가진다. 다만 현장에서 범죄를 저질러 적발된 현행범인 때는 예외다. 불체포특권을 둔 목적은 국회의원의 자유로운 의정활동과 국회의 기능을 보장하기 위함이다. 그러나 불체포특권을 남용해 수사가 진행 중인 국회의원의 체포를 막으려 소속정당에서 임시국회를 고의로 여는 소위 '방탄국회' 소집도 발생했다. 이를 막기 위해 2005년에는 체포동의안이 제출되면 본회의를 열고 보고한 다음, 24시간 후 72시간 내에 무조건 동의안 표결을 해야 하는 식으로 국회법이 개정됐다. 2023년 들어 여야는 이재명 더불어민주당 대표의 사법리스크 등의 사안과 맞물려 불체포특권 포기에 대한 문제로 논쟁을 벌인 바 있다.

02 법률안 재의요구권

대통령이 국회에서 의결한 법률안을 거부할 수 있는 권리

대통령의 고유권한으로 법률안 거부권이라고도 불린다. 대통령이 국회에서 의결한 법률안을 거부할 수 있는 권리다. 즉, "국회가 의결한 이 법률안에는 문제가 있으니 다시 논의하라"는 의미다. 법률안에 대해 국회와 정부 간 대립이 있을 때 정부가 대응할 수 있는 가장 강력한 수단이다. 대통령은 15일 내에 법률안에 이의서를 붙여 국회로 돌려보내야 하는데, 국회로 돌아온 법률안은 재의결해서 재적의원 과반수 출석과 3분의 2 이상이 찬성해야 확정된다. 엄격한 조건 때문에 국회로 돌아온 법안은 결국 폐기되기 쉽다. 다만 대통령은 이러한 거부권을 법률안이 아닌 예산안에는 행사할 수 없다.

03 출생통보제

의료기관이 아이 출생사실을 의무적으로 지방자치단체에 통보하도록 하는 제도

부모가 고의로 출생신고를 누락해 '유령아동'이 생기지 않도록 의료기관이 출생정보를 건강보험심사평가원(심평원)을 통해 지방자치단체(지자체)에 통보하고, 필요한 경우에 한해 지자체가 출생신고를 할 수 있도록 한 제도다. 2024년 7월 19일부터 시행됐으며, 의료기관은 모친의 이름과 주민등록번호, 아이의 성별과 출생연월일시 등을 진료기록부에 기재해야 한다. 의료기관장은 출생일로부터 14일 안에 심평원에 출생정보를 통보하고, 심평원은 곧바로 모친의 주소지 시·읍·면장에 이를 전달해야 한다. 한편 정부·국회는 미혼모나 미성년 임산부 등 사회·경제적 위기에 놓인 산모가 신원을 숨기고 출산해도 정부가 출생신고를 할 수 있는 '보호출산제'도 함께 도입하기로 했다.

04 김용균법

산업재해 방지를 위해 산업현장 안전과 기업의 책임을 대폭 강화하는 법안

2018년에 태안화력발전소 비정규직 노동자였던 고 김용균 씨 사망 사건 이후 입법 논의가 시작되어 고인의 이름을 따서 발의된 법안이다. 고 김용균 씨 사망은 원청관리자가 하청노동자에게 직접 업무지시를 내린 불법파견 때문에 발생한 것으로 밝혀져 '죽음의 외주화' 논란을 일으켰다. 이 사건의 원인이 안전관련 법안의 한계에서 비롯되었다는 사회적 합의에 따라 산업안전규제 강화를 골자로 하는 산업안전보건법이 2020년에 개정되었고, 이후 산업재해를 발생시킨 기업에 징벌적 책임을 부과하는 중대재해 기업처벌법이 2021년에 입법됐다.

산업안전보건법 개정안(산업안전법)
산업현장의 안전규제를 대폭 강화하는 방안을 골자로 발의된 법안으로 2020년 1월 16일부터 시행됐다. 주요 내용은 노동자 안전보건 조치 의무 위반 시 사업주에 대한 처벌을 강화하고 하청 가능한 사업의 종류를 축소시키는 것 등이다. 특히 도급인 산재 예방 조치 의무가 확대되고 사업장이 이를 위반할 경우 3년 이하의 징역 또는 3,000만 원 이하의 벌금에 처하도록 처벌 수준을 강화해 위험의 외주화를 방지했다.

중대재해 기업처벌법(중대재해법)
산업안전법이 산업현장의 안전규제를 대폭 강화했다면 중대재해법은 더 나아가 경영책임자와 기업에 징벌적 손해배상책임을 부과한다. 중대한 인명피해를 주는 산업재해가 발생했을 경우 경영책임자 등 사업주에 대한 형사처벌을 강화하는 내용이 핵심이다. 노동자가 사망하는 산업재해가 발생했을 때 안전조치 의무를 미흡하게 이행한 경영책임자에게 징역 1년 이상, 벌금 10억 원 이하의 처벌을 받도록 했다. 법인이나 기관도 50억 원 이하의 벌금형에 처하도록 했다. 2022년부터 시행됐으며 상시근로자가 50인 미만 사업장에는 2024년 1월 27일부터 시행됐다.

05 9·19 남북군사합의

남북이 일체의 군사적 적대행위를 전면 중지하기로 한 합의

2018년 9월 평양 남북정상회담에서 남북이 일체의 군사적 적대행위를 전면 중지하기로 한 합의다. 같은 해 4월 판문점 정상회담에서 발표한 '판문점 선언'의 내용을 이행하기로 한 것이다. 지상과 해상, 공중을 비롯한 모든 공간에서 군사적 긴장과 충돌의 근원이 되는 상대방에 대한 일체의 적대행위를 전면 중지하기로 했다. 그러나 윤석열 정부 들어 북한이 NLL 이남에 탄도미사일을 발사하는 등 도발수위를 높이고, 우리나라도 이에 군사적으로 맞대응하면서 합의가 무용지물이 되었다는 평가가 나오기 시작했다. 결국 북한이 2023년 11월 합의 전면폐기를 선언했고, 2024년 6월 4일 우리나라 국무회의에서 군사합의 전체의 효력을 정지하는 안건이 통과되면서 남북 간 긴장 수위가 다시 높아졌다.

06 법인차 전용번호판 제도

법인차에 연두색 전용번호판을 부착하도록 한 제도

국토교통부가 법인승용차 전용번호판 도입을 위한 '자동차 등록번호판 등의 기준에 관한 고시' 개정안을 행정예고함에 따라 2024년부터 시행된 제도다. 이에 공공·민간법인이 신규·변경 등록하는 '8,000만 원 이상의 업무용 승용차'는 2024년부터 연두색 전용번호판을 부착해야 한다. 신차는 출고가, 중고차는 취득가를 기준으로 한다. 전용번호판은 법인차에 일반번호판과 구별되는 색상번호판을 배정해 법인들이 스스로 업무용 차량을 용도에 맞게 운영하도록 유도하기 위해 추진된 것으로 세제혜택 등을 위해 법인명의로 고가의 차량을 구입 또는 리스한 뒤 사적으로 이용하는 문제를 막기 위해 도입됐다.

07 머그샷 Mug shot

범죄자의 현재 인상착의를 기록한 사진

피의자를 식별하기 위해 구치소, 교도소에 구금될 때 촬영하는 얼굴사진이다. '머그(Mug)'는 정식 법률용어는 아니며, 영어에서 얼굴을 속되게 이르는 말이기도 해 이러한 명칭이 생겼다. 피의자의 정면과 측면을 촬영하며, 재판에서 최종 무죄판결이 나더라도 폐기되지 않고 보존된다. 미국은 머그샷을 일반에 공개하는 것이 합법이나 우리나라에서는 불법이었다. 그러나 2023년 들어 '부산 돌려차기 사건'과 '또래 살인 사건' 등 강력범죄가 불거지면서, 중대범죄자에 대한 신상공개 제도의 실효성이 도마에 올랐다. 이에 따라 정부와 여당은 머그샷을 공개하는 내용을 포함한 특별법 제정을 추진해 통과시켰고, 2024년부터 특정 중대범죄를 저지른 경우 피의자의 얼굴을 공개할 수 있게 됐다.

08 만 나이 통일법

우리나라 나이계산을 만 나이로 통일하는 내용을 담은 법률개정안

2022년 12월 8일 민법 일부개정법률안과 행정기본법 일부개정법률안이 국회 본회의를 통과했다. 민법 개정안에는 '만 나이' 표현을 명시하고, 출생일을 포함해 나이를 계산하되 출생 후 만 1년이 지나기 전에만 개월 수로 표시하도록 했다. 행정기본법 개정안에도 행정 관련 나이계산을 만 나이로 통일하는 내용이 담겼다. 이로써 개정안 시행 시기인 2023년 6월 28일부터 태어나자마자 먹었던 나이만큼 1~2살 젊어지게 됐다. 그러나 만 나이 통일법 시행에도 혼선을 막기 위해 취학연령, 주류·담배 구매, 병역 의무, 공무원 시험응시 등에는 계속 연 나이를 적용한다.

09 노란봉투법

노조의 파업으로 발생한 손실에 대한 사측의 손해배상 청구를 제한하는 내용 등을 담은 법안

기업이 노조의 파업으로 발생한 손실에 대해 무분별한 손해배상소송 제기와 가압류 집행을 제한하는 등의 내용을 담은 법안이다. 사용자(기업)가 불법파업으로 인한 손해배상을 노조 측에 청구할 때 사용자의 입증 책임과 더 엄격한 기준을 두었다. 또 사용자의 범위를 '근로조건에 실질적 지배력 또는 영향력이 있는 자'로 확대했는데, 이로써 대기업과 하청업체 같은 간접고용 관계에서도 교섭과 노동쟁의가 가능해질 것으로 전망됐다. 노란봉투법은 21대 국회에서 정부·여당·재계와 야당·노동계의 첨예한 대립 끝에 국회를 통과했으나, 윤석열 대통령이 거부권을 행사하며 국회로 돌아왔고 결국 재심의 끝에 폐기됐다.

10 칩4 Chip4

미국이 한국, 일본, 대만에 제안한 반도체동맹

2022년 3월 미국이 한국, 일본, 대만과 함께 안정적인 반도체 생산·공급망 형성을 목표로 제안한 반도체동맹으로 미국에서는 팹4(Fab4)라고 표기한다. '칩'은 반도체를, '4'는 총 동맹국의 수를 의미한다. 이는 미국이 추진하고 있는 프렌드쇼어링 전략에 따른 것으로 중국을 배제한 채 반도체 공급망을 구축하겠다는 의도로 풀이되고 있다. 미국은 반도체 제조공정 중 설계가 전문화된 인텔, 퀄컴, 엔비디아 등 대표적인 팹리스업체들이 있고, 대만과 한국은 각각 TSMC, 삼성전자가 팹리스업체가 설계한 반도체를 생산·공급하는 파운드리 분야에서 1, 2위를 다투고 있다. 일본 역시 반도체 소재시장에서 큰 비중을 차지한다.

11 디리스킹 De-risking

중국에 대한 외교적·경제적 의존도를 낮춰 위험요소를 줄이겠다는 서방의 전략

종래까지 미국을 비롯한 서방국가들은 대체로 중국과 거리를 두고 공급망에서 배제하는 '디커플링 (De-coupling, 탈동조화)' 전략을 택해왔다. 그러나 2023년에 들어서는 중국과의 긴장을 완화하고 조금 더 유연한 관계로 전환하는 디리스킹 전략을 취하려는 움직임을 보였다. 디리스킹은 '위험제거'를 뜻하는 말로, 지난 2023년 3월 폰데어라이엔 유럽연합 집행위원장이 "세계시장에서 '탈(脫)중국'이란 불가능하고 유럽의 이익에도 부합하지 않는다"면서, "디리스킹으로 전환해야 한다"고 말해 주목받았다. 이는 중국과 경제적 협력관계를 유지하면서도 중국에 대한 과도한 외교·경제적 의존도를 낮춰 위험을 관리하겠다는 의도로 풀이됐다.

12 제시카법

성범죄자를 강력처벌하고 출소 이후에도 주거에 제한을 두는 미국의 법률

미국에서 2005년 성폭행 후 살해된 9살 소녀의 이름을 따 제정된 법이다. 12세 미만의 아동을 대상으로 성범죄를 저지른 범죄자에게 25년 이상의 징역형과 출소 후에는 종신토록 위치추적장치를 채우는 강력한 처벌내용을 담고 있다. 또 출소 후에도 범죄자가 아동이 많은 곳으로부터 일정거리 이내에 살지 못하도록 하는 것이 골자다. 우리나라에서도 법원이 고위험 성폭력 범죄자에게 거주지 제한명령을 부과할 수 있도록 하는 것을 골자로 하는 '한국형 제시카법' 입법이 추진되기도 했다. 고위험 성범죄자는 출소 후 거주지를 자유롭게 선택할 수 없고, 국가 등이 운영하는 시설에서 살게 된다는 것이 주요 내용이다.

13 강제동원해법

일제 강제동원 피해자에 대한 배상을 국내 재단이 대신하는 것을 골자로 하는 해법

2018년 대법원으로부터 배상 확정판결을 받은 일제 강제동원 피해자들에게 국내의 재단이 대신 판결금을 지급한다는 내용의 해법으로 정부가 2023년 3월 발표했다. 그러나 일본 피고기업의 배상 참여가 없는 해법이어서 '반쪽'이라는 비판이 이어졌고 피해자들도 강하게 반발했다. 정부는 강제동원 피해자의 고령화와 한일·한미일 간 전략적 공조강화의 필요성을 명분으로 내세우며 '대승적 결단'을 했다는 입장이지만, 미완의 해결안이라는 점에서 정부가 추진하는 일본과의 미래지향적 관계에도 계속 부담으로 작용할 가능성이 클 것으로 평가됐다.

14 아이언 돔 Iron Dome

이스라엘군이 개발한 이동식 전천후 방공 시스템

이스라엘이 개발하여 2011년부터 운용 중인 이동식 전천후 방공 시스템이다. 단거리 로켓포나 155mm 포탄, 다연장 로켓포 등을 요격한다. 우크라이나가 지난 2022년 6월 이스라엘에 이 아이언 돔 미사일 지원을 요청한 것으로 보도됐다. 이전에도 지원을 요청한 적이 있었으나, 공개적으로 이스라엘 당국에 이를 타전한 것은 처음인데 이스라엘은 러시아와의 이해관계 때문에 선뜻 응하지 않았다고 전했다. 또 2023년에는 팔레스타인의 무장정파 하마스가 이스라엘을 대규모 '카삼로켓'으로 공격했을 당시 아이언 돔이 발동했으나, 허점이 드러나기도 했다.

15 워싱턴선언

2023년 4월 한미정상회담에서 채택한 대북억제 조치에 대한 선언

2023년 4월 26일 한미정상회담에서 채택된 선언으로 더욱 확장된 대북억제 조치에 대한 내용을 골자로 한다. 한미 간 핵운용 관련 공동기획과 실행 등을 논의하기 위한 '핵협의그룹(NCG)' 창설 등이 주요 내용이다. 윤석열 대통령은 조 바이든 대통령과의 공동기자회견에서 한미 양국이 북한의 위협에 대응해 핵과 전략무기 운영계획에 대한 정보를 공유하고, 한국의 첨단 재래식 전력과 미국의 핵전략을 결합한 공동작전을 실행하기 위한 방안을 논의할 것이라 밝혔다. 특히 미국의 핵 자산에 대한 정보를 공유하는 것을 두고 김태효 국가안보실 1차장은 '사실상 미국과의 핵공유'라고 강조했다. 그러나 이후 미국 측에서는 "핵공유라고 보지 않는다"고 반박하면서 "한반도에 핵무기를 다시 들여오는 게 아니라는 점을 매우 분명히 하고 싶다"고 덧붙였다.

16 브릭스 BRICS

브라질·러시아·인도·중국·남아공의 신흥경제 5국을 하나의 경제권으로 묶은 용어

브라질(Brazil), 러시아(Russia), 인도(India), 중국(China), 남아공(South Africa) 등 5개국의 영문 머리글자를 딴 것이다. 90년대 말부터 떠오른 신흥경제국으로서 매년 정상회의를 개최하고 있다. 2011년에 남아공이 공식회원국으로 가입하면서, 기존 'BRICs'에서 'BRICS'로 의미가 확대됐다. 또한 2023년에는 사우디아라비아와 이란, 아랍에미리트(UAE), 아르헨티나, 이집트, 에티오피아가 합류함에 따라 정식회원국은 11개국으로 늘어났다. 이에 중국과 러시아가 브릭스의 규모를 키워 서방 선진국 모임인 G7의 대항마로 세우려 한다는 분석이 나왔다.

17 잠수함발사탄도미사일(SLBM)

잠수함에서 발사되는 탄도미사일

잠수함에 탑재되어 잠항하면서 발사되는 미사일 무기로, 대륙간탄도미사일(ICBM), 다탄두미사일(MIRV), 전략 핵폭격기 등과 함께 어느 곳이든 핵탄두 공격을 감행할 능력을 갖췄는지를 판단하는 기준 중 하나다. 잠수함에서 발사할 수 있기 때문에 목표물이 본국보다 해안에서 더 가까울 때에는 잠수함을 해안에 근접시켜 발사할 수 있으며, 조기에 모든 미사일을 탐지하기가 어렵다는 장점이 있다. 북한은 2021년 초 미국 바이든 행정부 출범을 앞두고 신형 잠수함발사탄도미사일(SLBM) '북극성-5형'을 공개했다. 우리나라는 지난 2021년 9월 15일 독자개발한 SLBM 발사시험에 성공하면서 세계 7번째 SLBM 운용국이 됐다.

> **대륙간탄도미사일(ICBM)**
> 대륙간탄도탄이라고도 한다. 미국보다 러시아가 먼저 1957년 8월에 개발하였고, 미국은 1959년에 실용화하였다. 일반적으로 5,000km 이상의 사정거리를 가진 탄도미사일을 말하며, 보통 메가톤급의 핵탄두를 장착하고 있다.

18 하마스 HAMAS

팔레스타인의 민족주의 정당이자 준군사조직

팔레스타인의 무장단체이자 정당이다. 'HAMAS'라는 명칭은 '이슬람 저항운동'의 아랍어 첫 글자를 따서 지어졌다. '아마드 야신'이 1987년 창설한 이 단체는 이슬람 수니파 원리주의를 표방하고 있으며, 이스라엘에 저항하고 팔레스타인의 독립을 목표로 무장 저항활동을 펼치고 있다. 이들은 팔레스타인 가자지구와 요르단강 서쪽 지역을 실질 지배하고 있다. 하마스는 이스라엘과의 '팔레스타인 분쟁'의 중심에 서 있는 조직으로 2023년 10월에는 이스라엘을 무력으로 침공하면서 전면전이 시작됐다. 이에 이스라엘 정부가 '하마스 섬멸'을 천명하고 가자지구를 공격하면서 수많은 팔레스타인 국민들이 희생됐다.

19 지역의사제

별도로 선발된 의료인이 의대 졸업 후 10년간 공공·필수의료 분야에서 근무하도록 한 제도

지역의대에서 전액 장학금을 받고 졸업한 의료인이 10년간 대학 소재 병원급 이상 의료기관의 공공·필수의료 분야에서 의무적으로 근무하도록 한 제도다. 의사인력이 부족한 지역·필수의료를 살리기 위해 도입이 논의됐다. 그러나 의협을 비롯한 의료계는 직업선택의 자유 등 기본권을 침해할 수 있으며, 지역의료 문제 해결에도 도움이 되지 않는다며 제도시행 반대에 나섰다.

20 국가자원안보 특별법

에너지·자원 공급망의 안정적 관리를 위해 제정된 법률

국가 차원의 자원안보 체계를 구축하기 위해 제정된 법률로 2024년 1월 9일 국회를 통과했다. 우리나라의 경우 에너지의 90% 이상을 수입에 의존하고 있는데, 주요국의 자원무기화 추세가 심화하는 상황에서 러시아-우크라이나 전쟁, 이스라엘-하마스 사태 등으로 지정학적 위기가 연이어 발생함에 따라 에너지·자원 공급망의 안정적 관리가 중요하다는 인식하에 마련된 법안이다. 석유, 천연가스, 석탄, 우라늄, 수소, 핵심 광물, 신재생에너지 설비 소재·부품 등을 핵심자원으로 지정하고, 정부가 해외 개발자원의 비상반입 명령, 비축자원 방출, 주요 자원의 할당·배급, 수출 제한 등을 할 수 있도록 하는 내용이 담겨 있다.

21 반도체 칩과 과학법 CHIPS and Science Act

미국이 자국의 반도체 산업 육성을 위해 제정한 법률

미국이 중국과의 반도체 산업·기술 패권에서 승리하기 위한 법률로 2022년 8월 시행됐다. 이 법률에 따라 미국 내 반도체 공장 등 관련시설을 건립하는 데 보조금과 세액공제를 지원한다. 그런데 이와 관련된 세부 기준이 한국기업에 매우 불리해 논란이 됐다. 미국은 보조금 심사기준으로 경제·국가안보, 재무건전성 등 6가지를 공개했는데, 특히 재무건전성 기준을 충족하기 위한 조건으로 이를 검증할 수 있는 수익성 지표와 예상 현금흐름 전망치를 제출해야 한다. 또 일정 규모 이상의 지원금을 받은 기업의 경우, 현금흐름과 수익이 미국이 제시하는 전망치를 초과하면 초과이익을 미국 정부와 공유해야 한다는 내용이 담겼다. 더 나아가 향후 10년간 중국을 비롯한 우려대상국에 첨단기술 투자를 해서는 안 된다는 '가드레일 조항'도 내세웠다. 여기에 보조금을 받는 기업들은 군사용 반도체를 미국에 안정적으로 공급해야 하며, 미국의 안보이익을 증진시켜야 할 뿐 아니라 첨단 반도체시설에의 접근권도 허용해야 한다는 조항이 담겨 논란을 일으켰다.

22 인플레이션 감축법 IRA

미국의 전기차 세제혜택 등의 내용을 담은 기후변화 대응 법률

2022년 8월 미국에서 통과된 기후변화 대응과 대기업 증세 등을 담은 법률이다. 전기차 보급확대를 위해 세액공제를 해주는 내용이 포함됐다. 오는 2030년까지 온실가스를 40% 감축하기 위해 에너지안보 및 기후변화 대응에 3,750억 달러를 투자하는 내용을 골자로 하는데, 북미산 전기차 가운데 북미에서 제조·조립된 배터리 부품의 비율과 북미나 미국과 자유무역협정을 체결한 국가에서 채굴된 핵심 광물의 사용비율에 따라 차등해 세액을 공제해준다. 그러나 이 법으로 보조금 혜택에서 한국산 전기차는 빠지게 되면서 국내 자동차업계에 비상이 걸렸다.

23 소비기한

식품을 섭취해도 이상이 없을 것으로 판단되는 소비의 최종기한

소비자가 식품을 섭취해도 건강이나 안전에 이상이 없을 것으로 판단되는 소비의 최종기한을 말한다. 식품이 제조된 후 유통과정과 소비자에게 전달되는 기간을 포함한다. 단, 식품의 유통과정에서 문제가 없고 보관방법이 철저하게 지켜졌을 경우에 해당하며, 통상 유통기한보다 길다. 2023년부터 우리나라도 식품에 소비기한을 표시하는 '소비기한 표시제'가 도입됐고, 1년간의 계도기간을 거쳐 2024년 전면 시행됐다. '식품 등의 표시 · 광고에 관한 법률' 개정으로 식품업체는 식품의 날짜표시 부분에 소비기한을 적어야 한다. 단, 우유의 경우 2031년부터 적용된다.

24 중립금리 Neutral Rate

인플레이션이나 디플레이션 없이 잠재성장률을 회복할 수 있는 이론적 금리수준

경제 분야에서 인플레이션이나 디플레이션을 유발하지 않고 잠재성장률 수준을 회복할 수 있도록 하는 금리를 의미한다. 여기서 잠재성장률이란 한 나라의 노동력, 자원, 자본 등 동원가능한 생산요소를 모두 투입해 부작용 없이 최대로 달성할 수 있는 성장률을 말하며, '자연금리(Natural Rate)'라고도 한다. 중립금리는 경제상황에 따라 달라지기 때문에 정확한 수치가 나오지 않고 이론상으로만 존재하는 개념이다. 다만 중립금리보다 실제 금리가 높을 경우 물가가 하락하면서 경기가 위축될 가능성이 높고, 중립금리보다 실제 금리가 낮으면 물가가 올라 경기도 함께 상승할 가능성이 높아진다.

25 뱅크런 Bank Run

금융시장이 극도로 불안할 때 은행에 돈을 맡긴 사람들이 대규모로 예금을 인출하는 사태

은행을 뜻하는 'Bank'와 달린다는 의미의 'Run'이라는 단어의 합성어로, 예금자들이 은행에서 예금을 인출하기 위해 몰려드는 현상을 일컫는 말이다. 예금을 맡긴 은행에 문제가 생겨 파산할지도 모른다고 생각하는 예금자들이 서로 먼저 돈을 찾으려고 은행으로 뛰어가는 모습에서 유래됐다. 우리나라에서는 프로젝트 파이낸싱(PF) 관련 대출을 늘려온 새마을금고의 연체율이 급상승하자, 2023년 재정부실과 건전성에 대한 불안감 때문에 예·적금을 해지하려는 고객들이 줄을 잇는 사태가 벌어졌다.

26 통화스와프

국가 간에 서로 다른 통화가 필요할 시 상호교환하는 외환거래

서로 다른 통화를 약정된 환율에 따라 어느 한 측이 원할 때 상호교환(Swap)하는 외환거래를 말한다. 우리나라 통화를 맡겨놓고 다른 나라 통화를 빌려오는 것이다. 유동성 위기를 방지하기 위해 두 나라가 자국 통화를 상대국 통화와 맞교환하는 방식으로 이뤄진다. 맞교환 방식이기 때문에 차입 비용이 절감되고, 자금 관리의 효율성도 제고된다. 국제통화기금(IMF)에서 돈을 빌릴 경우에는 통제와 간섭이 따라 경제주권과 국가 이미지가 훼손되지만, 통화스와프는 이를 피해 외화유동성을 확보할 수 있다는 장점도 있다. 우리나라는 지난 2023년 6월 일본과 8년 만에 100억 달러 규모의 통화스와프를 복원했다.

27 슈링크플레이션 Shrinkflation

기업이 제품의 가격은 유지하는 대신 수량·무게를 줄여 가격을 사실상 올리는 것

기업들이 자사 제품의 가격은 유지하고, 대신 수량과 무게·용량만 줄여 사실상 가격을 올리는 전략을 말한다. 영국의 경제학자 '피파 맘그렌'이 제시한 용어로 '줄어들다'라는 뜻의 '슈링크(Shrink)'와 '지속적으로 물가가 상승하는 현상'을 나타내는 '인플레이션(Inflation)'의 합성어다. 한국소비자원의 조사에 따르면 2023년 우리나라 식품업계에서 9개 품목, 37개 상품에서 슈링크플레이션이 확인됐다. 이에 정부는 제품의 포장지에 용량이 변경된 사실을 의무적으로 표기하는 방안을 추진했다.

28 뉴 노멀 New Normal

시대 변화에 따라 새롭게 부상하는 기준이나 표준

뉴 노멀은 2008년 글로벌 경제 위기 이후 등장한 새로운 세계 경제질서를 의미한다. 2003년 벤처투자가인 로저 맥너미가 처음 제시하였고 2008년 세계 최대 채권운용회사 '핌코'의 경영자인 무하마드 앨 에리언이 다시 언급하면서 확산됐다. 주로 과거에 대한 반성과 새로운 질서를 모색하는 시점에 등장하는데 2008년 경제 위기 이후 나타난 저성장, 높은 실업률, 규제 강화, 미국 경제 역할 축소 등이 뉴 노멀로 지목된 바 있다. 최근에는 사회 전반적으로 새로운 기준이나 표준이 보편화되는 현상을 이르기도 하며 우리말로는 '새 일상', '새 기준'으로 대체할 수 있다.

29 그린플레이션 Greenflation

탄소규제 등의 친환경 정책으로 원자재 가격이 상승하면서 물가가 오르는 현상

친환경을 뜻하는 '그린(Green)'과 화폐가치 하락으로 인한 물가 상승을 뜻하는 '인플레이션(Inflation)'의 합성어다. 친환경 정책으로 탄소를 많이 배출하는 산업을 규제하면 필수원자재 생산이 어려워지고 이것이 생산 감소로 이어져 가격이 상승하는 현상을 가리킨다. 인류가 기후변화에 대응하기 위해 노력할수록 사회 전반적인 비용이 상승하는 역설적인 상황을 일컫는 말이다. 대표적인 예로 재생에너지 발전 장려로 화석연료 발전설비보다 구리가 많이 들어가는 태양광·풍력 발전설비를 구축해야 하는 상황이 해당된다. 이로 인해 금속원자재 수요가 급증했으나 원자재 공급량이 줄어들면서 가격이 치솟았다.

30 에코플레이션 Ecoflation

자연재해나 환경 파괴로 인한 원자재 가격 상승으로 물가가 오르는 현상

환경을 뜻하는 'Ecology'와 물가 상승을 의미하는 '인플레이션(Inflation)'의 합성어다. 물가 상승이 환경적인 요인에 의해 발생하는 것을 뜻한다. 지구 온난화와 환경 파괴로 인한 가뭄과 홍수, 산불 같은 자연재해의 영향을 받아 상품의 원가가 상승하는 것이다. 지구촌에 이상기후가 빈번히 자연재해를 일으키면서 식료품을 중심으로 물가가 급등하는 에코플레이션이 발생하고 있다.

31 슬로플레이션 Slowflation

경기회복 속도가 느린 가운데 물가가 치솟는 현상

경기회복 속도가 둔화되는 상황 속에서도 물가 상승이 나타나는 현상이다. 경기회복이 느려진다는 뜻의 'Slow'와 물가 상승을 의미하는 '인플레이션(Inflation)'의 합성어다. 일반적으로 경기침체 속에서 나타나는 인플레이션인 '스태그플레이션(Stagfaltion)'보다는 경기침체의 강도가 약할 때 사용한다. 슬로플레이션에 대한 우려는 글로벌 공급망 대란에 따른 원자재 가격 폭등에서 비롯된 것으로 스태그플레이션보다는 덜 심각한 상황이지만 경제 전반에는 이 역시 상당한 충격을 미친다.

32 디깅소비 Digging Consumption

소비자가 선호하는 것에 깊이 파고드는 행동이 관련 제품의 소비로 이어지는 현상

'파다'라는 뜻의 '디깅(Digging)'과 '소비'를 합친 신조어로 청년층의 변화된 라이프스타일과 함께 나타난 새로운 소비패턴을 의미한다. 소비자가 선호하는 특정 품목이나 영역에 깊이 파고드는 행위가 소비로 이어짐에 따라 소비자들의 취향을 잘 반영한 제품들에서 나타나는 특별 수요현상을 설명할 때 주로 사용된다. 특히 가치가 있다고 생각하는 부분에는 비용지불을 망설이지 않는 MZ세대의 성향과 맞물려 청년층에서 두각을 드러내고 있다. 대표적인 예로 신발수집을 취미로 하는 일부 마니아들이 한정판 운동화 추첨에 당첨되기 위해 줄을 서서 기다리는 등 시간과 재화를 아끼지 않는 현상을 들 수 있다.

33 우주경제

항공우주 산업에 민간기업의 참여를 독려해 경제활동을 촉진하는 것

국가 주도로 이뤄지던 항공우주 산업이 민간으로 이전됨에 따라 기업의 참여를 독려해 경제활동을 촉진하는 것을 말한다. 우주탐사와 활용, 발사체 및 위성의 개발·제작·발사·운용 등 항공우주 기술과 관련한 모든 분야에서 가치를 창출하는 활동을 총칭한다. 특히 '달'은 심우주 탐사의 기반이자 우주경제의 핵심으로 여겨지고 있으며, 향후 달에 매장된 것으로 추정되는 철, 티타늄, 희토류 등 자원에 대한 연구가 진행될 경우 많은 경제적 효과를 낼 수 있을 것으로 기대하고 있다. 과학기술정보통신부는 우주 스타트업에 투자하는 전용펀드 조성을 목표로 '뉴스페이스 투자지원 사업'을 발표하며 우주경제 시대로 나아가기 위한 신호탄을 쏘았다.

34 환율관찰대상국

국가가 환율에 개입해 미국과 교역조건을 유리하게 만드는지 모니터링해야 하는 국가

미국 재무부가 매년 4월과 10월에 발표하는 '거시경제 및 환율정책보고서'에 명시되는 내용으로 국가가 환율에 개입해 미국과의 교역조건을 유리하게 만드는지 지속적으로 모니터링해야 하는 국가를 지칭하는 용어다. 환율조작국으로 지정되는 경우 미국의 개발자금 지원 및 공공입찰에서 배제되고, 국제통화기금 (IMF)의 감시를 받게 된다. 또 환율관찰대상국으로 분류되면 미국 재무부의 모니터링 대상이 된다. 우리나라의 경우 2016년 4월 이후 줄곧 환율관찰대상국에 이름이 오른 바 있다. 한편 미국 재무부는 2023년 11월에 환율관찰대상국에서 한국과 스위스를 제외하고 베트남을 새로 포함하는 것을 골자로 한 '2023년 하반기 환율보고서'를 발표했다.

35 기대 인플레이션

경제주체가 예측하는 미래의 물가상승률

기업, 가계 등의 경제주체가 예측하는 미래 물가상승률을 말한다. 기대 인플레이션은 임금, 투자 등에 영향을 미치는 중요한 지표로 사용되고 있다. 노동자는 임금을 결정할 때 기대 물가수준을 바탕으로 임금상승률을 협상한다. 또한 인플레이션이 돈의 가치가 떨어지는 것이기 때문에 기대 인플레이션이 높아질수록 화폐의 가치가 하락해 부동산, 주식과 같은 실물자산에 돈이 몰릴 확률이 높아진다. 우리나라의 경우 한국은행이 2002년 2월부터 매월 전국 56개 도시 2,200가구를 대상으로, 매 분기 첫째 달에는 약 50명의 경제전문가를 대상으로 소비자물가를 예측하고 있다.

36 체리슈머 Cherrysumer

전략적으로 계산해 소비하는 알뜰한 소비자

기업의 상품·서비스를 구매하지 않으면서 단물만 쏙쏙 빼먹는 사람들을 뜻하는 체리피커(Cherry Picker)에서 진일보한 개념이다. 체리피커에 소비자를 뜻하는 'Consumer'를 합한 말로 간단히 말하면 '알뜰한 소비자'를 뜻한다. 체리슈머는 남들에게 폐를 끼치지 않는 선에서 극한의 알뜰함을 추구한다는 점에서 체리피커에 비해 비교적 긍정적이다. 한정된 자원을 최대한으로 활용하는 합리적 소비형태를 띠고 있다. 예를 들어 OTT 계정에 가입하는 비용을 줄이기 위해 비용을 나누고 계정을 공유할 사람들을 구하기도 하고, 물품을 살 때 번거롭더라도 필요한 만큼만 그때그때 구입하면서 낭비를 줄인다. 김난도 교수의 저서 〈2023 트렌드 코리아〉에서 소개된 개념이다.

37 리오프닝 Reopening

팬데믹으로 위축됐던 경제가 회복되는 현상

'경제활동 재개'라는 의미로 코로나19 사태로 위축됐던 경제활동이 회복되는 현상을 말한다. 높은 백신접종률과 코로나19 치료제가 개발되면서 리오프닝에 대한 기대감이 커졌다. 2023년 초 리오프닝에 대한 세계의 이목이 중국에 집중되기도 했는데, 리오프닝이 원만하게 진행될 경우 5.8%까지 성장이 가능하다고 전망됐기 때문이다. 그러나 중국의 경기회복 속도가 늦어지면서 리오프닝 효과도 기대에 미치지 못했다. 리오프닝 이후 중국의 경기둔화 우려가 지속되고 있는 가운데 2023년 10월 수출입 동향에 따르면 대중국 최대 수출품목인 반도체 수출감소율은 크게 개선된 것으로 나타났다.

38 등대기업

3대 혁신 분야에서 뛰어난 성과를 거둔 중견기업

사업 다각화, 해외시장 진출, 디지털 전환 등 3대 혁신 분야에서 뛰어난 성과를 거둔 중견기업을 일컫는 말이다. 산업통상자원부는 2024년까지 100대 등대기업을 선정해 이들 기업을 지원하겠다고 밝혔다. 사업 다각화 분야에서는 미래차, 차세대 디스플레이 등 유망업종을 중심으로 사업재편 수요를 선제적으로 발굴해 신사업 진출을 유도하고, 해외시장 진출 분야에서는 내수 중심 기업과 초기기업들이 수출기업으로 성장할 수 있도록 해외시장 발굴 및 마케팅 등을 전방위적으로 지원한다. 또 디지털 전환 분야에서는 최고경영자와 임원 등을 대상으로 디지털 전환의 중요성을 인식시키고 전문인력 등을 양성할 계획이다.

39 K-택소노미 K-Taxonomy

한국형 산업 녹색분류체계

어떤 경제활동이 친환경적이고 탄소중립에 이바지하는지 규정한 한국형 녹색분류체계로 2021년 12월 환경부가 발표했다. 환경개선을 위한 재화·서비스를 생산하는 산업에 투자하는 녹색금융의 '투자기준'으로서 역할을 한다. 환경에 악영향을 끼치면서도 '친환경인 척'하는 위장행위를 막는 데 도움이 된다. 녹색분류체계에 포함됐다는 것은 온실가스 감축, 기후변화 적응, 물의 지속가능한 보전, 자원순환, 오염방지 및 관리, 생물다양성 보전 등 '6대 환경목표'에 기여하는 경제활동이라는 의미다. 그러나 윤석열 정부 들어 애초 제외됐던 원자력발전을 포함시키면서 원전에 대한 논쟁이 다시 불거지기도 했다.

40 ESG

기업의 비재무적인 요소인 환경과 사회적 책무, 지배구조

'Environmental', 'Social', 'Governance'의 앞 글자를 딴 용어로 기업의 비재무적인 요소인 환경과 사회적 책무, 지배구조를 뜻한다. '지속가능한 경영방식'이라고도 하는데, 기업을 운영하면서 사회에 미칠 영향을 먼저 생각하는 것을 말한다. ESG는 지역사회 문제와 기후변화에 대처하며 지배구조의 윤리적 개선을 통해 지속적인 성과를 얻으려는 방식이다. 기업들은 자사의 상품을 개발하며 재활용 재료 등 친환경적 요소를 배합하거나, 환경 캠페인을 벌이는 식으로 기후변화 대처에 일조한다. 또한 이사회에서 대표이사와 이사회 의장을 분리하여 서로 견제하도록 해 지배구조 개선에 힘쓰기도 한다. 아울러 직원들의 복지를 강화하고, 지역사회에 보탬이 되는 봉사활동을 기획하는 등 사회와의 따뜻한 동행에도 노력하게 된다.

41 파운드리 Foundry

반도체 위탁생산 시설

반도체 생산 기술과 설비를 보유해 반도체 상품을 위탁생산해주는 것을 말한다. 제조과정만 담당하며 외주업체가 전달한 설계 디자인을 바탕으로 반도체를 생산한다. 주조 공장이라는 뜻을 가진 영단어 'Foundry(파운드리)'에서 유래했다. 대만 TSMC가 대표적인 파운드리 기업이다. 반면 팹리스(Fabless)는 파운드리와 달리 설계만 전문으로 한다. 반도체 설계 기술은 있지만 공정 비용에 부담을 느껴 위탁을 주거나 비메모리에 주력하는 기업으로 애플, 퀄컴이 대표적인 팹리스 기업이다.

42 엔데믹 Endemic

한정된 지역에서 주기적으로 발생하는 감염병

특정 지역의 주민들에게서 주기적으로 발생하는 풍토병을 말한다. '-demic'은 '사람 또는 사람들이 사는 지역' 등을 뜻하는 고대 그리스어의 남성형 명사 'demos'에서 유래한 말로 감염병이 특정 지역이나 사람에 한정된 경우를 가리킨다. 넓은 지역에서 강력한 피해를 유발하는 팬데믹과 달리 한정된 지역에서 주기적으로 발생하는 감염병이기 때문에 감염자 수가 어느 정도 예측이 가능하다. 말라리아, 뎅기열 등이 이에 속하고, 코로나19도 엔데믹으로 전환됐다.

43 인구절벽

생산가능인구(만 15 ~ 64세)의 비율이 급속도로 줄어드는 사회경제 현상

한 국가의 미래성장을 예측하게 하는 인구지표에서 생산가능인구인 만 15세 ~ 64세 비율이 줄어들어 경기가 둔화하는 현상을 가리킨다. 이는 경제 예측 전문가인 해리 덴트가 자신의 저서 〈인구절벽(Demographic Cliff)〉에서 사용한 용어로 청장년층의 인구 그래프가 절벽과 같이 떨어지는 것에 비유했다. 그에 따르면 한국 경제에도 이미 인구절벽이 시작돼 2024년부터 '취업자 마이너스 시대'가 도래할 전망이다. 취업자 감소는 저출산 · 고령화 현상으로 인한 인구구조의 변화 때문으로, 인구 데드크로스로 인해 중소기업은 물론 대기업까지 구인난을 겪게 된다.

> **인구 데드크로스**
> 저출산 · 고령화 현상으로 출생자 수보다 사망자 수가 많아지며 인구가 자연 감소하는 현상이다. 우리나라는 2020년 출생자 수가 27만 명, 사망자 수는 30만 명으로 인구 데드크로스 현상이 인구통계상에서 처음 나타났다. 인구 데드크로스가 발생하면 의료 서비스와 연금에 대한 수요가 늘어나며 개인의 공공지출 부담이 증가하게 된다. 또한 국가 입장에서는 노동력 감소, 소비 위축, 생산 감소 등의 현상이 동반되어 경제에 큰 타격을 받는다.

44 합계출산율

한 여성이 가임기간 동안 낳을 것으로 기대되는 평균 출생아 수

인구동향조사에서 15~49세의 가임여성 1명이 평생 동안 낳을 것으로 추정되는 출생아 명수를 통계화한 것이다. 한 나라의 인구증감과 출산수준을 비교하기 위해 대표적으로 활용되는 지표로서 일반적으로 연령별 출산율의 합으로 계산된다. 2023년 4분기 우리나라의 합계출산율은 0.65명으로 역대 최저를 기록했다. 2024년 8월 기준 경제협력개발기구(OECD) 회원국 중 합계출산율이 1.00명 미만인 국가는 우리나라가 유일하다.

45 촉법소년

범죄를 저지른 만 10세 이상 14세 미만 청소년

범죄를 저지른 만 10세 이상 14세 미만 청소년으로, 형사책임능력이 없어 형사처벌을 받지 않고, 가정법원의 처분에 따라 보호처분을 받거나 소년원에 송치된다. 최근 들어 아동과 청소년의 범죄가 심각해지고, 이 과정에서 촉법소년 제도를 악용하는 사례도 발생하면서 촉법소년의 연령을 낮추자는 의견이 정치권에서 제기됐다. 지난 2022년 11월 정부는 소년범죄 종합대책을 발표하면서 형법·소년법을 개정해 촉법소년 상한연령을 '만 14세 미만'에서 '만 13세 미만'으로 1살 내리겠다고 발표했다. 또 검찰청에 '소년부'를 설치하고 소년범죄 예방·교화를 위한 프로그램도 강화한다고 밝힌 바 있다.

46 그린워싱 Green Washing

친환경 제품이 아닌 것을 친환경 제품인 척 홍보하는 것

친환경 제품이 아닌 것을 친환경 제품으로 속여 홍보하는 것이다. 초록을 뜻하는 그린(Green)과 영화 등의 작품에서 백인 배우가 유색인종 캐릭터를 맡을 때 사용하는 화이트 워싱(White Washing)의 합성어로 위장 환경주의라고도 한다. 기업이 제품을 만드는 과정에서 환경오염을 유발하지만 친환경 재질을 이용한 제품 포장 등만을 부각해 마케팅하는 것이 그린워싱의 사례다. 2007년 미국 테라초이스가 발표한 그린워싱의 7가지 유형을 보면 ▲ 상충효과 감추기 ▲ 증거 불충분 ▲ 애매모호한 주장 ▲ 관련성 없는 주장 ▲ 거짓말 ▲ 유행상품 정당화 ▲ 부적절한 인증라벨이 있다.

47 킬러문항

대학수학능력시험의 변별력을 따지기 위해 의도적으로 출제하는 초고난도 문항

대학수학능력시험(수능)의 변별력을 갖추기 위해 출제기관이 최상위권 수험생들을 겨냥해 의도적으로 출제하는 초고난도 문항을 말한다. 2023년 6월 윤석열 대통령이 이른바 '공정수능'을 언급하면서 2023년 6월 모의평가에 킬러문항이 사전 지시대로 배제되지 않았다고 해 파장이 일었다. 이에 서둘러 정부는 2024학년도 수능에서 사교육을 받아야만 풀 수 있는 킬러문항을 배제하겠다고 발표했고, 이 때문에 수능을 불과 5개월여 앞둔 학생과 학부모, 교육현장은 혼란에 빠졌다. 앞서 2022년 사교육비가 26조 원으로 역대 최대를 기록했고, 킬러문항 논란까지 터지면서 정부는 '사교육비 경감 종합대책'을 내놨다. 여기엔 킬러문항 배제와 함께 수능 출제위원들의 사교육 영리활동을 금지하고 유아를 대상으로 한 영어유치원 편법운영을 단속하겠다는 등의 방침이 담겼다. 그러나 킬러문항 배제 외에 수능의 변별력을 어떻게 갖출 것인가에 대한 구체적인 대안은 없었고, 사교육 문제는 교육열과 학벌주의·노동임금 격차 등이 복합적으로 얽힌 문제라 정부의 대책이 근본적인 해결방안이 될 수 없다는 비판도 나왔다.

48 고교학점제

고등학생도 진로에 따라 과목을 골라 수강할 수 있는 제도

고등학생도 대학생처럼 진로와 적성에 맞는 과목을 골라 듣고 일정 수준 이상의 학점을 채우면 졸업할 수 있도록 한 제도다. 일부 공통과목은 필수로 이수해야 하고, 3년간 총 192학점을 이수하면 졸업할 수 있다. 교육부는 고교학점제를 2025년에 전면적으로 시행하기 위해, 2023년부터 부분적으로 도입했다. 고교학점제에서는 다양한 선택과목들을 개설함으로써 자율성을 살리고 진로를 감안하여 수업을 선택한다. 한편 교육부는 2023년 12월 2028학년도 대학입시제도를 확정해 발표했다. 이에 따라 2028학년도부터는 선택과목 없이 공통과목을 치르는 '통합형 수학능력평가(수능)'가 실시되며, 내신 산출방법도 현행 9등급 상대평가에서 5등급 상대평가체제로 바뀌게 됐다.

49 워케이션 Worcation

휴가지에서 업무를 근무로 인정하는 형태

일(Work)과 휴가(Vacation)의 합성어로, 휴가지에서의 업무를 급여가 발생하는 일로 인정해주는 근무형태이다. 시간과 장소에 구애받지 않고 회사 이외 장소에서 근무하는 텔레워크(Telework) 이후에 새롭게 등장한 근무방식으로 재택근무의 확산과 함께 나타났다. 미국에서 시작됐으며 일본에서 노동력 부족과 장시간 노동을 해결하기 위한 방안으로 점차 확산되고 있다.

50 실업급여

고용보험에 가입한 근로자가 비자발적으로 실직 후 재취업 기간 동안 지급되는 지원금

고용보험에 가입한 근로자가 실직하고 재취업활동을 하는 동안 생계안정과 취업의지를 고양하기 위해 국가가 지급하는 지원금이다. 보통 실업급여라고 칭하는 '구직급여'와 '구직촉진수당'으로 나뉜다. 실업급여는 실직한 날을 기준으로 18개월 중 180일 이상 근무하다가, 직장이 문을 닫거나 구조조정(해고) 등 자의와는 상관없이 실직한 사람에게 지급된다. 2023년 정부·여당에서는 실업급여의 관대한 수급조건을 악용하거나, 받은 이후 재취업 노력을 제대로 하지 않는 사례가 많다며 수급조건을 강화하고 수급액을 줄이겠다는 계획을 내놨다.

51 MZ세대

디지털 환경에 익숙한 밀레니얼 세대와 Z세대를 부르는 말

1980년대 ~ 2000년대 초 출생해 디지털과 아날로그를 함께 경험한 밀레니얼 세대(Millennials)와 1990년 중반 이후 디지털 환경에서 태어난 Z세대(Generation Z)를 통칭하는 말이다. 이들은 일에 대한 희생보다 스포츠, 취미활동, 여행 등에서 삶의 의미를 찾으며 여가와 문화생활에 관심이 많다. 경제활동인구에서 차지하는 비율이 점차 높아지고 있으며, 향후 15년간 기존 세대를 뛰어넘는 구매력을 가질 것으로 평가된다. 또한 디지털 미디어에 익숙하며 스포츠, 게임 등 동영상 콘텐츠를 선호한다.

52 알파세대

2010년대 초 ~ 2020년대 중반에 출생한 세대

2010년 이후에 태어난 이들을 지칭하는 용어로 다른 세대와 달리 순수하게 디지털 세계에서 나고 자란 최초의 세대로도 분류된다. 어릴 때부터 기술적 진보를 경험했기 때문에 스마트폰이나 인공지능(AI), 로봇 등을 사용하는 것에 익숙하다. 그러나 사람과의 소통보다 기계와의 일방적 소통에 익숙해 정서나 사회성 발달에 부정적인 영향이 나타날 수 있다는 우려도 있다. 알파세대는 2025년 약 22억 명에 달할 것으로 예측되고 있으며, 소비시장에서도 영향력을 확대하는 추세다.

53 넷제로 Net Zero

순 탄소배출량을 0으로 만드는 탄소중립 의제

배출하는 탄소량과 흡수·제거하는 탄소량을 같게 함으로써 실질적인 탄소배출량을 '0'으로 만드는 것을 말한다. 즉, 온실가스 배출량(+)과 흡수량(-)을 같게 만들어 더 이상 온실가스가 늘지 않는 상태를 말한다. 기후학자들은 넷제로가 달성된다면 20년 안에 지구 표면온도가 더 상승하지 않을 것이라고 보고 있다. 지금까지 100개 이상의 국가가 2050년까지 넷제로에 도달하겠다고 약속했다. 미국의 조 바이든 대통령은 공약으로 넷제로를 선언했고 우리나라 역시 장기저탄소발전전략(LEDS)을 위한 '넷제로 2050'을 발표하고 2050년까지 온실가스 순배출을 '0'으로 만드는 탄소중립 의제를 세웠다.

54 소득 크레바스

은퇴 후 국민연금을 받을 때까지 일정 소득이 없는 기간

크레바스(Crevasse)는 빙하가 흘러내리면서 얼음에 생기는 틈을 의미하는 것으로, 소득 크레바스는 은퇴 당시부터 국민연금을 수령하는 때까지 소득에 공백이 생기는 기간을 말한다. '생애 주된 직장'의 은퇴시기를 맞은 5060세대의 큰 고민거리라 할 수 있다. 소득 크레바스에 빠진 5060세대들은 소득 공백을 메우기 위해 기본적인 생활비를 줄이고 창업이나 재취업, 맞벌이 같은 수익활동에 다시금 뛰어들고 있는 실정이다.

55 조용한 사직 Quiet Quitting

정해진 시간과 범위 내에서만 일하고 초과근무를 거부하는 노동방식

직장을 그만두지는 않지만 정해진 업무시간과 업무범위 내에서만 일하고 초과근무를 거부하는 노동방식을 뜻하는 신조어다. 'Quiet Quitting'을 직역하면 '직장을 그만두겠다'는 의미이지만 실제로는 '직장에서 최소한의 일만 하겠다'는 뜻이다. 미국 뉴욕에 거주하는 20대 엔지니어기사 자이드 플린이 자신의 틱톡 계정에 올린 동영상이 화제가 되면서 전 세계로 확산됐다. 워싱턴포스트는 이에 대해 직장인들이 개인의 생활보다 일을 중시하고 일에 열정적으로 임하는 '허슬 컬쳐(Hustle Culture)'를 포기하고 직장에서 주어진 것 이상을 하려는 생각을 중단하고 있다는 것을 보여주는 현상이라고 분석했다.

56 지방소멸

고령화·인구감소로 지방의 지역공동체가 기능하기 어려워져 소멸되는 상태

저출산과 고령화, 수도권의 인구집중이 초래하는 사회 문제로 인해 지방의 인구가 감소하면서 경제생활·인프라, 공동체가 소멸되는 현상을 말한다. 최근 지방인구 소멸이 더욱 가속화되고 있는데, 2023년 말을 기준으로 전국 228개 시·군·구 중 121곳이 인구소멸위험지역으로 분류됐다. 소멸위험지역은 소멸위험지수를 통해 한국고용정보원이 산출하는데, 소멸위험지수는 한 지역의 20~39세 여성 인구를 65세 이상 인구로 나눈 값이다. 이 지수값이 1.5 이상이면 저위험, 1.0~1.5인 경우 보통, 0.5~1.0인 경우 주의, 0.2~0.5는 위험, 0.2 미만은 고위험으로 분류된다. 2023년 말 고위험지역으로 분류된 지역은 시·군·구 52개다.

57 교권회복 4법

교사의 정당한 교육활동을 보호하기 위해 제정된 4개의 법률개정안

'교사의 정당한 생활지도는 아동학대로 보지 않는다'는 내용을 골자로 한 교원지위법, 초·중등교육법, 유아교육법, 교육기본법 등 4개 법률개정안을 말한다. 지난 2023년 7월 서울 서초구 서이초등학교 교사가 사망한 사건 이후 전국에서 교권침해로 인한 교사들의 사망이 잇따라 알려지자 대책마련을 요구하는 목소리가 높아지면서 추진됐다. 개정안에 따라 교원이 아동학대로 신고돼도 마땅한 사유가 없는 한 직위해제 처분을 금지하며, 교장은 교육활동 침해행위를 축소·은폐할 수 없다. 또한 교육지원청이 교권침해 조치업무를 전담한다는 내용과 부모 등 보호자가 학교의 정당한 교육활동에 협조하고 존중해야 한다는 점 등도 포함됐다.

58 플로깅 Plogging

조깅을 하면서 쓰레기를 줍는 운동

달리거나 산책을 하면서 쓰레기를 줍는 것을 말한다. '이삭을 줍는다'는 뜻인 스웨덴어 'Plocka upp'과 천천히 달리는 운동을 뜻하는 영어단어 '조깅(Jogging)'의 합성어다. 쓰레기를 줍기 위해 앉았다 일어나는 동작이 스쿼트 자세와 비슷하다는 데서 생겨났다. 2016년 스웨덴에서 처음 시작돼 북유럽을 중심으로 빠르게 확산했고 최근 기업이나 기관에서도 플로깅을 활용한 마케팅이 활발해지는 추세다. 쓰레기를 담은 봉투를 들고 뛰기 때문에 보통의 조깅보다 열량 소모가 많고 환경도 보호한다는 점에서 호응을 얻고 있다.

59 셰일오일 Shale Oil

미국에서 2010년대 들어서 개발되기 시작한 퇴적암 오일

퇴적암의 한 종류인 셰일층에서 채굴할 수 있는 '액체 탄화수소'를 가리키는 말이다. 이전에는 채굴 불가능하거나 시추 비용이 많이 들어 채산성이 없다고 여겨진 자원들이었다. 그런데 '수압파쇄', '수평시추' 등의 기술 개발로 셰일오일이 채산성을 갖춘 자원이 되면서 2010년 중반부터 생산량이 폭발적으로 늘어나게 됐고, 2018년에는 미국을 최대 산유국으로 만들었다. 현재 발견된 매장량은 향후 200년가량 사용할 것으로 추정된다. 미국은 셰일오일을 통해 에너지 자립을 이뤘고 중동산유국 등 유가에 대한 영향력이 축소됐다. 이를 '셰일혁명'이라고 부른다.

60 누리호 KSLV-Ⅱ

우리나라 최초의 저궤도 실용위성 발사용 로켓

누리호는 2021년 6월에 개발된 우리나라 최초의 저궤도 실용위성 발사용 로켓이다. 국내 독자기술로 개발한 3단 액체로켓으로, 액체연료 엔진부터 발사체에 탑재된 위성을 보호하는 덮개인 페어링에 이르기까지 핵심기술과 장비 모두 국내 연구진이 개발했다. 누리호에 실린 성능검증위성이 발사에 성공해 궤도에 안착하면서 우리나라는 세계 7번째로 1t 이상인 실용적 규모의 인공위성을 자체기술로 쏘아 올린 나라가 됐다. 또한 2023년 5월 25일에는 첫 실전발사에 성공하면서 처음으로 실용급 위성을 계획된 궤도에 안착시켰다.

61 다누리 KPLO

우리나라의 첫 달 탐사궤도선

다누리는 2022년 8월 발사된 우리나라의 첫 달 탐사궤도선으로 태양과 지구 등 천체의 중력을 이용해 항행하는 궤적에 따라 이동하도록 설계됐다. 달로 곧장 가지 않고 태양 쪽의 먼 우주로 가서 최대 156만km까지 거리를 벌렸다가 다시 지구 쪽으로 돌아와 달에 접근했다. 다누리는 145일 만에 달 상공의 임무궤도에 안착했으며, 약 2시간 주기로 달을 공전한다. 다누리의 고해상도카메라는 달 표면 관측영상을 찍어 달 착륙 후보지를 고르고, 광시야편광카메라 등은 달에 매장된 자원을 탐색하게 된다.

62 청정수소
전기를 발생하는 과정에서 이산화탄소를 적게 배출하는 수소

신재생에너지 가운데 하나로 전기를 생산할 때 이산화탄소를 적게 혹은 전혀 배출하지 않는 수소를 말한다. 수소발전은 보통 산소와 수소의 화학반응을 이용하는데 이 과정에서 이산화탄소가 발생하게 된다. 반면 청정수소는 이산화탄소 대신 순수한 물만을 부산물로 배출한다. 청정수소는 그 생산방식에 따라 그린수소, 천연가스를 이용해 생산하는 부생수소·추출수소 등의 그레이수소, 그레이수소 생산과정에서 발생하는 탄소를 포집해 저장·활용하는 블루수소, 원전을 활용한 핑크수소 등으로 분류된다.

63 챗GPT
대화 전문 인공지능 챗봇

인공지능 연구재단 오픈AI(Open AI)가 개발한 대화 전문 인공지능(AI) 챗봇이다. 사용자가 대화창에 텍스트를 입력하면 그에 맞춰 대화를 나누는 서비스로 오픈AI에서 개발한 대규모 AI 모델 'GPT-3.5' 언어기술을 기반으로 한다. 챗GPT는 인간과 자연스럽게 대화를 나누기 위해 수백만 개의 웹페이지로 구성된 방대한 데이터베이스에서 사전 훈련된 대량생성 변환기를 사용하고 있으며, 사용자가 대화 초반에 말한 내용을 기억해 답변하기도 한다. 한편 오픈AI는 2023년 3월 더 향상된 AI 언어모델인 'GPT-4'를 공개했다. GPT-4의 가장 큰 특징은 텍스트만 입력 가능했던 기존 GPT-3.5와 달리 이미지를 인식하고 해석할 수 있는 '멀티모달(Multimodal)' 모델이라는 점이다.

64 사물배터리 BoT ; Battery of Things
배터리가 에너지원이 되어 모든 사물을 연결하는 것

모든 사물에 배터리가 동력원으로 활용돼 배터리가 미래 에너지 산업의 핵심이 되는 것을 일컫는 말이다. 〈에너지 혁명 2030〉의 저자인 미국 스탠퍼드 대학교의 토니 세바 교수가 "모든 사물이 배터리로 구동하는 시대가 올 것"이라고 말한 데서 유래했다. 인터넷을 통해 여러 기기를 연결하는 것을 '사물인터넷(IoT)'이라고 부르듯이 배터리를 중심으로 세상에 존재하는 모든 사물들이 연결돼 일상생활 곳곳에 배터리가 사용되는 환경을 말한다. 스마트폰, 태블릿PC, 각종 웨어러블 기기 등의 IT 제품들이 사물배터리 시대를 열었으며, 최근에는 Non-IT 기기인 전기자전거, 전동공구 등에도 배터리가 사용되고 있다.

65 다크 패턴 Dark Pattern

사람을 속이기 위해 디자인된 온라인 인터페이스

애플리케이션이나 웹사이트 등 온라인에서 사용자를 기만해 이득을 취하는 인터페이스를 말한다. 영국의 UX 전문가인 '해리 브링널'이 만든 용어로 온라인 업체들이 이용자의 심리나 행동패턴을 이용해 물건을 구매하거나 서비스에 가입하게 하는 것이다. 가령 웹사이트에서 프로그램을 다운받아 설치할 때 설치 인터페이스에 눈에 잘 띄지 않는 확인란을 숨겨 추가로 다른 프로그램이 설치되게 만든다든지, 서비스의 자동결제를 은근슬쩍 유도하기도 한다. 또 서비스에 가입하면서 이용자는 꼭 알아야 하고 업체에겐 불리한 조항을 숨기는 등의 사례가 있다. 우리나라에서는 이 같은 다크 패턴의 폐해를 방지하기 위해 전자상거래법, 개인정보보호법 등 관련 법률개정안을 마련하고 있다.

66 엘니뇨 El Nino

평년보다 0.5℃ 이상 해수면 온도가 높은 상태가 5개월 이상 지속되는 현상

전 지구적으로 벌어지는 대양−대기 간의 기후현상으로, 해수면 온도가 평년보다 0.5℃ 이상 높은 상태가 5개월 이상 지속되는 이상해류 현상이다. 크리스마스 즈음에 발생하기 때문에 작은 예수 혹은 남자아이라는 뜻에서 이러한 이름이 붙었다. 엘니뇨가 발생하면 해수가 따뜻해져 증발량이 많아지고, 태평양 동부 쪽의 강수량이 증가한다. 엘니뇨가 강할 경우 지역에 따라 대규모의 홍수가 발생하기도 하고, 극심한 건조현상을 겪기도 한다. 미국 일간지 워싱턴포스트는 기후 전문가들을 인용해 강력한 엘니뇨의 영향으로 2024년 세계 기온이 이전 해보다 더 높을 수 있다고 보도한 바 있다.

67 NFT(대체불가토큰) Non Fungible Token

다른 토큰과 대체·교환될 수 없는 가상화폐

하나의 토큰을 다른 토큰과 대체하거나 서로 교환할 수 없는 가상화폐다. 2017년 처음 시장이 만들어진 이래 미술품과 게임아이템 거래를 중심으로 빠른 성장세를 보이고 있다. NFT가 폭발적으로 성장한 이유는 희소성 때문이다. 기존 토큰의 경우 같은 종류의 코인은 한 코인당 가치가 똑같았고, 종류가 달라도 똑같은 가치를 갖고 있다면 등가교환이 가능했다. 하지만 NFT는 토큰 하나마다 고유의 가치와 특성을 갖고 있어 가격이 천차만별이다. 또한 어디서, 언제, 누구에게 거래가 됐는지 모두 기록되어서 위조가 쉽지 않다는 것이 장점 중 하나다.

68 인터넷데이터센터 IDC

개인이나 기업 등으로부터 전산시설을 위탁받아 관리하는 곳

고객으로부터 인터넷 서비스에 필요한 서버나 전용회선, 네트워크 관리 기능 등을 위탁받아 관리하는 시설을 말한다. 이는 대규모 인터넷 전산센터를 설립해 호텔처럼 기업의 서버를 입주시켜 대신 관리해주기 때문에 '서버호텔'이라고도 한다. 인터넷 서버는 습기, 온도, 전력 등 주변환경에 매우 민감한 전산장비이므로 24시간 무정전상태를 유지하는 안정성과 네트워크 확장성을 갖추고 있어야 한다. IDC는 이런 장비를 전문적으로 운영·관리하고 인터넷회선에 연결해준다.

69 클릭화학

서로 다른 분자를 군더더기 없이 효율적으로 결합시키는 방법

분자를 장난감 블록을 결합하듯 군더더기 없이 원하는 물질로 합성하는 기술이다. 미국의 '배리 K. 샤플리스' 교수와 덴마크의 '모르덴 멜달' 교수가 개발했다. 본래 천연분자를 결합시키다 보면 원하는 물질 외에도 부산물이 생성되는데, 부산물이 본래 원했던 생성물보다 더 큰 작용과 반응을 일으킬 수 있다. 클릭화학은 이러한 부산물 없이 분자들이 결합되었을 때 생성되리라 예측되는 물질을 정확히 만들어낸다. 클릭화학을 통해 생체에 주입해도 안전한 물질을 새롭게 만들 수 있게 됐다. 미국의 '캐럴린 버토지' 교수가 창안한 '생체직교화학'은 세포 안에서도 분자들을 특정한 생성물로 깔끔하게 합성시킬 수 있다. 그는 분자합성물질로 예상된 생체반응을 이끌어내야 하는 신약품의 개발에 공을 세웠다. 위 세 과학자는 이 같은 업적으로 2022년 노벨화학상을 수상했다.

70 아스파탐

설탕의 200배 단맛을 내는 인공감미료

인공감미료의 일종으로 열량은 설탕과 동일하지만 감미도는 약 200배 높아 소량으로도 단맛을 낼 수 있다. 2023년 7월 세계보건기구의 국제암연구소 식품첨가물합동전문가위원회가 아스파탐을 '발암가능물질 2B'로 분류하면서 식품 산업, 보건계가 충격에 휩싸였다. 2B군은 '암을 유발할 가능성이 있다'는 의미이지만, 실험을 통해 그 가능성이 충분히 입증되지는 않은 경우에 해당한다. 아스파탐은 최근 유행하는 '제로슈거' 식품에 흔히 쓰였으나, 아스파탐이 발암물질로 분류된다는 소식이 들리면서 식품업계는 대체제를 찾아 나섰다.

71 패스워드리스 Passwordless

사용자의 계정보안 강화 및 편의성 향상을 위해 등장한 차세대 로그인 방식

사용자가 직접 비밀번호를 만들고 계정에 접속했던 방식이 아니라 일회용 비밀번호(ORP), 지문인식, 생체인식, 안면인식 등의 방식으로 로그인하는 것을 말한다. 기존의 로그인 방식은 비밀번호를 기억하기 쉽도록 문자를 단순 나열하거나 하나의 비밀번호를 여러 사이트에서 동시에 사용하는 경우가 많아 한 곳에서 유출된 정보를 다른 곳에 무작위로 대입하는 '크리덴셜 스터핑'의 표적이 되기가 쉬웠다. 이에 기존의 로그인 방식을 개선하고 보안성과 편의성을 향상시키기 위해 등장했다. 최근 애플, 구글, 마이크로소프트를 필두로 패스워드리스를 상용화하는 계획이 진행되고 있으며, 네이버는 안드로이드 애플리케이션에 한해 패스워드리스 로그인 방식을 도입하기도 했다.

72 하이퍼튜브 Hyper Tube

공기저항이 거의 없는 튜브 속에서 자기력으로 주행하는 미래형 교통수단

공기저항이 거의 없는 아진공(0.001 ~ 0.01 기압) 튜브 내에서 자기력으로 차량을 추진·부상하여 시속 1,000km 이상으로 주행하는 교통시스템을 말한다. 항공기와 유사한 속도로 달리면서 열차처럼 도심 접근성을 충족시킬 수 있다는 점에서 차세대 운송시스템으로 주목받고 있다. 하이퍼튜브를 실현하기 위해서는 아진공 환경이 제공되고 주행통로가 되는 아진공 튜브, 자기력으로 차량을 추진·부상하는 궤도, 아진공으로부터의 객실의 기밀을 유지하며 주행하는 차량 등 3가지 구성요소가 확보돼야 한다. 현재 많은 국가에서 기술선점을 위한 노력이 계속되고 있으며 국내에서도 핵심기술 연구가 진행되고 있다.

73 초전도체

반자성을 띠며 특정 임계온도에서 저항이 0이 되는 물질

특정 임계온도에서 저항이 0이 되는 물질로, 저항이 없기 때문에 이를 활용하면 전력의 손실을 없앨 수 있다. 또 외부의 자기장에 반대되는 자기장을 갖는 반자성을 띤다. 초전도 현상을 이용한 기술은 이미 상용화되었으나, 이 현상을 구현하기 위한 초저온의 환경을 조성하는 데 많은 비용이 들어 상온·상압에서 작용하는 초전도체를 찾는 것은 오랜 숙원이었다. 그런데 2023년 국내의 퀀텀에너지연구소가 'LK-99'라고 이름 붙인 초전도체를 개발해냈다며 관련 논문을 인터넷에 게시하면서 전 세계의 이목을 끌었다. 그러나 국내외 연구진들이 논문 검증결과에 부정적 의견을 잇달아 내놓았고, 결국 사실이 아닌 것으로 밝혀졌다.

74 데이터마이닝 Datamining

데이터에서 유용한 정보를 도출하는 기술

'데이터(Data)'와 채굴을 뜻하는 '마이닝(Mining)'이 합쳐진 단어로 방대한 양의 데이터로부터 유용한 정보를 추출하는 것을 말한다. 기업활동 과정에서 축적된 대량의 데이터를 분석해 경영활동에 필요한 다양한 의사결정에 활용하기 위해 사용된다. 데이터마이닝은 통계학의 분석방법론은 물론 기계학습, 인공지능, 컴퓨터과학 등을 결합해 사용한다. 데이터의 형태와 범위가 다양해지고 그 규모가 방대해지는 빅데이터의 등장으로 데이터마이닝의 중요성이 부각되고 있다.

75 소형모듈원전 SMR ; Small Modular Reactor

발전용량 300MW급의 소형원전

발전용량 300MW급의 소형원전을 뜻하며, 현재 차세대 원전으로 떠오르고 있다. 기존 대형원전은 발전을 위해서 원자로와 증기발생장치, 냉각제 펌프 등 갖가지 장치가 각각의 설비로서 설치돼야 한다. 그러나 SMR은 이 장치들을 한 공간에 몰아넣어 원전의 크기를 대폭 줄일 수 있다. 대형원전에 비해 방사능유출 위험이 적다는 장점도 있는데, 배관을 쓰지 않는 SMR은 노심이 과열되면 아예 냉각수에 담가버려 식힐 수 있다. 과열될 만한 설비의 수 자체도 적고, 나아가 원전 크기가 작은 만큼 노심에서 발생하는 열도 낮아 대형원전에 비해 식히기도 쉽다. 또 냉각수로 쓸 강물이나 바닷물을 굳이 끌어올 필요가 없기 때문에 입지를 자유롭게 고를 수 있다.

76 ALPS

일본 후쿠시마 제1원전의 오염수에서 방사성물질을 걸러내는 장치

'Advanced Liquid Processing System'의 약자로 일본 후쿠시마 제1원전 오염수의 방사성물질을 제거하기 위해 운용하는 장치다. '다핵종제거설비'라고도 한다. 2011년 동일본대지진이 일어나 후쿠시마 제1원전이 폭발했고 원자로의 핵연료가 녹아내리면서 이를 식히기 위해 냉각수를 투입했다. 점차 시간이 흐를수록 지하수, 빗물 등이 유입되면서 방사성물질이 섞인 냉각수, 즉 오염수가 일본 정부가 감당하기 어려울 만큼 늘어났다. 이에 일본 정부는 ALPS로 오염수를 정화시켜 해양에 방류하기로 결정했다. ALPS로 세슘, 스트론튬 등을 배출기준 이하로 제거해 방류하는데, ALPS 처리과정을 거쳐도 삼중수소(트리튬)는 제거할 수 없어 안전성에 대한 우려를 낳았다. 그러나 세계 각국의 우려 표명에도 일본 정부는 방류를 강행하기로 결정해 2023년 8월부터 방류가 이루어지고 있다.

77 제임스 웹 우주망원경

허블 우주망원경을 대체할 우주 관측용 망원경

허블 우주망원경을 대체할 망원경이다. 별칭인 NGST는 'Next Generation Space Telescope'의 약자로 차세대 우주망원경이라는 의미다. NASA의 제2대 국장인 제임스 웹의 업적을 기리기 위해 '제임스 웹 우주 망원경'이라고 이름 지어졌다. 이 망원경은 허블 우주망원경보다 반사경의 크기가 더 커지고 무게는 더 가벼워진 한 단계 발전된 우주망원경이다. NASA와 유럽 우주국, 캐나다 우주국이 함께 제작했다. 허블 우주망원경과 달리 적외선 영역만 관측할 수 있지만, 더 먼 우주까지 관측할 수 있도록 제작됐다.

78 유전자가위

세포의 유전자를 절삭하는 데 사용하는 기술

동식물 유전자의 특정 DNA 부위를 자른다고 하여 '가위'라는 표현을 사용하는데, 손상된 DNA를 잘라낸 후에 정상 DNA로 바꾸는 기술이라 할 수 있다. 1·2세대의 유전자가위가 존재하며 3세대 유전자가위인 '크리스퍼 Cas9'도 개발됐다. 크리스퍼는 세균이 천적인 바이러스를 물리치기 위해 관련 DNA를 잘게 잘라 기억해 두었다가 다시 침입했을 때 물리치는 면역체계를 부르는 용어인데, 이를 이용해 개발한 기술이 3세대 유전자가위인 것이다. 줄기세포·체세포 유전병의 원인이 되는 돌연변이 교정, 항암세포 치료제와 같이 다양하게 활용될 수 있다.

79 도심항공교통 UAM

전동 수직이착륙기를 활용한 도심교통 시스템

기체, 운항, 서비스 등을 총칭하는 개념으로 전동 수직이착륙기(eVTOL)를 활용하여 지상에서 450m 정도의 저고도 공중에서 이동하는 도심교통 시스템을 말한다. '도심항공모빌리티'라고도 부르는 도심항공교통(UAM ; Urban Air Mobility)은 도심의 교통체증이 한계에 다다르면서 이를 극복하기 위해 추진되고 있다. UAM의 핵심인 eVTOL은 옥상 등에서 수직이착륙이 가능해 활주로가 필요하지 않으며, 내장된 연료전지와 배터리로 전기모터를 구동해 탄소 배출이 거의 없다. 또한 소음이 적고 자율주행도 수월한 편이라는 점 때문에 도심형 친환경 항공 교통수단으로 각광받고 있다.

80 부커상 Booker Prize

세계 3대 문학상 중 하나

1969년 영국의 부커사가 제정한 문학상이다. 노벨문학상, 프랑스의 공쿠르 문학상과 함께 세계 3대 문학상 중 하나로, 해마다 영국연방국가에서 출판된 영어소설들을 대상으로 시상해왔다. 그러다 2005년에 영어로 출간하거나 영어로 번역한 소설을 대상으로 상을 수여하는 인터내셔널 부문을 신설했다. 신설된 후 격년으로 진행되다가 2016년부터 영어번역 소설을 출간한 작가와 번역가에 대해 매년 시상하는 것으로 변경했다. 국내작품 중에서는 한강의 〈채식주의자〉가 2016년 인터내셔널 수상작으로 선정되면서 화제를 모았다. 2023년에는 천명관 작가가 〈고래〉로 인터내셔널 최종후보에 올랐으나 아쉽게도 수상에 이르지는 못했다.

81 KBS 수신료 분리징수

전기요금에 포함된 TV 수신료를 별도 징수하는 방안

공영방송 KBS와 EBS 수신료의 징수방식 변경에 대한 사안이다. 특히 KBS의 수신료 징수 문제가 도마에 올랐다. TV 수신료는 방송법에 따라 '텔레비전 수상기를 소지한 사람'에 대해 매달 2,500원을 의무적으로 내게 하는 것이다. 과거에는 KBS 징수원이 가정을 돌며 수신료를 걷었지만 1994년부터 전기요금에 수신료가 통합되면서 한국전력이 징수업무를 위탁받아 대행했다. KBS 수신료를 전기요금과 분리하는 문제는 윤석열 정부가 출범하며 가열됐다. 윤석열 대통령은 "공영방송의 위상정립과 공적책무이행을 위해 경영평가, 지배구조, 수신료 등 관련 법·제도를 개선하겠다"고 했다. 이어 정부와 여당이 분리징수에 대한 분위기 조성에 나섰고, 방송통신위원회가 수신료 징수방식을 변경하는 방송법 시행령 개정을 추진했다. 수신료 분리징수는 윤 대통령이 개정안을 재가함에 따라 2024년 7월부터 시행되고 있다.

82 스텔스 럭셔리 Stealth Luxury

브랜드 로고가 드러나지 않는 소박한 디자인의 명품

'살며시'라는 뜻의 'Stealth'와 '명품'을 뜻하는 'Luxury'의 합성어로 '조용한 명품'을 의미한다. 브랜드 로고가 없거나 매우 작게 표시돼 있고 디자인이 소박한 명품을 말한다. 눈에 띄는 디자인으로 브랜드의 존재감을 부각하고자 했던 기존의 트렌드에서 벗어나 단조로운 색상과 수수한 디자인으로 고전적인 감성을 살리는 것이 특징이다. 코로나19 이후 불확실한 경제상황과 혼란스러운 분위기가 지속되면서 패션업계에서는 본인의 경제력을 감추기 위해 스텔스 럭셔리가 유행하고 있다.

83 사도광산

일본 니가타현에 소재한 일제강점기 조선인 강제노역 현장

일본 니가타현에 있는 에도 시대 금광으로 일제강점기 당시 조선인 강제노역이 자행된 곳이다. 일본은 2022년 9월 사도광산을 세계유산으로 지정하기 위한 잠정 추천서를 유네스코에 다시 제출했는데, 대상 기간을 16~19세기 후반으로 한정해 일제강점기 조선인 강제노동 내용을 배제했다. 그러나 2024년 6월 유네스코 자문기구인 국제기념물유적협의회가 '보류'를 권고하면서 사도광산 세계유산 구역에서 에도시기(16~19세기) 이후 유산이 대부분인 지역을 제외하고, '강제노역을 설명하라'고 요청했다. 이에 일본 정부는 자문기관의 요청을 수용하고 미비한 부분을 보완하는 한편 한국 정부와 협의를 진행하여 마침내 2024년 7월 한국 등 21개 회원국 만장일치로 사도광산을 세계유산에 등재 시키는 데 성공했다. 그러나 사도광산 등재를 두고 일본 정부와 협상하는 과정에서 우리 정부가 조선인 동원 과정의 억압성을 보여주는 '강제'라는 표현을 명시해달라는 핵심 요구사항이 받아들여지지 않았는데도 등재에 동의한 사실이 알려져 '강제성' 표현을 포기한 것이라며 '굴욕외교'라는 비판이 제기됐다.

84 버튜버 Vtuber

가상의 아바타를 대신 내세워 활동하는 유튜버

사람이 직접 출연하는 대신 표정과 행동을 따라 하는 가상의 아바타를 내세워 시청자와 소통하는 '버추얼 유튜버(버튜버)'가 콘텐츠 업계를 달구고 있다. 버튜버는 초창기에는 소수의 마니아층만 즐기던 콘텐츠였으나, 시청자 층이 코로나19를 계기로 대폭 늘어나면서 대기업은 물론 지방자치단체까지 관심을 가지고 뛰어드는 모양새다. 버튜버는 콘텐츠 제작자가 얼굴을 직접 드러내지 않아도 되기 때문에 부담 없이 다양한 시도를 해볼 수 있고, 시청자 입장에서도 사람이 아닌 캐릭터를 상대하는 느낌을 줘 더 편하게 받아들일 수 있다는 게 강점이다.

85 제로웨이스트 Zero Waste

일상생활에서 쓰레기를 줄이기 위한 환경운동

일상생활에서 쓰레기가 나오지 않도록 하는(Zero Waste) 생활습관을 이른다. 재활용 가능한 재료를 사용하거나 포장을 최소화해 쓰레기를 줄이거나 그것을 넘어 아예 썩지 않는 생활 쓰레기를 없애는 것을 의미한다. 비닐을 쓰지 않고 장을 보거나 포장 용기를 재활용하고, 대나무 칫솔과 천연 수세미를 사용하는 등의 방법으로 이뤄진다. 친환경 제품을 사는 것도 좋지만 무엇보다 소비를 줄이는 일이 중요하다는 의견도 공감을 얻고 있다. 환경보호가 중요시되면서 관련 캠페인에 참여하는 사람들이 증가하고 있다.

86 구독경제 Subscription Economy

구독료를 내고 필요한 물건이나 서비스를 이용하는 것

일정 기간마다 비용(구독료)을 지불하고 필요한 물건이나 서비스를 이용하는 경제활동을 뜻한다. 영화나 드라마, 음악은 물론이고 책이나 게임에 이르기까지 다양한 품목에서 이뤄지고 있다. 이 분야는 스마트폰의 대중화로 빠르게 성장하고 있는 미래 유망 산업군에 속한다. 구독자에게 동영상 스트리밍 서비스를 제공하는 넷플릭스의 성공으로 탄력을 받았다. 특정 신문이나 잡지 구독과 달리 동종의 물품이나 서비스를 소비자의 취향에 맞춰 취사선택해 이용할 수 있다는 점에서 효율적이다.

87 밀프렙족

도시락을 직접 싸서 다니는 사람을 일컫는 신조어

'밀프렙(Meal Prep)을 하는 사람들'을 뜻하는 말로, 여기서 밀프렙이란 식사를 뜻하는 영단어 'Meal'과 준비를 뜻하는 'Preparation'이 합쳐진 용어다. 일정 기간 동안 먹을 식사를 한번에 미리 준비해두고 끼니마다 먹는 사람을 일컫는 신조어다. 시중에서 사먹는 것보다 건강한 식단을 구성할 수 있고, 시간과 식비를 절감할 수 있다. 특히 최근 고물가 시대가 지속되면서 1만 원에 육박하는 점심비용을 아끼려는 직장인 등을 중심으로 밀프렙족이 증가하는 추세다.

88 크로스미디어렙 Cross Media Rep

방송사 광고 및 통신광고 판매를 허용하는 제도

방송사 광고영업을 대신 해주는 '미디어렙'에 인터넷, 모바일 등 통신광고 판매까지 허용하는 제도를 말한다. 기존에는 금지한 광고유형을 제외하고 모든 광고를 허용하는 네거티브 광고규제를 실시해왔으나, 온라인광고가 방송광고시장을 빠른 속도로 잠식하면서 크로스미디어렙에 대한 논의가 이뤄지기 시작했다. 이에 급변하는 미디어환경의 특성을 반영해 네거티브 광고규제를 완화하고 크로스미디어렙을 도입하는 법안이 추진됐다. 크로스미디어렙이 허용될 경우 통합 광고 효과를 분석하고 전체 미디어에 대한 마케팅 역량 축적이 가능해져 유튜브 등 글로벌사업자 위주의 데이터 독점현상을 해소할 수 있다.

89 보편적 시청권

전 국민적 관심을 받는 스포츠를 시청할 수 있는 권리

전 국민적 관심을 받는 스포츠를 시청할 수 있는 권리다. 이 권리가 보장되기 위해서는 무료 지상파 채널이 우선으로 중계권을 소유해야 한다. 해당 제도는 유럽의 '보편적 접근권'을 원용한 것으로 2007년 방송법이 개정되면서 처음 도입됐다. 방송통신위원회는 모호한 의미였던 '국민적 관심이 매우 큰 체육경기대회'를 구체화하면서 2016년 방송수단을 확보해야 하는 시청범위를 90%와 75%를 기준으로 나눴다. 90%는 동·하계 올림픽과 월드컵, 75%는 WBC(월드 베이스볼 챔피언) 등이다.

90 힙트래디션 Hiptradition

전통과 젊은 세대 특유의 감성이 만나 만들어진 새로운 트렌드를 뜻하는 신조어

고유한 개성을 지니면서도 최신 유행에 밝고 신선하다는 뜻의 'Hip'과 전통을 뜻하는 'Tradition'을 합친 신조어로 우리 전통문화를 재해석해 즐기는 것을 의미한다. 한국의 전통문화를 MZ세대 특유의 감성으로 해석해 새로운 트렌드를 만드는 것으로 최근 소셜네트워크서비스(SNS)를 중심으로 인기를 끌고 있다. 대표적으로 반가사유상 미니어처, 자개소반 모양의 무선충전기, 고려청자의 문양을 본떠 만든 스마트폰 케이스 등 전통문화재를 기반으로 디자인된 상품의 판매율이 급증하면서 그 인기를 입증하고 있다. 관련 상품을 기획·판매하고 있는 국립박물관문화재단에 따르면 국립문화재를 모티브로 한 상품의 매출액은 2020년 38억 원, 2021년 66억 원에서 2022년 117억 원, 2023년 149억 원으로 급증한 것으로 나타났다.

91 인포데믹 Infodemic

거짓정보, 가짜뉴스 등이 미디어, 인터넷 등을 통해 매우 빠르게 확산되는 현상

'정보'를 뜻하는 'Information'과 '유행병'을 뜻하는 'Epidemic'의 합성어로, 잘못된 정보나 악성루머 등이 미디어, 인터넷 등을 통해 무분별하게 퍼지면서 전염병처럼 매우 빠르게 확산되는 현상을 일컫는다. 미국의 전략분석기관 '인텔리브리지' 데이비드 로스코프 회장이 2003년 워싱턴포스트에 기고한 글에서 잘못된 정보가 경제위기, 금융시장 혼란을 불러올 수 있다는 의미로 처음 사용했다. 허위정보가 범람하면 신뢰성 있는 정보를 찾아내기 어려워지고, 이 때문에 사회 구성원 사이에 합리적인 대응이 어려워지게 된다. 인포데믹의 범람에 따라 정보방역의 중요성도 강조되고 있다.

92 멀티 페르소나 Multi-persona

상황에 따라 다양한 형태의 자아를 갖는 것

페르소나는 고대 그리스의 연극에서 배우들이 쓰던 가면을 의미하고, 멀티 페르소나는 '여러 개의 가면'으로 직역할 수 있다. 현대인들이 직장이나 학교, 가정이나 동호회, 친구들과 만나는 자리 등에서 각기 다른 성격을 보인다는 것을 뜻한다. 일과 후 여유와 취미를 즐기는 '워라밸'이 일상화되고, SNS에 감정과 일상, 흥미를 공유하는 사람들이 늘어나면서 때마다 자신의 정체성을 바꾸어 드러내는 경우가 많아지고 있다.

93 퍼블리시티권

유명인이 자신의 이름이나 초상을 상품 등의 선전에 이용하는 것을 허락하는 권리

배우, 가수 등 연예인이나 운동선수 등과 같은 유명인들이 자신의 이름이나 초상 등을 상업적으로 이용하거나 제3자에게 상업적 이용을 허락할 수 있도록 한 배타적 권리를 말한다. 초상사용권이라고도 하며, 당사자의 동의 없이는 이름이나 얼굴을 상업적으로 이용할 수 없다. 인격권에 기초한 권리지만 그 권리를 양도하거나 사고팔 수 있는 상업적 이용의 요소를 핵심으로 하기 때문에 인격권과는 구별되는 개념이다. 미국은 판례와 각 주의 성문법에 의거해 퍼블리시티권을 보호하고 있지만, 우리나라는 명확한 법적 규정이 없어 퍼블리시티권을 둘러싼 논란이 지속적으로 발생해왔다.

94 소프트파워 Soft Power

인간의 이성 및 감성적 능력을 포함하는 문화적 영향력

교육·학문·예술 등 인간의 이성 및 감성적 능력을 포함하는 문화적 영향력을 말한다. 21세기에 들어서며 세계가 군사력을 바탕으로 한 하드파워(Hard Power), 즉 경성국가의 시대에서 소프트파워를 중심으로 한 연성국가의 시대로 접어들었다는 의미로 대중문화의 전파, 특정 표준의 국제적 채택, 도덕적 우위의 확산 등을 통해 커지며 우리나라를 비롯한 세계 여러 나라에서 자국의 소프트파워를 키우고 활용하기 위한 노력을 계속하고 있다.

95 퍼스널 컬러 Personal Color

타고난 개인의 신체적 컬러

타고난 개인의 신체적 컬러를 뜻하는 용어로 크게 '봄웜톤', '여름쿨톤', '가을웜톤', '겨울쿨톤' 등 4가지로 구분된다. 퍼스널 컬러는 개인이 갖고 있는 고유한 피부, 머리카락, 눈동자의 명도와 채도로 결정되며, 이를 이용해 잘 어울리는 의상이나 액세서리, 화장품을 선택할 수 있다. 최근 패션·미용업계에서는 고객들의 퍼스널 컬러를 진단해주고, 이에 알맞은 상품을 추천하는 등 마케팅을 펼치고 있다.

96 사이버 렉카 Cyber Wrecker

온라인상에서 화제가 되는 이슈를 자극적으로 포장해 공론화하는 매체

온라인상에서 화제가 되는 이슈를 자극적으로 포장해 공론화하는 매체를 말한다. 빠르게 소식을 옮기는 모습이 마치 사고현장에 신속히 도착해 자동차를 옮기는 견인차의 모습과 닮았다고 해서 생겨난 신조어다. 이들은 유튜브와 인터넷 커뮤니티에서 활동하는데 유튜브의 경우 자극적인 섬네일로 조회수를 유도한다. 사이버 렉카의 가장 큰 문제점은 정보의 정확한 사실 확인을 거치지 않고 무분별하게 다른 사람에게 퍼트린다는 것이다.

97 디지털유산

개인이 생전 온라인상에 남긴 디지털 흔적

SNS, 블로그 등에 남아 있는 사진, 일기, 댓글 등 개인이 온라인상에 남긴 디지털 흔적을 말한다. 온라인 활동량이 증가하면서 고인이 생전 온라인에 게시한 데이터에 대한 유가족의 상속 관련 쟁점이 제기됐으나, 국내에서는 살아 있는 개인에 한해 개인정보보호법이 적용되고 디지털유산을 재산권과 구별되는 인격권으로 규정해 상속규정에 대한 정확한 법적 근거가 마련되어 있지 않다. 유가족의 상속권을 주장하는 이들은 데이터의 상속이 고인의 일기장이나 편지 등을 전달받는 것과 동일하다고 주장하고 있으며, 반대하는 이들은 사후 사생활 침해에 대한 우려를 표하며 잊힐 권리를 보장받아야 한다고 주장한다.

98 스낵컬처 Snack Culture

어디서든 즐길 수 있는 문화

어디서든 과자를 먹을 수 있듯이 장소를 가리지 않고 가볍고 간단하게 즐길 수 있는 문화스타일이다. 과자를 의미하는 '스낵(Snack)'과 문화를 의미하는 '컬처(Culture)'를 더한 합성어다. 출퇴근시간, 점심시간은 물론 잠들기 직전에도 향유할 수 있는 콘텐츠로 시간과 장소에 구애받지 않는 것이 스낵컬처의 가장 큰 장점이다. 방영시간이 1시간 이상인 일반 드라마와 달리 10~15분 분량으로 구성된 웹드라마, 한 회차씩 올라오는 웹툰, 웹소설 등이 대표적인 스낵컬처로 꼽힌다. 스마트폰의 발달로 스낵컬처 시장이 확대됐고 현대인에게 시간·비용적으로 부담스럽지 않기 때문에 지속적으로 성장하고 있다.

99 밈코인

온라인에서 유행하는 밈이나 농담을 기반으로 만들어진 가상자산

도지코인, 시바이누 등과 같이 인터넷과 SNS에서 인기를 끄는 밈이나 농담을 기반으로 만들어진 가상자산을 말한다. 인기 캐릭터를 앞세운 재미 유발을 목적으로 하며, 2021년 일론 머스크 테슬라 CEO가 도지코인을 지지하는 글을 여러 차례 올려 화제가 됐다. 그러나 유통규모가 크지 않고 특별한 목표나 기술력이 없어서 가격변동성이 크고 투자사기 위험이 있다. 실제로 2021년 넷플릭스 드라마 〈오징어 게임〉을 주제로 한 '스퀴드게임코인'이 등장해 가격이 급상승했으나, 하루아침에 대폭락하면서 해당 코인에 투자한 사람들이 큰 손실을 입은 바 있다.

100 바디포지티브 Body Positive

자기 몸 긍정주의

자신의 몸을 있는 그대로 사랑하고 가꾸자는 취지에서 미국에서 처음 시작된 운동이다. '자기 몸 긍정주의'라고도 한다. 마른 몸을 아름답다고 여긴 과거의 시각에서 벗어나 신체적 능력, 크기, 성별, 인종, 외모와 관계없이 모든 신체를 동등하게 존중하자는 의미를 담고 있다. MZ세대 소비자를 중심으로 소셜미디어에서 확산되고 있으며, 패션업계에서도 이러한 트렌드를 반영하여 변화를 추구하는 모습을 보여주고 있다. 특히 언더웨어 시장에서는 디자인보다 편안함과 건강함을 추구한 디자인이 주류로 떠오르고 있으며, 관련 제품에 대한 매출도 크게 올라 여성들의 바디포지티브에 대한 높은 관심을 확인할 수 있다.

PART2

일반상식

아이들이 답이 있는 질문을 하기 시작하면 그들이 성장하고 있음을 알 수 있다.

- 존 J. 플롬프 -

일반상식 | 사 회

사회란 일정 영역 내에서 같은 무리끼리 모여 공동 생활하는 인간집단을 말한다. 한 사회에서는 가치관과 규범, 언어와 문화 등을 상호 교류하며 특정한 제도와 집단 체제를 형성한다. 따라서 사회의 범위 안에는 정치·경제·문화·과학 등 다양한 영역이 포함된다.

세부유형

▶ 사 회

사회 과목에서는 우리 인류의 삶을 문화·경제·사회적인 영역에서 총체적으로 조망하게 된다. 정치, 윤리, 경제, 지리 등 다른 사회 교과의 내용까지 포괄적으로 다루고 있다. 인류가 살아가고 있는 이 사회에서 어떠한 보편적인 현상이 일어나고 있고, 그 현상이 발생하는 이유는 무엇인지, 또 앞으로의 인류의 삶에 그 현상은 어떠한 영향을 미칠 것인지 탐구한다.

01 사 회

01 삶의 이해와 환경

1. 인간, 사회, 환경과 행복

(1) 인간, 사회, 환경을 보는 여러 가지 관점

① 시간적 관점

ㄱ 의미 : 시대적 배경과 맥락을 통해 사회 현상을 살펴보는 관점이다.

ㄴ 특징 : 과거의 사실, 제도, 가치 등을 통해 현재의 사회 현상이나 문제를 이해하고 바람직한 해결 방안을 찾는데 도움을 준다.

② 공간적 관점

ㄱ 의미 : 위치나 장소, 분포 유형, 영역, 이동, 네트워크 등 공간 정보를 바탕으로 하여 사회 현상을 살펴보는 관점이다.

ㄴ 특징 : 공간에 따라 생활 모습과 사회 현상이 다르게 나타나는 이유와 지역 간의 상호 작용을 통해 공간이 인간에게 미치는 영향을 살펴볼 수 있다.

③ 사회적 관점

ㄱ 의미 : 사회 현상을 사회 제도나 사회 구조 측면에서 이해하는 관점이다.

ㄴ 특징 : 사회 구조와 법, 제도 등을 통해 사회 현상의 원인 및 배경을 이해하고 그 영향을 파악하여 사회 문제를 해결하기 위한 대안을 마련한다.

④ 윤리적 관점

ㄱ 의미 : 도덕적 가치 판단과 규범적 방향성의 측면에서 사회 현상과 문제를 이해하는 관점이다.

ㄴ 특징 : 욕구와 양심을 기초로 한 도덕적 가치에 따라 평가하고 바람직한 사회 발전을 위한 규범적 방향을 설정하는 데 도움을 준다.

⑤ 통합적 관점

ㄱ 의미 : 사회 현상을 탐구할 때 시간적·공간적·사회적·윤리적 관점을 모두 고려하여 통합적으로 살펴보는 관점이다.

ㄴ 필요성

• 사회 현상의 복합성 : 사회 현상은 다양한 요인들이 복잡하게 얽혀 있으며, 사실과 가치의 문제가 공존하기 때문에 통합적인 관점에서 살펴보아야 한다.

• 개별적 관점의 한계 : 단일한 관점에서 사회 현상을 보면 인간, 사회, 환경 등이 상호 작용하는 다면적 의미를 제대로 파악할 수 없다.

(2) 행복의 의미와 기준

① 행 복

　　㉠ 행복의 의미

　　　• 물질적 조건과 정신적 가치를 조화롭게 추구할 때 삶에서 느끼는 만족감과 즐거움의 상태이다.

　　　• 목표를 설정하고 장기적인 노력을 통해 성취하는 것이다.

　　　• 인간 활동을 통해 도달하는 삶의 궁극적인 목적이다.

　　㉡ 행복의 조건

　　　• 물질적 조건 : 의식주, 경제력, 사회적 지위 등

　　　• 정신적 만족 : 가족 간의 사랑, 우정, 자아실현 등

② 행복의 기준

　　㉠ 사상가들이 본 행복

　　　• 아리스토텔레스 : 행복은 인간 존재의 목적이고 이유이다.

　　　• 석가모니 : 괴로움을 벗어난 상태이다.

　　　• 노자 : 욕심을 버리고 물(水)의 이치를 따르는 무위자연의 삶이다.

　　　• 디오게네스 : 자족하고 평정심을 잃지 않는 것이다.

　　㉡ 시대별 행복의 기준

선사 시대	생존을 위해 식량을 얻는 것과 안전을 유지하는 것으로 '행운'과 같은 의미로 사용되었다.
중세 시대	신앙을 통한 신의 구원과 군주에 복종하고 명령에 따르는 것이라고 생각하였다.
산업화 시대	물질적 기반 확보와 인간의 기본권 보장으로 행복을 인간의 노력으로 성취할 수 있는 것으로 인식하였다.
오늘날	개인주의, 자아실현의 욕구 등으로 개인의 주관적 만족감이 중시되면서 행복이 과거보다 다양하고 복잡하게 정의되고 있다.

　　㉢ 지역 여건별 행복의 기준

　　　• 인문환경적 행복 기준 : 종교·문화·정치·산업에 따라 기준이 다양하다.

정치적인 갈등 지역	민족·종교·정치적 갈등 지역은 전란으로 생명의 위협을 느끼고 난민으로 전락하기도 한다. → 평화와 정치적 안정을 중시
경제적 낙후 지역	국민의 절대 다수가 빈곤과 질병에 취약한 상태이다. → 기본적 의식주 해결 및 의료 혜택 요구
정치·경제적으로 안정된 지역	소득 불평등의 문제, 여가와 문화생활에 관심을 가진다. → 삶의 질을 향상

　　　• 자연환경적 행복 기준 : 주어진 환경에 적응하며 부족한 부분을 충족한다(물, 일조량 등).

사막 지역	물 부족 → 깨끗한 식수의 공급
북유럽 지역	일조량 부족 → 일광욕, 햇볕 쬐기
척박한 기후 지역	기아와 질병 만연 → 기본적 의식주 해결, 의료 혜택 보급

- 다양한 행복의 기준
  - 종교·문화·정치적 안정, 산업 개발과 환경의 조화, 국민의 건강 등 국민의 행복 실현을 추구
  - 각 국의 상황 및 추구하는 방향에 따라 행복의 기준은 변화 가능
- ② 행복의 실현
  - 진정한 행복
    - 도구적 가치 : 부(富), 명예, 권력 등
    - 본질적 가치 : 정신적인 만족감, 노력을 통해 획득한 가치
    - 물질적 가치(돈, 권력 등)와 정신적 가치(자아실현, 사랑, 존경 등)의 조화를 이룬 상태
  - 행복을 위한 노력
    - 삶의 본질에 대한 성찰(자신에 대해 반성하며 깊이 살펴보는 것)
    - 개인적 목표의 설정과 추구 과정
    - 공동체 구성원으로서의 행복 추구

(3) 행복의 조건

① 보편적인 행복의 조건

  ㉠ 경제적 조건 : 기본적인 의식주와 안전한 환경을 조성한다.

  ㉡ 정치적 조건 : 법치주의 원칙 및 민주적 절차와 참여를 통해 자유와 평등을 보장한다.

  ㉢ 사회·윤리적 조건 : 올바른 가치관을 정립, 이기주의와 갈등을 극복한다.

② 행복을 위한 다양한 조건

  ㉠ 질 높은 정주 환경
  - 정주 환경 : 인간이 일정한 장소에서 살아가기에 필요한 환경이다.
  - 필요성 : 생명 유지와 행복한 삶의 유지를 위해 주거지와 다양한 주변 환경이 요구된다.
  - 정주 환경의 변화

산업화 이전	자연환경에 순응하는 생활
산업화 이후	삶의 질을 향상하기 위해 자연을 이용하고 개발
오늘날	– 정책 초기 : 주택, 도로 건설, 노후된 건축·시설 개선 – 경제 발전 이후 : 교통·문화·예술·체육 시설 등의 공간 조성 – 최근 : 지역 문화 보존, 자연과 인간이 공존하는 생태 환경 조성

  ㉡ 경제적 안정
  - 경제 성장과 행복 : 경제적 성장과 함께 인간의 기본적 욕구 및 사회·문화적 욕구가 충족되었고 삶의 질도 향상되었지만, 국민 소득이 어느 정도 이상이 되면 행복과 소득이 반드시 비례하지는 않는다.

• 경제적 안정과 삶의 관계

삶의 만족도 저하 요인	– 급속한 경제 성장과 과도한 경쟁에 따른 스트레스 – 경제적 양극화로 인한 사회적 박탈감 – 고용 불안에 따른 실업의 위험성
경제 안정 정책	– 지속적인 경제 성장의 추구 – 일자리 창출을 위한 실업 대책의 마련 – 복지 제도의 강화

ⓒ 민주주의 발전
  • 필요성 : 인권이 보장되고 정치적 의사가 정책에 반영되면 시민들이 삶에 만족과 행복감을 느낄 수 있다.
  • 민주적 제도 : 의회제도, 복수 정당제도, 권력 분립제도 등이 있다.
  • 정치 문화 형성 : 시민들이 권리와 의무, 정치 공동체의 이해, 적극적인 정치 참여 등으로 형성된다.
  • 우리나라 시민의 정치 참여

선 거	가장 기본적으로 정치적 의사를 표현하는 방법
단체 활동	정당, 이익 집단, 시민 단체 활동에 참여
개인 활동	집회, 시위 등을 통해 직접적인 정치 의사를 표현

ⓔ 도덕적인 실천과 성찰
  • 도덕적 실천 : 개인뿐 아니라 공동체의 행복을 실현하기 위해 도덕적 가치에 합의하고 이를 행동으로 실천하는 것이다.
  • 도덕적 성찰 : 타인과 공동체에 해를 입히는 비도덕적 행위를 하고 있지는 않은지 스스로 반성하고 살핀다.
  • 관용적 태도 : 타인과 이웃의 삶에 관심을 가지려는 노력과 태도를 가진다.
  • 역지사지 : 다른 사람의 입장에서 상황을 인식하려는 마음가짐을 갖는다.
  • 사회적 약자 배려 : 사회적 약자의 고통에 공감하며 기부, 사회봉사 등에 참여한다.

2. 자연환경과 인간

(1) 자연환경과 인간 생활

① 자연환경이 인간 생활에 미치는 영향
  ㉠ 자연환경 : 인간 생활을 둘러싼 자연계의 모든 요소로 구성된 환경이다.
  ㉡ 기후, 지형, 토양, 식생 등 자연환경의 특성에 따라 사람들의 음식, 의복, 가옥 구조 등의 생활 모습과 산업이 다양하게 나타난다.

② 기후와 생활양식
  ㉠ 세계의 기후 분포 : 적도에서부터 극지방으로 가면서 열대·건조·온대·냉대·한대 기후 순으로 나타난다.

ⓛ 지역별 기후와 생활양식

지 역	기 후	생활양식
열대 기후	연중 고온 다습	– 얇은 천으로 만든 옷 – 기름·향신료를 사용한 음식 – 고상 가옥, 개방적 가옥 – 벼농사, 이동식 화전 농업
건조 기후	적은 강수량, 큰 일교차	– 온몸을 감싸는 옷 – 대추야자, 육류, 밀 – 흙벽돌집·이동식 가옥 – 유목·오아시스 농업, 관개 농업
온대 기후	계절이 뚜렷하고 온난한 기온	– 4계절에 맞는 옷 – 벼농사 발달(온대 계절풍 지역), 올리브·포도 농업(지중해 지역)
냉대·한대 기후	큰 연교차와 길고 추운 겨울, 적은 강수량	– 두터운 옷차림, 동물의 털옷, 가죽옷 – 육류 및 저장 음식 – 통나무집, 이글루, 폐쇄적 가옥 – 침엽수를 이용한 임업 발달, 순록 유목
고산 기후	연중 온화한 기온	큰 일교차와 햇볕을 피하기 위한 판초, 큰 모자

③ **지형과 인간 생활**

ㄱ 지형의 영향 : 산지·평야·해안·하천·사막·화산·빙하 지형의 특성에 따라 생활양식이 달라진다.

- 지형과 교통 : 고산 지대와 사막은 지역 간의 교통, 물류의 흐름을 방해하는 반면에 하천은 지역 간 교통로로 이용되었다.
- 지형과 산업 : 산지 지역은 임업·광업, 평야 지역은 농업, 초원 지역은 목축업, 해안 지역은 어업, 화산·빙하·카르스트 지형은 관광 산업 등이 발달하였다.

ⓛ 지형과 생활양식

산지 지형	– 경사가 급하고 높은 해발 고도로 교통이 불편 – 계단식 농법, 밭농사, 목축업 발달, 임산물 채취 – 적도 부근 고산 지대는 서늘한 기후로 도시가 발달 – 산지 경관을 이용한 관광 산업이 발달
평야 지형	– 지형이 평탄해서 농경지 개간, 교통로와 도시 발달 – 다양한 농업 발달(4대 문명 형성) – 아시아 지역의 벼농사, 유럽과 아메리카 지역의 밀농사 경작
해안 지형	– 바다를 통한 타 지역과의 교역 – 대규모 항구에 산업 단지 조성 – 농업, 어업, 양식업 등의 발달, 해안 지형을 이용한 관광 산업 발달

ⓒ 자연환경의 극복

- 관개 시설 확충 : 사막에서도 농업이 가능하게 되었다.
- 화산 지형 이용 : 지열을 이용하여 에너지를 생산한다.
- 카르스트 지형 : 수려한 자연환경을 이용한 관광 산업이 발달하였다.

④ 안전하고 쾌적한 환경권

　㉠ 자연재해와 인간 생활

　　• 자연재해의 의미 : 기상 이변이나 지각 변동 등의 자연환경이 인간 생활을 위협하면서 발생하는 피해이다.

　　• 자연재해의 특성 : 재해 발생에 대한 정확한 예측이 어렵고 인명과 재산상의 피해 규모도 커서 과학 기술의 발전으로도 완전히 극복할 수 없다.

　　• 자연재해의 유형

　　　– 기상재해 : 기후적 요인

홍 수	– 일시에 많은 비가 내림 – 시가지와 농경지 침수
가 뭄	– 오랫동안 비가 내리지 않음 – 식수와 농업용수 부족
폭 설	– 단기간 많은 눈이 내림 – 시설물 붕괴, 교통 단절
열대성 저기압	– 태풍, 허리케인, 사이클론 등 강한 바람과 호우 – 홍수 피해, 시설물 붕괴

　　　– 지형재해 : 지형적 요인

지 진	– 땅이 꺼지고 흔들림 – 건축물과 도로 붕괴
화산 활동	– 용암, 화산재 분출 – 농작물 등에 피해
지진 해일	– 해저 지각 변동으로 인한 거대한 파도 – 해안 지역 침수

　　• 최근 자연재해 추세

　　　– 산업 발달로 자연환경을 무분별하게 훼손하여 자연재해의 피해 규모가 더욱 증가하고 있다.

　　　– 환경오염으로 인해 태풍의 횟수와 강도가 증가하고 있다.

　　　– 지구 온난화로 인한 해수면 상승으로 저지대 생활 터전이 침수된다.

　　　– 무분별한 자연 개발로 산사태·땅 꺼짐 현상 등이 발생한다.

　㉡ 안전하고 쾌적한 환경에 살아갈 시민의 권리

　　• 법적 보장

　　　– 헌법 : 헌법 제34조와 제35조에서 안전하고 쾌적한 환경에서 살아갈 시민의 권리를 보장하고 있다.

　　　– 법률 : 우리나라는 재난 및 안전관리 기본법, 자연재해대책법, 국민 안전교육 진흥 기본법 등을 제정하여 국민의 생명과 재산권을 보호하고 있다.

- 국가의 노력
  - 평상 시 : 재난 예보, 대피 요령, 대피 훈련 등을 실시한다.
  - 재해 발생 시 : 스마트 재난상황관리시스템 가동, 특별재난지역 지정, 재난지원금 지급, 풍수해 보험 등을 통해 피해를 지원하고 보상한다.
- 시민들의 노력
  - 시민 스스로 안전에 대한 인식 및 권리 행사를 위한 노력이 필요하다.
  - 자연재해에 대한 위험을 인식하고, 대피 훈련에 적극 참여한다.

(2) 인간과 자연과의 관계

① 자연을 보는 관점

㉠ 인간 중심주의 관점

의 미	자연을 인간의 이익이나 필요에 의해 평가·고려하는 관점
특 징	- 이분법적 세계관 : 인간을 자연과 구별되는 가치 있는 존재로 인식 - 도구적 가치관 : 자연을 인간의 이익과 필요를 충족시켜 주는 도구로 판단 - 본질적 가치 : 인간만을 가치를 지닌 존재로 인식
영 향	- 자연의 연구·개발로 과학 기술, 경제 발달 등에 기여함 - 자연은 인간의 생활을 풍요롭게 하는 데 도움을 줌 - 산업화, 도시화로 자연 훼손, 자원 고갈, 환경오염, 생태계 파괴 등의 문제가 발생함 - 현세대가 이기심을 줄여 자손에게 온전한 자연을 물려주고, 환경 문제의 책임도 가져야 함(인간 중심주의 자연관)

㉡ 생태 중심주의 관점

의 미	인간을 자연의 일부로 인식하여 생태계의 균형과 안정을 중시하는 관점
특 징	- 전일체적 인식 : 자연과 인간을 하나의 통일체로 보는 관점 - 상호 공존 : 자연과 인간이 상호 공존할 수 있는 방법을 모색하여 환경 문제 해결을 위해 노력해야 함 - 내재적 가치 : 자연의 모든 생명체는 평등한 가치와 권리가 있으므로 인간은 자연에게 도덕적 의무를 가져야 함 - 생태계 균형 : 인간과 자연은 서로 영향을 주고받는 관계로서 조화와 균형을 유지해야 함
영 향	- 생태계의 관점에서 문제를 인식하여 환경 문제에 새로운 실마리 제공 - 극단적 생태주의 : 모든 자연에 대한 개입·개발을 허용하지 않음(비현실적)

② 인간과 자연의 바람직한 관계

㉠ 인간과 자연의 관계

- 생태계 순환 : 지구상의 모든 생명체는 물질의 순환과 에너지의 흐름으로 서로 유기적인 관계를 형성하고 있다.
- 무분별한 개발 : 자연 과학의 발달로 인간이 자연을 정복할 수 있다는 생각으로 생태계를 파괴하였으나 그 피해가 인간에게 되돌아오고 있다.
- 공존의 인식 : 다양한 환경 문제가 출현함에 따라 인간과 자연이 상호 영향을 주고받는 존재임을 인식해야 한다.

ⓛ 인간과 자연의 바람직한 관계

• 인간 중심주의와 생태 중심주의

인간 중심주의	생태 중심주의
인간의 미래를 위한 이익을 보존하기 위해 환경 보호 필요	자연의 내재적인 가치 존중을 위해 환경 보호 필요
공통점 : 인간과 자연의 공존을 위해 환경 보호의 연대감 형성	

• 환경 문제 해결을 위한 노력
  - 인간도 자연의 구성원임을 자각한다.
  - 인간과 자연은 상호 유기적인 관계임을 인식한다.
  - 인간과 자연은 주종 관계가 아닌 상호 공존해야 하는 관계이다.
  - 생태계의 안정과 균형을 위해 인간적인 욕망을 절제한다.
  - 생태계 공동체 의식을 정립한다.

ⓒ 동양의 자연관

유 교	- 중용(中庸) : 인간의 도리를 자연의 법칙에서 찾는다. - 주역(周易) : 천지(자연)를 인간의 모범으로 이해한다. - 천인합일(天人合一) : 인간과 자연을 하나의 유기적 존재로 인식한다.
불 교	- 연기설(緣起說) : 만물은 서로 의존하는 관계이다. - 육도윤회(六道輪廻) : 만물은 인연(因緣)으로 연결되어 있으므로 모든 생명체에게 자비를 베푼다.
도 교	- 무위자연(無爲自然) : 자연의 흐름을 그대로 따르는 것이 순리이다. - 자연과 인간이 하나로서 서로 조화를 이루어야 한다.

ⓔ 인간과 자연의 공존

개인적 차원	- 인간은 생태계의 구성원임을 자각하여 환경친화적인 가치관을 정립한다. - 미래 세대에 대한 책임 의식을 갖는다. - 일상생활에서 자연 보호를 위해 노력한다.
사회적 차원	- 자연과 인간의 공생을 위한 사회적 인식과 필요성을 확대한다. - 자연과 조화를 이루는 개발을 한다. - 동식물 서식지 보호를 위해 노력한다. - 생태계 복원 사업을 지속적으로 추진한다.

(3) 환경 문제의 해결 방안

① 환경 문제의 발생 원인과 종류

ⓐ 환경 문제의 발생 원인

• 급격한 인구 증가 : 자원 소비의 증가에 따라 생활 폐기물이 증가하였다.
• 산업화 : 에너지·광물 자원의 사용량이 늘어나 각종 공해·오염 물질의 배출량도 증가하고 있다.
• 무분별한 자연 개발 : 생태계가 파괴되어 다양한 환경 문제가 발생하고 있다.

ⓛ 환경오염의 특징

- 광범위한 피해 규모 : 환경 피해 규모가 인접 국가는 물론 전 지구적인 문제로 확산되고 있다.
- 심각한 피해 : 피해의 정도가 인간의 생존권을 위협할 수준에 이르렀다.
- 피해 복구의 어려움 : 피해를 복구하는 데 많은 시간・비용・노력이 필요하다.

지구 온난화	– 화석연료 사용과 삼림 파괴로 인해 대기 중의 온실가스 농도가 증가하여 지구의 평균 기온이 상승하는 현상이다. – 피해 : 해수면 상승에 의한 해안 저지대 침수, 극지방의 빙하 면적 축소, 기상 이변과 자연재해의 증가, 동식물의 서식 환경 변화로 인한 생태계의 혼란 등이 있다.
사막화	– 과도한 방목과 경작, 장기간의 가뭄, 산림의 훼손 등이 원인으로 기존의 사막이 확대되는 현상이다. – 피해 : 식량 생산량의 감소, 황사 현상의 심화(고비 사막, 사헬 지대 등), 생활공간 축소 등으로 난민이 발생한다.
산성비	– 자동차 배기가스나 공업 지대의 대기 오염 물질이 빗물과 섞여 내리는 것으로 수소 이온 농도(pH)가 5.6 미만인 비를 말한다. – 피해 : 건축물・조각상의 부식, 하천 오염, 농작물 고사, 삼림 파괴 등이 있다.
오존층 파괴	– 에어컨 냉매・스프레이 분사제 등으로 쓰이는 프레온 가스의 일종인 염화플루오린화탄소의 과다 사용이 원인이다. – 피해 : 피부암, 백내장 발병률 증가, 식물 성장 방해로 인한 농작물 생산량 감소 등이 있다.
열대림 파괴	– 목축, 벌목과 개간에 따른 농경지 확대, 삼림자원 및 지하자원의 무분별한 개발이 원인이다. – 피해 : 동식물의 서식지 감소, 생물 다양종의 감소, 지구의 자정 능력 상실, 지구 온난화의 가속화, 홍수 피해 등이 있다.

ⓒ 환경 문제 해결을 위한 국제 협약

- 람사르 협약(1971) : 습지 보호를 위한 협약
- 제네바 협약(1979) : 산성비 문제와 국가 간 대기 오염의 감축・통제 협약
- 몬트리올 의정서(1987) : 오존층 보호를 위해 염화플루오린화탄소 등의 사용 금지 및 규제 등을 위한 협약
- 바젤 협약(1989) : 유해 폐기물의 국제간 교역을 규제하는 협약
- 기후변화협약(1992) : 온난화를 막기 위해 이산화탄소 등의 인위적 온실가스 방출을 규제하는 협약
- 생물다양성협약(1992) : 다양한 생물종과 희귀 유전자를 보호하기 위한 협약
- 사막화방지협약(1994) : 사막화를 겪고 있는 국가에 재정적・기술적 지원을 약속하는 협약
- 파리 기후협약(2015) : 기후 변화에 따른 피해에 취약한 국가를 돕고자, 2025년까지 온실가스 배출량을 '0'으로 목표한 협약

② 환경 문제의 해결 방안

㉠ 정부의 노력

- 법률적 방안
  - 환경정책기본법 : 환경 보전에 대한 국민의 권리・의무, 국가의 책무 등을 명확히 하고 환경 정책의 기본사항을 수립하고 시행한다.
  - 자연환경보존법 : 환경 정책을 정하여 환경을 지속적으로 보전・관리한다.

- 제도적 · 정책적 방안
  - 온실가스 배출권 거래제 : 정부가 기업의 온실가스의 양을 할당하여 남거나 모자란 부분을 거래할 수 있게 한 제도이다.
  - 환경 영향 평가 : 개발 사업 계획 시 환경에 미치는 영향을 미리 예측 · 평가하는 제도이다.
  - 저탄소 녹색 성장 정책 : 청정에너지 사용으로 온실가스 배출량을 줄이고, 청정에너지와 녹색 기술을 연구 · 개발하여 새로운 일자리를 창출해 나가는 경제와 환경이 조화를 이루는 성장 정책이다.
  - 환경성적표시제 : 제품의 전 과정에서의 환경친화성을 평가하여 성적을 계량적으로 표시하는 제도이다.
  - 에너지 소비 효율 등급제 : 소비자는 에너지 효율이 높은 제품을 사용하게 하고, 제조업체는 에너지 절약형 제품을 생산 · 판매하도록 한 의무적 신고 제도이다.
  - 쓰레기 종량제 : 쓰레기 배출량에 따라 수수료를 부과하여 배출량을 줄이고, 재활용품을 최대한 분리배출하게 유도한 제도이다.
ⓛ 기업의 노력
- 기업 윤리 : 환경오염을 최소화하려는 윤리 의식을 정립한다.
- 환경 관련 법규 준수 : 오염 물질 배출량 기준 준수, 환경오염 방지 시설을 구축한다.
- 환경친화적 제품 : 기술 혁신을 통한 환경 친화적 저탄소 상품 등을 개발한다.
- 고효율 에너지 생산 시설 : 온실가스 배출량 감소, 신 · 재생에너지 사용 확대 등 에너지 효율이 높은 생산 시설을 확대한다.
ⓒ 시민 사회의 노력
- 환경 관련 정책 및 사업 감시 : 정부의 환경 정책과 기업의 산업 시설을 환경 보전 측면에서 감시하고 관계 기관에 신고한다.
- 환경 보호 캠페인 : 다양한 환경 보호 캠페인과 시민운동을 실시한다.
- 환경 단체와 연대 : 그린피스, 세계자연기금(WWF) 등과 시민 단체가 연대하여 범지구적 차원의 환경 보호 활동을 전개한다.
ⓔ 개인의 노력
- 환경친화적 가치관 정립 : 환경 보호에 대한 바른 이해와 윤리 의식을 갖는다.
- 녹색 생활의 실천 노력
  - 제품 구매 시 녹색 소비(환경친화적인 제품을 구매하고 이를 환경친화적으로 사용하는 일) 활동을 한다.
  - 구매 제품을 아껴 쓰며 자원과 에너지를 절약한다.
  - 일회용품을 줄이며 쓰레기를 분리배출한다.
  - 재활용품을 사용하는 노력 등 소비 생활을 개선한다.
  - 자가용보다는 대중교통을 이용한다.

3. 생활공간과 사회

(1) 산업화와 도시화

① 산업화와 도시화의 전개

ㄱ 산업화의 의미
- 농업 중심의 사회에서 공업 중심의 사회로 변화하는 현상이다.
- 분업화·기계화 등이 이루어진다.

ㄴ 도시화의 의미
- 도시 형성 과정에서 농촌 인구의 유입 현상이 활발히 진행되면서 도시 인구 비중이 높아지는 현상이다.
- 2차·3차 산업 종사자의 비중이 높아지고, 도시적 생활양식이 확대된다.
- 도시화의 단계

초기 단계	도시화율이 낮은 수준에서 비교적 완만한 속도로 증가한다.
가속화 단계	산업화에 따른 이촌향도 현상이 발생하고 도시 인구 비율이 빠르게 증가한다.
종착 단계	도시화 속도가 둔화되고, 도시 인구가 촌락으로 이동하는 역도시화 현상이 발생하며 인구 증가율도 감소된다.

ㄷ 우리나라의 도시화 과정
- 1960년대 이후 수도권과 남동 임해 지역을 중심으로 전개되었다.
- 대부분의 인구가 도시에 거주하고 2·3차 산업에 종사하게 되었다.

② 산업화·도시화로 인한 거주 공간의 변화

ㄱ 생활공간의 변화
- 도시 지역의 변화
  - 이촌향도 현상 : 인구 밀도가 매우 높아진다.
  - 지역 불균형 현상 : 국가 간·지역 간 소득 격차가 발생한다.
  - 기능의 분화 : 중심 업무 지역, 상업 지역, 주거 지역, 공업 지역 등 다양한 기능을 담당하는 지역으로 분화된다.
  - 집약적 토지 이용 : 높은 인구 밀도와 높은 지가가 원인으로 제한된 공간을 효율적으로 사용하기 위해 고층 건물이 들어서게 된다.
  - 신도시 개발 : 주택 부족, 환경오염 등의 도시 문제를 해결하기 위해 도시 주변으로 신도시와 위성도시가 건설된다.
  - 도시 문제 발생 : 주택 부족, 집값 상승, 공해, 교통 체증, 범죄 등의 문제가 발생하게 된다.
- 촌락 지역의 변화
  - 청년층·장년층의 인구 유출로 인해 노동력 부족 현상이 발생한다.
  - 인구의 노령화가 심화된다.
  - 지역의 성장 잠재력이 서서히 약화된다.
- 대도시권의 형성
  - 교외화 현상 : 대도시와 주변 지역이 기능적으로 밀접한 관계를 갖게 되는 현상이다.

- 대도시권의 확대 : 교통의 발달로 공간적 범위가 점차 확대되어 주거지와 직장의 거리가 점차 멀어진다.
- 근교 촌락의 변화 : 대도시 주변의 농촌에는 도시의 공장과 주거 기능이 이전하면서 도시적 경관이 확대된다.
ⓒ 생태 환경의 변화
  • 도시화·산업화 확대로 인한 문제
    - 인공 건축물 증가 : 야생 동물의 생활 터전이 감소하고 도시의 열섬 현상이 심화된다.
    - 자연재해 증가 : 도시 경관 확대로 녹지가 감소하면서 인공적 지표면의 빗물 흡수 능력이 떨어져서 홍수 발생의 위험이 증가한다.
    - 환경 문제 : 석탄·석유 등의 화석연료 사용량이 증가하여 수질·대기·토양 오염이 증가한다.
  • 생태 환경 개선을 위한 노력
    - 개발 제한 구역을 설정한다.
    - 옥상 정원 등 도시 내 녹지 공간을 조성하고 자연 하천 등을 복원한다.
    - 생태 도시, 바람길 등을 조성한다.

③ 산업화·도시화로 인한 생활양식의 변화
  ㉠ 도시 생활양식의 확대
    • 도시성의 확산
      - 도시민들이 일반적으로 가지는 사고방식 및 생활양식이 전파된다.
      - 효율성·합리성·자율성·다양성·익명성을 추구하고 2차적인 인간관계를 형성한다.
      - 공동체 의식이 약화되고 도시 근교 촌락으로 도시성이 확산된다.
    • 직업의 분화 및 전문화
      - 2·3차 산업 중심으로 변화하면서 다양한 직업에 종사하는 사람이 많아졌다.
      - 직업의 세부적인 분화로 전문성이 강화되었다.
      - 직업 간의 소득 격차가 심화되어 도시민 간의 갈등이 증가하였다.
    • 개인주의의 확산
      - 개인의 가치와 성취, 자유와 권리를 강조하는 가치관이 확대되었다.
      - 핵가족화·1인 가구의 비중이 증가하였고, 이웃 간의 유대가 약화되었다.

④ 산업화·도시화로 인한 문제와 해결 방안
  ㉠ 산업화·도시화로 인한 문제
    • 생태 환경의 변화
      - 환경오염 발생 : 화석연료 사용의 증가와 각종 오염 물질의 배출 등으로 대기 오염·수질 오염·토양 오염 등이 발생하였다.
      - 도시의 홍수 발생 : 녹지 공간 감소와 콘크리트·아스팔트 포장 등으로 인해 지표면의 빗물 흡수 능력이 감소하였다.
      - 열섬 현상 : 냉난방 시설, 자동차 공해 등으로 인한 열기로 도심의 기온이 주변 지역보다 높은 현상이 발생하였다.

- 도시 문제의 발생
  - 주택 문제 : 집값의 상승과 도시의 인구 유입 증가로 주택 부족 문제가 발생하였다.
  - 교통 문제 : 교통 혼잡, 주차난, 교통사고 등이 증가하였다.
- 인간 소외의 문제
  - 인간 소외 현상 : 자동화, 물질 만능주의 등으로 노동에서 얻는 만족감이나 성취감이 약화되고, 주변 사람과의 소통이 부족한 현상이 발생하였다.
  - 공동체 의식 약화 : 개인의 이익만을 중시하는 현상과 타인에 대한 무관심이 증가하였다.
  - 사회적 갈등 심화 : 지역·계층 간의 불평등 현상, 노동 및 실업 문제, 빈부의 격차, 각종 범죄 등이 발생하여 사회적 갈등이 심화되었다.
- 촌락 위기 문제
  - 이촌향도에 따라 촌락의 인구가 점차 감소하였다.
  - 도시로의 과도한 인구 집중으로 농촌의 노동력 부족 현상이 발생하였다.
  - 경제 활동 위축으로 마을 공동체가 해체 위기에 직면하고 있다.

ⓒ 산업화·도시화로 인한 문제의 해결 방안
- 사회적 차원

환경 문제	- 슬로 시티 건설 : 환경과 조화를 이루는 개발 계획을 수립 - 생태 환경 복원 : 공원, 생태 하천 등 녹지 공간의 확대 - 환경 영향 평가제도 및 오염 물질 배출 기업의 규제 강화
도시 문제	- 주택 문제 해결 : 신도시 건설, 도시 재개발 사업의 지속적인 추진 - 주차난 완화 : 거주자 우선 주차제도의 정착 및 공영 주차장 확대 - 교통 개선 : 대중교통 수단을 확충
사회 문제	- 소외 계층을 위한 사회복지제도의 확대 - 각종 범죄 예방을 위한 사회 안전망 확충 - 최저 임금제·비정규직 보호법 등의 제도 마련

- 개인적 차원
  - 환경 보호를 위한 개인의 실천 의지를 강화한다.
  - 쓰레기 분리 배출, 자원 절약, 대중교통 이용 등을 실천한다.
  - 인간의 존엄성 중시, 타인 존중 실천, 개인주의 지양, 상호 배려 및 협력 자세, 공동체 의식 등을 함양한다.

(2) 교통·통신의 발달과 정보화

① 교통·통신의 발달 및 변화

㉠ 교통·통신의 발달

교 통	- 시간 거리와 비용 거리가 감소하였다. - 생활공간이 확대되었다. - 상호 작용 및 문화 교류가 발달하였다.
통 신	- 정보 교환의 공간적·시간적 제약이 감소하였다. - 대량의 정보를 신속하게 교환할 수 있다. - 경제 활동이 확대되었다.

ⓛ 교통·통신 발달로 인한 시·공간의 변화

교 통	– 시간 거리의 축소로 지역 간 접근성이 향상되고 물리적 공간의 제약이 완화되었다. – 생활공간의 확대로 대도시권이 형성되었다. – 지역 간의 빠른 물자 이동으로 국토 효율성의 증대 및 지역 격차의 문제가 발생하였다. – 국제적 이동이 가속화되면서 세계화의 촉진으로 지구촌이 형성되었다.
통 신	– 물리적 제약이 축소되었고, 인간의 생활공간 인식이 확대되었다. – 시간과 거리에 관계없이 많은 양의 정보를 주고받을 수 있게 되었다. – 실시간 정보 획득이 가능하게 되었다.

ⓒ 교통·통신 발달로 인한 생활공간의 변화
- 교역 증가 : 원료와 상품, 노동력의 국제적 이동이 가속화되어 세계화가 촉진되었다.
- 생활권 확대 : 대도시는 통근권과 상권 확대, 중소도시는 주거·공업·관광 등의 전문 기능이 향상되었다.
- 관광 산업 발달 : 고속 철도와 항공기의 발달로 빠른 여객 이동이 가능해졌다.
- 교통로와 지역 경제 : 새로운 교통로의 발달로 교통조건이 불리해진 지역은 지역 경제가 쇠퇴하게 되었다.
- 생태 환경 변화 : 교통 혁신으로 접근성이 좋아진 지역은 환경 문제 등 집적 불이익이 발생하기도 하였다.
- 빨대 효과 : 빠른 교통으로 도시 간의 이동 시간이 단축되면서 중소도시의 인구와 자본이 대도시로 흡수되는 현상이 발생하였다.

ⓔ 교통·통신 발달로 인한 생활양식의 변화
- 신속한 정보 교류 : 시간과 공간에 장애를 받지 않고 많은 정보를 서로 공유하게 되었다.
- 생활의 편리 : 전화, 인터넷, 스마트폰 등으로 물건을 구입하거나, 무점포 상점을 개설하는 등 일상생활이 편리해졌다.
- 다양한 문화 형성 : 지역 간·국가 간의 상호 작용이 활발하여 새로운 문화·보편적 문화가 형성되었다.

ⓜ 교통·통신 발달의 문제점 및 해결 방안
- 부정적인 영향
  – 환경 문제 유발 : 교통수단에서 배출되는 오염 물질로 대기 오염과 소음 피해가 발생하였다.
  – 교통 문제 발생 : 교통량 증가로 인한 교통 체증 및 교통사고가 증가하였다.
  – 생태 환경의 악화 : 물자 이동을 통한 외래 생물종의 전파로 고유한 생태 환경의 혼란이 초래되었다.
  – 녹지 공간의 감소 : 도로 건설에 따른 산림 훼손으로 녹지 면적이 감소되었다.
  – 질병 등의 전파 : 인간이나 동물의 이동으로 국경을 초월한 질병 등이 확산되었다.
  – 생태계의 단절 : 도로·철도가 생태계의 연속성을 단절하여 야생 동식물의 서식 환경이 악화되었다.
- 정부 및 관련 기관의 해결 방안
  – 오염 물질 배출량의 검사를 강화하고 기술 개발 등을 장려한다.
  – 환경 보호를 위한 다양한 정책을 마련한다.

- 소음과 진동을 줄일 수 있는 환경친화적인 도로를 건설한다.
- 교통로 위나 아래로 생태 통로(에코 브리지)를 건설한다.
- 환경 기술의 개발로 환경오염과 생태계의 부정적 영향을 최소화한다.

② **정보화에 따른 변화**

㉠ 정보화와 공간 정보 기술

• 정보화의 의미 : 지식과 자료를 정보로 가공하여 그 가치를 향상시키는 것이다.

• 정보 사회 : 지식과 정보가 사회의 부가 가치를 창출하는 사회이다.

• 정보화의 배경 : 컴퓨터와 인터넷, 인공위성 등의 발달로 각종 통신 기기를 상용화할 수 있게 되었다.

㉡ 정보화의 변화

• 정보화에 따른 생활공간 변화
- 가상공간 : 인터넷 등을 통해 대량의 정보가 공유되는 가상의 공간이 생활공간으로 확대되었다.
- 공간 제약의 극복 : 인터넷·휴대폰 등을 이용하여 물건 구매, 업무 처리 등을 할 수 있게 되었다.
- 공간 정보 기술의 활용 : 지리정보시스템(GIS), 위성위치확인시스템(GPS) 등을 일상생활·공공 부문에 다양하게 적용하게 되었다.

• 정보화에 따른 생활양식 변화

정치·행정	- 누리소통망, 전자 투표, 청원, 시민운동, 가상공간 등을 통해 선거 유세 및 의견 등을 표출한다. - 인터넷 민원 서류 등의 발급 신청을 한다.
사회·문화	- 유비쿼터스를 이용한 원격 수업(디지털 교과서, 전자 칠판 등) 및 원격 진료 등을 실시한다. - 인터넷 통신, 스마트폰 등을 이용한 문화가 확산되고 있다.
경 제	- 전자 상거래·인터넷 쇼핑·홈쇼핑 등을 통해 물건을 구매한다. - 인터넷 뱅킹, 원격 근무, 화상 회의 등을 수행한다.

㉢ 정보화의 문제점과 해결 방안

• 문제점

인터넷 중독	- 인터넷을 지나치게 이용하여 대면적인 인간관계의 약화로 심각한 지장을 초래하는 상태이다. - 시력 저하, 불안감, 우울증, 충동 조절 장애 등 신체적·정신적 질환이 증가한다.
사생활 침해	사이버상에서 개인의 사적 정보가 전산망을 타고 다른 사람들에게 공개되는 경우에 각종 사이버 범죄에 악용된다.
사이버 범죄	- 가상 공간 내에서 타인의 명예나 권익을 침해하는 범죄 행위이다. - 익명성을 이용한 사이버 폭력, 해킹, 복제, 지적 재산권 침해, 유해 사이트 운영 등이 있다.
정보 격차	- 정보 접근성에 대한 제도 및 환경의 차이로 인해 지역·연령·계층 간 격차가 심화된다. - 세대 간, 도시와 농촌 간, 국가 간의 사회·경제적 격차가 점차 증가한다.

• 해결 방안

개인적 차원	– 바람직한 인터넷 사용 습관을 확립한다. – 개인정보의 중요성을 인식하고 정보 윤리를 실천한다. – 불법 정보 이용 및 저작권 침해에 관한 비판 의식을 확립한다.
국가적 차원	– 인터넷 중독 예방 및 치료 프로그램을 시행한다. – 개인정보보호법, 국가정보화기본법 등의 법규·정책 마련 및 처벌 등을 강화한다. – 정보 윤리 교육을 실시한다. – 정보화 기반 시설 지원 및 교육 등 정보 소외 계층을 위한 사회 복지 제도를 확대한다.

(3) 지역의 공간 변화와 발전

① 지역 공간 변화

㉠ 지역 공간 변화의 배경 : 산업화, 도시화, 교통·통신의 발달, 산업 구조의 변화 등이 있다.

㉡ 지역 공간 변화의 요소 : 산업, 인구, 생태 환경, 주민의 가치관, 직업, 인간관계, 토지 이용 등이 있다.

② 지역의 공간 변화 조사

㉠ 지역 조사 : 지역에 대한 다양한 정보를 수집·분석하는 활동이다.

㉡ 필요성 : 한 지역의 공간 변화를 파악하여 그 지역의 특성과 문제점을 파악하고 해결 방안을 모색한다.

㉢ 지역 조사의 과정

주제 및 지역 선정	조사 목적에 맞는 주제와 지역 등을 선정한다.
지역 정보 수집	– 실내 조사 : 지역 신문, 인터넷 등으로 문헌 자료, 통계 자료, 지형도, 항공 사진, 인공위성 영상 등을 수집한다. – 야외 조사 : 주민 면담, 설문 조사, 관찰, 실측, 촬영 등으로 정보를 파악하고 새로운 정보를 입수한다.
지역 정보 정리 및 분석	– 수집한 정보를 항목별로 분류하고 중요 정보를 선별하여 분석한다. – 사용 목적별로 쉽게 이해할 수 있도록 그래프, 통계 지도, 표 등 시각적인 방법으로 표현한다.
보고서 작성	– 조사 목적, 방법, 결론, 참고 자료 등을 정리한다. – 분석 내용을 토대로 지역 변화의 문제점, 해결 방안을 체계적으로 정리한다.

③ 지역별 공간 변화의 문제점과 해결 방안

㉠ 대도시

문제점	– 인구 과밀화로 인한 각종 시설의 부족 – 도시 내 노후된 공간 증가로 주민의 삶의 질 저하
해결 방안	– 도시 재개발 등을 통한 환경 개선 – 낙후 지역의 인프라 조성

㉡ 지방 도시

문제점	일자리·문화 공간·교육 시설 등의 부족으로 대도시로의 인구 유출 현상이 발생
해결 방안	– 지역 활성화 방안 추진 – 지역 전략 사업의 육성(경제적 자족 기능)

© 촌락

문제점	– 근교 : 대도시의 영향으로 전통문화·공동체 의식 약화 – 원교 : 노동력 부족, 성비 불균형, 유휴 경작지와 빈집의 증가, 열악한 교육·의료·문화 시설 등
해결 방안	– 의료·문화 시설 등의 확충 – 지리적 표시제, 지역 축제 등으로 경제 활성화 모색

02 인간과 공동체

1. 인권 보장과 헌법

(1) 인권의 의미와 특성

① 인간의 존엄성

ㄱ 모든 인간은 성별, 인종, 신분 등에 상관없이 가장 소중하고 존엄한 존재로 대우받아야 한다.

ㄴ 인간이 누려야 할 당연한 권리를 침해받거나 억압받지 않으며 살아가는 일이다.

② 인권의 특성

ㄱ 인권의 의미

• 인간이 가지는 기본적이며 자연적인 권리이다. → 인간의 존엄성 실현

• 모든 인간이 인간다운 삶을 살기 위해 당연히 누려야 할 자유와 권리이다.

ㄴ 인권의 특징

기본성	인간으로서 누려야 할 기본적이며 필수적인 권리(천부인권=자연권)
보편성	성별, 신분, 인종, 종교에 상관없이 모든 사람이 가질 수 있는 권리
불가침성	다른 사람에게 양도하거나 포기할 수 없고, 다른 사람의 인권을 침해할 수 없는 권리
항구성	영구적으로 보장되는 권리

ㄷ 기본권 규정 : 인간 존엄성과 인권을 실현하기 위해 기본권을 헌법에 규정하고 있다.

③ 인권 신장 노력 : 성별, 인종, 종교, 국적 등의 이유로 동등한 권리를 보장받지 못한 사람들의 희생과 노력의 결과로 오늘날 인권이 모든 사람들의 권리로 확장되었다.

④ 인권 신장의 역사

ㄱ 근대 이전 : 대부분의 평민들은 왕, 귀족, 성직자 등에게 부당한 대우를 받았다.

ㄴ 근대 시민 혁명

• 배경 : 상공업의 발달로 시민 계층이 성장하여 계몽사상과 사회 계약설, 천부 인권 사상 등이 확산되었다.

- 전개 과정

영 국	– 대헌장 : 영국의 절대 왕권을 제한하고 견제 – 권리 장전(명예혁명) : 시민의 자유와 권리가 확대(1689)
미 국	독립 선언서 : 기본적 인권(자유와 평등), 국민 주권, 저항권 등 근대 민주주의의 기본 원리를 포함
프랑스	인권 선언 : 천부 인권과 시민의 자유권, 재산권, 저항권, 평등권 등을 명시

- 결과 : 정치권력으로부터 간섭받지 않고 자유롭게 생활할 수 있는 권리(자유권), 부당하게 차별 받지 않을 권리(평등권) 등을 획득하게 되었다.
ⓒ 참정권
- 참정권의 의의 : 정치에 참여할 수 있는 권리를 말한다.
- 참정권의 배경 : 시민 혁명 이후에도 직업, 성별, 재산 등에 따라 선거권이 제한되었다.
- 전개 과정

노동자	영국의 노동자들이 인민헌장을 통해 참정권, 비밀 투표 등을 요구하였다.
여 성	영국 여성들이 남성과 동등한 참정권 보장을 요구하였다.
흑 인	미국의 흑인들이 인종 차별에 맞서 선거권 확대 운동을 전개하였다.

- 결과 : 20세기에 보통 선거 제도가 확립되어 대부분의 사람들이 참정권을 행사하게 되었다.
ⓔ 사회권
- 의미 : 인간다운 생활의 보장을 국가에 요구할 수 있는 권리이다.
- 배경 : 산업 혁명 이후 자본주의의 발전으로 열악한 근로 조건, 빈부 격차 등의 문제가 발생하 였으며 국가가 사회적 약자를 보호해야 한다는 인식이 확산되었다.
- 결과 : 독일 바이마르 헌법(1919)에서 최초로 인간다운 생활을 보장하는 사회권의 내용을 명시 하였다. → 노동권, 교육권, 환경권 등을 세계 각국의 헌법에서 제정
ⓜ 세계 인권 선언
- 배경 : 제1차·제2차 세계 대전 후 전 인류에 대한 인권 보장의 필요성이 확산되었다.
- 결과 : 국제연합(UN)에서 세계 인권 선언(1948)을 채택하여 인권 보장의 국제 기준을 제시하였 다. → 전 인류의 연대 의식 강조
⑤ 새로운 인권의 등장
㉠ 인권의 확대 경향

자유권	신체의 자유, 사상·양심·종교의 자유, 집회·결사의 자유, 자유 선거를 통해 정부에 참여할 권리
사회권	근로의 권리, 교육에 대한 권리, 사회 보장을 받을 권리, 인간다운 생활을 할 권리, 쾌적한 환경에 서 생활할 권리
연대권	평화에 관한 권리, 재난으로부터 구제받을 권리, 지속 가능한 환경에 관한 권리, 경제·사회·문 화적 발전을 자유롭게 추구할 권리

㉡ 오늘날 요구되는 다양한 인권 : 주거권, 환경권, 안전권, 문화권, 정보 관련 권리

(2) 헌법의 역할과 시민 참여

① 인권 보장을 위한 헌법의 역할

　㉠ 인권과 헌법의 관계

　　• 헌법과 인권

　　　- 헌법은 인권 보장을 위한 법과 제도의 근본적인 토대가 된다.

　　　- 헌법에는 기본권을 규정하여 국가의 인권 보장 의무를 명시하였다.

　　• 입헌주의

　　　- 국민의 기본권 보장을 위해 국가의 통치 작용은 헌법에 따라 이루어져야 한다는 정치 원리이다.

　　　- 국가 기관의 권력 남용에 의해 부당하게 기본권을 침해당하는 것을 방지하기 위한 목적이다.

　㉡ 헌법에 규정된 기본권 : 인간의 존엄성과 가치 및 행복 추구권, 자유권, 평등권, 참정권, 청구권, 사회권

　　• 인간의 존엄성과 가치 및 행복 추구권

의 미	모든 기본권의 출발이자 다른 기본권을 포괄하는 광범위한 권리
내 용	- 인간 존엄성 : 다른 기본권의 전제가 되는 동시에 목적이 되는 기본권 - 행복 추구권 : 물질적 풍요와 정신적 안정을 동시에 충족시키는 권리

　　• 자유권

의 미	국민이 국가 권력의 간섭이나 침해를 받지 않을 권리
내 용	- 신체의 자유 : 죄형 법정주의, 고문 금지, 법률에 의한 체포 - 정신적 자유 : 양심·종교·표현의 자유 - 사회·경제적 자유 : 주거·거주 이전·재산권 보장의 자유

　　• 평등권

의 미	성별, 종교, 학력, 사회적 신분 등에 의해 불합리하게 차별받지 않을 권리
내 용	- 법 앞의 평등 - 기회의 균등

　㉢ 인권 보장과 헌법상의 제도적 장치

　　• 권력 분립 제도 : 국가 권력을 서로 다른 국가 기관들이 나누어 행사하게 하여 상호 견제와 균형을 유지하게 한다. → 국가 권력의 남용을 방지

　　• 법치주의 : 법에 의한 최소한의 공권력 행사를 허용한다. → 국민의 자유와 권리를 보장

　　• 기본권의 구제

　　　- 헌법 재판 제도 : 국가 권력이나 법률이 헌법을 위반하거나 국민의 기본권을 침해하지 못하게 하는 제도이다.

　　　- 인권 보호 기관 : 국가인권위원회, 국민권익위원회 등이 있다.

- 선거 제도 : 국민이 민주적인 절차를 거친 선거를 통해 국민의 대표자를 선출한다. → 국민의 의사를 정책에 반영
- 복수 정당제 : 정당의 자유로운 활동을 보장한다. → 국민의 다양한 정치적 의견과 요구 사항을 반영

② 기본권의 제한
- 기본권의 제한 : 국가는 국가 안전 보장, 국가 질서 유지, 공공복리 등을 위해 필요한 경우에 한하여 법률을 통해서 국민의 기본권을 제한할 수 있다(헌법 제37조 제2항).
- 기본권 제한의 한계 : 불가피하게 기본권을 제한하는 경우에도 자유와 권리의 본질적 내용은 침해하지 못한다. → 시민의 안전과 질서 유지를 위해 어느 정도 제한할 수 있으나 국민의 의사 표현의 자유를 위협하는 수준이 되면 헌법에 위반된다.

② 시민의 준법 의식과 참여

③ 준법 의식
- 준법 의식의 의미 : 사회 구성원이 스스로 법과 규칙을 지키려는 의지를 말한다.
- 준법 의식의 필요성

자유와 권리 보호	다른 사람과 국가 권력으로부터 개인의 자유와 권리를 보호한다.
사회 질서 유지	개인이나 집단 간의 충돌 및 갈등을 방지하여 사회 질서를 유지한다.
정의 실현	사회 구성원 전체의 공정한 이익을 실현한다.

③ 시민 참여
- 시민 참여의 의미 : 시민들이 정치 과정이나 사회 문제 개선에 적극적으로 참여하는 행위를 말한다.
- 시민 참여의 필요성
  - 국가의 권력 남용을 예방한다.
  - 사회적 무관심이 팽배할 경우 개인의 삶을 위협할 수 있다.
  - 정부의 자의적인 정책 결정을 막아서 책임 있는 정책 결정이 이루어지도록 한다.
  - 사회의 부정부패나 잘못된 제도를 개선하여 사회의 공공선을 실현하고 공동체가 발전하도록 한다.
- 참여 방법
  - 개인적 차원

선거·투표	사회 참여의 가장 기본적인 방법이다.
청 원	행정 기관에 대한 불만이나 요구 사항을 진술하고 시정을 요구한다.
기 타	진정서 제출, 봉사 활동, 재능 기부, 공청회나 토론회 참석, 언론 투고 등이 있다.

- 집단적 차원

정 당	- 정치적인 견해를 같이하는 사람들이 정권 획득을 목적으로 결성한 단체이다. - 사회 문제들에 대한 여론을 형성하고 조직화하여 정부에 전달한다.
언 론	- 매체를 통하여 사회적 사실을 신속·정확하게 전달하고 사회적 쟁점에 대하여 여론을 형성하는 단체이다. - 여론 형성에 지배적 역할을 한다.
이익집단	- 이해관계를 같이 하는 사람들이 그들의 특수한 이익을 실현하고 정치 과정에 영향력을 행사하기 위하여 만든 집단이다. - 자신들이 추구하는 이익에 부합하는 정책이 만들어지도록 여론을 형성하고 조직화하여 정부에 전달한다.
시민단체	- 특정 집단의 이익을 추구하는 것이 아니라 공공의 이익을 추구하기 위해 시민들이 자발적으로 결성한 집단이다. - 국가 권력에 대한 감시와 견제, 시민의 정치 참여 활성화 등을 수행한다.

- 정보화 시대의 참여 방법 : 인터넷을 활용한 전자 투표, 온라인 서명, 사이버 캠페인, 누리소통망(SNS) 등의 방법을 이용한다.

ⓒ 시민 불복종
  • 시민 불복종의 의미 : 잘못된 법률이나 정책을 바로잡기 위한 목적으로 의도적으로 법을 위반하는 행위를 말한다.
  • 시민 불복종의 정당화 조건
    - 최후의 수단 : 합법적인 수단으로는 해결이 안 될 경우 마지막으로 행사하는 수단이어야 한다.
    - 비폭력성 : 폭력적인 방법은 배제되어야 한다.
    - 정당성 : 사회 정의를 실현하기 위해 공익 증진을 목표로 하는 행동을 한다.
    - 법의 수호 : 불법적인 행동에 대한 처벌을 감수함으로써 법 수호의 의지를 분명히 한다.

(3) 인권 문제와 해결 방안

① 우리나라의 인권 문제와 해결 방안

ⓐ 우리나라의 인권 문제
  • 1980년대 : 정치적 격변기로 신체적 자유, 정치적 자유, 노동권 보장 등의 기본적 인권의 침해 문제가 발생하였다. → 지속적 민주화·노동 운동 전개, 다양한 법적·제도적인 장치 보완
  • 최근 : 경제·사회적 환경의 변화로 인한 고용 불안, 고령화 문제, 다문화 사회, 사회적 소수자 차별, 청소년 노동 문제 등 다양한 인권 문제들이 발생하고 있다. → 사회적 환경 변화로 과거와 다른 형태의 인권 문제가 발생

ⓑ 사회적 소수자의 인권 보장
  • 의미 : 사회적 소수자는 신체적·문화적 특징으로 인해 불리한 환경에 처하거나 다른 구성원에게 불평등한 대우를 받으면서 스스로가 다수의 구성원과 다르다는 것을 인식하는 사람의 집단이다.
  • 형태 : 장애인, 이주 외국인, 비정규직 노동자, 여성, 북한 이탈 주민 등이 있다.

- 차별 사례 : 교육 및 취업 기회의 제한, 언어·문화적 차이에서 오는 불편, 노동 조건 등의 차별 등이 있다.
- 차별의 문제점 : 인간의 존엄성 훼손, 사회적 갈등 등을 유발하여 사회 통합을 저해한다.
- 해결 방안

개인적 차원	– 편견이나 고정 관념을 타파하고 배려와 신뢰의 자세를 갖춘다. – 소수자들의 상황을 이해하고 다양성을 존중하는 자세가 필요하다.
사회적 차원	– 차별 금지 및 각종 지원책의 법규를 제정한다. – 불평등을 해소하는 사회적 지원 제도와 정책을 실시한다. – 지속적인 교육과 의식 개선 활동을 지원한다.

ⓒ 청소년 노동권의 보장
- 우리나라 청소년의 특별 보호
  - 청소년보호법, 청소년복지지원법 제정 : 유해 환경으로부터 청소년을 보호하고 청소년 인권을 실질적으로 보장한다.
  - 근로기준법 특별 규정 : 청소년 근로자의 정당한 권리 행사를 보장한다.
- 청소년 노동권의 침해 문제와 해결 방안
  - 최저 임금제의 미준수, 임금 체불 : 고용노동부 등에 임금 체불을 신고한다.
  - 근로 가능 시간의 초과 : 초과 근로를 거부한다.
  - 휴게 시간 및 유급 휴일 미보장 : 적법한 휴게 시간을 요구한다.
  - 고용주의 부당한 요구와 노동권의 침해 : 노동권 침해 내용을 신고, 법률 상담을 신청한다 (고용노동부, 국가인권위원회, 대한법률구조공단 등).
- 개인적 차원의 해결 방안
  - 청소년 : 노동권에 대한 이해 및 권리 침해에 대해 적극적으로 대처한다.
  - 고용주 : 준법 의식을 갖고 관련 법규를 준수한다.

② 세계 인권 문제와 해결 방안
  ㉠ 세계의 다양한 인권 침해 문제
  - 원인 : 전쟁, 분쟁, 잘못된 관습 및 제도에 의해 발생한다.
  - 세계 인권 침해의 실태

인권 유린	독재 국가에서 체제, 종교, 관습 등의 목적으로 국민의 기본권을 탄압한다.
기아·난민	– 전쟁·내전으로 난민이 발생하고 이들의 기본권이 유린되고 있다. – 가뭄·기근으로 인한 식량 부족으로 많은 사람들이 생존의 위협을 받고 있다.
성차별· 인종 차별	– 여성은 고용, 승진, 교육 등 전반적인 부문에서 차별을 받는다. – 자신과 다른 인종을 열등하다고 여기거나 적대시한다.
아동 노동	저소득 국가의 아동들이 교육의 기회를 갖지 못한 채 장시간 노동력을 착취당하고 있다.

ⓒ 인권 문제 해결을 위한 국제적 노력
　　　　　• 국제연합(UN)
　　　　　　－ 인권 문제를 의제로 다루거나 관련 조약과 선언 등을 채택한다.
　　　　　　－ 해당 국가에 권고안을 제시한다.
　　　　　• 비정부 기구 : 국제사면위원회, 국경없는의사회 → 정치적인 박해 방지, 전쟁 및 기아로 위협받
　　　　　　는 사람들의 생존권을 보장한다.
　　　　　• 공동체적 차원
　　　　　　－ 책임 의식 : 인류를 하나의 공동체로 인식하여 국제 인권 문제 해결에 적극적으로 참여한다.
　　　　　　－ 다양한 국제적 활동 노력 : 각국 정부는 국제기구 구성원으로의 여론을 조성하고, 국제 비정
　　　　　　　부 기구의 활동을 직·간접적으로 지원한다.
　　　ⓔ 주요 인권 지수
　　　　　• 세계 자유 지수 : 각국의 정치적 권리와 시민 자유로 평가하며 1~7등급으로 분류한다.
　　　　　• 세계 기아 지수 : 기아의 정도를 세계적, 지역적, 국가별로 종합하여 측정한다.
　　　　　• 인간 개발 지수 : 각국의 교육수준과 국민 소득, 평균 수명 등을 조사해 인간개발 성취 정도를
　　　　　　평가한다.
　　　　　• 언론 자유 지수 : 나라별 언론의 자유 순위를 발표하는 보고서로 국경없는기자회가 발표한다.

2. 시장 경제와 금융

(1) 자본주의와 합리적 선택

　　① 자본주의의 의미와 특징
　　　ⓐ 자본주의 : 사유 재산 제도를 바탕으로 시장에서 자유로운 경제 활동을 보장할 수 있는 시장
　　　　경제 체제를 말한다.
　　　ⓑ 자본주의의 특징
　　　　　• 사유 재산권의 보장 : 개인과 기업의 소유권 및 사유 재산권을 법적으로 보장한다.
　　　　　• 경제 활동의 자유 보장 : 개인과 기업이 시장에서 자유로운 경쟁을 통해 사적 이익을 추구할
　　　　　　수 있다.
　　　　　• 시장 경제 체제 : 시장에서 자유롭게 상품과 서비스를 거래하면서 자원의 효율적인 배분이
　　　　　　이루어진다.
　　② 자본주의의 역사적 전개 과정
　　　ⓐ 중상주의(상업 자본주의)
　　　　　• 16세기~18세기 중반 : 신항로를 개척하고 교역을 확대하였으며, 유럽의 절대 왕정은 중상주
　　　　　　의 정책을 실시하였다.
　　　　　• 국가적으로 상업을 중시하고 보호해야 한다는 경제 사상이다.
　　　　　• 유통 거래를 통한 금·은 확보로 국가의 부를 증대하였다.

- ⓛ 자유방임주의(산업 자본주의)
  - 18세기 중반 ~ 1920년대 : 산업 혁명으로 상품의 대량 생산을 실현하였다. → 산업 자본가가 자본주의를 주도
  - 개인에게 자유로운 시장 경제 활동의 최대 보장을 강조하였다. → 정부의 시장 개입 비판
    예 애덤 스미스의 '보이지 않는 손'
  - 자본주의 경제 체제를 확립하는 데 사상적인 기초 역할을 수행하였다.
- ⓒ 수정 자본주의(혼합 경제 체제)
  - 1930년대 ~ 1970년대 : 시장의 실패 및 자본주의 폐해가 등장하였다(독과점, 아동 노동 착취, 도시 빈민 발생 등). → 미국의 경제 대공황(기업 도산, 대량 실업 등)
  - 정부가 적극적으로 시장에 개입하여 경기 조절 정책, 복지 정책 등을 통해 경제 문제를 해결하였다.
  - 유효 수요 이론(케인즈) : 국가가 정책적으로 시장의 고용을 창출하여 유효 수요를 늘려야 한다고 주장하였다.
- ⓔ 신자유주의
  - 1970년대 이후 : 석유 파동, 극심한 경기 침체와 물가 상승(스태그플레이션), 정부의 시장 조절 실패가 배경이 되었다.
  - 정부의 시장 개입이 비효율을 초래하여 시장의 조절 기능 부활과 자유로운 경제 활동 등을 강조하였다.
  - 세계화와 자유 무역 확대의 사상적 기반이 되었다.
  - 기업 활동에 대한 정부의 규제가 완화되었으며 자본의 국제적 이동이 심화되었다. → 빈부 격차가 커지고, 시장 불안정성이 증가하는 등의 비판 제기
- ③ 합리적인 선택과 그 한계
  - ㄱ 합리적인 선택
    - 합리적 선택의 의미 : 경제 활동 시에 기회비용보다 편익이 더 큰 쪽을 선택하는 것을 말한다. → 최소의 비용으로 최대의 편익을 얻는 효율적인 선택
    - 합리적 선택의 기준
      - 편익 : 선택으로 얻어지는 경제적 이득이나 심리적 만족감을 의미한다.
      - 기회비용 : 하나를 선택함으로써 포기해야만 하는 다른 것의 가치 중 최상의 가치이다. → 명시적 비용과 암묵적 비용을 모두 포함

명시적 비용	선택한 대안을 직접 화폐로 지출하는 비용이다.
암묵적 비용	선택한 대안을 포기하고 가진 대안적인 가치이다.

    - 합리적 선택의 필요성 : 인간의 요구는 무한하나 이를 충족시킬 수 있는 자원은 한정되어 있다 (자원의 희소성). → 자원의 효율적 사용과 선택의 문제가 발생

- 경제 주체별 선택 상황

가 계	한정된 소득으로 어떤 것을 구매할지를 선택한다. → 최소 비용, 최대 편익
기 업	생산 요소가 한정되어 있으므로 어떤 상품을 얼마나, 어떻게 생산할지를 선택한다. → 최소 자본, 최대 이윤
정 부	한정된 예산으로 교육, 복지, 국방 등 얼마만큼 지출해야 할지를 선택한다. → 최소 재원으로 국민의 경제적 효용 향상을 선택

- 합리적인 의사 결정의 단계 : 문제의 인식 → 자료 및 정보 수집 → 대안의 탐색 → 대안의 평가 → 대안의 선택 → 평가 및 보완
  ○ 합리적인 선택의 한계
  - 발생 원인 : 합리적 선택 시 효율성만을 추구하면 공공의 이익이나 규범을 간과할 수 있다.
  - 선택의 한계
    - 편익과 비용 파악의 한계 : 현실적으로 정확한 비용과 편익을 파악하기 곤란하다.
    - 이익의 충돌 : 개인 간의 이익이 충돌하거나 공익을 해칠 수 있는 경우가 발생할 수 있다.
    - 합리적 선택의 모순 : 개인이 합리적으로 선택하여도 사회 전체적으로 효용이 줄어드는 효과가 발생할 수 있다.
    - 사회 규범의 미준수 : 개인의 이익 추구를 위해서 사회 규범을 위반할 수 있다.

(2) 시장 경제를 위한 경제 주체의 역할

① 시장 기능의 한계
  ㉠ 독과점의 발생
  - 자원 배분의 비효율성 발생 : 기업이 생산량은 적게 하고 가격은 높게 책정한다. → 소비자의 피해 발생
  - 불공정한 경쟁 : 독점을 유지하기 위해 새로운 경쟁자의 시장 진입을 방해한다.
  - 상품의 질 하락 : 기술 개발 및 품질 개선에 대한 노력을 게을리한다.
  ㉡ 외부 효과의 발생
  - 외부 효과에 따른 비용이 생산 비용에 포함되지 않기 때문에 사회적으로 적정한 수준보다 부족하거나 과도하게 생산되어 자원 배분의 비효율성이 발생한다.
  - 외부 효과의 유형

긍정적 외부 효과	어떤 경제 주체의 활동이 다른 경제 주체에게 의도치 않은 이익을 주지만 경제적 대가를 받지 못하는 경우
부정적 외부 효과	어떤 경제 주체에 의해 피해를 받는데도 경제적 대가를 치르지 않는 경우

  ㉢ 공공재 공급의 부족
  - 시장에 맡겨 두면 아무도 생산하려 하지 않으므로 사회적으로 필요한 만큼 충분히 공급되기가 어렵다. → 도로, 항만, 치안, 공원 등
  - 누가 어느 정도 혜택을 보았는지 가늠하기 어려워 개개인에게 비용을 부담시키기가 어렵다.
    → 대가를 지급하지 않고 이용하는 문제 발생

② 경제적 불평등 : 자원의 불공정한 배분은 소득의 불평등을 가져와서 사회 계층 간의 위화감을 조성하고, 사회 불안 심화 등의 문제를 일으킨다.

② 시장 경제를 위한 시장 참여자의 역할
　㉠ 정부의 역할
　　• 한계적 시장 기능의 보완 방법

독과점	독점 규제 및 공정 거래에 관한 법률 제정, 공정거래위원회 설치·운영 등과 같은 제도 마련 → 불공정 경쟁 행위의 규제
외부 효과	– 긍정적 외부 효과의 장려 : 보조금 지급 – 부정적 외부 효과의 제재 : 세금 부과
공공재 부족	정부가 직접 공급하거나, 민간 기업에게 보조금을 지급하여 생산하도록 유도
경제적 불평등	다양한 복지 제도를 마련하고 세금 제도 등 개선 → 소득 재분배를 위한 노력

　　• 정부의 역할 한계
　　　– 의미 : 정부의 역할 한계란 정부가 시장에 지나치게 개입하는 것이 오히려 시장 경제의 효율성을 떨어뜨리는 현상을 말한다.
　　　– 원인 : 정부 조직의 경직성, 정부의 근시안적 규제, 정부의 제한된 정보, 다양한 이해관계의 충돌 등이 있다.
　　　– 대책 : 공기업에도 경쟁의 원리를 도입하고, 규제를 완화하여 경제 주체들이 열심히 일할 수 있는 환경을 조성한다.
　㉡ 기업의 역할
　　• 기업가의 역할
　　　– 생산을 위해 노동자를 고용하여 일자리를 제공한다.
　　　– 세금을 납부하여 지역 경제 및 국가 경제에 기여한다.
　　　– 소비자가 원하는 재화와 서비스를 생산하여 소비자에게 만족감을 준다.
　　• 기업가 정신(기업가의 혁신)
　　　– 혁신과 창의성을 바탕으로 한 생산 활동을 통해서 기업을 성장시키려는 도전 정신이다.
　　　– 산업 기술 개발, 고용의 창출, 시장 경제의 활성화, 노사 관계 안정, 소비자 만족도 증가 등이 있다.
　　• 기업의 사회적 책임
　　　– 효율적인 기업 활동을 통해 고용을 창출하고 국민 소득의 증가에 기여한다.
　　　– 좋은 제품을 만들어 소비자에게 공급한다.
　　　– 사회의 일원으로 사익을 추구할 뿐만 아니라 공공성을 추구한다.
　㉢ 노동자의 역할
　　• 경제적 역할 : 다른 생산 요소를 움직이고 관리하는 생산의 실질적인 주체이다.
　　• 노동자의 권리 : 노동조합을 결성하여 사용자와 대등한 위치에서 임금이나 노동 조건의 개선을 추진할 권리를 가진다. → 우리나라에서는 노동 3권을 법으로 보장한다.
　　• 노동자의 책임 : 성실한 직무 수행, 기술 습득 및 능력 계발, 노사 간 동반자 의식 함양 등

ⓐ 소비자의 역할

- 합리적 소비 : 상품의 품질·가격·정보를 비판적으로 분석하고 계획적으로 소비한다.
- 소비자 주권의 확립 : 생산물의 종류와 수량을 결정하고 불량 상품이나 부당 영업 행위에 대해 주권자로서 감시 활동을 한다.
- 윤리적 소비 : 사회적 책임을 다하지 않는 기업에 대한 불매 운동, 환경친화적 제품·공정 무역 제품 등의 구입으로 보다 나은 공동체를 위한 소비 활동을 전개한다.

(3) 국제 무역의 확대

① 국제 거래의 필요성

㉠ 국제 거래와 국제 분업

- 국제 거래(무역) : 국경을 초월하여 상품, 서비스, 생산 요소 등의 모든 경제적 거래가 이루어지는 행위이다.
- 국제 분업 : 세계 각국이 무역에 유리한 상품을 특화하여 생산하는 것이다.
- 국제 거래의 특징
  - 생산 요소(인력, 자본, 기술 등)의 이동이 국내 거래만큼 자유롭지 못하다.
  - 국제 통화를 사용하기 위해서는 자국의 화폐와 국제 통화 간의 교환 비율인 환율로 결정한다.
  - 부존자원, 생산 기술 등의 상품의 생산비 차이로 국가마다 상품 가격에 차이가 발생한다.

㉡ 국제 거래의 발생 이유

- 생산비의 차이 : 국가 간 자연환경, 부존자원, 생산 요소의 부존량, 기술 수준 등의 차이로 인해 동일한 상품이라도 나라별로 생산비가 서로 다르다.
- 국제 거래에 따른 이익 : 각국이 유리한 생산 조건을 갖춘 상품을 특화하여 다른 나라와 교환하면 거래 당사국이 모두 이익을 얻을 수 있다.

㉢ 무역 이론

절대우위론	무역 당사국 간의 상품의 생산비를 비교하여 상대국보다 생산비가 적게 드는 상품을 생산해야 한다.
비교우위론	- 교역 상대국에 비해 상대적으로 낮은 생산비의 상품을 특화하여 교환함으로써 양국 모두에 이익이 된다. - 각국의 자원과 생산 요소를 효율적으로 활용함으로써 무역을 통한 교환과 분업으로 이익을 추구한다.

② 국제 거래의 확대와 영향

㉠ 국제 환경의 변화

- 국제 교류의 촉진 : 교통·통신의 발달로 시공간의 제약을 극복하게 되었으며 운송비도 감소하였다.
- 자유 무역주의의 추구 : 세계무역기구(WTO)를 중심으로 자유 무역의 질서를 구축하였다.
- 국가 간 경제 협력의 확대 : 지역 간 경제 협력체가 증가하였다.

ⓛ 국제 거래의 긍정적 영향

소비자 선택 폭 확대	상품을 선택할 수 있는 폭 증가로 다양한 재화와 서비스 선택 가능 → 풍요로운 소비 생활의 범위 확대
기업의 규모의 경제 실현	생산비 절감, 높은 이윤 창출, 끊임없는 기술 개발과 품질 관리 → 국내 경제 활성화, 일자리 창출
국가의 경제성장 효과와 국제협력 기회 확대	해외 시장 개척, 국가 간 노동력과 기술의 이전 → 개발도상국의 경제 발전 기회 제공, 정치적·사회적·문화적 국제 협력 증가

ⓒ 국제 거래의 부정적 영향

국가 산업 기반 약화	국제 경쟁력이 미흡한 산업 및 기업의 위축 → 산업의 다양성 감소, 일자리 감소 등 문제 발생
국내 경제의 불안정	높은 무역 의존도로 세계 경제의 불안 요인 발생할 때, 수출 환경·연관 산업의 생산성 악화 등으로 국내 경제도 불안
국가 간 빈부격차	자유 무역으로 선진국과 개발도상국 간의 격차 심화
정부의 자율적 경제 운영 제한	국내 산업 보호·지원 정책이 외국 정부나 기업과의 이해관계가 충돌 → 국가 간 갈등과 마찰이 증가
비합리적인 소비 확산	무분별한 외국 제품의 선호 → 개인 및 국내 경제에 부정적인 영향이 발생

(4) 안정적인 자산 관리와 금융 설계

① 금융 자산과 자산의 관리

ㄱ 금융 자산

- 금융 자산의 의미 : 금융 자산은 보험, 예금, 주식, 채권, 현금 등이 금융 기관에서 거래되는 것을 말한다.
- 금융 자산의 종류
  - 예금과 적금

내 용	– 예금 : 일정 금액을 은행에 맡기고 이자율에 따라 이자를 지급받는 것 – 적금 : 계약 기간 동안 일정 금액을 정기적으로 은행에 납입하여 만기일에 원금과 이자를 받는 것
특 징	– 예금자 보호법으로 보호 – 안전성·유동성은 높으나 수익성은 상대적으로 낮음

  - 주 식

내 용	주식회사가 자본금 마련을 위해 투자자로부터 돈을 받고 회사 소유자라는 증표로 발행하는 증서
특 징	– 배당금, 시세 차익을 얻음 – 자산 변동이 심해서 안전성이 낮음

  - 채 권

내 용	정부, 공공 기관, 금융 회사 등이 돈을 빌리면서 원금과 이자, 지급 시기 등을 표시하여 발행하는 증서
특 징	– 안정성은 예금보다 떨어지나 주식보다 높음 – 수익성은 예금보다 높음

ⓒ 합리적인 자산 관리
- 자산 관리의 의미 : 자신의 소득이나 재산을 경제적 목표에 맞추어 적정한 수익을 낼 수 있도록 각종 자산에 투자하여 운용하는 관리 행위이다.
- 자산 관리의 원칙

안전성	- 투자한 자산의 원금과 이자가 안전하게 보전될 수 있는 정도이다. - 은행 예금은 원금 손실의 위험이 거의 없어서 안전성이 높지만, 주식은 원금 손실 가능성이 높기 때문에 안전성이 낮다.
수익성	- 투자한 자산으로부터 가격 상승이나 이자 수익을 기대할 수 있는 정도이다. - 주식은 향후 주식 가격의 상승에 따른 시세 차익과 배당 수익을 받을 수 있어 수익성이 높은 반면, 은행 예금은 정해진 낮은 수준의 이자만 받으므로 수익성이 낮다.
유동성(환금성)	- 보유하고 있는 자산을 현금으로 바꿀 수 있는 정도이다. - 은행 예금은 언제든지 현금으로 찾을 수 있기 때문에 유동성이 높은 반면, 부동산은 매매하는 데 많은 시간이 걸리고 가격이 높아 매매가 쉽지 않으므로 유동성이 낮다.

- 자산 관리의 방법
  - 분산 투자 : 소유하고 있는 자산을 투자 목적, 기간 등에 따라서 안전성과 수익성이 균형을 이루게 금융 자산을 분산해서 투자하는 행위이다.
  - 유동성 파악 : 장기적인 관점에서 자신의 돈을 사용하려는 목적, 시기 등에 맞춰 적절히 현금화할 수 있게 관리하는 것이다.

② 생애 주기와 금융 설계
ⓐ 생애 주기 : 시간의 흐름에 따라 개인의 삶이 전개되는 양상을 일정한 단계로 나눈 것이다.
ⓑ 생애 주기별 발달 과업과 금융 생활
- 아동기(10대)

발달 과업	- 학교 교육을 통해 지식과 규범 습득 - 자아 정체성을 형성하고 자신의 진로 탐색
금융 생활	부모의 소득에 의존한 소비 생활

- 청년기(20대)

발달 과업	- 적성과 소질에 대한 탐색 - 경제적 독립을 위한 취업 및 직업 능력 계발 - 결혼 및 가족 생활을 위한 준비
금융 생활	결혼 자금 마련

- 중·장년기(30 ~ 50대)

발달 과업	- 직업인으로서의 역할 수행 - 가족을 구성하여 자녀 양육을 통해 배우자 및 부모로서의 역할 수행 - 주택 마련 준비 - 자녀 결혼, 노후 대비, 은퇴 또는 재취업 준비
금융 생활	- 자녀 양육 및 교육비 마련 - 주택 구입 자금 마련 - 자녀의 결혼 자금 마련 - 은퇴 준비금 마련

• 노년기(60대)

발달 과업	– 은퇴 이후의 삶에 적응, 여가 생활 – 건강관리와 연금 등을 통한 안정적이고 보람된 노후 생활 – 신체적 노화 수용, 생애 마지막 시간 준비
금융 생활	– 연금 생활 – 노후 생활비 마련 – 건강 유지비용 및 병원비 마련

ⓒ 생애 주기별 금융 설계
  • 생애 주기의 각 시기별로 필요한 소비 지출과 소득이 다르기 때문에 생애 주기에 따른 소득과 지출을 고려한 금융 설계가 필요하다.
  • 시기별 금융 설계

청년기, 중·장년기	수입이 지출보다 많으므로 저축, 투자 등을 통한 재무 설계를 해야 노후의 안정적인 삶을 유지할 수 있다.
노년기	지출이 수입보다 크므로 충분한 금융 자산의 확보와 건강관리가 필요하다.

ⓓ 생애 주기별 재무 설계
  • 재무 설계의 의미 : 생애 주기 전체를 고려하여 소득과 소비, 저축의 규모를 예측하고 자금에 대한 계획을 세우는 것이다.
  • 재무 설계의 필요성
    – 각 생애 주기에서 발생하는 수입·소비의 규모를 예측할 수 있다.
    – 체계적인 계획을 통해서 지속 가능한 경제생활을 영위할 수 있다.

3. 사회 정의와 불평등

(1) 정의의 의미와 기준

① 정의의 의미와 필요성

ⓐ 여러 가지 정의의 의미
  • 일반적인 정의
    – 각자가 자신의 몫을 누릴 수 있게 하는 것이다.
    – 동일한 것은 동일하게, 다른 것은 다르게 취급하는 것이다.
    – 개인이나 사회가 지켜야 할 올바른 도리와 행위이다.
  • 동·서양 사상가들의 정의

공 자	천하의 바른 정도(正道)를 아는 것
플라톤	국가가 가져야 할 가장 필수 덕목
아리스토텔레스	각자에게 공정하게 각자의 몫을 주는 것

• 정의의 종류

분배적 정의	– 각자가 자신의 몫을 누릴 수 있게 하는 것이다. – 공정한 분배 기준에 대한 사회적인 합의이다.
절차적 정의	– 공정한 절차를 통한 결과는 정당하다는 것이다. – 합의 과정의 투명성과 공정성에 초점을 둔다.
교정적 정의	– 잘못에 대한 처벌과 배상이 공정한지에 대한 것이다. – 법적 정의와 관련이 깊다.

ⓛ 정의의 필요성
- 기본적 권리의 보장
  - 공정한 분배와 절차를 통해서 구성원의 기본적인 권리 보장과 인간다운 삶을 실현하는 것이다.
  - 정의의 기준에 대한 논의로 사회 제도의 개선과 발전을 도모하는 것이다.
- 갈등과 분쟁의 조정
  - 옳고 그름에 대한 판단 기준을 제시하여 구성원 간의 갈등과 분쟁을 공정하게 처리한다.
  - 개인선과 공동선은 상호 보완적이며 조화로운 관계를 유지한다. → 사회 문제를 해결
- 사회 통합의 기반 조성
  - 사회를 신뢰하고 협력할 수 있는 통합적인 분위기를 조성한다.
  - 법과 제도의 정당성을 판단하는 기준이 된다.

② 정의의 실질적 기준
  ㉠ 분배적 정의의 의미
  - 사회 구성원에게 여러 가지 자원을 분배하는 원칙과 관련된 것이다.
  - 오늘날 사회 정의는 분배적 정의와 관련이 깊다.
  - 분배적 정의가 실현되면 공정한 원칙에 따라 사회 구성원 각자가 자신의 몫을 정당하게 누릴 수 있다.
  - 분배의 정의가 실현되기 위한 실질적 기준은 공정성의 원칙과 기준이다.
  ㉡ 분배적 정의의 필요성
  - 개인의 권리를 존중하고 보장하기 위해 : 다른 사람의 몫을 누군가 빼앗으면 빼앗긴 사람은 인간의 기본적 권리를 침해당하게 된다.
  - 사회의 갈등 예방을 위해 : 분배가 공정하게 이루어지지 않으면 여러 가지 사회 문제가 발생할 수 있다.
  ㉢ 공정한 분배의 기준
  - 업적에 따른 분배
    - 업무 성과나 실적이 높은 사람에게 더 많은 분배를 하는 것이다.
    - 업적을 쌓을 수 있는 기회의 평등을 추구한다.
    - 객관적 평가와 측정이 용이하며 생산성을 높이는 동기를 부여한다.
    - 서로 다른 종류의 업적은 그 양과 질을 평가하기 어렵다.
    - 사회적 약자를 배려할 수 없다.
    - 업적을 중요시하다 보면 과열 경쟁으로 인한 문제점들이 발생한다.

- 능력에 따른 분배
  - 직무 수행 능력과 자질이 뛰어난 사람에게 더 많이 분배하는 것이다.
  - 개인의 자유와 책임 의식, 창의성 등을 고취할 수 있다.
  - 능력은 우연적이고 선천적인 영향을 받기 때문에 능력을 판단하는 것이 공정하지 않을 수 있다.
  - 능력을 판단하는 정확한 평가 기준을 세우기 어렵다.
- 필요에 의한 분배
  - 기본적 욕구의 충족이 어려운 사람에게 필요한 재화 등을 분배하는 것이다.
  - 사회적 불평등을 완화하고 사회적 약자를 보호하기 위한 결과의 평등을 추구한다. → 다양한 복지 제도, 사회 안전망 등의 근거
  - 재화가 한정되어 있어 모든 사람의 필요를 충족시키기 어렵다.
  - 개인 성취동기 및 창의성 등을 저하시킨다. → 경제적 비효율성이 증가
- 절대적 평등에 따른 분배
  - 모든 사람에게 동일하게 분배한다.
  - 기회와 혜택이 균등하게 보장된다.
  - 생산의욕 저하가 일어날 수 있다.
  - 차이를 고려하지 않아 불공정한 경우가 발생한다.

(2) 다양한 정의관의 특징과 적용

① 자유주의적 정의관

ㄱ 의미 : 개인의 자유와 권리를 최대로 보장하여 개인선을 실현하는 것이 정의라는 관점이다.

ㄴ 사상적 기반

자유주의	인간은 존엄과 가치를 지닌 존재이므로 개인의 자유와 가치를 존중하고 보장하는 것을 우선으로 두는 사상이다.
개인주의	국가나 사회보다 개인을 우선한다는 사상으로 개인의 독립성·자율성을 존중한다.

ㄷ 특 징
- 국가는 개인의 자유와 권리를 최대한 보장하는 것이 사회 공익적 차원에서 더욱 효율적인 결과를 도출한다.
- 개인의 자유로운 선택과 자율성을 최대한으로 허용한다.
- 자유 경쟁을 통해 공정하게 얻어진 개인의 이익을 보장한다.
- 지나친 사익 추구로 타인이나 사회 공동체의 이익을 침해하여 사회적 갈등을 유발한다. → 공유지의 비극

ㄹ 개인과 공동체의 역할

개 인	자율적인 독립체로서 스스로 자신의 삶과 목적을 결정한다.
공동체	- 개인에게 공동체의 특정 가치를 강요하지 않는다. - 개인이 스스로의 선택적인 삶을 살 수 있게 자유를 최대한 보장한다.

ⓜ 한계 : 극단적인 이기주의로 변질될 경우 다른 사람의 자유와 권리를 침해할 수 있고 공동체 존속에 위기를 초래할 수 있다.

ⓗ 대표 학자

롤 스	- 공정한 절차를 통해 발생한 결과는 정당하다. - 사회적 약자를 보호하기 위한 소득 재분배 정책에 찬성한다.
노 직	- 개인의 자유와 권리를 최우선으로 보장하는 것이 정의롭다. - 국가의 소득 재분배 정책을 반대한다.

② 공동체주의적 정의관

ⓞ 의미 : 개인이 자신이 속한 공동체에 소속감과 유대감으로 공동선을 실현하는 것이 정의라는 관점이다.

ⓛ 사상적 기반 : 개인은 자신이 속한 집단에 강한 소속감과 정체감을 형성한다는 공동체주의를 기반으로 한다.

ⓒ 특 징
- 개인은 공동체에 관한 소속감으로 공동체의 목표 달성을 위해 책임과 의무를 성실히 수행한다.
- 공익과 공동선을 실현한다. → 개인의 자유와 권리 보장, 행복한 삶의 실현

ⓡ 개인과 공동체의 역할

개 인	정의로운 사회와 좋은 삶을 위해 연대 의식을 가지고 사회 공동선을 달성하기 위해 자발적 봉사와 희생정신을 발휘해야 한다.
공동체	개인이 공동체를 위한 책무를 다할 수 있는 미덕을 제시하고 권장해야 한다.

ⓜ 한계 : 특정 집단의 이념과 이익을 구성원에게 지나치게 강요할 경우 개인의 자유와 권리의 희생을 정당화하는 집단주의의 문제가 발생할 수 있다.

ⓗ 대표 학자

매킨타이어	공통체의 가치를 존중하고 전통을 수호하는 삶을 강조하였다.
왈 처	공동체의 문화적 차이 등을 고려하여 사회적 가치를 배분해야 한다.
샌 델	구성원들이 연대감, 책임감으로 공동체의 활동에 참여해야 한다.

(3) 불평등의 해결과 정의의 실현

① 다양한 불평등 현상

ⓞ 사회 불평등
- 의미 : 사회적 희소가치를 지닌 부, 권력, 지위 등이 불평등하게 분배되어 개인이나 집단, 지역 등의 서열화가 나타나는 현상이다.
- 사회 불평등의 영향
  - 차별적 보상으로 인하여 자신의 성취 지위 향상을 위해 노력하는 등의 동기 부여 현상이 나타난다.
  - 사회 구조적인 성격을 띠거나, 용인될 수준 이상의 불평등 현상이 심화되면 사회 통합과 정의 사회를 구현하기 어려워진다.

ⓛ 사회 불평등의 현상

- 사회 계층의 양극화

의 미	사회 불평등이 심화되어 사회 계층 내의 중간 계층이 줄고 상층과 하층의 비중이 늘어나는 현상이다.
문제점	- 재산과 소득의 경제적 격차가 교육, 주거, 의료, 여가 등의 격차로 나타난다. - 능력, 업적 등에 의한 사회 이동을 막아 폐쇄적 사회 구조를 형성한다. - 계층 간의 위화감 발생으로 인한 갈등 발생으로 사회 통합이 어려워진다.

- 사회적 약자에 대한 차별

사회적 약자	- 경제 수준, 사회적 지위 등에서 다른 구성원보다 상대적으로 불리한 위치에 있는 개인 또는 집단을 의미한다. - 장애인, 여성, 이주 노동자, 북한 이탈 주민, 소상공인 등
차별의 원인	- 나이, 성별, 장애, 경제력, 지역 등에 대한 선입견과 편견, 차별을 용인하는 사회적 환경에서 비롯된다. - 불합리한 차별과 소외로 기본적인 권리 등이 침해당한다.

- 공간 불평등

의 미	사회적 자원이 균등하지 않게 일부 지역에만 집중되어 있는 현상을 말한다.
배 경	- 정부 주도의 경제 지역 개발 전략이 수행되었다. → 성장 잠재력이 높은 지역만을 집중 개발한 경제적 효과가 그 주변 지역에만 확산 - 상대적으로 소외 지역 주민의 경제적 생활수준이 하락하였다. → 사회 통합의 저해 요인으로 작용
영 향	- 수도권과 대도시 지역의 인구, 산업, 편의시설 등이 지나치게 집중되었다. - 비수도권과 촌락 지역의 지나친 인구 유출로 지역 경제가 침체되었다.
문제점	- 소득뿐 아니라 교육, 문화, 의료 등의 생활 전반적인 불평등으로 확산되었다. - 도시 지역 내에서도 상대적인 지역 간의 문제가 발생하였다(낙후 주택, 교통, 환경, 치안 문제 등). - 상대적인 발전 지역과 낙후 지역 주민 간의 갈등은 사회 통합을 저해하였다.

② 정의로운 사회를 위한 제도와 실천

㉠ 정의로운 사회

- 의미 : 구성원들이 기본권을 평등하게 누릴 수 있는 사회를 말한다.
- 필요성

개인적 차원	자신의 능력을 자유롭게 발휘하여 경제적 이윤을 추구할 수 있는 사회
국가적 차원	구성원에게 균등한 기회를 부여할 수 있게 제도적으로 뒷받침하는 사회

ⓛ 사회 복지 제도

- 의미 : 사회 구성원들이 다양한 사회적 위험으로부터 행복하고 인간다운 삶을 살 수 있도록 지원하는 제도이다.
- 필요성 : 계층의 양극화 현상 완화, 사회적 약자 보호, 인간의 존엄성 보장, 사회 통합의 증진 등

- 종 류
  - 사회 보험

목 적	국민에게 발생하는 사회적 위험을 대비(질병, 노령, 실업, 사망, 재해 등)
대 상	부담 능력이 있는 모든 국민
특 징	- 강제 가입 - 상호 부조 - 수혜자·국가·기업 부담 - 능력별 부담

  - 공공 부조

목 적	생활 유지 능력이 부족한 사람들의 최저 생활 보장과 자립 지원
대 상	보험료 납부 능력이 없는 국민
특 징	- 국가가 전액 부담 - 소득 재분배 효과 - 재정 부담 - 근로 의욕 상실 우려 - 수혜자·국가·기업 부담 - 능력별 부담

  - 사회 서비스

목 적	도움이 필요한 취약 계층에게 서비스 혜택을 제공
대 상	취약 계층
특 징	- 상담, 재활, 직업 소개, 복지 시설 제공 - 비경제적 보상 - 보건, 교육, 주택, 문화, 환경 분야

- 효과 : 사회 계층의 양극화 완화, 사회적 약자의 보호, 인간의 존엄성 보장 등으로 사회 통합을 증진한다.

ⓒ 적극적 우대 조치
  - 의미 : 사회적 약자에게 실질적인 기회의 평등을 보장하기 위해 다양한 혜택을 부여하는 정책이다.
  - 종 류

여성 고용 할당제	정치·경제·교육 등 각 부문 직원 채용 시 일정 비율을 여성에게 할당하는 제도
장애인 고용 의무제	기업이나 관공서에서 일정 비율 이상의 장애인을 고용하도록 규정한 제도
기회균등 대학 입학전형	빈곤층, 장애인, 농어촌 학생들에게 폭넓은 대학 입학 기회 제공

  - 문제점 : 사회적 약자에 대한 혜택이 과도할 경우 역차별의 문제가 발생할 수 있다.

② 공간 불평등 현상 완화
- 의미 : 지역 간에 사회적 자원이 불평등하게 분배되어 있는 현상을 말한다.
- 공간 불평등 완화 정책

지역 간 격차 완화	국가 균형 발전을 위한 공공 기관의 지방 이전 추진 방침 → 국가균형발전 특별법, 행정중심복합도시건설청 직제
지역 발전 사업	지역 경제 활성화와 지역 이미지 제고의 투자 → 지역 브랜드 구축, 관광 마을 조성, 지역 축제 개최
지역 간 협력	주민 기피 시설 → 쓰레기 처리장, 화장장 등이 특정 지역에 밀집되는 문제를 해결
도시 내 불평등 해결	- 주택 공급 사업 → 저렴한 공공 임대주택·장기 전세주택의 공급 - 도시 정비 사업 → 노후 불량주택의 개량, 도로·상수도의 확충 - 도시 환경 사업 → 쾌적한 주거환경을 위한 공원·녹지의 확보

⑩ 정의로운 사회를 위한 실천 방안
- 불평등 문제에 개선 의지를 갖고 해결 방안을 모색한다.
- 불평등을 줄이려는 지속적인 논의로 사회 복지 제도를 발전시킨다.
- 사회적 약자에 공감하며 배려하는 자세가 필요하다.
- 지속적인 기부, 봉사 활동, 시민 단체·협동조합 활동으로 사회적 자본을 형성하여 사회적 약자의 자립을 돕는다.

03 사회 변화와 공존

1. 문화와 다양성

(1) 세계의 다양한 문화권

① 문화와 문화권

㉠ 문 화

의 미	어느 한 사회의 구성원들에 의해 공유되는 모든 행동양식이나 생활양식의 총체이다.
특 징	지역마다 자연환경 및 인문환경이 다르므로 문화가 다양하게 형성된다.

㉡ 문화권

의 미	공통된 특징을 가지는 문화가 분포하는 공간적인 범위를 말한다.
특 징	- 오랜 기간에 걸쳐 비교적 넓은 범위에 동질적 문화가 형성된다. - 같은 문화권 내에서는 비슷한 생활양식과 문화 경관이 나타난다. - 문화권의 경계 : 산맥, 하천, 사막 등의 지형에 의해 구분된다. - 점이 지대 : 문화권과 문화권이 만나는 경계에 중간적 현상이 나타나는 곳이다.

② 문화권에 영향을 주는 요인
  ㉠ 자연환경
    • 기후, 식생, 토양 등의 자연환경은 의식주와 같은 기본적인 생활양식에 영향을 준다.
    • 의식주 문화
      - 열대 지역

의 복	통풍이 잘 되는 얇은 옷
음 식	쌀이 주식
주 거	뜨거운 열기와 습기를 차단하는 나무를 이용한 고상 가옥

      - 건조 지역

의 복	온몸을 감싸는 옷
음 식	밀과 고기가 주식
주 거	강한 햇볕을 차단하기 위해 벽을 두껍게 하고 창문을 작게 한 흙집

      - 냉대 지역

의 복	두꺼운 옷, 짐승의 털 또는 가죽
음 식	생선과 고기를 날로 섭취
주 거	바닥에서 올라오는 냉기를 차단하는 폐쇄 가옥

  ㉡ 인문환경
    • 문화뿐 아니라 인간의 가치관과 활동에 영향을 미치는 언어, 예술, 산업, 관습, 제도 등의 환경
      요인을 말한다.
    • 종교와 문화권

크리스트교 문화권	- 십자가, 성당, 교회 등 - 교회에서 예배 의식
이슬람교 문화권	- 모스크, 첨탑, 할랄 산업 - 술과 부정하다고 여기는 돼지고기를 먹지 않음 - 여성은 천으로 얼굴과 몸을 가림 - 라마단 기간의 금식
힌두교 문화권	- 소를 신성시하여 쇠고기를 먹지 않음 - 갠지스 강에서 목욕 의식
불교 문화권	불교 사원, 불상, 탑 등

    • 산업과 문화권 : 산업은 주민들의 경제 활동에 영향을 미쳐 문화권 형성에 중요한 작용을 하며
      특히, 전통적인 산업의 영향을 받아 형성된다.
③ 다양한 문화권의 특징과 삶의 방식
  ㉠ 세계 문화권의 지역적 구분과 특징
    • 문화권의 구분 기준 : 자연환경과 인문환경의 문화적 요소를 종합적으로 고려하여 구분한다.
    • 세계의 문화권 분류 : 북극 문화권, 유럽 문화권, 건조 문화권, 아프리카 문화권, 아시아 문화
      권, 아메리카 문화권, 오세아니아 문화권 등으로 나뉜다.

ⓛ 세계 문화권의 특징
- 북극 문화권 : 한대 기후 지역, 순록 유목 및 사냥, 이누이트족, 이글루
- 유럽 문화권 : 크리스트교, 역사적 동질성, EU(유럽연합 국가), 산업 혁명, 백인 문화권
- 아랍(건조) 문화권 : 이슬람교, 아랍어, 석유 사업, 낙타를 이용한 유목 사회, 돼지고기 금기, 오아시스 농업
- 아프리카 문화권 : 열대 기후 지역, 흑인, 식민지 경제, 부족 중심의 사회, 토속 신앙
- 인도 문화권 : 힌두교의 발상지, 카스트 제도, 소를 신성시
- 동아시아 문화권 : 계절풍 기후 지역, 한자 문화권, 불교와 유교, 벼농사, 젓가락 사용

ⓒ 동남아시아 문화권 : 계절풍 기후 지역, 고상 가옥, 수상 가옥, 해상 교통, 벼농사, 인도와 중국의 영향, 다양한 민족과 종교

ⓔ 앵글로아메리카 문화권 : 앵글로·색슨족, 자본주의, 크리스트교, 영어, 다양한 인종과 민족, 세계 최대 경제 지역

ⓜ 라틴아메리카 문화권 : 가톨릭교, 피식민 지배 경험, 혼혈인, 고대 문명, 에스파냐어(브라질은 포르투갈어), 다양한 인종과 문화의 융합(원주민·아프리카·유럽 문화권)

ⓗ 오세아니아 문화권 : 북서 유럽 문화 이식, 크리스트교, 영어, 원주민 애버리진(오스트레일리아) ·마오리족(뉴질랜드)

(2) 문화 변동과 전통문화

① 문화 변동의 의미와 요인

ㄱ 문화 변동 : 새로운 문화 요소의 등장이나 타 문화와의 접촉 등으로 한 사회의 문화가 끊임없이 변화하는 현상이다.

ㄴ 문화 변동의 요인
- 내재적 요인 : 한 사회 내부에서 새로운 문화 요소가 나타나는 것이다.

발 명	원래 없었던 문화 요소가 새롭게 만들어진 것
발 견	존재했었지만 알려지지 않은 문화 요소를 뒤늦게 찾아낸 것

- 외재적 요인 : 다른 사회로부터 새로운 문화 요소가 들어오는 것을 말한다.

직접 전파	두 문화 간의 직접적인 접촉을 통해서 이루어지는 문화 전파
간접 전파	텔레비전, 인터넷, 인쇄물 등의 매체를 통해서 이루어지는 문화 전파
자극 전파	타 사회 문화 요소의 영향을 받아 새로운 문화 요소를 발명하는 것

② 문화 변동의 양상

　㉠ 문화 접변 : 두 문화가 오랜 기간에 걸쳐 전면적 접촉을 하면서 일어난 변동 현상이다.

　㉡ 문화 접변의 양상

문화 병존	– 의미 : 전통문화 요소와 외래문화 요소가 함께 공존하는 현상 – 사례 : 포크와 젓가락을 같이 사용하는 현상, 필리핀에서 필리핀어와 미국의 식민 지배로 인한 영어를 공용어로 사용하는 현상
문화 융합	– 의미 : 전통문화 요소와 외래문화 요소가 결합하여 새로운 문화 요소가 만들어지는 현상 – 사례 : 불교와 토속 신앙이 융합된 형태의 산신각
문화 동화	– 의미 : 전통문화 요소가 새로운 외래문화 요소에 흡수·통합되어 소멸되는 현상 – 사례 : 양복의 전래로 한복이 일상복에서 사라지고 예복화한 형태
문화 동질화	– 의미 : 범세계적으로 같은 문화를 공유하는 현상 – 사례 : 세계 각국에서 같은 브랜드의 콜라, 청바지, 패스트푸드 등을 공유하는 현상

③ 전통문화의 창조적 계승과 발전

　㉠ 전통문화

　　• 의미 : 한 사회에서 오랜 세월 동안 지속되어 온 문화 요소 중에서 현재까지 고유한 가치를 인정받고 있는 문화이다.

　　• 우리나라의 전통문화

　　　– 고유의 민족 문화 : 한글, 한복 등

　　　– 유교적 질서에 바탕을 둔 농경 문화 : 두레, 향약 등

　　　– 자연과의 조화를 추구하는 문화 : 전통 가옥, 온돌 등

　　　– 놀이와 예술 문화 : 탈춤, 사물놀이 등

　㉡ 전통문화의 중요성

　　• 사회 유지와 통합 : 한 사회가 단절되지 않고 지속되게 하는 역할을 하며, 구성원 간의 유대를 강화하여 사회 통합에 기여한다.

　　• 문화의 고유성 유지 : 한 사회의 정신과 가치는 구성원들의 사고방식이나 행동양식에 많은 영향을 준다.

　　• 문화의 정체성 확립 : 우리 문화에 대해 바르게 알고 문화의 긍지와 자부심을 가지려는 노력을 한다.

　　• 세계 문화의 다양성 : 세계 각국의 전통문화가 상호 공존하면서 우리 사회의 문화를 더 풍요롭게 만들어 준다.

　㉢ 전통문화 계승·발전의 필요성

　　• 세대 간의 단절과 갈등 유발을 막아 준다.

　　• 한 사회의 문화적 정체성이 상실될 수 있다.

　　• 세계 문화의 다양성이 약화되는 추세이다.

ⓔ 전통문화의 창조적 계승

- 전통문화의 재해석 : 전통문화의 가치를 현대적 흐름과 변화에 맞게 재창조하여 새로운 문화 콘텐츠를 개발한다.
- 전통문화에 대한 지속적 관심과 객관적 분석 : 전통문화만의 우수성과 독창성을 발견하기 위해 노력한다.
- 외래문화의 비판적 수용 : 외래문화를 주체적으로 수용해야 한다. → 고유문화의 세계화와 민족 정체성 보존이 동시에 실현 가능

(3) 문화 상대주의와 보편 윤리

① 문화의 다양성의 의미와 필요성

ⓐ 문화의 다양성 : 다른 지역 환경이나 시대적 상황에 따라 서로 다른 문화적 차이가 나타나는 현상을 말한다.

ⓑ 문화 다양성의 원인

- 서로 다른 자연환경과 상황에 적응하면서 각기 다른 생활 방식을 선택하였기 때문이다.
- 사회 구성원들이 역사적·사회적·종교적 가치 등을 수용하면서 각기 다른 문화적 차이를 형성한다.

ⓒ 문화적 다양성의 필요

- 문화는 한 사회만의 물질적·정신적 소산이므로 그 특수성과 고유성을 보호해야 한다.
- 현세대와 미래 세대의 더 나은 삶을 위해 문화의 다양성을 보장한다.
- 다양한 문화 교류의 장단점

장 점	더욱 다양한 문화를 경험하여 삶이 풍요로워질 수 있다.
단 점	문화의 다양성이 파괴되고 획일화되는 현상이 발생한다.

② 문화적 차이를 이해하는 태도

ⓐ 자문화 중심주의 : 자기 문화만을 우수한 것으로 믿고, 다른 문화를 부정적으로 평가하는 태도, 즉 다른 문화를 자기 문화의 기준으로 평가하려는 태도이다.

ⓑ 문화 사대주의 : 자신의 문화는 부정적으로 평가하고, 다른 특정 사회의 문화를 가치 있고 우수한 것으로 여기는 태도이다.

ⓒ 문화 상대주의 : 문화를 그 사회의 특수한 환경과 역사적 맥락을 고려하여 그 사회의 입장에서 이해하고 존중하는 태도이다.

- 문화 상대주의의 필요성
  - 다양한 문화권의 관습과 규범을 겸허하게 수용하여 갈등을 예방한다.
  - 각 문화가 가진 고유한 가치에 관용적이며, 자문화에 대해서 겸손한 태도를 가진다.
  - 문화 교류가 점차 증가하는 오늘날 다른 문화 이해에 도움을 제공한다.

- 문화 상대주의의 한계
  - 의미 : 모든 문화를 무조건 인정하고 받아들일 경우 인류의 보편적 가치나 윤리를 무시하는 문화까지도 인정해야 하는 문제가 발생한다.
  - 극단적 문화 상대주의

의 미	생명 존중이나 인간 존엄성과 같은 인류의 보편적 가치를 해치는 행위에 대해서도 문화 상대주의를 적용하는 태도이다.
한 계	인류의 보편적 가치의 실현을 방해하고 문화의 발전을 저해한다.
사 례	이슬람 문화권의 명예 살인, 아프리카 소수 민족의 식인 풍습, 여성을 납치하여 아내로 삼는 키르기스스탄의 알라가추

③ 문화를 성찰하는 기준

㉠ 보편 윤리

의 미	시대와 지역을 초월하여 모든 사람들이 따라야 하는 행위의 원칙을 말한다.
필요성	- 극단적 문화 상대주의 관점에 빠지는 것을 방지한다. - 기존 문화의 성찰을 통해 바람직한 문화 형성에 기여한다. - 윤리의 상대주의를 경계할 수 있다.

㉡ 문화에 대한 보편 윤리적 성찰
- 문화의 다양성을 이유로 무비판적 문화의 수용 자세를 경계하고 성찰한다.
- 자문화에서 보편 문화에 어긋나는 부분은 바꾸고 바람직한 문화는 계승·발전한다.
- 타문화가 보편 윤리에 어긋나는 부분은 성찰하여 다양한 문화에 대한 객관적 입장을 견지한다.

(4) 다문화 사회와 문화적 다양성

① 다문화 사회로의 변화

㉠ 다문화 사회의 의미 : 다양한 인종·종교·문화 등 서로 다른 문화 집단들이 함께 어우러져 공존하는 사회이다.

㉡ 다문화 사회의 원인 : 교통수단의 발달로 세계화의 급진전 → 결혼 이민자 증가, 외국인 노동자와 외국인 유학생 유입, 북한 이탈 주민의 급속한 증가, 다양한 소수 집단의 증가 등

㉢ 다문화 사회의 특징
- 문화의 다양성을 존중하고 보호하는 태도를 가진다.
- 인종이나 국적에 따른 차별 없이 모든 사람이 평등한 기회 보장 정책을 실시하는 사회가 된다.
- 다양한 문화의 접촉은 우리 삶을 더욱 풍성하게 하고 문화의 다양성을 높일 수 있다.
- 소수 문화에 대한 편견 등으로 갈등이 발생할 수 있다.

ㄹ 다문화 사회의 영향

긍정적 영향	– 다양한 문화의 유입으로 사회 구성원들이 문화 선택의 기회가 확대되었다. – 새로운 문화 요소가 도입되면서 문화 발전의 가능성이 향상되었다. – 다양한 언어의 사용으로 우리나라의 국제 경쟁력이 향상되었다. – 저출산과 고령화에 따른 노동력 감소 문제를 외국인 근로자 유입으로 해소하게 되어 안정적인 경제 성장 및 유지가 가능하게 되었다.
부정적 영향	– 외국인 이주민에 대한 편견과 차별로 인한 인권 침해 문제와 문화 간의 갈등이 발생한다. – 출신국에 따른 외국인에 대한 편견과 차별이 발생한다. – 다문화 가정의 자녀나 북한 이탈 주민의 사회 부적응 문제가 나타난다. – 국내 노동자와 외국인 근로자 사이의 일자리 경쟁이 심화된다. – 외국인 범죄가 증가된다.

② 다문화 사회의 갈등 해결 노력

ㄱ 개인적 차원의 노력

• 단일 민족 의식에서 탈피하여 다른 문화를 개방적으로 포용하는 관용의 자세가 필요하다.

• 문화의 다양성을 이해하고 문화 상대주의적 관점에서 타문화를 이해하려는 노력이 요구된다.

• 서로 다른 문화 간의 소통을 통해 서로의 문화 차이를 인정해야 한다.

ㄴ 제도적 차원의 노력

• 외국인의 문화와 권리를 보장하기 위한 제도나 다문화 정책을 시행한다.

• 결혼 이민자의 국내 정착을 지원하는 제도적인 정책을 마련한다.

• 다문화 가정 자녀의 학교 교육 등 문화적 차이를 인정하고 존중하도록 돕는 다양한 교육 프로그램을 시행한다.

ㄷ 다문화 정책

• 용광로 이론 : 여러 민족의 고유한 문화들이 그 사회의 지배적인 문화 안에서 변화를 일으키고 서로에게 영향을 주어 새로운 문화를 만들어 나가는 것이다.

• 샐러드 볼 이론 : 국가라는 큰 그릇 안에서 샐러드같이 여러 민족의 문화가 하나의 새로운 문화를 만들어 가는 것이다.

ㄹ 문화적 다양성을 존중하는 태도

• 필요성 : 문화 상대주의 측면에서 다른 문화를 이해하고 존중하며, 그들과 소통하는 자세가 요구된다.

• 문화적 다양성을 존중하는 자세

 – 문화 상대주의적 태도 : 문화의 다양성을 인정하고 이해하려고 노력한다. → 문화적 갈등이 줄고 풍성한 문화가 형성

 – 문화적 교류 : 다른 문화적 배경을 이해하고 상호 교류를 통해 다문화 구성원 간의 소통하는 자세가 필요하다.

2. 세계화와 평화

(1) 세계화의 양상과 문제

① 세계화와 지역화

ㄱ) 세계화

- 의미 : 전 세계가 인적 자원과 물자, 기술, 문화 등이 자유롭게 교류되면서 경제, 사회, 문화 등 각 분야에 대한 장벽이 없어지는 현상이다. → 시장 경제의 확대와 교통 및 정보통신 기술의 발달로 확대

- 세계화의 배경
  - 정보·통신 기술과 교통수단의 발달로 국가 간 상호 의존성이 심화되었다.
  - 세계무역기구(WTO) 출범과 자유무역협정(FTA)의 등장으로 국가 간의 교역이 증진되었다.
  - 다국적 기업의 활동 증대와 자본주의 시장 경제가 전 세계적으로 확산되고 있다.

- 세계화의 영향

공간적 측면	- 국가 간의 공간적 제약이 작아져서 전 세계가 하나의 공동체로 통합되었다. - 사람, 기술, 자본, 물자 등의 이동이 국경을 넘어 세계로 확대되고 있다.
경제적 측면	- 자본주의에 바탕을 둔 자유 무역주의 원리가 확산되며 국가 간 교역 규모가 커지고 있다. - 세계화는 경쟁력 있는 상품의 수출 시장을 확대하고 경제적 효율성을 향상시킨다. - 경쟁력이 약한 기업, 산업, 국가는 도태될 위험이 크다. - 부가 가치가 큰 지식 근로자와 전통 산업의 단순 근로자, 제조업과 서비스업, 선진국과 개발 도상국 간의 격차가 커질 수 있다.
문화적 측면	- 인적 교류가 활발해지고 각 지역의 문화 요소가 국경을 넘나드는 현상이 발생한다. - 세계 수준의 문화를 공유하고 반대로 자국의 문화가 세계에 진출할 수 있는 발판이 형성된다. - 다양한 문화를 공유함으로써 삶이 더욱 풍요로워지며, 최근에는 문화 콘텐츠의 경제적 가치가 주목받고 있다. - 강대국들이 자국의 문화를 상품화하여 대량으로 공급함에 따라 각국이 가진 고유문화나 정체성이 점차 약화되는 현상이 나타나거나 문화 갈등이 나타날 가능성도 커지고 있다.

ㄴ) 지역화

- 의미 : 지역적인 특성이 사회적·문화적 측면에서 세계적인 가치를 갖게 되는 현상을 말한다.
- 지역화의 배경 : 세계화로 인해 각 지역 간의 관계를 맺는 범위가 넓어짐에 따라 지역만의 특수성을 띤 요소가 세계적으로 경쟁력 있는 가치로 인정받고 있다.
- 지역화의 영향
  - 지역 경제의 활성화 : 지리적 표시제, 장소 마케팅, 지역 축제 등을 통한 경제적 활성화를 도모한다.
  - 지역 경쟁력 강화 : 그 지역만의 정체성과 고유성으로 세계적인 경쟁력을 갖게 된다.

② 세계화의 다양한 양상

ㄱ) 다국적 기업

- 의미 : 생산비 절감, 해외 시장의 확대, 무역 규제 완화를 위해 다른 나라에 생산 공장을 설립하거나 지사를 설립·운영하는 기업이다.

- 배 경
  - 교통·통신의 발달 : 경제 활동이 활성화되었다.
  - 기업의 확대 : 관리·경영 기능, 연구·개발 기능, 생산·판매 기능 등의 규모가 확대되고 있다.
  - 생산비 절감의 필요 : 지가·노동력이 저렴한 개발도상국으로 공장 등이 이전하고 있다.
  - 무역 장벽 극복과 연구개발의 중요성 : 판매 시장이 넓은 선진국으로 본사·연구소 등이 이전하고 있다.
- 다국적 기업의 공간적 분업
  - 본사(업무 관리 기능) : 자본 및 우수한 인력 확보가 쉬운 대도시 및 중심 도시에 입지한다.
  - 연구소(연구·개발 기능) : 우수한 연구 시설과 관련 시설이 집중된 대학 및 대도시 인근 지역에 집중된다.
  - 공장(생산 기능) : 저렴한 임금 및 토지 비용 등이 유리한 곳에 위치하나 무역 규제 장벽을 극복하고 시장 개척을 위해 선진국에 입지하기도 한다.
- 영 향
  - 투자 유치국(개발도상국)

장 점	- 선진 기술이나 경영 기법 습득 - 고용 창출 효과 - 소비자들의 다양한 상품 선택 가능
단 점	- 가격 횡포로 인한 소비자 피해 - 산업 시설로 인한 환경오염 발생 - 경쟁력이 약한 국내 중소기업 피해 - 국내 자본의 유출 가능성 증대

  - 투자국(선진국)

장 점	- 생산 비용의 절감 - 고급 인력과 금융 시설 등이 함께 입지하여 지역 발전에 기여
단 점	- 국내 실업률의 증가 - 산업 공동화 현상

ⓒ 세계 도시 형성
- 세계 도시의 의미 : 전 세계의 정치·경제·정보 등의 중심지 역할을 수행하는 도시를 말한다.
- 세계 도시의 기능
  - 경제 활동 조절 및 통제 기능 : 다국적 기업의 본사, 국제 금융 업무 기능
  - 생산자 서비스 기능 : 상품의 생산·유통에 필요한 서비스(금융·회계·법률 전문 서비스 등)
  - 물적·인적 교류 기능 : 국제기구의 운영 본부, 국제회의 및 행사 개최
- 세계 도시의 영향 : 각 도시들은 기능적으로 유기적인 관계를 형성하며 세계 도시의 변화는 연쇄적으로 다른 전 세계 도시들에 영향을 미친다.

ⓒ 세계 도시의 활발한 문화 교류
- 세계화와 교통·통신의 발달로 국가 간 교류와 이동이 활발해짐에 따라 문화적인 교류가 활발하게 진행된다.

- 관광, 취업 등으로 국가 간 이동이 잦아지면서 다인종·민족들이 함께 살아가는 다문화 사회가 형성된다.
③ 세계화로 인한 문제점과 해결 방안
　㉠ 세계화의 문제와 해결
　　• 국가 간 빈부 격차

문제점	선진국과 개발도상국의 경제적 부의 격차가 발생한다.
해결 방안	세계화를 모든 국가의 경제적 상생을 하는 방향으로 진행시키고, 각국은 자국 경쟁력을 강화하는 방안을 마련하여 자유 경쟁에 적극 대처한다.

　　• 문화 획일화

문제점	국가 간의 활발한 문화 교류로 상호 영향력이 증가하여 전 세계의 문화가 비슷해져 가는 추세이다.
해결 방안	자국 문화의 정체성을 지키면서 외래문화를 능동적으로 수용한다.

　　• 보편 윤리와 특수 윤리의 충돌

문제점	인권 존중 등의 보편 윤리의 강조가 각 국가만의 특수한 윤리와 충돌한다.
해결 방안	보편 윤리를 존중하면서 각 사회의 특수한 윤리를 성찰하는 태도를 가진다.

　㉡ 세계 시민의 자세
　　• 세계 시민 의식 : 지구촌에서 발생하는 문제에 관심을 갖고 더불어 사는 공동체 구성을 위해 노력하는 마음가짐을 갖는다.
　　• 공정 무역 : 선진국과 개발도상국 간의 불공정한 무역으로 발생하는 부의 편중, 노동력 착취, 환경 파괴 등을 해결하기 위한 무역의 한 형태이다.

(2) 국제 사회의 모습과 평화의 중요성

① 국제 사회 행위 주체의 역할
　㉠ 국제 협력과 갈등
　　• 국제 협력의 필요성
　　　- 국가 간의 의존이 심화됨에 따라 한 국가의 문제는 전 세계에 영향을 미친다.
　　　- 한 국가의 노력만으로 해결할 수 없는 지구촌의 문제가 증가한다.
　　• 국제 갈등
　　　- 민족·종교·문화적 차이 등의 다양한 원인으로 나타나고 있다.
　　　- 지하자원, 영토 등 자국의 이익을 우선적으로 추구하여 갈등이 심화된다.
　㉡ 국제 행위 주체와 역할
　　• 국 가
　　　- 국제 사회를 구성하는 가장 기본적인 행위 주체이다.
　　　- 외교를 통한 자국의 이익을 최우선적으로 수행한다.
　　　- 국가 간의 합의, 제3자 조정, 협약, 정상회담 등으로 국가 간의 갈등을 해결한다.
　　　- 빈곤 국가의 원조, 재난 구호 활동, 환경 문제 해결을 위한 협력 등의 역할을 수행한다.

- 정부 간 국제기구
  - 각국 정부를 회원으로 한 국제 사회의 행위 주체이다.
  - 국가연합(UN), 유럽연합(EU), 국제통화기금(IMF) 등이 있다.
  - 전쟁 방지, 평화로운 체제 유지의 합의체 역할을 한다.
  - 평화유지군 파견, 분쟁 지역 치안·재건 활동, 국비 축소 활동, 국제 협력 활동 등을 수행한다.
- 국제 비정부 기구
  - 개인이나 민간 단체를 회원으로 하는 국제 사회의 행위 주체이다.
  - 그린피스, 국제사면위원회, 국경없는의사회 등이 있다.
  - 환경 보호, 인권 신장, 보건 등 국제 사회 및 인류의 보편적 가치를 위해 다양한 노력을 한다.
  - 국제적인 연대를 통해 지구촌 공동 문제를 제기하고 공동 노력을 이끌어 낸다.

② 국제 평화의 의미와 중요성

㉠ 평화의 의미

소극적 평화	- 의미 : 전쟁, 테러 등의 직접적·물리적인 폭력이 발생하지 않는 상태이다. - 특징 : 현재 물리적 폭력이나 위협의 원인이 사라지고 있지 않다.
적극적 평화	- 의미 : 직접적 폭력뿐만 아니라 억압, 착취 등의 구조적인 폭력도 사라진 상태이다. - 특징 : 직접적·구조적 폭력의 소멸로 평등하고 자유로운 삶을 추구할 수 있다.

㉡ 평화의 중요성
- 인류의 생존 보장 : 생존의 위협, 고통·공포 등에서 벗어나 인류가 안전하게 살 수 있는 환경을 조성한다.
- 정신적 문화 가치의 전달·보전 : 인류의 축적된 지혜와 가치를 미래 세대에게 안정적으로 전수할 수 있다.
- 삶의 질의 향상 : 적극적인 평화 실현으로 인류는 행복, 복지, 번영의 상태로 발전할 수 있다.

(3) 동아시아 갈등과 국제 평화

① 남북 분단과 통일의 필요성

㉠ 남북 분단의 배경

국제적 배경	- 광복 후 냉전 체제의 심화 - 미국과 소련이 북위 38도선을 경계로 남과 북에 각각 군대를 주둔
국내적 배경	- 통일 정부 수립의 실패로 이념적 갈등과 대립 - 6·25 전쟁으로 남북의 적대감이 심화

㉡ 통일의 필요성
- 민족의 동질성 회복 : 이산가족의 고통을 치유하고 민족 공동체 역량을 극대화할 수 있다.
- 생활공간의 확장 : 우리나라가 유라시아 대륙과 태평양을 연결하는 중심적 역할을 수행할 수 있다.
- 한반도의 경제적 발전과 번영 : 남북한의 경제 협력으로 국내 경제가 활성화되고 국가 경쟁력이 강화될 수 있다.
- 세계 평화에 기여 : 한반도의 군사적 긴장 해소로 동아시아와 세계 평화에 기여한다.

② 동아시아의 역사 갈등과 해결 방안
  ㉠ 영토 분쟁
    • 쿠릴 열도(북방 4도) : 전략적 군사 요충지 및 자원확보를 둘러싼 러시아와 일본 간의 갈등이다.
    • 시사 군도(파라셀 군도) : 석유 및 천연가스 등의 자원 및 해상 교통로 확보를 둘러싼 중국,
      베트남 간의 갈등이다.
    • 난사 군도(스프래틀리 군도) : 인도양과 태평양을 잇는 해상 교통 및 군사적 요충지로 석유,
      천연가스, 수산자원이 풍부하다. 영유권 분쟁 지역으로 중국, 타이완, 베트남, 말레이시아,
      브루나이, 필리핀 등이 50개의 섬을 나누어서 실효 지배하고 있다.
    • 센카쿠 열도(댜오위다오) : 중국, 타이완, 일본의 영토 분쟁 지역이다. → 석유와 천연가스가
      매장된 사실이 알려지며 중국과 일본의 분쟁 심화
  ㉡ 역사 인식의 문제
    • 일본과의 갈등

역사 교과서 왜곡	일본 정부는 식민지 지배와 침략 전쟁을 정당화하는 역사 교과서를 편찬
위안부 문제	일본 정부가 침략 전쟁 중 조선 여성들을 '위안부'로 강제 동원하였으나 강제성을 부정
야스쿠니 신사 참배	일본 보수 정치인들이 전쟁 범죄자들의 위패가 있는 야스쿠니 신사를 참배

    • 중국과의 갈등

동북 공정	중국이 우리나라의 역사인 고조선, 부여, 고구려, 발해의 역사를 중국의 지방 정권이라 주장

  ㉢ 동아시아 역사 갈등의 해결 방안

정부 차원	– 한·일 역사 공동 연구 위원회를 설립한다. – 역사 왜곡 관계 법령을 제정한다. – 동북아역사재단을 설립하여 대응한다. – 역사 왜곡에 대응하기 위한 연구를 지원한다.
민간 차원	– 한국·중국·일본 등 동아시아 근현대사 공동 교재를 발행한다. – 민간 교류의 확대를 통한 공동의 역사 인식을 갖는다.

③ 국제 사회 평화에 기여하는 대한민국
  ㉠ 세계 속의 우리나라
    • 지정학적 위치
      – 동아시아의 전략적 관문 : 아시아 동쪽 끝에 위치한 반도국이다.
      – 대륙과 해양의 간선 항로 : 대륙은 유럽, 해양은 동남아시아, 오세아니아, 아메리카 대륙을
        연결할 수 있는 지리적 요충지에 위치한다.
    • 경제 성장과 발전
      – 1960년대 이후 정부 주도의 경제 개발 정책으로 고도의 경제 발전과 성장을 이룩하였다.
      – 경제협력개발기구(OECD), 아시아·태평양경제협력체(APEC) 등의 국제기구에서 주도적
        인 활동을 하고 있다.

- 전통문화의 우수성 인정
  - 석굴암, 불국사, 해인사 장경판전 등 유네스코에 문화유산을 등재하였다.
  - 드라마, 케이팝(K-Pop) 등 대중문화가 세계적으로 한류의 열풍을 일으키고 있다.
- ⓛ 국제 평화를 위한 우리의 노력

국 가	- 분쟁 지역에 군대를 파병 → 국제연합 활동을 지원 - 국제연합 인권이사회의 활동 → 세계인의 인권 및 민주주의 증진에 기여 - 대량 살상 무기 및 테러 확산 방지, 해적 소탕 → 여러 나라와 협력 - 개발도상국에 경제적 기술과 경험을 지원 - 재난 피해 국가에 긴급 구호 물품을 제공
민간 및 개인	- 국제 비정부 기구에 참여 → 반전 및 평화 운동의 전개 - 세계 시민 의식으로 초국가적 문제를 해결하기 위해 노력 - 남북한의 긴장 완화와 화해 분위기를 조성 - 중국 동북 공정과 일본 역사 왜곡 등의 원만한 해결을 위해 노력

3. 미래와 지속 가능한 삶

(1) 세계의 인구와 인구 문제

① 세계의 인구

- ㉠ 세계 인구 규모와 성장
  - 인구 규모의 흐름

산업화 이전	매우 느린 속도로 인구가 증가하였다.
산업화 이후	매우 급속하게 인구가 늘어났다.
현 재	개발도상국의 인구 성장 속도는 선진국에 비해 빠르게 전개된다.
미 래	세계 인구에서 아시아, 라틴 아메리카, 아프리카에 위치한 개발도상국의 인구 비율이 점점 높아질 것으로 예상된다.

  - 인구 성장 요인
    - 농업 기술의 발달과 산업화로 인해 인구 부양력이 증대되었다.
    - 의학 기술의 발달 및 공공 위생 시설의 개선으로 사망률이 감소하고 있다.
- ㉡ 인구의 변천 단계

다산 다사형	- 시기 : 산업 혁명 이전 - 양상 : 출생률과 사망률이 모두 높은 단계 → 인구 증가가 거의 없음
다산 소사형	- 시기 : 18세기 말~19세기 초 유럽과 북미 국가, 현재 아시아·아프리카의 일부 개발도상국 - 양상 : 출생률에 비해 사망률이 빠르게 감소 → 급격한 인구의 증가
감산 소사형	- 시기 : 경제 발전이 진행 중인 개발도상국 - 양상 : 사망률과 함께 출생률이 급격히 감소 → 인구 증가 속도가 둔화
소산 소사형	- 시기 : 고도의 산업화가 이루어진 선진국 - 양상 : 출생률과 사망률이 모두 낮은 단계 → 인구 증가가 정체

ⓒ 세계의 인구 분포
- 인구 분포의 요인
  - 자연적 요인 : 기후, 지형, 식생, 토양 등의 자연환경적 요인의 영향을 받는다.
  - 사회·경제적 요인 : 산업, 교통, 문화, 교육, 정책 등의 인문환경적 요인도 인구의 분포에 큰 영향을 미친다.
- 인구 밀집 지역과 인구 희박 지역
  - 인구 밀집 지역

자연적 요인	- 냉·온대 기후 지역의 하천 주변과 해안 지역 - 풍부한 천연자원이 매장되어 있는 지역 - 농업에 유리한 평야 지역
사회·경제적 요인	- 경제가 발달한 지역 - 교통이 편리하고 편의 시설이 풍부한 지역 - 각종 산업 시설과 일자리가 풍부한 지역

  - 인구 희박 지역

자연적 요인	- 열대·건조·한대 기후 지역 - 사막, 극지방, 험한 산지 - 토양이 척박한 지역
사회·경제적 요인	- 산업화가 이루어지지 않고 일자리가 부족한 지역 - 교통이 불편하고 편의 시설이 부족한 지역 - 전쟁이나 분쟁 지역

ⓔ 세계의 인구 이동
- 인구 이동 요인
  - 흡인 요인

의 미	사람들을 지역 내부로 끌어들이는 긍정적인 요인
사 례	- 보다 좋은 임금 및 직장 - 쾌적한 환경, 교통 편리 - 교육·문화·의료 등 사회 기반 시설의 풍부

  - 배출 요인

의 미	사람들을 다른 지역으로 밀어내는 부정적인 요인
사 례	- 낮은 임금과 열악한 주거 환경 - 전쟁과 분쟁 - 불편한 교통과 사회 기반 시설의 부족 - 환경오염, 빈곤

- 과거의 국제 이동

종교적 이동	영국 청교도들이 종교의 자유를 찾아 북아메리카로 이주
경제적 이동	- 신항로 개척 이후 많은 유럽인들이 신대륙으로 이동 - 중국 화교들의 동남아시아 및 전 세계로 이동
강제적 이동	- 아프리카 흑인 노예의 유럽·아메리카로 이동 - 고려인의 중앙아시아로의 이동

• 오늘날의 인구 이동

경제적 이동	개발도상국에서 임금·고용 수준이 높은 선진국으로 이동
환경적 이동	해수면 상승이나 사막화 등 대규모 자연재해가 발생한 국가에서의 환경 난민 이동
정치적 이동	전쟁이나 내전을 피해 이동

② 인구 구조와 인구 문제

㉠ 인구 구조의 의미 : 인구 집단을 성별, 연령별, 산업별 등으로 나눈 인구의 구성 상태를 말한다.

㉡ 인구 구조의 파악 : 성별(남녀의 성비), 연령별(생산 연령 인구, 인구 부양비), 산업별(산업에 종사하는 비율)로 구분하여 파악한다.

㉢ 선진국과 개발도상국의 인구 구조와 문제 해결 방안

• 인구 구조

선진국	– 유소년층 인구 비율이 낮고, 노년층 인구 비율이 매우 높다. – 중위 연령이 높다.
개발도상국	유소년층 인구 비율이 높고, 노년층 인구 비율이 낮다.

• 문제의 원인과 해결 방안

– 선진국

저출산	– 여성의 사회 진출, 결혼·출산에 대한 가치관 변화 등으로 인한 출산율 감소 – 해결 방안 : 출산 및 육아 비용 지원, 유급 출산 휴가 기간의 연장, 양육 시설 확충 등 여성의 사회 활동 보장을 위한 법과 제도 마련
고령화	– 의학 기술의 발달로 평균 수명의 연장 – 해결 방안 : 실버산업을 확충하고 연금 제도, 임금 피크제, 정년 연장 등의 사회 보장 제도를 확충

– 개발도상국

기아와 빈곤	– 식량 및 자원이 부족하여 기아와 빈곤 문제가 발생 – 해결 방안 : 경제 발전, 식량 증산 정책, 빈곤 문제 해결, 일자리 창출 등
대도시 인구 과밀	– 산업화·도시화에 따른 이촌향도 현상으로 일자리, 주택, 교통 문제 등이 발생 – 해결 방안 : 도시 기반 시설 확충, 생활환경 개선, 중소도시 육성 정책, 인구 분산 정책 등 인구 과밀 해소를 위한 법과 제도 마련

㉣ 가치관의 변화

• 가족 친화적인 가치관 확대 : 자녀의 출산과 양육의 과정을 통해 부모의 가치를 인식하고 가족의 소중함과 삶의 행복을 추구한다.

• 양성평등의 문화 확립 : 일과 가정생활의 균형을 이루는 가족 친화적 가치관을 확산한다.

• 세대 간의 정의 실현 : 현세대와 미래 세대 간의 형평성을 고려하고 자원, 일, 환경 등에서 미래 세대의 부담감을 경감하기 위한 노력을 한다.

• 노인에 대한 인식 변화 : 노인을 지혜와 경험을 나누는 사회 구성원으로 인식하고 공경하는 마음가짐을 갖는다.

(2) 세계의 자원과 지속 가능한 발전

① 자원의 분포와 소비

ㄱ 자원의 의미와 특성

- 자원 : 자연 상태로부터 얻어 내어 인간에게 유용하게 이용될 수 있으며, 기술적·경제적으로 개발이 가능한 것이다.
- 에너지 자원 : 인간의 기본 생활과 생산 활동에 필요한 에너지를 얻을 수 있는 자원이다.
- 자원의 특성

유한성	대부분의 자원은 매장량이 제한되어 있어서 언젠가는 고갈될 수 있다.
가변성	자원의 가치는 고정된 것이 아니라 시간의 흐름과 기술 발달 수준에 따라서 변화한다.
편재성	자원은 지구상에 고르게 분포하지 않고 특정 지역에 집중하여 분포되어 있다.

- 에너지 자원의 소비 구조 : 석유 > 석탄 > 천연가스

ㄴ 주요 에너지 자원의 분포와 특징

- 석 유

특 징	세계적으로 사용 비중이 가장 높은 에너지 자원이다.
분 포	서남아시아와 같은 신생대 제3기 배사 구조의 지층에 많이 매장되어 있다.
이 동	– 자원의 편재성이 커서 국제 이동량이 많다. – 수출국 : 사우디아라비아, 러시아 등

- 석 탄

특 징	– 산업 혁명 시기에 증기 기관의 주 연료로서 많이 사용되었다. – 제철 공업용·발전용·가정용 등으로 이용되고 있다.
분 포	석유에 비해 비교적 고르게 매장되어 있다.
이 동	– 국제 이동량이 적은 편이다. – 수출국 : 중국, 미국, 오스트레일리아 등 – 수입국 : 동아시아, 서유럽 등

- 천연가스

특 징	– 냉동 액화 기술의 발달로 수요가 증가하였다. – 가정용으로 주로 사용되며 높은 에너지 효율을 지닌 청정에너지이다.
분 포	화석연료로, 주로 석유와 함께 신생대 제3기의 배사 구조에 매장되어 있다.
이 동	– 육지 : 파이프라인을 이용해 수송 – 해상 : 액화 수송선을 이용해 수송

ㄷ 에너지 자원의 문제

- 에너지 자원과 갈등 요인

소비량 증가	인구 증가와 경제 발전으로 자원 소비량이 급증하고 있다.
자원 고갈	대부분의 자원이 재생 불가능하며 가채 연수가 짧다.
자원민족주의	– 석유를 국유화하거나 수출을 제한하는 등 민족과 국가의 이익을 위해 자국이 가진 자원을 무기화하려는 태도를 말한다. – 석유수출국기구(OPEC) 결성 : 석유 생산량과 불안정한 가격 조절로 국제적인 영향력 행사 → 원유 가격 인상으로 오일 쇼크 발생 – 주요 생산 지역 : 서남아시아 산유국, 중국, 러시아, 남아메리카 등

- 환경 문제
  - 자원 개발 및 소비 과정에서 환경오염 물질을 배출한다.
  - 화석연료 사용으로 이산화탄소의 배출량이 증가하면 지구 온난화가 발생한다.
  - ㉣ 자원 문제의 해결 방안

문 제	해결 방안
자원 고갈	- 자원의 효율적 이용 : 자원의 절약 및 재활용 방안 마련, 에너지 소비 효율 등급이 높은 제품 사용, 자원 절약형 산업 육성 - 자원의 안정적 확보 : 새로운 자원의 매장 지역 확보, 품질이 낮은 자원도 사용할 수 있는 방법 개발, 자원의 국제적 교류와 자원의 비축 확대 - 신·재생 에너지 개발 : 태양에너지·풍력·조력·지열·바이오에너지 등 순환 자원을 이용하는 기술 개발, 환경오염이 없는 청정에너지 개발
자원 분쟁	- 자원 외교를 강화하고 국제적인 협력을 증대 - 이해 당사국 간의 양보와 타협이 필요
환경 문제	쓰레기 분리 배출, 대중교통 이용, 탄소 포인트제 시행 등

② 지속 가능한 발전을 위한 노력
  ㉠ 지속 가능한 발전
  - 의미 : 미래 세대의 자원과 환경을 낭비하지 않으면서 현세대의 필요를 충족시킬 수 있는 발전을 말한다.
  - 필요성 : 무절제한 자원의 이용과 환경을 고려하지 않은 개발로 생태계의 자정 능력이 초과되었다. → 미래 세대들이 필요한 자원과 깨끗한 환경을 물려줄 필요성 대두
  - 발전 방안
    - 생산과 소비 활동을 자원 순환형으로 전환한다.
    - 환경과 경제의 선순환이 가능한 사회 발전 체제를 구축한다.
  ㉡ 지속 가능한 발전을 위한 노력
  - 국제적 노력

경 제	- 공적개발원조(ODA) : 경제협력개발기구(OECD)의 개발도상국 원조 - 신·재생 에너지 개발 : 순환 자원의 이용, 기술·청정에너지 개발의 보급 확대
환경 보전	람사르 협약, 몬트리올 의정서, 바젤 협약, 교토 의정서, 생물다양성협약, 사막화방지협약, 기후변화협약 등

  - 국가적 노력

세계 각국	국가 지속가능발전 위원회 운영, 각종 법률과 정책 마련
우리나라	지속가능발전법·저탄소 녹색성장 기본법 제정, 지속가능발전 기본계획을 세워 국가와 지방자치단체 간의 협력

  - 개인적 노력
    - 환경오염 방지 노력 : 자원 및 에너지의 절약, 재활용품의 이용
    - 윤리적 소비 실천 : 사회·환경에 미치는 영향을 고려한 소비 생활과 가치관 실현
    - 건강한 시민 의식 : 사회 정의와 형평성 함양을 위한 시민 의식 확보

(3) 미래의 지구촌 모습과 삶의 방향

① 미래의 예측과 우리 지구촌의 모습

  ㉠ 미래의 예측
  • 미래 예측의 필요성 : 과학적이고 체계적인 미래 예측을 할 수 있다면 미래에 발생할 수 있는 문제를 미리 파악하고 대비할 수 있기 때문이다.
  • 미래 예측의 방법
    – 델파이 기법(전문가 합의법) : 각 분야 전문가들의 의견이나 판단을 설문을 통해 종합하여 전문가 집단의 합의를 이끌어 내는 방법이다.
    – 시나리오 기법 : 미래에 발생 가능한 일들을 추정하여 이를 대비하는 방법이다.

  ㉡ 미래 지구촌의 협력과 갈등
  • 정치·사회

협 력	– 핵 안보, 영토, 종교 등의 분쟁 조정 – 난민, 기아, 빈곤 해결책의 모색 – 기본 인권의 보장, 민주주의 이념의 확산
갈 등	– 전쟁·테러 등의 위협 증가 – 국가 간 영토·자원 분쟁 – 종교·문화적 갈등의 심화

  • 경 제

협 력	전 세계 경제력의 상승으로 생활수준이 전반적으로 향상
갈 등	– 자유 무역 확대로 국가 간의 경쟁 치열 – 국가 간의 빈부 격차 심화 – 자원, 우주 개발, 각종 이권 경쟁의 심화

  ㉢ 과학 기술 발전에 따른 환경 변화
  • 정치 환경 : SNS나 모바일 전자 투표 등을 통한 선거 유세와 의견 표출
  • 교육 환경 : 디지털 교과서, 전자 칠판, 온라인 교육 등
  • 업무 환경 : 업무의 시간·공간적 제약 완화, 온라인 재택근무, 인공지능 로봇 개발로 인간의 노동 시간 감소
  • 생활 환경 : 전자 상거래의 확대, 유비쿼터스, 스마트시티의 등장, 사물인터넷 발달로 초연결 사회 건설
  • 공간 환경 : 정보 취득 및 관리, 새로운 문화 체험 및 창출, 인터넷 공간을 통한 만남 등
  • 교통 환경 : 자율 주행 자동차, 드론 등의 발달로 시공간 제약 감소, 우주항공 기술 발달
  • 생체 환경 : 생명 연장 공학 발달로 개인 맞춤형 치료가능

  ㉣ 과학 기술 발전의 문제점
  • 인터넷 중독 : 시력 저하, 불안감, 우울증, 충동 조절장애 등 신체적·정신적 질환이 증가할 수 있다.
  • 개인정보 유출 : 개인정보가 해킹되어 각종 사이버 범죄에 악용되기도 한다.
  • 전자 감시 사회 : CCTV나 위치 추적 서비스 등을 통해 감시 및 통제가 강화되었다.

- 사이버 폭력 : 정보 및 통신망을 통해 타인의 명예나 권익을 침해하기도 한다.
- 정보 격차 : 세대 간, 도시와 농촌 간, 국가 간 등의 정보 격차가 심화되었다.
- 지적 재산권 침해 : 음악, 사진, 영화, 서적 등의 저작물을 불법으로 유통시키는 행위가 발생한다.
- 생명 윤리 문제 : 생명 공학 발달로 유전자 조작, 불법 복제 등의 생명 경시 현상이 발생한다.
- 인간 소외 문제 : 인공지능으로 인한 인간의 일자리가 소멸되는 문제가 발생한다.

② 미래의 삶을 위한 준비

　㉠ 지구촌 구성원(세계 시민)으로서의 나
- 인류의 공통 과제를 적극적으로 해결하기 위해 노력하는 자세를 가진다.
- 세계 시민 의식과 지구 공동체에 대한 연대 의식을 가진다.
- 문화적 차이를 인정하고 다양성을 존중하며 이주민들과 더불어 사는 삶을 실천한다.
- 국가나 사회 집단의 이익보다 인류의 보편적 가치에 대한 이해가 필요하다.
- 지구의 생태 환경 훼손을 방지하기 위한 생활습관을 실천한다.

　㉡ 미래의 내 삶을 위한 준비
- 나의 삶에 대한 올바른 가치관과 사명감을 가져야 한다.
- 비판적이며 과학적 사고로 사회 현상을 명확하게 분석하고 파악하려는 노력이 필요하다.
- 구성원들과 다름을 인정하고 서로 배려하는 개방적이고 관용적인 자세를 가진다.
- 세계 시민으로서의 공동체 의식을 함양하여 인류의 보편적 가치를 중시해야 한다.
- 미래 국가를 발전시키는 개인의 잠재력을 개발한다.

01 다음 설명에 해당하는 관점은?

> • 사회 현상을 사회 제도나 사회 구조와 관련지어 이해하는 것
> • 사회 구조와 법, 제도 등이 사회 현상에 미치는 영향을 파악하고 사회 문제를 해결하기 위한 정책 대안을 마련하는 데 도움을 주는 것

① 사회적 관점 ② 시간적 관점
③ 공간적 관점 ④ 윤리적 관점

해설

사회적 관점 : 사회 현상을 사회 제도나 사회 구조 측면에서 이해하는 관점
② 시간적 관점 : 시대적 배경과 맥락을 통해 사회 현상을 살펴보는 관점
③ 공간적 관점 : 위치나 장소, 분포 유형, 영역, 이동, 네트워크 등 공간 정보를 바탕으로 하여 사회 현상을 살펴보는 관점
④ 윤리적 관점 : 도덕적 가치 판단과 규범적 방향성의 측면에서 사회 현상과 문제를 이해하는 관점

02 A와 B가 공통으로 느끼는 행복의 기준은?

> A : 우리 마을은 사막에 위치해 있어서 오염된 물도 식수로 마실 만큼 물이 많이 부족해.
> B : 내가 사는 지역은 종교의 자유가 허용되지 않아서 몹시 괴로워.

① 환경적 여건 ② 시대적 상황
③ 지역의 문화 ④ 주관적 가치관

해설

A가 말한 내용은 자연환경적 요인, B가 말한 내용은 인문환경적 요인과 관련이 있다.

03 다음 밑줄 친 ⊙의 내용으로 적절한 것은?

> 저출산, 유소년 인구 감소와 의료 기술 발달로 인한 인간의 수명 연장은 사회에 ⊙ 다양한 변화를
> 가져오고 있다.

① 청장년층 조세 부담 감소
② 출산·육아 장려 정책 축소
③ 노인 대상 실버산업의 성장
④ 노인들의 정치적 영향력 감소

해설
최근 우리나라는 출산율이 낮고, 평균 수명이 늘어나면서 인구의 고령화에 따른 실버산업이 크게 성장하고 있는 추세이다.

04 다음 내용에서 갖추어야 할 행복한 삶의 조건은?

> 전 세계 14세 미만의 아동들이 성인도 견디기 힘든 열악한 노동 환경 속에서 긴 시간 동안 일을
> 하고 있다. 국제노동기구(ILO)에 의하면 아동 노동의 착취는 주로 대부분 농촌이나 경제가 불안정
> 한 지역에서 나타난다고 한다.

① 도덕적 성찰   ② 경제적 안정
③ 민주주의의 발전   ④ 질 높은 정주 환경

해설
경제가 성장하고 국민 소득이 향상되면 의식주와 같은 기본적 욕구와 사회·문화적 욕구가 충족되어 삶이 안정되며 교육
및 의료 혜택, 문화생활 등도 충족된다. 아동 노동이 발생하는 이유에는 경제적 빈곤에 의한 자발적인 노동, 부모의 강요나
대물림 등이 있다.

05 정주 환경의 변화에 대한 설명으로 적절하지 않은 것은?

① 산업화 이전에는 자연환경에 순응하는 방식으로 진행되었다.
② 산업화 이후에는 도시화의 진행으로 자연을 이용하고 개발하였다.
③ 경제 개발 이후에는 노후화된 건물·시설 개선 중심으로 주택 개발 정책을 시행하고 있다.
④ 최근에는 자연과 인간이 공존하는 생태 환경 조성을 위해 노력하고 있다.

해설
노후화된 건축·시설을 개선하는 정책은 주택 개발 초기에 시행되었으며, 경제 개발 이후에는 교통·문화·예술·체육
시설 등의 공간 조성으로 삶의 질을 개선하는 방향으로 진행되었다.

06 민주주의의 발전과 관련하여 ㉠, ㉡에 들어갈 것을 바르게 나열한 것은?

> • 시민들의 권리와 의무, 정치 공동체의 이해, 적극적인 정치 (㉠)로 형성된다.
> • (㉡)이 보장되고 정치적 의사가 정책에 반영되면 시민들이 삶에 만족과 행복감을 느낄 수 있다.

	㉠	㉡		㉠	㉡
①	태도	자유	②	참여	인권
③	합의	자율	④	집회	평등

해설

민주주의의 발전에는 시민들의 적극적인 정치 참여가 필요하다. 민주주의에서는 인권 보장과 정치적 의사의 반영이 시민들의 삶에 큰 영향을 미친다.

07 다음과 같은 농업 방식에 해당하는 것은?

> 나무를 베어 냄 → 불을 질러 경작지 조성 → 농작물 수확 → 토양이 황폐하면 이동

① 기계화 농법
② 오아시스 농법
③ 이동식 화전 농법
④ 온대 기후 지역 농법

해설

이동식 화전 농법은 열대 기후 지역에서 행해지는 농법으로 밀림 또는 삼림에 불을 질러 타고 남은 재를 비료로 이용하여 농작물을 수확한 후, 지력이 떨어지면 또 다른 장소로 이동하는 과정을 반복하는 농법이다.

08 ㉠에 공통으로 들어갈 말로 알맞은 것은?

> (㉠)는 1992년 브라질 리우 환경 회의에서 세계 환경 보전을 위해 채택되었으며, 미래 세대와 현재 세대의 필요를 충족시킬 수 있게 도시의 개발과 환경 보전을 동시에 추구하는 발전 방식을 말한다. 우리나라의 대표적인 (㉠)에는 전라남도 순천시가 있다.

① 슬로 시티
② 문화 도시
③ 생태 도시
④ 환경 도시

해설

슬로 시티 : 자연·환경·인간이 조화를 이루며 느림의 철학을 바탕으로 전통문화를 잘 보호하려는 국제운동을 말한다.
③ 생태 도시 : 인간과 자연이 조화를 이루며 지속적으로 공생할 수 있는 체계를 갖춘 도시를 말한다.

09 최근 자연재해의 특징으로 옳지 않은 것은?

① 무분별한 개발로 인한 땅 꺼짐·산사태 현상 등이 발생한다.
② 환경오염으로 열대성 저기압의 횟수와 강도가 증가한다.
③ 지구 온난화로 빙산이 녹아 해안 저지대에 침수 현상이 나타난다.
④ 과학 기술과 산업의 발달로 자연재해의 규모는 감소하는 추세이다.

해설
과학 기술과 산업이 발달함에 따라 무분별하게 자연환경을 훼손하여 자연재해의 피해 규모가 더욱 증가하고 있다.

10 지구촌 환경 문제에 대한 내용으로 옳은 것만 〈보기〉에서 모두 고른 것은?

보기
ㄱ. 환경 문제를 해결하기 위해 비정부 기구의 활동이 활발하게 이루어지고 있다.
ㄴ. 환경 문제의 해결은 국가 기구들을 통해서만 해결할 수 있다.
ㄷ. 인구 증가와 경제 발전은 전 지구적 환경 문제를 확산시킨다.
ㄹ. 지구촌의 환경 문제는 한 지역에 국한되어 있다.

① ㄱ, ㄴ   ② ㄱ, ㄷ
③ ㄴ, ㄹ   ④ ㄷ, ㄹ

해설
세계 인구가 지속적으로 증가하고 경제 활동이 세계화되면서 다양한 환경 문제가 나타나고 있다. 특히 환경오염은 생태계의 순환에 따라 다른 지역으로 빠르게 퍼지고 있는데 이 문제의 발생 지역이 여러 국가에 걸쳐 있을 때에는 한 국가만의 노력으로는 근본적인 해결이 어렵다. 따라서 국제적인 환경 문제를 해결하기 위해서는 해당 국가는 물론 주변 국가 및 비정부 기구 등의 활동이 활발히 전개되어야 한다.

11 다음 제도들의 공통적인 특징으로 옳은 것은?

| • 장애인 차별 금지법 | • 여성 고용 할당제 | • 농·어촌 학생 특별 전형 |

① 다른 상대방에게 역차별이 발생할 수 있다.
② 차별 받아온 사람들을 위한 형식적 평등을 보장한다.
③ 개개인의 노력 없이 차별과 소외를 극복하기 위함이다.
④ 사회적 약자를 배려하는 것이므로 무조건 우선권을 부여하는 대우이다.

해설
적극적 우대 조치는 사회적 약자에게 더 많은 기회를 제공하기 때문에 다른 상대방에게 역차별이 발생하지 않도록 유의할 필요가 있다. 역차별은 부당한 차별을 받는 대상을 보호하기 위한 제도나 방침이 너무 급진적이어서 도리어 반대편이 차별을 당하게 되는 경우를 말한다.

12 ㉠과 ㉡에 해당하는 내용으로 옳은 것은?

> • (㉠)는 모든 자연에 대한 개입·개발을 허용하지 않는다.
> • 지구상의 모든 생명체는 물질의 순환과 에너지의 흐름으로 서로 (㉡) 관계를 형성하고 있다.

	㉠	㉡
①	인간 중심주의	대치적인
②	극단적 생태주의	유기적인
③	형태주의	공동체적인
④	절대주의	주종적인

해설
㉠ 극단적 생태주의는 환경에 대한 피해를 가능한 최소화하기 위하여 최소한의 자원만을 채취하는 시스템으로 경제를 전환해야 한다고 주장하는 태도이다.
㉡ 전체를 구성하고 있는 각 부분이 서로 밀접하게 관련을 가지고 있어서 떼어 낼 수 없는 것을 뜻하는 말은 '유기적'이다.

13 다음 그래프의 종착 단계에서 나타나는 현상으로 옳은 것은?

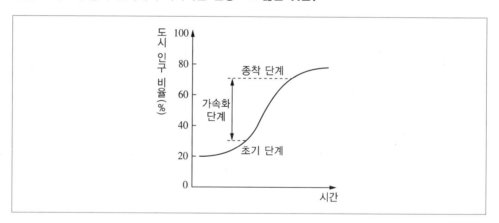

① 도시 인구의 비율이 빠르게 증가한다.
② 산업화에 따른 이촌향도 현상이 발생한다.
③ 도시화가 낮은 수준에서 비교적 완만하게 진행된다.
④ 도시 인구가 촌락으로 이동하는 역도시화 현상이 발생한다.

해설
도시화의 단계
• 초기 단계 : 도시화율이 낮은 수준에서 비교적 완만한 속도로 증가
• 가속화 단계 : 산업화에 따른 이촌향도 현상이 발생, 도시 인구 비율이 빠르게 증가
• 종착 단계 : 도시화 속도가 둔화, 도시 인구가 촌락으로 이동하는 역도시화 현상 발생, 인구 증가율이 둔화

14 다음 중 정보화의 문제점이 아닌 것은?

① 익명성을 이용한 사이버 폭력이 발생한다.
② 컴퓨터나 휴대 전화를 이용해 물건을 구매한다.
③ 개인정보를 해킹하여 각종 사이버 범죄에 악용한다.
④ 지나친 인터넷 이용으로 대면적인 인간관계가 약화된다.

해설
인터넷을 통한 물건 구매는 정보화에 따른 생활양식의 변화를 보여 주는 예로, 정보화의 문제점에 해당하지는 않는다.

15 산업화·도시화로 인한 도시 환경 문제의 해결 방안에 해당하지 않는 것은?

① 오염 물질의 배출 규제 강화
② 거주자 우선 주차 제도의 정착
③ 공원, 생태 하천 등 녹지 공간의 확대
④ 환경과 조화를 이루는 개발 계획의 수립

해설
거주자 우선 주차 제도는 도시 환경 문제와는 큰 관련이 없다.

16 다음 내용과 같은 문제점이 나타나는 지역은?

> 노동력 부족, 성비 불균형, 유휴 경작지와 빈집 증가, 열악한 교육·의료·문화 시설 등의 문제가 나타난다.

① 대도시   ② 지방 도시
③ 근교 촌락   ④ 원교 촌락

해설
① 대도시 : 인구 과밀화로 인한 각종 시설의 부족, 도시 내 노후화된 공간 증가로 주민의 삶의 질이 저하된다.
② 지방 도시 : 일자리·문화 공간·교육 시설 등의 부족으로 대도시의 인구 유출 현상이 발생한다.
③ 근교 촌락 : 대도시의 영향으로 전통문화·공동체 의식이 약화된다.

17 교통·통신의 발달로 인한 생활의 변화로 옳은 것을 〈보기〉에서 모두 고른 것은?

> **보기**
>
> ㄱ. 노동력의 국제적 이동이 가속화되어 세계화가 촉진되었다.
> ㄴ. 대도시는 주거의 전문 기능이 향상되었고, 중소도시는 통근권과 상권이 확대되었다.
> ㄷ. 새로운 교통로의 발달로 교통 조건이 유리해진 지역의 경제는 점차 쇠퇴하였다.
> ㄹ. 도시 간 이동 시간이 단축되면서 중소 도시의 인구와 자본이 대도시로 흡수되는 현상이 발생하였다.

① ㄱ, ㄷ   ② ㄱ, ㄹ
③ ㄴ, ㄷ   ④ ㄴ, ㄹ

해설
ㄴ. 대도시는 통근권과 상권이 확대되었고, 중소도시는 주거·공업·관광 등의 전문 기능이 향상되었다.
ㄷ. 새로운 교통로의 발달로 교통 조건이 불리해진 지역의 경제가 쇠퇴하였다.

18 다음의 현상으로 인해 기대되는 변화의 양상으로 적절하지 않은 것은?

> 교통·통신의 발달로 인해 각 나라들은 이제 하나의 공동체가 되어 가고 있다. 세계 각국 사람들의 삶의 공간은 국경을 넘어서 전 지구로 확대되어 가고 있으며, 정치·경제·문화의 모든 영역에서 통합의 방향으로 나아가고 있다.

① 국가 간 거리의 한계가 극복된다.
② 정보의 공유 및 확산 속도가 빨라진다.
③ 각 나라의 문화적 정체성이 더욱 뚜렷해진다.
④ 전 지구적 문제 해결을 위한 국제적 협력이 중요해진다.

해설
세계화로 인해 지역 간 교류가 활발해지면서 각 나라의 문화적 정체성은 점차 약화되고 있다.

19 사회적 소수자 차별에 대한 해결 방안 중 나머지와 성격이 다른 하나는?

① 지속적인 교육 지원   ② 차별 금지의 법규 제정
③ 소수자에 대한 배려와 신뢰   ④ 불평등 해소를 위한 사회적인 지원

해설
①·②·④ 사회적인 차원의 해결 방안
③ 개인적인 차원의 해결 방안

20 다음은 시민 불복종에 관한 설명이다. 시민 불복종의 정당화 조건으로 옳지 않은 것은?

> 시민 불복종이란 정의롭지 못한 법이나 정부 정책을 변혁시키려는 목적으로 행해지는 의도적인 위법 행위이다. 다시 말하면 시민들이 자신이 생각하는 정의에 대한 규범적·윤리적 근거를 널리 알리기 위해 법을 공개적으로 위반하는 행위이다.

① 공동선을 목적으로 해야 한다.
② 비폭력적인 방법으로 해야 한다.
③ 위법 행위에 대한 처벌을 감수해야 한다.
④ 법의 테두리 안에서 합법적으로 해야 한다.

해설
시민 불복종은 불법적인 행동에 대한 처벌을 감수함으로써 법 수호의 의지를 분명히 한다.

21 다음 (가)에 들어갈 내용으로 적절한 것은?

> 시민 혁명 이후에 국가가 사회적 약자를 보호·지원해야 한다는 인식이 널리 퍼지면서 20세기 초반에야 사회권이 보장되었다. 그런데 최근에는 소속 공동체에서 더 나아가 국제적인 연대와 협력을 중시한 [(가)]이 강조되고 있는 추세이다.

① 연대권   ② 환경권
③ 생존권   ④ 안정권

해설
연대권은 인권이 국가와 개인의 관계를 넘어서서 국제적인 연대와 협력을 필요로 하는 인권 사항에 대응하는 권리로, 평화에 관한 권리, 재난으로부터 구제받을 권리, 지속 가능한 환경에 관한 권리, 경제·사회·문화적 발전을 자유롭게 추구할 권리 등이 해당된다.

22 청소년 노동권에 대한 설명으로 옳지 않은 것은?

① 최저 임금 적용 대상이다.
② 근로기준법의 적용 예외 대상이다.
③ 하루 7시간을 초과하여 근무할 수 없다.
④ 휴일 근무 시 50%의 가산 임금을 받을 수 있다.

해설
근로기준법에서는 근로자로 사용할 수 없는 연령을 15세 미만인 자(중학교에 재학 중인 18세 미만인 자 포함)로 규정하고 있다(근로기준법 제64조 제1항). 그러므로 청소년은 근로기준법의 적용 대상이 된다.

23 다음과 같은 특징을 갖는 정치 참여의 주체는?

> • 시민들이 자발적으로 조직한 집단이다.
> • 정권 획득이 아닌 공익 실현이 목표이다.
> • 상업적 이득을 추구하지 않는 비영리 기구이다.

① 정 당
② 행정부
③ 입법부
④ 시민 단체

해설

시민 단체는 특정 집단의 이익을 추구하는 것이 아니라 공공의 이익을 추구하기 위해 시민들이 자발적으로 결성한 집단으로, 국가 권력에 대한 감시와 견제, 시민의 정치 참여 활성화 등을 수행한다.

24 다음 내용과 가장 관련 있는 것은?

> (가) 인간은 태어나면서부터 일정한 권리를 부여받았으며 그 권리는 양도할 수 없다는 것, 정부는 시민의 동의에서 비롯되므로 정부가 정당하지 못하면 시민은 정부에 저항할 권리가 있다는 것 등으로 이루어져 있다.
> (나) 근대 시민 혁명을 전후로 정착되어 온 여러 가지 권리인 시민적·정치적 권리, 경제적·문화적 권리 등이 포함되어 있다.

① 프롤레타리아 계급 혁명의 내용을 담고 있다.
② 민주적 방법의 사회주의 실현을 주장하고 있다.
③ 폭력을 통한 시민 계급의 통치를 정당화하고 있다.
④ 인간으로서 보장받아야 할 당연한 권리인 인권 보장의 내용을 담고 있다.

해설

(가)는 미국의 독립 선언, (나)는 세계 인권 선언에 대한 내용으로, 모두 인간으로서 보장받아야 할 당연한 권리인 인권 보장에 대한 내용을 담고 있다.

25 합리적인 경제 활동을 위해 선택한 것의 가치와 포기한 것의 가치 사이의 상관관계로 옳은 것은?

① 상관관계가 없다.
② 선택한 것의 가치 < 포기한 것의 가치
③ 선택한 것의 가치 > 포기한 것의 가치
④ 선택한 것의 가치 = 포기한 것의 가치

해설

합리적인 경제 활동은 선택한 것의 가치가 포기한 것의 가치보다 커야 한다.

26 다음 내용에서 (가)에 들어갈 기회비용은?

어느 공장에서 필통 100개를 생산할 수 있는 시간에 연필 6,000개를 생산한다고 할 때 필통 1개에 대한 연필의 기회비용은 ☐(가)☐ 이다.

① 필통 6개   ② 필통 60개
③ 연필 60개   ④ 연필 600개

> **해설**
> 기회비용은 하나를 선택함으로써 포기해야만 하는 다른 것의 가치 중 최상의 가치를 말하므로, 제시된 내용에서 기회비용은 필통 1개당 연필 60개가 된다.

27 정부가 시장에 개입하게 된 이유와 거리가 먼 것은?

① 소득 불평등의 심화
② 공공재의 생산 부족
③ 환경오염 등의 발생
④ 경영 능력이 부족한 기업의 도산

> **해설**
> 정부는 독과점 발생, 공공재 부족, 환경오염, 불법적인 경제 활동 등으로 시장이 제 기능을 다하지 못할 때 그 현상을 해결하고자 시장에 개입하게 된다.

28 국제 거래에 대한 설명으로 적절하지 않은 것은?

① 국경을 초월하여 생산 요소의 이동이 자유롭다.
② 국가마다 화폐 제도나 단위가 다르므로 환율이 개입된다.
③ 상품에 대한 수요의 차이가 국제 거래가 필요한 이유 중 하나이다.
④ 부존자원, 생산 기술의 차이 등에 의해 나라별 상품의 생산비와 가격이 다르게 나타난다.

> **해설**
> 국제 거래의 특징
> • 생산 요소(인력, 자본, 기술 등)의 이동이 자유롭지 못하다.
> • 각 나라마다 화폐 제도와 단위가 다르기 때문에 환율이 개입된다.
> • 상품의 생산비와 가격에 차이가 발생하는 것은 부존자원, 생산 기술의 차이 때문이다.

29 다음 A와 B에 해당하는 것을 〈보기〉에서 알맞게 고른 것은?

> 자산이란 개인이나 기업이 소유하고 있는 경제적 가치가 있는 재산을 말한다. 자산은 (A)과/와 같은 금융 자산과 (B)과/와 같은 실물 자산으로 구분할 수 있다.

보기

ㄱ. 채권	ㄴ. 부동산
ㄷ. 현금	ㄹ. 주식

	A	B
①	ㄱ, ㄴ	ㄷ, ㄹ
②	ㄱ, ㄷ, ㄹ	ㄴ
③	ㄴ, ㄷ	ㄱ, ㄹ
④	ㄴ, ㄹ	ㄱ, ㄷ

해설

금융 자산에는 현금, 예금, 주식, 채권 등의 각종 금융 상품이 해당되고, 실물 자산에는 주택이나 토지와 같은 부동산과 금이나 골동품과 같은 동산이 해당된다.

30 다음과 같은 분배 기준과 관련 있는 내용을 〈보기〉에서 모두 고른 것은?

> 사회 구성원 간의 차이를 고려하지 않고 모든 사람에게 동일하게 분배한다.

보기

ㄱ. 객관적 평가와 측정이 용이하며 생산성을 높이는 동기를 제공할 수 있다.
ㄴ. 사회 구성원 모두에게 기회와 혜택을 골고루 나누어 줄 수 있다.
ㄷ. 차이를 고려하지 않아 불공정한 경우가 발생할 수 있다.
ㄹ. 서로 다른 종류의 업적과 양을 평가하기 어렵다.

① ㄱ, ㄴ   ② ㄱ, ㄹ
③ ㄴ, ㄷ   ④ ㄷ, ㄹ

해설

제시된 내용은 절대적 평등에 따른 분배를 의미하는 것으로, 기회와 혜택을 골고루 나누어 줄 수 있지만 불공정한 경우가 발생할 수 있고, 분배하는 몫에 차이가 없기 때문에 생산 의욕을 저하시켜 효율성을 떨어뜨린다. ㄱ과 ㄹ은 업적에 따른 분배에 해당하는 내용이다.

31 다음 중 '성과 연봉제'에 해당하지 않는 분배의 기준은?

① 업적에 따른 분배　　　　　　　② 능력에 따른 분배

③ 필요에 의한 분배　　　　　　　④ 실적에 따른 분배

> **해설**
>
> 성과 연봉제는 개인의 업무에 대한 성과 평가에 따라 급여가 결정되는 임금 체계로서 능력과 업적, 실적에 따른 분배적
> 정의 실현을 위한 제도이다.

32 다음 글에 나타난 활동의 특징을 〈보기〉에서 모두 고른 것은?

> 고등학생들은 자신들이 모은 성금으로 식료품을 구매하여 저소득층 가구와 홀로 사는 노인 등 경제
> 적으로 어려운 이웃에게 직접 배달하였다.

> **보기**
>
> ㄱ. 재능 기부　　　　　　　　　ㄴ. 경제적 기부
> ㄷ. 근로자의 의무　　　　　　　ㄹ. 사회봉사

① ㄱ, ㄴ　　　　　　　　　　② ㄱ, ㄷ

③ ㄴ, ㄹ　　　　　　　　　　④ ㄷ, ㄹ

> **해설**
>
> 고등학생들이 성금을 모아 식료품을 구매하여 경제적으로 어려운 이웃에게 직접 배달하였으므로 경제적 기부와 사회봉사
> 에 참여하였다고 볼 수 있다.

33 개인선에 대한 내용으로 적절하지 않은 것은?

① 국가의 간섭을 최소한으로 줄이는 것이다.

② 인간의 가치, 개인의 행복 추구 등을 중시한다.

③ 공동체의 가치에 부합하도록 개인의 자아실현을 추구하는 것이다.

④ 개인의 자유를 최대한 보장함으로써 개인의 행복과 자아실현이 가능하다.

> **해설**
>
> 개인선이 아니라 공동선에 대한 설명이다.

34 공간 불평등 완화 정책의 연결이 바르지 않은 것은?

① 지역 간 협력 사업 – 주택 공급 사업
② 도시 내 불평등 해결 – 도시 정비 사업
③ 지역 간 격차 완화 – 공공 기관의 지방 이전
④ 지역 발전 사업 – 지역 축제, 관광 마을의 조성

> **해설**
> 지역 간 협력 사업의 예로는 쓰레기 처리장, 화장장 등 주민 기피 시설이 특정 지역에 밀집되는 문제를 해결하는 것 등이 있다. 주택 공급 사업은 도시 내 불평등 해결 정책에 해당한다.

35 다음 밑줄 친 '이 사상'과 관련이 없는 설명은?

> 이 사상은 개인이 자신이 속한 공동체에 소속감과 유대감으로 공동선을 실현하는 것이 정의라는 관점이다.

① 개인은 공동체의 목표 달성을 위해 책임과 의무를 성실히 수행한다.
② 극단적인 이기주의로 변질될 경우 공동체 존속에 위기를 초래할 수 있다.
③ 개인의 자유와 권리 보장, 행복한 삶의 실현을 위해 공익과 공동선을 실현한다.
④ 특정 집단의 이념과 이익을 구성원에게 지나치게 강요할 경우 집단주의 문제가 발생한다.

> **해설**
> 제시된 글의 밑줄 친 '이 사상'은 공동체주의적 정의관에 관한 내용이다. ②는 자유주의적 정의관의 한계에 해당하는 내용이다.

36 다음 ㉠에 공통으로 들어갈 말로 옳은 것은?

> 문화의 다양성을 존중하는 올바른 태도는 다양한 문화 속에 (㉠)이/가 존재한다는 것을 인식하는 것이다. 문화의 고유성과 상대성을 존중하고 (㉠)을/를 바탕으로 비판적 성찰을 해야 한다.

① 객관성
② 타당성
③ 사회 윤리
④ 보편 윤리

> **해설**
> 문화의 다양성을 존중하는 올바른 태도는 보편 윤리를 바탕으로 이루어진다. 인간의 존엄성, 생명의 소중함, 자유 등이 대표적인 보편 윤리이다.

37 다음 중 문화 사대주의 관점을 가지고 있는 사람은?

① 갑 : 나무 위에서 생활하는 민족은 우리보다 미개해.
② 을 : 서양의 옷은 한복보다 모든 면에서 고급스럽고 세련되었어.
③ 병 : 이슬람교의 돼지고기 금식은 기후를 고려한 합리적 생각이야.
④ 정 : 다양한 장례 풍습은 그 지역의 환경, 역사와 관련이 깊어서 존중해야 해.

> **해설**
> ① 자문화 중심주의 태도
> ③ · ④ 문화 상대주의 태도

38 다음 선언의 취지에 부합하지 않는 것은?

> 〈제1조 문화의 다양성〉
>
> 생태 다양성이 자연에 필요한 것처럼 교류 · 혁신 · 창조성의 근원으로서의 문화 다양성은 인류에게 필요한 것이다. 이러한 의미에서 문화 다양성은 인류의 공동 유산이며, 현세대와 미래 세대를 위한 혜택으로 인식하고 보장해야 한다.

① 각각의 문화가 지닌 다양성을 인정한다.
② 전통문화를 대체할 수 있는 서구의 발전된 문화를 수용한다.
③ 자신의 문화를 기준으로 다른 문화를 평가하는 행동은 삼간다.
④ 여러 문화가 서로의 색깔을 유지하면서도 조화를 이룰 수 있도록 힘쓴다.

> **해설**
> 제시된 내용은 유네스코가 문화의 다양성을 보호하고 증진하기 위해 2001년에 채택한 유네스코 세계문화 다양성 선언이다. ②의 내용은 문화의 다양성을 훼손할 수 있다.

39 다문화 사회에서 나타날 수 있는 부정적 측면에 해당하지 않는 것은?

① 외국인 범죄가 증가하였다.
② 다문화 가정의 자녀나 북한 이탈 주민의 사회 부적응 문제가 발생하였다.
③ 외국인 근로자가 일자리에 투입되면서 국내 경제가 더욱 악화되었다.
④ 외국인 이주민에 대한 편견과 차별로 인한 인권 침해 문제가 발생하였다.

> **해설**
> 다문화 사회에서는 저출산과 고령화에 따른 노동력 감소 문제를 외국인 근로자의 유입으로 해소하여 안정적인 경제 성장 유지가 가능해졌다.

40 다음 그래프를 보고 우리 사회의 변화에 대해 이해한 내용으로 옳지 않은 것은?

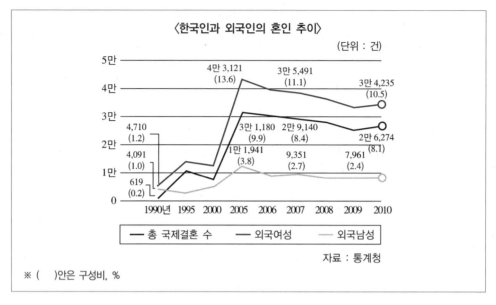

① 체계적인 다문화 교육 프로그램을 마련해야 한다.
② 다른 문화를 존중하고 인정하는 태도를 가져야 한다.
③ 우리 사회에는 서로 다른 인종과 문화가 공존하고 있다.
④ 다문화 사회에 대응하기 위해 국수주의 정책을 강화해야 한다.

해설
국수주의적 정책 강화는 자기 문화만을 고수하고 다문화 사회로의 변화를 거부하는 것으로 바람직하지 않다. 우리나라는 2000년 이후 국제결혼의 증가로 인해 빠르게 다문화 사회로 진입하고 있으므로, 다른 문화권의 배경을 가진 사람들이 함께 어울려 살기 위해서 서로 상대방의 문화를 이해하고 존중하며 소통하는 문화 상대주의적 태도를 가지는 것이 필요하다.

41 우리나라의 전통문화를 알리기 위한 노력으로 옳은 것을 〈보기〉에서 모두 고른 것은?

보기

ㄱ. 우리나라의 고유문화를 보호　　　ㄴ. 홍보 책자를 한글로만 제작
ㄷ. 국가 브랜드의 가치 하향　　　　ㄹ. 긍정적인 국가 이미지의 형성

① ㄱ, ㄴ　　　　　　　　　　② ㄴ, ㄷ
③ ㄱ, ㄷ　　　　　　　　　　④ ㄱ, ㄹ

해설
우리나라의 전통문화를 알리기 위해서는 국가 브랜드 가치를 높이고, 외국인을 위한 홍보 책자를 다양한 언어로 발간해야 한다. 또한 자연과 문화를 아끼고 소중히 여기는 마음을 가져야 한다.

42 다음 주요 국제협력기구 중 정부 간 기구에 해당하지 않는 것을 〈보기〉에서 모두 고른 것은?

> **보기**
>
> ㄱ. 경제협력개발기구   ㄴ. 국제적십자사
> ㄷ. 국경없는의사회   ㄹ. 국제통화기금

① ㄱ, ㄴ   ② ㄱ, ㄹ
③ ㄴ, ㄷ   ④ ㄷ, ㄹ

해설

국제협력기구
- 정부 간 기구(IGO) : 국가를 구성원으로 하여 국가 간 조약 체결로 창설된 국제기구로, 국제연합(UN), 유럽연합(EU), 세계무역기구(WTO), 경제협력개발기구(OECD), 국제통화기금(IMF) 등이 있다.
- 비정부 기구(NGO) : 지역·국가·국제적으로 조직된 자발적 비영리 시민 단체로, 국제적십자사, 국경없는의사회, 국제올림픽위원회 등이 있다.

43 다음 내용과 관련 있는 것은?

> - 국제 무역과 관련된 규범의 제정과 운영
> - 회원들 간에 발생하는 무역 마찰 문제 해결
> - 1995년에 출범하여 전 세계의 자유 무역 실현

① 유럽연합(EU)
② 세계무역기구(WTO)
③ 북미자유무역협정(NAFTA)
④ 동남아시아국가연합(ASEAN)

해설

세계무역기구(WTO) : 1995년 설립, 세계 무역 질서를 위해 국가 간 경제 분쟁을 조정하는 국제기구로 세계화와 함께 무한 경쟁 시대로 돌입하는 새로운 환경을 조성하였다.
① 유럽연합(EU) : 유럽의 정치·경제 통합을 실현하기 위하여 출범한 유럽연합기구이다.
③ 북미자유무역협정(NAFTA) : 미국·캐나다·멕시코 3국이 관세와 무역 장벽을 폐지하고 자유 무역권을 형성한 협정이다.
④ 동남아시아국가연합(ASEAN) : 동남아시아 국가 간 전반적인 상호 협력 증진을 위한 기구이다.

44 전 세계적으로 중심지 역할을 하는 도시의 기능으로 적절하지 않은 것은?

① 국제 금융 업무
② 국제기구의 운영본부
③ 다국적 기업의 생산 공장 집중
④ 금융·회계·법률 전문 서비스 기능

해설

세계 도시의 기능
• 경제 활동 조절 및 통제 기능 : 다국적 기업의 본사, 국제 금융 업무 기능
• 생산자 서비스 기능 : 금융, 회계, 법률 전문 서비스 기능 집적
• 물적·인적 교류 기능 : 국제기구의 운영 본부, 국제회의 및 행사 개최

45 지속 가능한 발전에 대한 설명으로 옳지 않은 것은?

① 인류와 자연이 지속적으로 공존해야 한다.
② 미래 세대가 보존된 환경 속에서 발전을 계속해야 한다.
③ 현재 세대가 희생되더라도 미래 세대의 필요를 충족시켜야 한다.
④ 지구촌에 당면한 과제를 해결하고 인류의 존속과 미래를 대비해야 한다.

해설

지속 가능한 발전이란 현재의 세대가 풍요로울 수 있으면서도 미래 세대가 보존된 환경 속에서 적절한 발전을 지속할 수 있도록 하여, 인류와 자연이 지속적으로 공존하는 발전을 의미한다. 이를 위해서는 빈부 격차, 갈등과 분쟁, 자원 고갈, 기아 등 지구촌에 당면한 과제를 해결하고 인류의 존속과 미래에 대비해야 한다.

46 국제 사회의 평화에 기여하기 위한 개인과 민간 단체의 노력으로 가장 적절한 것은?

① 분쟁 지역에 군대 파견
② 대량 살상 무기 및 테러 확산 방지
③ 개발도상국에 경제적 기술 및 경험 지원
④ 국제 비정부 기구에 참여하여 반전·평화 운동 전개

해설

국제 평화를 위한 민간·개인 차원의 노력
• 국제 비정부 기구에 참여 → 반전 및 평화 운동 전개
• 세계 시민 의식으로 초국가적 문제를 해결하기 위한 노력
• 남북한의 긴장 완화와 화해 분위기 조성
• 중국 동북 공정과 일본 역사 왜곡 등의 원만한 해결을 위한 노력

47 다음 현상으로 인해 나타나는 인구 문제에 해당하는 것은?

> • 초혼 연령 증가
> • 여성들의 사회 활동 증가
> • 출산과 육아에 따른 비용의 증가
> • 육아 지원 제도의 부족

① 출산율의 저하
② 총인구의 증가
③ 고령 인구의 감소
④ 유소년 인구 비율의 증가

해설
저출산 문제는 생산 가능 인구의 감소로 이어져 노동력 부족, 소비·투자 위축 및 재정 수지 악화와 경제 성장의 둔화, 노동력 규모의 감소, 청장년층의 노년층 부양 부담 증가 등을 초래해 국가 경쟁력이 약화된다.

48 다음 표에 나타나는 사회 변동을 바르게 분석한 것은?

〈A국의 인구 변화 추이 지표〉				
구 분	2000년	2010년	2020년	2030년
노년 부양비(%)	10.1	15.2	22.1	38.6
유소년 부양비(%)	29.4	22.2	18.6	20.0

(○○청, 2010년)

① 정보화가 주된 원인이겠군.
② 유소년 부양비는 지속적으로 감소하겠군.
③ 노인들의 사회적 영향력은 점점 커지겠군.
④ 2020년 이후에는 노년층보다 유소년층 인구가 더 많겠군.

해설
① 저출산, 고령화로 인한 인구 문제가 심각해지고 있다.
② 유소년 부양비는 감소하다가 2030년에 다시 증가할 전망이다.
④ 2020년에는 노년 부양비가 유소년 부양비보다 더 크기 때문에 노년층의 인구가 더 많아질 것임을 알 수 있다.

49 다음 내용과 관련 있는 것은?

> 냉매제로 주로 사용되는 염화플루오린화탄소(CFCs)의 배출 증가로 발생한다. 이로 인해 지구에 도달하는 자외선이 많아져 피부암, 백내장 등의 질병을 유발하고 농작물의 성장을 방해한다.

① 사막화
② 지구 온난화
③ 열대림 파괴
④ 오존층 파괴

해설

냉매제로 주로 사용되는 염화플루오린화탄소(CFCs)는 성층권의 오존층을 파괴하는데, 그 결과 자외선의 양이 증가하고 피부암, 백내장 등의 발병률을 높이고, 농작물 수확량을 감소시킨다.

50 세계 시민으로서의 역할과 자세로 적절하지 않은 것은?

① 우리나라에서 생활하는 이주민들과 더불어 사는 삶을 실천에 옮긴다.
② 지구촌을 하나의 공동체로 파악하여 인류 전체를 이웃으로 생각한다.
③ 인류의 보편적인 선 또는 정의보다는 개별 국가나 사회 집단의 이익을 앞세운다.
④ 인류가 직면한 환경오염, 자원 고갈, 인권 침해 등을 우리의 문제로 받아들인다.

해설

개인은 '지구촌의 구성원'과 '개별 국가의 국민' 또는 '특정 사회 집단의 구성원'이라는 소속감을 동시에 가질 수 있지만 때로는 이들이 서로 충돌하면서 혼란을 겪기도 한다. 이러한 경우에 개별 국가나 사회 집단의 이익보다 인류의 보편적인 선 또는 정의를 실현하려는 노력이 필요하다.

일반상식 | 지 리

지리는 사람이 사는 지표상에서 나타나는 인문·자연현상과 이것들이 주고받는 영향을 집중적으로 분석하고 연구하는 학문이다. 우리가 살고 있는 이 환경이 어떻게 생성되었고, 환경에 따라 인문·사회·경제를 포괄한 우리의 삶은 어떻게 변화해왔는지 탐구한다.

세부유형

▶ 한국지리 · 세계지리

한국지리에서는 우리의 영토인 한반도에 대해 집중적으로 탐구하게 된다. 지구상에서 한반도의 위치는 정확히 어디이며, 이러한 위치와 지형이 한반도의 자연환경과 한국인의 삶에 어떠한 영향을 미쳤는가를 이야기한다. 세계지리에서는 이 영역을 전 세계로 넓혀 세계의 기후와 자연환경에 대해 알아보고, 이러한 외부적 환경이 세계 곳곳의 문화·사회·경제와 어떠한 상호 작용을 해왔고 또 어떻게 해나갈 것인지 분석하고 전망해본다.

01 국토 인식과 지리 정보

1. 국토의 위치와 영토 문제

(1) 우리나라의 위치와 특성

① 국가의 위치 : 국가의 위치는 해당 국가의 자연환경과 인문환경에 영향을 끼친다. 국가의 위치를 파악하는 것은 곧 지리적 특성을 이해하는 것이며, 이를 통해 그 국가의 과거와 현재, 국민의 생활양식을 알 수 있다.

② 위치의 표현 방법

　㉠ 수리적 위치 : 위도와 경도로 표현하는 위치(절대적 위치)

　　• 위도는 기후와 식생, 계절에 영향을 미친다. 우리나라는 북위 33° ~ 43°에 위치한다. 따라서 냉·온대 기후가 나타나고 사계절이 뚜렷하다.

　　• 경도는 국가 표준시 결정에 영향을 미친다. 우리나라는 동경 124° ~ 132°에 위치하여 동경 135°를 표준 경선으로 정한다. 따라서 본초 자오선을 기준으로 9시간 빠른 표준시를 채택하고 있다.

　㉡ 지리적 위치 : 지형·지물(대륙, 해양 등)을 기준으로 표현하는 위치(절대적 위치)

　　• 우리나라는 유라시아 대륙에 있는 반도국이며, 계절풍의 영향을 크게 받는다. 여름에는 고온 다습하고 겨울에는 한랭 건조하여 연교차가 크다. 이러한 기후를 대륙성 기후라고 한다.

　　• 우리나라는 삼면이 바다로 둘러싸인 반도국으로 대륙과 해양 모두 진출하기 용이하여 문화교류가 활발했다.

　㉢ 관계적 위치 : 주변 국가들과의 관계에 따라 바뀌는 위치(상대적 위치)

　　• 우리나라는 주변 강대국인 중국, 일본, 러시아 등에 둘러싸여 과거에는 여러 번 침략을 받아왔다. 따라서 주변 정세에 따라 평화가 유지되기도, 전란에 휩싸이기도 했다. 냉전 시기에는 이념적·정치적 대립의 장이 되었던 때도 있다.

　　• 우리나라의 경제가 점차 발전하면서 우리나라는 아시아와 유럽을 잇는 관문이자, 태평양의 오세아니아와 아메리카 대륙으로도 나아갈 수 있는 경제허브국가이자 동아시아의 중심지로 자리 잡을 수 있게 됐다.

(2) 우리나라의 영역

① 영 역

　㉠ 의미 : 한 국가의 주권이 미치는 공간의 범위로, 영토와 영해·영공으로 구분된다.

　　• 우리나라의 영토 : 영토는 토지로 이루어진 국가의 영역이다. 우리나라의 영토는 한반도와 그 부속도서로서 총 면적은 23만km²이다. 이중 남한의 면적은 10만km²에 달한다.

- 우리나라의 영해 : 영해는 영토의 해안선에서 일정 범위 내에 펼쳐진 바다로 해수면과 그 아래의 해저를 포함한다. 영해의 범위는 저조선으로부터 12해리까지이다. 우리나라의 경우 동해안과 제주도, 울릉도, 독도 등은 통산 기선에서 12해리까지를 영해로 설정했다. 해안선이 복잡한 서해와 남해안은 직선 기선에서 3해리까지를 영해로 설정했다.
- 우리나라의 영공 : 영공은 영토와 영해의 수직 상공이다. 대기권까지로 한정된다.
- 우리나라(한반도) 4극 : 극서는 평안북도 용천군 마안도(비단섬), 극북은 함경북도 온성군 유원진이며, 극동은 경상북도 울릉군 독도, 극남은 제주특별자치도 서귀포시 마라도이다.

② 우리나라와 독도

○ 우리의 땅 독도 : 우리나라 가장 동쪽에 위치한 섬인 독도는 약 460만년 ~ 250만년 전 해저 화산 분출로 생성된 화산섬이다. 행정구역상 경상북도 울릉군에 속해 있으며, 해양성 기후가 나타난다. 신라 지증왕 때 이사부의 우산국(울릉도) 정벌로 우리의 영토가 되었으며 역사적·국제법적으로 명백히 우리나라 고유의 영토라 할 수 있다.

○ 독도에 관한 기록 : 조선 시대 〈세종실록지리지〉와 〈팔도총도〉, 〈아국총도〉 등 수많은 고문헌, 고지도에 독도가 우리나라의 영토임이 명시되어 있다.

○ 동해 표기의 당위성 : 일본은 일제강점기 시절 국제수로기구(IHO)에 우리 동해를 일본해로 등록하고, 우리의 영해를 빼앗으려는 시도를 해왔다. 우리나라는 독도의 영유권과 함께 동해 표기의 당위성을 국제 사회에 꾸준히 외치고 있다. 이에 맞서 일본은 독도와 동해를 분쟁지역으로 비화시키고 이에 대한 영유권과 이권을 주장하고 있다.

2. 국토 인식의 변화

(1) 전통적 국토관의 변화

① 국토관

○ 의미 : 국가에 살고 있는 국민이 자신이 살고 있는 땅과 바다를 이해하는 방법이다. 국토는 국민의 생활양식과 문화에 영향을 주는 공간이므로 국토관은 국가의 과거와 현재를 반영해 드러내는 관념이라 할 수 있다.

○ 풍수지리 사상 : 산과 물의 위치, 모양과 흐름을 바탕으로 좋은 터, 즉 명당을 찾고자 하는 국토관이다. 자연을 살아 숨 쉬는 하나의 생명으로 이해하고, 자연의 배치와 형상에 따라 영험한 기운이 움직여 터를 좋고 나쁘게 만든다는 인식이다. 예부터 나라의 수도를 정하거나, 주거지, 묘지 등을 정하는 데 풍수지리 사상을 이용했다.

○ 고지도·고문헌에 드러난 국토관의 변화
- 고지도 : 우리 조상들이 국토를 이해한 방식과 옛 지명을 함께 살펴볼 수 있는 중요한 자료다.
  - 조선 전기 : 〈팔도지도〉, 〈동국지도〉, 〈조선방역지도〉 등이 있다. 조선이 새로 건국하면서 각지를 통치하기 위한 정치행정적 수단의 성격을 띠고 제작되었다. 또 우리나라 역사상 최초의 세계지도인 〈혼일강리역대국도지도〉는 중국을 지도의 가운데에 그리고 우리나라의 크기도 상대적으로 크게 표시하는 등 중화사상과 우리 국토에 대한 자긍심을 엿볼 수 있다.
  - 조선 후기 : 정상기의 〈동국대지도〉, 김정호의 〈대동여지도〉 등이 있다. 조선 후기에는 실용주의를 표방한 실학의 영향으로 국토의 형상을 과학적으로 그려내려 했다. 김정호가 그린

〈대동여지도〉는 1 : 16의 축척을 가지고 지도 안에서 대략적인 거리를 파악할 수 있게 하며, 지도표를 활용하는 등 국토를 자세히 묘사했다.

- **고문헌** : 국토의 지리적·행정적 정보를 방대하게 담은 지리지가 많이 편찬되었다.
  - 조선 전기 : 국가 통치의 기본 자료로 삼기 위해 나라에서 직접 편찬한 관찬 지리지가 편찬되었다. 〈세종실록지리지〉, 〈신증동국여지승람〉 등이 있다. 각 지역의 역사와 토지 정보, 인구수, 자원 정보 등을 담았다.
  - 조선 후기 : 실학의 영향으로 국토의 정보 또한 실용적으로 다루려는 사찬 지리지가 많이 편찬되었다. 이중환이 쓴 〈택리지〉가 대표적인데, 사람이 머물러 살만한 지역인 '가거지'의 네 가지 조건(지리·생리·인심·산수)을 제시했다. 또한 각 지역의 연혁과 지리적 정보가 체계적으로 실려 있다.

(2) 근대 이후 국토관의 변화

① 산업화 이전

ㄱ 일제강점기 : 조선 시대에는 사람들이 국토를 자연친화적으로 바라보고 신성하게 우러르는 관념이 있었다. 그러나 일제의 침략 이후 우리 국토와 그 가치를 부정적으로 보는 소극적 국토관을 강요당했다.

② 산업화 이후

ㄱ 경제 발전이 시작된 산업화 이후에는 국토의 자원과 경제적 효율성을 중심에 놓는 경제적(적극적) 국토관이 강조되었다. 그로써 국토가 사람의 힘으로 개발되기 시작하고 곳곳에서 산업이 발전하게 되었지만, 한편으론 지역 간 불균형과 환경 파괴가 유발되기도 했다.

ㄴ 산업화가 진행된 현재는 생태 지향적 국토관이 요구되고 있다. 발전으로 인한 더 이상의 환경 파괴를 막고 자연과 인간이 공존해야 한다는 인식이 국토관에도 반영되고 있다. 생태공원을 조성하고 보호구역을 지정하며, 파괴된 산림과 하천을 되살리는 노력이 생태 지향적 국토관이라 할 수 있다.

3. 지리 정보와 지역 조사

(1) 지리 정보 수집과 이용

① 지리 정보

ㄱ 지리 정보의 의미 : 우리가 살아가는 지표상에 나타나는 다양한 지리적 현상에 대한 정보다.

ㄴ 지리 정보의 종류 : 공간 정보, 속성 정보, 관계 정보로 분류된다.

- **공간 정보** : 위치와 형태로 나타낼 수 있는 정보다. 특정 장소의 면적, 고저, 거리 등의 정보를 담고 있다. 위도와 경도가 이에 해당한다.
- **속성 정보** : 장소나 현상의 인문 자연적 특성을 나타낸다. 해당 지역의 인구·세대수, 성별비율, 고용률 등을 담고 있는 정보다.
- **관계 정보** : 한 지역과 다른 지역이 서로 맺는 관계를 나타낸다. 교통과 물류 관계, 지역 축제나 이벤트로 인한 사회경제적 교류 활동 등의 정보를 담고 있다.

ⓒ 지리 정보의 수집 : 보통 지도나 관련 문헌, 통계 자료, 현지답사 등을 통해 수집하나, 최근에는 인공위성, 드론과 같은 우주항공 기술이 발전하여 이를 통한 정보 수집도 활성화되었다. 또한 과거에는 종이지도를 통해 지리 정보를 기록하였지만, 현재에는 디지털 기술 발전에 힘입어 전산으로 지리 정보를 입력하고 수치를 데이터화하고 있다.

ⓔ 지리 정보의 표현 : 지리 정보는 일반도처럼 지형 등 단순한 국토 정보를 담은 지도나 기후·관광·통계 정보처럼 한 가지 주제를 담은 주제도로 표현할 수 있다.

ⓕ 지리정보시스템(GIS) : 다양한 지리 정보를 수치화해서 컴퓨터에 입력·저장한 다음, 사용자의 요구에 따라 가공·분석해 보여주는 시스템이다. 복잡한 지리 정보를 다양한 유형으로 빠르게 처리할 수 있는데, 특히 교통 정보·경로 안내에 잘 활용되고 있다.

(2) 지역 조사의 의미와 방법

① 지역 조사의 의미 : 지역 조사란 지역에 대한 정보를 수집하고 분석하여 특성을 파악하고 관련 주제를 연구하는 것이다. 지역 내의 분쟁·문제 사항을 해결하거나 변화 양상을 알아볼 때에도 지역 조사가 필요하다.

② 지역 조사의 실시 : 지역 조사를 하기 전 조사할 주제와 방법, 범위 등을 담은 계획을 잘 세우는 것이 좋다. 지역 조사에는 기본적으로 실내 조사와 실외 조사의 과정이 수반된다.

ⓐ 실내 조사 : 조사 주제와 관계된 문헌이나 통계 자료 등을 수집하여 이에 따라 야외 조사를 실시할 장소를 알아본다.

ⓑ 실외 조사 : 장소를 답사하고 관찰하면서 사진 촬영, 인터뷰, 설문 조사 등 필요한 활동을 수행하면서 지리 정보를 수집한다.

ⓒ 자료 분석 : 실내·실외 조사를 마치고 난 뒤 얻은 자료를 분석하여, 주제와 조사 방법·과정·자료와 이에 따른 결론을 명확하게 담은 보고서를 작성한다.

02 지형 환경과 인간 생활

1. 한반도의 형성과 산지 지형

(1) 한반도의 형성

① 한반도의 지체 구조

ⓐ 시·원생대 지괴 : 시생대·원생대에 생성된 지각이 오랜 세월 열과 압력으로 인한 변성 작용을 받아 형성된 안정된 지각이다. 우리나라에는 평북·개마지괴, 경기지괴, 영남지괴 등이 있다. 한반도의 지체 가운데서는 가장 오래 되었다.

ⓑ 평남 분지와 옥천 습곡대 : 시·원생대 지괴 사이에 있는 퇴적암으로 바닷물에 실려 온 퇴적물이 쌓이고 굳어 두꺼운 암석층이 된 곳이다.

ⓒ 조선 누층군 : 석회석이 매장된 고생대 전기의 암석층으로 얕은 바다의 퇴적물들이 굳어 만들어졌다.

ⓔ 평안 누층군 : 고생대 후기부터 중생대 초기에 생성된 암석층으로 식물이 퇴적되어 무연탄을 함유하고 있다.

ⓜ 경상 누층군 : 중생대 중기에서 말기 무렵에 거대한 호수였던 경상 분지에 퇴적물이 쌓이면서 거대한 암석층이 된 것이다. 이 지층에서 공룡화석 등이 발견된다.

ⓗ 두만 지괴와 길주·명천 지괴 : 신생대에 형성된 지층으로 갈탄이 매장되어 있다.

② 한반도의 형성

ⓖ 송림 운동 : 고생대까지 안정적이었던 한반도는 중생대부터 주변의 판 운동으로 인한 극심한 지각 변동을 일으켰다. 한반도 북부에 영향을 끼친 송림 운동은 습곡 작용을 일으켜 평남 분지를 육지로 만들었다.

ⓛ 대보 조산 운동 : 한반도 전체에 격렬히 영향을 준 중생대 중기의 조산 운동으로 지하의 마그마가 끓어올라 화강암을 형성했다. 또한 동북동에서 서남서 방향으로 지질 구조선을 형성했다.

ⓒ 불국사 변동 : 중생대 말기에 소규모의 화강암이 영남 지방을 중심으로 관입했다.

ⓔ 경동성 요곡 운동 : 신생대에 일어난 비대칭 융기 운동으로 동해안을 중심으로 일어나 동쪽은 높고 서쪽은 낮은 현재의 한반도 지형을 형성했다. 또한 고위 평탄면과 하안 단구 형성에 영향을 주기도 했다. 이후에는 백두산과 제주도 등에 화산 활동이 일어나 화산 지형이 만들어졌다.

③ 기후 변화에 따른 해수면 변동

ⓖ 신생대 제4기에는 4회의 빙하기와 3회의 간빙기가 번갈아 반복되어 한반도에도 기후 변화가 찾아왔다. 이 때문에 빙하의 확장·후퇴와 해수면의 상승·하강으로 한반도의 해안선과 지형도 변화하게 되었다.

ⓛ 빙하기에는 기온이 내려가 빙하가 확장하면서 해수면이 하강한다. 반대로 온화해지는 간빙기에는 빙하의 후퇴로 해수면이 상승한다. 최종 빙기였던 1만 6천년~2만년 전에는 해수면이 현재보다 100m 이상 낮았다. 황해와 남해안 지역은 육지로 드러났고, 제주도가 육지와 연결되었다. 동해 지역은 호수였다.

ⓒ 약 1만년 전에 이르러 후빙기가 시작되고, 빙하의 후퇴로 해수면이 상승해 오늘날과 비슷한 해안선을 이루게 되었다.

(2) 한반도 산지 지형의 형성

① 산지의 형성

ⓖ 1차 산맥 : 신생대의 경동성 요곡 운동의 영향을 받아 일어났다. 해발 고도가 높고 연속성이 뚜렷이 드러난다. 함경산맥, 안림산맥, 태백산맥이 여기에 해당한다. 동쪽으로는 급경사면을 이루고 서쪽으로 완만한 형세를 이루고 있다.

ⓛ 2차 산맥 : 1차 산맥에서 남서쪽으로 뻗어나간 산맥이다. 중생대 때 형성된 지질 구조선을 따라 풍화와 침식 작용을 거치면서 만들어졌다. 강남산맥, 묘향산맥, 차령산맥 등이 2차 산맥에 해당한다. 고도가 낮고 연속성이 뚜렷하지 않다.

② 산지의 특징

ⓖ 고위 평탄면 : 태백산맥과 소백산맥과 같이 높은 해발 고도에는 기복이 작고 경사가 완만한 지형이 형성되어 있다. 오랜 세월동안 낮고 평탄했던 땅이 신생대의 경동성 요곡 운동 과정에서 솟아

올라 이 같은 형세를 만들었다. 고도가 높아 여름철엔 서늘하고 겨울엔 강설량이 많으면서도 수분이 증발하는 양은 적어, 고랭지 농업이나 목축업을 하기 좋다.

ⓛ 저산성 산지 : 우리나라는 국토 면적의 70%가 산지로 이루어져 있으나 이중 40% 이상은 해발 고도 200m ~ 500m 정도의 낮은 산들이 차지하고 있다. 이를 저산성 산지라고 한다.

ⓒ 산지의 이용 : 우리 조상들은 예부터 산지를 무대로 채취·수렵·농경 생활을 하는 등 삶을 꾸려 나갔다. 산지는 시간이 흐르면서 광물을 채취하는 광산이 건설되기도 하고 수력 발전을 위한 댐이 세워지기도 하는 등 자원과 에너지원의 보고가 되었다. 또한 산지의 경치를 즐기기 위한 관광객들의 쉼터가 되기도 했다. 그러나 무분별한 산지의 개발은 산림 등의 훼손을 유발했으며 생태계가 파괴되는 부작용을 초래하기도 했다.

2. 하천 지형과 해안 지형

(1) 우리나라 하천의 특징

① 하천의 특색

ⓖ 하계망 : 하계망은 하천의 본류와 여기에서 뻗어 흐르는 지류를 통틀어 가리킨다. 우리나라의 하계망은 동쪽의 고도가 높은 한반도 지형의 영향으로 서쪽으로 대부분 길게 뻗어 있다. 서해와 남해로 흐르는 이 하계망은 유량이 많고 경사도 원만하다. 그러나 동쪽으로 나 있는 하계망은 유량도 적고 흐르는 거리가 짧으며 경사가 급하다.

ⓛ 유량의 변동 : 우리나라 하계망의 유량은 변화가 심하다.
- 계절에 따른 변동 : 여름철에는 태풍, 장마, 집중호우로 인해 유량이 급증하나, 강수량이 적은 겨울에는 유량이 급격히 감소한다.
- 유역 면적에 의한 변동 : 물이 흐르는 유역의 면적이 좁은 편이라 유량도 이에 따라 큰 영향을 받는다.
- 밀물과 썰물에 의한 변동 : 서해와 남해에 닿는 하구 쪽에서는 밀물과 썰물에 의해 수위가 변하므로 이 때문에 바닷물이 역류하고 하천 범람이 일어나기도 한다. 이를 막기 위해 하천의 하구에 둑이나 방조제를 설치한다.

(2) 우리나라 하천 지형

① 하천 중·상류

ⓖ 감입 곡류 하천 : 중·상류는 경사가 급해 물살이 하천의 바닥을 깎는 하방 침식 작용이 일어나게 된다. 이에 따라 골짜기를 이루며 물이 세차게 흐르고 산지 사이를 깊게 파고들게 된다.

ⓛ 하안 단구 : 감입 곡류 하천 주변에는 하안 단구가 발달하기도 한다. 계단 모양의 지형인 하안 단구는 지면이 비교적 평탄해 홍수 때에도 쉽게 침수되지 않아, 인근으로 마을이나 농경지가 형성된다. 또한 침식으로 인한 둥근 형태의 자갈을 관찰할 수 있다.

ⓒ 침식 분지 : 중·상류에서는 암석이 단단한 정도에 따라 차별 침식이 일어날 경우 주변이 산지로 둘러싸인 침식 분지가 형성되기도 한다.

② 하천 중·하류

ㅇ 자유 곡류 하천 : 중·하류에서는 자유롭게 구불구불 흐르는 자유 곡류 하천이 발생한다. 물살이 자유롭게 흐르면서 물길의 측면을 깎는 측방 침식이 일어나는데, 이 때문에 물길의 변경이 심하다. 최근에는 농경지를 보호하고 홍수를 막기 위해 이 같은 자유 곡류 하천을 직선화하는 경향이 높다.

ㅇ 선상지 : 산지와 평지가 만나 경사가 완만해지면 유속이 급감하면서 하천에 실려 온 물질이 퇴적된다. 그러면서 부채꼴 모양의 지형이 형성되는데 이를 선상지라고 한다.

ㅇ 범람원 : 하천의 범람하면서 하천이 운반한 물질이 쌓이면 범람원이 만들어진다. 범람원에는 자연 제방과 배후 습지가 있는데 비옥하고 제방 능력도 뛰어나 농경에 활용된다. 우리나라 주요 평야 지대의 하천 양안에서 볼 수 있다.

ㅇ 삼각주 : 하천이 바다와 만나는 구간에서 유속이 느려지며 퇴적물이 쌓이는데 여기에 삼각주가 형성된다. 압록강과 낙동강 하구의 삼각주가 유명하다.

(3) 해안 지형의 형성과 인간 생활

① 해안 지형의 형성

ㅇ 동·서·남해안 : 동해안은 해안선이 단조롭고 섬이 적으나, 서해안과 남해안은 해안선이 복잡한 리아스 해안이며 많은 섬이 형성되어 있다. 또한 서해안과 남해안이 동해안에 비해 조수 간만의 차가 커 갯벌이 발달하였다.

ㅇ 해안은 파랑이나 바닷물이 해안을 따라 평행하게 이동하는 연안류와 조류, 바람 등의 영향을 지속적으로 받아 침식·퇴적 작용이 일어난다. 그래서 다양한 해양 지형이 생성된다.

② 다양한 해양 지형

ㅇ 곶 : 곶은 지형이 바다로 돌출한 부분을 말한다. 이 부분은 파랑의 침식 작용이 일어나 암석 해안이 발달한다. 해안의 침식 지형에는 해식애, 해식동, 파식대 등이 있다.

• 파랑의 힘으로 움푹 들어간 해식애가 형성되면 그 앞에 평탄한 파식대가 형성된다.

• 파식대를 이루는 지반이 융기하거나 해수면이 하강하면 과거의 해수면보다 파식대가 높아지는데 이것을 해안 단구라고 한다.

ㅇ 만 : 지형이 육지 쪽으로 움푹 들어간 부분을 말한다. 이 부분은 퇴적 작용이 활발히 일어나 모래 해변이나 갯벌 해변이 생성된다. 또한 만에서는 해변의 모래가 파랑·연안류에 의해 이동하고 쌓이면서 막대 형태의 모래톱 지형인 사주를 형성한다. 이때 사주 뒤로 바다와 갈라진 호수가 만들어지는데 이를 석호라고 한다. 석호는 강원도 지역에 주로 분포한다.

ㅇ 연안류와 조류 : 해안을 따라 평행하게 흐르는 연안류는 곶에서 침식된 물질, 하천에서 유입된 모래·자갈 등을 운반하여 퇴적 지형을 형성시킨다. 조수 간만의 차인 조류가 큰 해안의 경우에도 운반된 물질이 해안에 쌓여 갯벌을 만들어낸다.

ㅇ 해안 사구 : 해안의 모래가 바람에 날려 언덕 모양의 지형을 이루는 것으로 전국 해안에 고르게 분포하고 충청과 호남·강원에서 특히 두드러진다.

③ 해양 지형과 인간 생활

   ⑦ 해안 지형의 이용 : 인천과 여수, 울산의 해안 지역에는 무역을 위한 무역항이 대규모로 발달하고, 임해 공업 지대가 생겨났다. 갯벌이 많은 서해안의 경우, 항구를 세우기에는 조건이 불리하여 갑문과 부두 등의 시설을 설치하게 되었다. 조수 간만의 차가 큰 해안의 경우 이를 에너지 생산에 이용하는 조력 발전이 발달하였다.

   ⑥ 간척 사업 : 바다와 갯벌을 메워 인간을 위한 부지로 만드는 간척 사업은 서해와 남해안에서 주로 진행되었다. 이러한 간척 사업은 국토를 늘리기는 하였으나 갯벌이 사라지면서 생태계에 혼란을 가져오기도 했다. 그래서 최근에는 메웠던 부지를 다시 바다와 갯벌로 되살리는 역간척 사업도 진행되고 있다.

3. 화산 지형과 카르스트 지형

(1) 화산 지형과 인간 생활

① 화산 지형의 형성

   ⑦ 우리나라의 화산 활동 : 화산 활동은 흔히 지하의 마그마와 가스가 지각의 틈새를 뚫고 나와 분출되고 지형에 변화를 일으키는 것을 말한다. 우리나라는 현재 안정된 지괴를 이루고 있어 화산 활동이 일어나지 않는다. 대부분 우리나라의 화산 지형은 화산 활동이 있었던 신생대 제3기 말에서 제4기 초에 생성되었다.

   ⑥ 우리나라의 화산 지형 : 우리나라의 화산 지형은 백두산, 울릉도와 독도, 철원부터 평강, 제주도 등지에 형성되어 있다.

   • 백두산과 한라산 : 유동성이 높은 현무암질 용암이 분출하여 산록부는 원만한 경사를 갖는다. 백두산 정상에는 칼데라호인 천지가 있고, 한라산의 정상에는 화구호인 백록담이 있다.

   • 제주도 : 한라산의 기생화산들이 여러 곳에 산재해 있으며, 용암 동굴과 용암 대지, 주상절리 등의 다양한 화산 지형이 있다.

   • 울릉도 : 경사가 급한 화산섬으로 점성이 큰 조면암으로 구성되어 있다. 섬 중앙부에는 칼데라 분지인 나리 분지가 있다.

(2) 카르스트 지형과 인간 생활

① 카르스트 지형의 형성

   ⑦ 카르스트 지형 : 탄산칼슘을 주성분으로 하는 석회암이 빗물이나 지하수에 오랜 세월 용식되어 이루는 독특한 지형을 말한다.

   ⑥ 우리나라의 카르스트 지형 : 강원도 영월과 정선, 삼척, 동해, 태백, 충청북도 단양, 제천 일부 지역과 북한의 평안남도에서 볼 수 있다.

   ⑥ 카르스트 지형의 종류

   • 돌리네 : 지표가 용식되어 원형으로 움푹 파인 지형으로 가장 흔하게 볼 수 있다.

   • 우발라 : 돌리네에 용식 작용이 더 길게 진행되면 나타나는 지형이다.

- 석회 동굴 : 지표면 아래에서 지하수의 용식 작용으로 생기는 동굴이다. 탄산칼슘이 침전되면서 석주, 석순, 종유석 등이 생성된다.

② 카르스트 지형의 이용

　ⓐ 관광지 : 카르스트 지형은 쉽게 접할 수 없는 독특하고 아름다운 지형으로, 특히 석회 동굴은 관광자원으로서 크게 이용되고 있다. 강원도 삼척의 환선굴 등이 유명하다.

　ⓑ 석회암은 시멘트의 원료로도 이용되며, 농가에서는 이 지대에서 밭농사를 주로 하기도 한다.

03 기후 환경과 인간 생활

1. 우리나라의 기후 특성

(1) 우리나라의 기후

① 기후와 기후 요인

　ⓐ 기후 : 일시적인 상태의 기상과 달리 오랜 세월 평균적·종합적으로 나타나는 대기의 상태를 말한다.

　ⓑ 기후 요소 : 기온과 강수, 강설, 바람의 종류와 바람 등 어떤 기후를 표현할 수 있는 대기 상태를 말한다.

　ⓒ 기후 요인 : 지역마다 기후 요소가 다른 원인을 만드는 것을 말한다. 기온, 강수량, 바람 등에 영향을 주는 위도와 고도, 지형, 해류 등이다.

② 우리나라의 기후

　ⓐ 냉대·온대 기후 : 지구 북반구의 중위도이며 대륙 지역에 위치하고 있다. 대륙성 기후이다.

　ⓑ 계절풍 기후 : 계절별로 다른 계절풍과 기단의 영향을 받는다. 그래서 계절 변화가 뚜렷하고 연교차가 큰 편이다. 여름에는 북태평양 고기압의 영향으로 강수량이 많으며 고온 다습하고, 겨울에는 시베리아 고기압의 영향으로 한랭 건조하며 강수량이 적다.

(2) 우리나라와 기온

① 우리나라의 기온 특성

　ⓐ 지역의 기온차 : 대체로 북쪽으로 갈수록 기온이 낮고 남쪽은 기온이 높다. 국토가 동서보다 남북으로 길게 뻗어 있어 이러한 경향이 나타난다. 비슷한 위도의 동서 지역에서도 기온차가 일어난다. 특히 겨울철에는 내륙보다 해안 지역의 기온이 좀 더 높은 편이다. 동해안보다 서해안의 겨울철 기온이 높은데 이는 동해의 수심이 더 깊고 더 따뜻한 바닷물이 흐르기 때문이다. 아울러 동쪽에 위치한 태백산맥이 북서쪽에서 불어오는 차가운 겨울바람을 막아준다. 이와 함께 비슷한 위도인 대관령과 인천을 비교해보면 해발 고도가 높은 대관령의 1년 평균 기온이 더 낮은 경향을 보인다.

ⓛ 기온의 연교차 : 연교차는 해안보다 내륙 지역이 더 크다. 지표면이 태양빛에 의해 쉽게 가열되고 쉽게 식기 때문이다. 또한 서해안이 동해안 지역보다 연교차가 더 크다. 계절로 보면 봄과 가을에 연교차가 많이 나고 여름 장마철에 적다.

(3) 우리나라의 강수와 바람

① 강 수

  ㉠ 우리나라의 강수 : 우리나라의 연평균 강수량은 약 1,300mm다. 이 중 차가운 기단과 더운 기단이 만나 발생하는 여름철 장마가 있고, 또 태풍의 영향으로 여름철 강수량이 절반 정도를 차지한다. 여름철에는 집중호우의 경향을 보인다. 반대로 겨울철에는 건조한 시베리아 기단의 영향으로 강수량이 적다.

  ㉡ 강수가 많은 지역 : 우리나라의 지역적 강수량 차이는 큰 편이다. 고도 상승으로 비구름이 상승하게 되는 곳(바람받이 지역)은 지형성 강수 때문에 비가 많이 오는 지역이 된다. 이에 반해 낮고 평평한 지역(바람그늘 지역)은 상대적으로 강수량이 적다.
    • 다우지(비 많이 오는 지역) : 제주도, 남해안 일대, 한강 유역 등
    • 소우지(비 적게 오는 지역) : 영남 내륙, 개마고원, 대동강 하류 등

② 강 설

  ㉠ 우리나라의 강설량 많은 지역 : 울릉도와 호남, 영동 지역 등은 겨울철 강설량이 많은 편이다. 울릉도와 호남은 북서 계절풍, 영동 산간 지역은 북동 기류의 영향을 받는다.

③ 바 람

  ㉠ 계절풍 : 중위도인 우리나라는 대륙 동쪽 해안에 있어 계절풍의 영향을 많이 받는다. 겨울철에는 시베리아 고기압으로 인한 한랭 건조한 북서 계절풍이 분다. 여름철에는 북태평양 고기압으로 인한 고온 다습한 남동·서 계절풍이 분다.

  ㉡ 푄 현상과 높새바람 : 봄에서 여름으로 넘어가는 시기에는 오호츠크해 기단의 영향으로 북동풍이 분다. 이 북동풍은 태백산맥을 넘으며 고온 건조해지는 푄 현상을 겪는데 이때 산을 타고 내려오는 바람을 높새바람이라고 한다. 고온 건조한 높새바람은 영서 지방에 이상기후를 일으키는 등 영향을 준다.

  ㉢ 해륙풍 : 해안 지방에서는 해풍과 육풍이 교대로 분다. 낮에는 육지의 기온이 올라가면서 기압이 바다보다 낮아지면 해풍이 불고, 밤에는 육지가 더 빨리 식어 육풍이 분다.

2. 기후와 주민 생활

(1) 기후에 따른 주민 생활

① 기온과 주민 생활

  ㉠ 의생활 : 기온은 주민 생활에 큰 영향을 끼친다. 의생활의 경우 여름에는 삼베나 모시로 지은 시원한 옷을 만들어 입었다. 겨울철에는 동물의 가죽과 털, 목화솜으로 옷을 지어 따뜻하게 겨울을 나려 했다.

ⓒ 식생활 : 여름철의 고온 다습한 환경에서 잘 자라는 벼를 재배해 쌀을 수확하여 주식으로 삼았다. 겨울철에는 추위에 강한 보리나 밀을 재배했고, 추운 기온 때문에 먹을 것이 귀해 가을철 수확한 신선한 채소를 소금에 절여 만드는 김치를 보관하여 먹었다. 김치는 지역마다 형태와 맛, 제조 방법의 차이가 있다. 대체로 따뜻한 남쪽에서는 짜고 맵게, 북부는 싱겁고 담백하게 담가 먹었다.

ⓒ 주생활 : 북부 등 추운 지역에서는 방을 따뜻하게 덥히는 온돌이 발달했고, 더운 지역에서는 바람이 잘 통하는 대청마루가 나타났다. 또 추운 지역에서는 집 안의 열손실을 막기 위해 방을 겹겹이 배치하는 정주간이 나타나기도 했다.

② 강수와 주민 생활

ⓐ 변동 심한 강수량 : 우리나라는 계절별로 강수량 차이가 심한 편이라 일찍이 조상들은 이에 대한 대비를 해왔다. 강수량이 많은 여름철에는 홍수가 일어나기 쉬워 침수 피해를 대비해 집터를 높인 터돋움집을 지었다. 또한 범람원에 제방을 쌓아 논밭과 주거 지역의 침수를 막았다. 강수량이 적을 때에는 가뭄도 빈번히 일어났는데, 이를 대비해 보와 저수지를 만들어 농업에 쓸 용수를 저장했다.

ⓑ 강수량 적은 지역 : 강수량이 적고 일조량이 높은 서해안 지역에서는 소금을 제조하는 천일제염과 사과 등 과수 재배가 발달했다.

ⓒ 강설량 많은 지역 : 겨울철 눈이 많이 내리는 지역에서는 지붕의 경사를 급하게 만들었다. 또한 울릉도에서는 가옥에 우데기라고 하는 눈을 막는 장치를 마련해 생활공간을 확보하기도 했다.

③ 바람과 주민 생활

ⓐ 계절풍의 영향 : 여름철 고온 다습한 기후 탓에 벼농사가 발달하였고, 겨울철의 찬바람을 막기 위해 산을 등지고 남쪽을 바라보는 데 위치한 배산임수의 지형에 촌락이 주로 생겨났다.

ⓑ 강한 바람 부는 지역 : 강풍이 부는 지역에서는 가옥 주위에 방풍림을 둘러 바람에 대비했다. 제주도에서는 특유의 돌담을 둘러 바람의 진행이 방해를 받도록 했다. 호남 지역에서는 가옥의 처마 끝에 임시로 덧붙이는 구조물인 까대기를 설치해 강풍에 대비했다.

3. 자연재해와 기후 변화

(1) 자연재해의 원인과 영향

① 홍 수

ⓐ 의미 : 홍수는 강수량이 급격히 늘어나 하천이 범람하고 물이 넘쳐 피해를 주는 것이다.

ⓑ 주로 여름철에 장마 전선의 영향이나 태풍으로 집중호우가 내리며 발생한다. 저지대의 가옥과 산업 시설이 침수되어 피해를 입게 된다.

ⓒ 도시의 경우, 지표가 아스팔트 등으로 포장되고 다양한 시설이 지하와 지상에 조성되어 있어 불어난 물이 한꺼번에 하수도에 몰리기 때문에 홍수 피해가 더 심해지기도 한다.

② 가 뭄

ⓐ 의미 : 강수량이 적은 날이 오래 지속되어 물 부족 현상이 일어나는 것이다.

ⓑ 가뭄은 진행 속도는 느리나 광범위한 피해를 야기한다. 겨울철의 강수량이 적기 때문에 우리나라에서는 봄철에 자주 나타나며, 농작물이 잘 자라지 못하고 식수와 산업에 쓸 물이 부족해지기 때문에 경제적인 타격을 입힌다. 녹조나 산불을 일으키기도 한다.

③ 폭 설

　　㉠ 의미 : 짧은 시간에 많은 눈이 내려 쌓이는 재해를 말한다.

　　㉡ 눈이 많이 내리는 지역인 울릉도, 소백산맥, 강원도 영동 지방에서 폭설 피해를 종종 겪곤 한다. 폭설로 교통이 마비되고 시설물이 눈의 무게를 이기지 못해 파괴되며, 산지 깊숙이 있는 마을은 고립되기도 한다.

④ 태 풍

　　㉠ 의미 : 여름과 초가을에 발생하는 열대성 저기압으로 강풍과 집중호우를 일으킨다.

　　㉡ 바다에서의 위력이 강해 해안 지방에서는 강풍으로 인한 해일로 피해를 입기도 하고, 주로 남동 쪽의 해안 지방에서 태풍으로 인한 피해가 큰 경우가 많다.

⑤ 황 사

　　㉠ 의미 : 중국과 몽골 내륙의 모래·미세먼지가 편서풍을 타고 우리나라의 대기를 덮는 현상이다.

　　㉡ 중국의 사막화가 주요 원인이며 과거엔 봄철에 주로 발생했으나 최근에는 가을과 겨울에도 황사가 날아오기도 한다.

⑥ 지형적 요인의 자연재해

　　㉠ 지형적 요인의 자연재해에는 지진과 화산 활동이 있다. 이 현상들은 지각과 맨틀로 구성된 판 운동으로 일어나며 판과 판이 충돌하고 분리되고 섭입될 때 이러한 현상이 일어난다.

　　㉡ 불의 고리라고 불리는 환태평양 조산대에서 큰 규모의 지진과 화산 활동이 일어난다.

(2) 우리나라의 기후 변화

① 기후 변화의 원인

　　㉠ 과거 : 과거에 한 지역의 기후가 변하는 원인은 태양과 지구의 거리가 변화하거나 태양 활동 자체의 변화가 있는 경우, 또는 지진과 화산 활동에 의해 일어났다.

　　㉡ 현대 : 산업화가 진행되면서 지형이 인공적으로 바뀌기도 하고, 삼림이 파괴되고 화석연료를 태우게 되면서 온실가스가 대량으로 발생되었다. 이 온실가스가 대기로 올라가 온실 효과를 극심하게 일으키면서 지구의 기온을 상승시켰다. 이로 인해 지난 100년이 넘는 시간 동안 지구의 평균 기온이 0.85℃ 높아지는 지구 온난화 현상이 일어났다.

② 기후 변화의 영향

　　㉠ 지구 온난화로 해수면이 상승하고 가뭄과 산불 등 자연재해가 일어나면서 인류의 생존에도 큰 위협이 가해지게 되었다.

　　㉡ 도시 지역에서는 태양열이 도시로 들어와 빠져나가지 못하고 갇히는 열섬 현상이 일어났다. 이로써 도시의 기온이 주변 지역보다 더 높아지는 현상이 벌어졌다.

　　㉢ 기온의 상승으로 꽃의 개화 시기가 비정상적으로 당겨지며, 해수 온도의 상승 때문에 한류성 어종이 줄어들고 난류성 어종이 늘어나게 됐다.

(3) 자연환경과 인간의 공존

① 지속 가능한 관계 : 산업화에 따른 지구 온난화가 발생하고 자연재해가 빈번해지면서 국제 사회는 인간과 자연의 지속 가능한 관계를 도모하기 시작했다. 그리하여 경제 성장, 사회 통합, 환경 보전이 균형을 이루는 지속 가능한 발전 계획을 수립했다. 국제 사회는 유엔 기후변화협약을 채택하고, 온실 가스의 배출량을 줄이기 위해 1997년에 교토 의정서를 의결했다. 이후에는 2015년 파리 협정을 통해 지구의 평균 기온 상승을 억제할 구체적인 계획을 세웠다.

04 | 거주 공간의 변화와 지역 개발

1. 촌락의 변화와 도시 발달

(1) 촌락의 변화

① 전통적 촌락의 입지 : 사람들이 모여 사는 촌락은 예부터 농경지를 조성하고 이에 사용할 물, 자원 등을 확보하기 용이한 곳에 형성되었다. 산을 등에 지고 겨울의 차가운 북서풍을 막아주며 남향의 배산임수 위치에 촌락이 주로 만들어졌다. 또한 교통이 흐름이 원활하고 외적의 침입을 방어할 수 있는 지역에 촌락이 형성되었다.

② 촌락의 인구 변화 : 1970년대 이후 산업화의 여파로 전통 촌락의 인구가 도시로 이동하는 이촌향도 현상이 일어났다. 전통 촌락과 도시의 경제적 양극화가 점차 심화되었으며, 촌락의 낮은 소득, 양질의 일자리 부재, 의료·문화 인프라 부족은 인구 유출을 가속화했다. 젊은 인구가 사라지고 노년 인구만 남아 심각한 고령화가 나타나기 시작했다. 또한 젊은 층이 유출되면서 노동력이 부족해져 외국인 근로자가 촌락으로 유입되는 현상이 일어나기도 했다. 또한 촌락의 기존 청장년층 적령기 인구는 남성 비율이 높아 혼인하기 어렵게 되고 결과적으로 국제결혼이 늘어나는 결과를 가져오기도 했다.

③ 촌락의 기능 변화 : 사회·경제적 변화로 본래 1차 산업 위주였던 촌락의 산업 경제는 2차와 3차로 확대되고 있다. 자연과 비교적 밀접한 촌락의 경관을 이용해 현대 도시인들에게 휴식처를 제공하고, 농어촌 체험의 장을 마련하고 있으며, 점차 사라져가는 전통문화를 경험할 수 있게 하고 있다. 또한 도시의 공산품과 서비스도 통신과 교통 시스템의 발달로 촌락에 제공되고 있다. 이렇듯 현재 촌락과 도시의 관계는 상호 보완적 관계라고 할 수 있다. 최근에는 촌락에 도시적 생활양식이 유입되면서 도시와 촌락의 특색이 결합된 도농복합시가 만들어지고 있다.

(2) 도시 발달과 도시 체계

① 도시 발달 과정

  ㉠ 도시화 : 우리나라의 도시화는 1960년대부터 빠르게 진행되었다. 산업화가 진행되면서 서울에 많은 인구가 몰리게 되었고, 서울이 성장하면서 외부의 다른 거점 지역도 차츰 몸집을 키우기 시작했다. 부산, 대구, 인천, 대전, 광주 등이 지방 중심도시로서 성장하기 시작했다. 70년대부터 도시 인구수가 촌락 인구수를 넘어서기 시작했고, 공업화 정책과 해외 수출이 활발해지면서 포항, 울산, 창원, 여수 등에 공업 도시가 세워졌다.

ⓒ 도시 체계 : 큰 도시부터 작은 도시까지 재화와 서비스, 인력이 서로 상호 작용하는 계층적 시스템을 도시 체계라 한다. 서울은 종주 도시화되어 다양한 국가적 기능과 인구가 밀집되어 있다. 이 서울을 중심으로 지방 대도시, 위성도시, 중소도시로 물자와 서비스의 흐름이 이어진다.

ⓒ 대도시 과밀화 완화 : 정부는 대도시에 인구가 몰리는 과밀화를 완화하기 위해 대도시 주변에 신도시를 조성하고 위성도시에 인구를 분산하는 정책을 시행했다. 또한 중앙의 행정·공공기관을 지방에 이전하는 혁신도시를 조성하기도 했다. 그러나 여전히 나머지 지방의 작은 도시들은 인구가 줄어드는 현상이 계속 되고 있다.

2. 도시 구조와 대도시권

(1) 도시의 내부 구조

① 도시 내부의 지역 분화

ⓒ 의미 : 도시 내부의 지역 분화란 도시가 성장하면서 도시 내의 작은 지역들이 각기 다른 특성을 갖게 되는 것을 말한다. 도시의 기능이 다양하고 복잡해지면서 각각의 기능에 특화된 지역이 나타나게 되는 것이다.

ⓒ 분화의 원인 : 접근성과 지대는 도시 내부 분화에 영향을 끼치는 요소에 해당한다. 접근성이 높은 도심은 지대와 지가도 높게 형성되어 이를 부담할 수 있는 상업과 업무 중심지가 형성된다. 그러나 도시 외곽으로 벗어날수록 지대와 지가도 낮아지기 때문에 시민들의 주거지와 공장 지대가 들어서게 된다. 도심에 상업·업무 기능이 집중되는 것을 집심 현상, 주거와 공업 기능이 외곽으로 밀려나가는 것을 이심 현상이라고 한다.

② 도시 내부의 구조

ⓒ 도심 : 지가와 지대가 비싼 도시 중심부에는 토지를 효율적으로 사용하기 위해 고층 건물이 주로 들어선다. 또한 중앙의 행정 기관과 백화점, 기업들이 들어서며 업무 지역을 형성하는데, 낮에는 많은 인구가 유입되지만 저녁에는 빠져나가는 인구 공동화 현상이 발생한다.

ⓒ 부도심 : 도심의 기능을 일부 분담하는 지역이다. 도심과 외곽의 중간점에 위치하며 도심에 모든 상업·업무 기능이 집중되는 것을 완화한다.

ⓒ 중간 지역 : 도심과 부도심을 벗어나 주거지와 학교, 공장들이 섞여 있는 지역이다. 안쪽에는 주거지와 학교, 바깥쪽에는 공장 지대가 위치하는 모습을 보인다. 재개발이 활발하게 진행되는 곳이기도 하다.

ⓒ 주변 지역 : 본래는 도시를 벗어난 농촌의 경관이었으나 최근에는 아파트 단지가 들어서고 녹지나 대형마트 등의 공간이 조성되면서 도시의 무분별한 팽창을 어느 정도 방지하고 있다.

(2) 대도시권의 확대

① 대도시권의 형성과 확대

㉠ 대도시권의 형성 : 대도시에 인구와 기능이 집중되어 성장하다가 과밀해지게 되면 대도시 주변으로 기능과 인구가 분산되기 시작한다. 그리하여 부족한 주택과 토지 문제, 환경 문제 등이 해소되기 시작하는데, 주변 도시로의 교통이 함께 발달하면서 대도시와 주변 도시들이 대도시권을 이루게 된다.

㉡ 대도시권의 확대 : 주변 도시들에는 위성도시와 계획적으로 조성된 신도시가 있는데, 이러한 주변 도시에 인구와 기능이 분산되며 이 지역에서도 서비스 산업과 상업이 발달하기 시작한다. 또한 주변 도시로 도로와 대중교통 같은 교통망이 확대되고, 공장 등의 설립으로 일자리도 함께 늘어나면서 대도시권은 점차 확대된다.

② 대도시권의 확대에 따른 외곽의 변화

㉠ 대도시권이 확대되면서 그 외곽 지역은 농경지 대신 비농경지가 늘어나기 시작한다. 이에 따라 농업은 대규모의 논밭 농사 대신 비닐하우스나 기타 시설을 이용한 시설 재배가 늘어난다. 아울러 양계·양돈·과수 재배 등 상업적 영농 비율이 증가한다.

㉡ 대도시권의 외곽 지역에 아웃렛 등 대형 상업 시설이나 물류 창고 시설·다양한 편의 시설이 세워진다.

㉢ 겸업농가 : 농경지가 줄어들고 산업 환경이 달라지면서 대도시 근교 농촌에서는 농업 이외의 산업에서 종사하거나 농업 외 수익을 얻는 겸업농가가 나타난다.

3. 도시 계획과 도시 재개발

(1) 도시 계획

① 도시 계획의 의미와 목적

㉠ 도시 계획 : 도시에 사는 거주민들이 쾌적한 삶을 살 수 있도록 주거 환경을 개선하고 도시의 기능을 합리적으로 배치하는 것이다. 주택과 기타 용도의 건물, 도로, 편의 시설과 설비 등을 종합적인 계획안을 세워 배치한다. 이러한 계획 없이 도시를 조성하게 되면 거주민들은 생활상 여러 가지 불편함을 느끼게 되고 토지 이용의 효율성도 낮아진다. 또한 도시가 제대로 성장할 수 없게 된다.

㉡ 우리나라의 도시 계획 : 1970년대부터 급속한 도시화로 주택과 기반 시설들이 부족한 현상이 나타나자, 도시의 지역별 용도를 상세히 나누고 개발 제한 지역을 정했다. 또 인구 증가에 대비해 신규 주택을 공급하는 등 도시 개발을 진행했다. 현재는 도시민의 실질적인 삶의 질 개선과 환경 보전에 대한 관심이 높아져 지속 가능한 도시를 만드는 계획으로 변모하고 있다. 아울러 언제 어디서든 첨단 기술과 정보를 활용해 도시민들에게 필요한 서비스를 제공하는 유비쿼터스 도시를 계획·운영하는데 힘을 다하고 있는 상황이다.

(2) 도시 재개발

① 도시 재개발의 유형과 목적

㉠ 도시 재개발 : 도시 내 주거·생활 환경이 열악한 지역의 건물을 해체하고 수리·개조하여 생활여건을 개선하는 사업이다. 대도시 성장 과정 중에 만들어진 주택과 인프라는 시간이 지나며 점차 노후화될 수밖에 없는데, 재개발을 통해 이 같은 현상을 개선하고 지역 경제도 활성화시킬 수 있다.

㉡ 도시 재개발의 유형

• 대상 지역에 따른 분류

– 도심 재개발 : 도심의 오래되어 기능이 약화된 건물이나 주거지역을 새롭고 쾌적한 상업·업무지구로 바꾸는 사업이다.

– 산업 지역 재개발 : 오래된 산업단지나 재래시장을 아파트형 공장이나 현대식 시장으로 개선시키는 사업이다.

– 주택 재개발 : 불량이나 노후화된 주택이나 주택 단지를 개선하는 사업이다. 저층 주택을 고층으로 세워 토지 효율을 높이고 쾌적한 주거 환경으로 조성한다.

• 시행 방법에 따른 분류

– 철거 재개발 : 기존 건물이나 단지를 전면 철거하여 새롭게 다시 건설하는 것이다.

– 보존 재개발 : 보존가치가 있는 역사·문화적 건물 또는 지역을 유지하면서 재개발하는 것이다.

– 수복 재개발 : 기존 건물의 골격은 유지하면서 수리가 필요한 곳만 부분적으로 재개발하는 것이다.

② 재개발의 영향

㉠ 재개발은 도시를 재생하고 기존 거주민의 생활을 개선시킬 수 있다. 그러나 단순히 건물을 재개발하는 것만이 아니라 주변 시설과 인프라가 이에 걸맞게 확충되지 않는다면 거주민의 불편이 이어질 수도 있다.

㉡ 재개발의 이익이 소수의 거주민에게만 돌아가는 경우가 있어 이로 인한 갈등이 불거지는 일도 있다. 많은 거주민들이 강제 이주되거나 재개발 분담금을 부담하기 어려워 재정착하지 못하고 다른 지역으로 밀려나는 때도 있다.

㉢ 재개발은 다양한 사회적 갈등과 문제를 야기할 수 있으므로 사전에 충분한 논의가 필요하며, 피해를 입게 될 거주민들이 없는지 세심히 살피려는 노력이 있어야 한다.

4. 지역 개발과 공간 불평등

(1) 지역 개발

① 지역 개발의 방법

㉠ 지역 개발 : 투자로써 지역의 잠재력을 살려 지역 주민의 삶을 개선하기 위한 활동이다.

㉡ 하향식 개발 : 불균형 개발 방식으로서 중앙 정부가 계획 실행한다. 성장 가능성이 높은 거점 지역에 집중적으로 투자하여 효율성을 높이는 방법이다. 거점 지역이 발전하면서 그 주변 지역에 이익을 내려 보내는 형태다. 한편으론 이익이 주변으로 내려가지 못하고 외려 거점 구역으로 더욱 집중되는 역류 효과가 일어날 수도 있다.

ⓒ 상향식 개발 : 지역 주민의 참여로 이루어지는 개발로 낙후된 주변 지역에 집중적으로 투자하는 방식이다. 지역 주민의 의견이 반영되고 지역의 특성을 잘 살릴 수 있으나, 효율이 낮고 지역 이기주의로 변질될 가능성이 있다.

② 우리나라의 지역 개발 과정

  ㉠ 제1차 국토 종합 개발 계획 : 1970년대 산업화와 맞물려 수도권과 남동 지역을 중심으로 성장 거점 개발이 이루어졌다. 이 때문에 지역 간 소득 격차가 나타나고 거점에 인구와 기능이 과밀화 되는 문제가 발생했다.

  ㉡ 제2차 국토 종합 개발 계획 : 1980년대 국토의 균형 발전을 위해 수립되었으며, 몇 군데의 거점 이 아닌 광역 개발로 국토의 다핵 구조를 형성시키려 했다.

  ㉢ 제3차 국토 종합 개발 계획 : 1990년대부터 지방을 육성하고 수도권에 인구와 기능이 몰리는 것을 막기 위해 실행했다. 신산업 지대를 지방에 유치하고 그 구조를 고도화하려 했다.

  ㉣ 제4차 국토 종합 개발 계획 : 2000년대에 들어 지역 균형 개발을 촉진하고 각 지역이 나름의 경쟁력을 갖출 수 있도록 하는 개발이 실행되었다.

  ㉤ 제4차 국토 종합 개발 수정 계획 : 2010년대 이후로 지역별 특화 발전에 더해 환경친화적인 국토 개발을 추진하고 있다.

(2) 지역 격차와 공간 불평등

① 수도권과 비수도권의 격차

  ㉠ 공간 불평등 : 수도권 위주의 개발이 시작되면서 수도권과 비수도권, 도시와 농촌 간의 격차와 이로 인한 불평등이 심화되었다. 수도권은 집값이 상승하고 주택이 부족하며 교통 혼잡을 빚는 문제가 발생했다. 이에 비해 비수도권은 인구와 노동력이 유출되고, 심각한 고령화, 경제 침체 등 다양한 문제에 직면했다.

  ㉡ 환경 불평등 : 도시의 발전과 산업 개발로 인해 환경오염 문제가 야기되었고, 이러한 환경오염의 피해를 비수도권과 농촌이 받고 있는 상황이다.

(3) 바람직한 지역 개발

① 균형 발전 전략 : 공간 불평등과 환경 불평등을 해소하기 위해서는 수도권과 비수도권이 균일하게 발전할 수 있는 균형 발전 전략이 수립되어야 한다. 생활환경이 협소하고 낙후된 비수도권에 투자하 여 인프라를 구축하고 사람들이 부족함과 불편함 없이 살 수 있는 환경을 만들어야 한다. 또한 수도 권의 산업과 일자리 등을 지방으로 분산시켜 자연스레 사람들이 비수도권으로 모여들 수 있도록 방안을 마련해야 한다. 농촌들 또한 자기 고장의 특색을 살려 인구를 끌어 모을 수 있는 산업과 서비스를 개발하도록 하는 자구책이 필요하다.

② 지속 가능한 국토의 조성 : 개발로 인한 환경오염을 해소하기 위해 지속 가능한 발전을 추구해야 한다. 지속 가능한 발전은 경제 성장과 사회 통합, 환경 보전을 균형 있게 추구하는 긍정적 기능이 있다. 경제 발전을 모색하면서도 지역 불균형을 타파해 사회 통합을 위해 노력해야 하고, 또 경제 발전 과정에서 친환경적인 수단을 고민하고 이용하는 것이 지속 가능한 발전이라 할 수 있겠다.

1. 자원의 의미와 자원 문제

(1) 자원의 특성과 분류

① 자원의 의미와 특성

  ㉠ 자원 : 인간이 자연에서 얻어 내어 유용하게 사용할 수 있는 것을 말한다. 기술적 개발이 가능하고 경제적 효용이 있어야 한다. 기술적 개발이 가능한 자원은 기술적 의미의 자원이고 이 중 경제성이 있는 것이 경제적 의미의 자원이다.

  ㉡ 특 성

  • 유한성 : 자원의 매장량이 한정되어 언젠가는 고갈된다는 것이다.

  • 편재성 : 자원은 지구 어디에나 고르게 분포되어 있지 않고, 특정 지역에 집중적으로 존재한다는 것이다. 자원의 편재성은 자원을 무기화하는 자원 민족주의를 유발할 가능성이 있다.

② 자원의 분류

  ㉠ 좁은 의미의 자원 : 석유, 석탄, 철광석 등의 천연자원이다.

  ㉡ 넓은 의미의 자원 : 천연자원을 포함한 사회 제도·예술 등의 문화적 자원, 노동력·기술 등의 인적 자원이다.

  ㉢ 재생 자원 : 지속적으로 공급·순환되는 자원으로 태양광, 수력, 풍력 등이 있다.

  ㉣ 비재생 자원 : 소비되는 속도보다 고갈되는 속도가 빨라 언젠가는 고갈될 수 있는 자원이다. 석유, 석탄 등이 해당된다.

(2) 자원의 공간 분포와 이용

① 광물 자원 : 우리나라에는 다양한 광물 자원이 매장되어 있으나, 양이 적고 품질이 낮아 실질적으로 이용하기는 어렵다. 그래서 대부분의 자원 수요를 외국에 의존하고 있는 실정이다. 그러나 고령토, 석회석 등의 비금속 광물의 매장량은 풍부한 편이라 이러한 비금속 광물의 수요는 국내가 높다.

  ㉠ 철광석 : 철광석은 제철 공업에 주로 이용된다. 우리나라의 철광석은 대부분이 북한 지역에 매장되어 있어 우리나라는 대개 수입에 의존하는 편이다. 특수강 제작에 이용되는 텅스텐도 과거에는 강원도 영동 일대에서 생산한 바 있으나 현재는 저렴한 중국산의 영향으로 생산량이 급감했다.

  ㉡ 석회석 : 석회석은 시멘트의 주원료가 되며 강원도 남부와 충청북도 북부에 상당량이 매장되어 있다.

  ㉢ 고령토 : 경상남도 서부에 품질 좋은 고령토가 많이 매장되어 있으며 도자기, 화장품 등의 생산에 주로 이용된다.

② 에너지 자원 : 에너지 자원에는 석탄과 석유, 천연가스 등이 있다. 우리나라에게 가장 많이 생산되는 에너지 자원은 무연탄이며 강원도 남부 등의 지역에서 상당량이 생산되었다.

  ㉠ 석탄 : 석탄은 1960년대부터 가정과 산업의 에너지원으로 각광받았으나, 이후 석유와 천연가스의 사용 증가로 쇠퇴하기 시작했고 1989년에는 정부의 석탄 산업 합리화 정책으로 대부분 탄광이 폐쇄되었다.

ⓒ 석유 : 가장 많이 소비되는 에너지원으로 연료와 화학 공업 원료로 사용된다. 우리나라는 대부분 수입하여 사용하고 있다.

ⓒ 천연가스 : 석탄과 석유보다 온실가스 배출량이 적어 소비량이 많이 늘어났다. 현재도 대부분 수입하여 쓰고 있지만, 2014년부터 울산 바다 가스전에서 소량 생산하여 사용하고 있다.

③ **전력 자원** : 화력 발전, 수력 발전, 원자력 발전 등이 주가 되며 우리나라의 경우 화력과 원자력 발전으로 대부분의 전력을 생산하고 있다.

ⓞ 화력 발전 : 화석연료를 연소시켜 전기를 생산하는 방식이다. 건설비용과 시간이 적게 든다는 장점이 있으나, 연료비가 많이 들고 대기오염 물질 배출이 많다는 단점이 있다. 수도권과 서해안, 남동 임해 지역에 주로 분포한다.

ⓒ 수력 발전 : 물의 낙하 에너지를 이용해 전기를 생산하는 방식이다. 연료비가 거의 들지 않고 오염 물질 배출도 거의 없다는 장점이 있다. 그러나 건설비용이 많이 들고 댐을 건설하면 주변 자연환경을 파괴할 수 있다는 우려가 있다. 안정적 전력 수급도 어려운 편이다.

ⓒ 원자력 발전 : 적은 양의 원자로 대량의 전기를 생산할 수 있다. 그러나 발전소 건설비용과 시간이 많이 들고 냉각수를 확보하기 쉬운 곳에 건설해야 하며, 방사능 유출의 위험성도 배제할 수 없다.

(3) 자원 문제와 대책

① **자원 문제** : 산업이 발전하고 생활수준이 높아질수록 우리나라의 자원 소비량은 늘어나고 있다. 그러나 이를 충당하기 위해 수입에 매우 의존하고 있어 문제가 된다. 특히 자원의 가격은 국제 정세에 따라 변동이 심해 우리나라는 이에 따른 영향을 받을 수밖에 없는 입장이다. 또한 자원 고갈과 더불어 자원을 소비하면서 유발되는 환경오염도 간과할 수 없는 문제다.

② **자원 문제를 해결하기 위한 대책** : 무엇보다 자원을 절약하고 재활용하려는 노력이 선행되어야 한다. 또한 자원을 적게 사용하고도 효율이 높은 에너지 절약형 산업을 계속적으로 육성하려는 시도를 해야 한다. 기존 화석연료를 대체할 신재생에너지의 개발도 시급한 과제다. 또 자원의 안정적 수입을 위해 수입처를 늘리고 해외 자원을 개발하려는 노력도 국가적으로 해나가야만 한다.

2. 농업의 변화와 농촌 문제

(1) 농업의 변화

① **산업화와 농업 구조의 변화**

ⓞ 농업 비중 감소 : 과거에는 농업이 국가산업에 차지하는 비중이 컸으나, 산업화의 영향으로 그 비중이 점차 줄어들게 되었다. 더욱이 이촌향도 현상으로 농촌 인구가 급격히 감소하게 되면서 농촌은 고령화와 인력 부족, 경지 이용률 감소 등을 겪으며 국가 전체의 농업 비중도 함께 줄어들었다.

ⓒ 영농의 기계화 : 농업 인구가 감소하자 가구당 경지 면적이 증가하였고, 인력을 충당하기 위해 영농의 기계화가 진행되었다. 이 과정에서 영농 조합이나 농업 회사가 늘어나기도 했다.

ⓒ 상업적 농업 : 국민 소득이 증가하고 생활양식이 변화하면서 주식인 쌀의 소비가 줄어들고 채소나 육류 등의 소비가 늘어났다. 이에 따라 채소, 과일, 특용 작물을 재배하는 상업적 농업이 발달하고 있다. 이뿐만 아니라 농업 기술이 발전하면서 온실과 비닐하우스를 활용하는 시설 재배 비중이 높아지고 있고, 농산물을 가공하는 공장과 사업체도 증가하고 있다.

② 세계화와 농업 구조의 변화 : 세계무역기구(WTO)가 1995년에 출범한 이후 농산물 시장이 개방되었다. 또한 자유무역협정(FTA)의 체결로 외국의 값싼 농산물들이 국내 시장에 수입되면서 국내 농가의 어려움이 가중되었다. 아울러 농산물 수확량은 증가했지만 소비량은 감소하고 있어, 국산 곡물뿐 아니라 식량 작물의 자급률도 함께 줄고 있는 실정이다.

(2) 농업 문제와 해결 방안

① 농업 경쟁력 강화

ⓐ 농산물의 고급화 전략 : 수입 농산물과 차별화하여 국산 친환경 농산물 재배를 확대할 필요가 있다. 또한 지역적 특색을 살려 지리적 표시제를 확대하고, 생산지와 소비지를 원활하게 연결하는 직거래 등의 유통 시스템의 개선도 필요하다. 농산물의 브랜드화와 로컬푸드 운동과 같이 우리 농산물의 브랜드 가치를 높이려는 노력 또한 있어야 한다.

ⓑ 농업 구조 다각화 : 새로운 작물과 재배 방식을 도입하고 농업이라는 산업의 특색을 살려 경관 농업·체험 관광 등의 신선한 서비스 상품을 개발해야 한다.

3. 공업 발달과 지역 변화

(1) 공업 발달과 공업 구조의 고도화

① 공업 구조의 변화 과정

ⓐ 1960년대 : 경제개발 5개년 계획이 추진되며 공업이 본격적으로 발전하기 시작했다. 이 당시에는 섬유 등의 노동 집약적 경공업이 서울·부산 같은 대도시를 중심으로 발달했다.

ⓑ 1970년대 : 자본 집약적 중화학 공업이 성장하기 시작했다. 철강·금속·기계 등의 공업이 발달하게 되어 원료의 수입과 제품 수출이 용이한 남동 임해 지역에서 주로 성장했다.

ⓒ 1980년대 : 자동차와 조선 등의 자본·기술 집약적인 중화학 공업이 성장하며 국가 경쟁력을 갖췄다.

ⓓ 1990년대 : 부가가치가 높은 반도체, 컴퓨터, 신소재 등의 지식·기술 집약적인 첨단 산업이 빠르게 성장했다.

ⓔ 2000년대 이후 : 제조업 비중이 점차 감소하며 탈공업화가 진행 중에 있고, 신소재·생명공학 등 신기술 융합 산업이 성장하고 있다.

② 우리나라 공업의 특색

ⓐ 공업 구조의 고도화 : 우리나라의 공업은 경공업에서 중화학 공업 첨단 산업으로 그 수준이 점차 고도화되었다. 다만 이 과정에서 원료의 수입과 완성품의 수출이 용이한 남동 임해 지역에 공업 투자가 집중되면서 지역 불균형을 유발하기도 했다. 또한 원료를 수입하고 가공해 제품을 수출하는 가공 무역이 주가 되어, 원자재 가격 변동에 민감할 수밖에 없다.

ⓛ 공업의 이중 구조 : 대기업에 투자가 집중되어 사업체 수는 중소기업이 훨씬 많으나 생산 이익은 대기업이 더 많이 가져가는 공업의 이중 구조가 형성되었다.

(2) 공업의 입지와 지역 변화

① 공업의 입지 요인 : 공업이 입지하게 되는 요인에는 자연적 요인과 사회적 요인이 있다. 자연적 요인에는 해당 지역의 지형과 원료 등이 있고, 사회적 요인에는 노동력과 시장, 유통 구조, 집적 이익 등의 사회적 요인이 있다. 그러나 공업은 기본적으로 생산비가 적게 드는 곳에 입지하게 되는데, 원료비와 인건비, 유통비 등이 전체 생산비에 영향을 미친다.

② 공업의 입지 유형 : 공업 구조가 바뀌고 기술과 유통 시스템이 발전하게 되면 공업의 입지도 변화하게 된다. 교통환경이 낙후되었던 과거에는 생산비에서 운송비가 차지하는 비중이 높았으나 교통의 발달로 최근에는 사정이 달라졌다. 현재는 소비자의 요구, 정부의 정책, 친환경 등이 공업 입지에 영향을 끼치고 있다. 또한 공업 입지가 기능별로 분리되기도 하는데 연구개발을 하는 본사는 대도시에, 생산 공간은 지방에 위치하는 공간적 분업이 일어나기도 한다.

ⓖ 운송비의 최소화 : 원료 지향 공업, 시장 지향 공업, 적환지 지향 공업

ⓛ 노동비 절감 : 노동력 지향 공업

ⓒ 집적 이익의 최대화 : 집적 지향 공업

(3) 공업 지역의 변화와 주민 생활

① 지역 경관 : 지역에 공업 지역이 들어서게 되면 도로 확충, 주거지 확대 등으로 지역 경관에도 변화가 오게 된다. 본래 농촌 경관이었던 곳이 공장의 건설로 도시 경관으로 바뀌기도 한다. 그러나 반면에 공장이 한 지역에 몰리면서 발생하는 집적 불이익으로 공장들이 다른 곳으로 이전하게 되면 인구가 유출되고 인프라도 생명을 잃는 등 지역이 활력을 잃기도 한다.

② 주민 생활 : 공업이 들어서면 해당 지역의 주민 생활도 크게 변화하게 된다. 공장 지대의 형성으로 일자리와 인구가 늘어나고 주택이 들어서며 교육·보육·문화 등 관련 인프라가 조성된다. 이로써 지역 경제가 활성화되는 이점이 있다. 그러나 마찬가지로 공장이 이전하거나 경영 악화로 사업을 접을 경우 인구가 유출되어 지역 경제가 활력을 잃게 될 수 있다.

4. 교통·통신의 발달과 서비스업의 변화

(1) 상업 및 서비스 산업의 입지

① 상업의 발달과 입지

ⓖ 상업 : 생산과 소비를 연결하는 여러 가지 유통 활동이다. 과거에는 상품과 상품을 가치에 따라 맞교환하는 물물교환이 일어났으나 점차 5일장 등의 정기 시장이 생겨났다. 현재는 교통 발달과 생활수준의 향상으로 상품 수요가 늘어나면서 상설 시장이 주를 이루고 있다.

ⓛ 상업 입지 : 소비자의 행동 특성은 상업 입지를 결정하는 가장 큰 요인이다. 소비자와 물리적으로 가까운 곳에 상업 시설이 들어서는 경향이 있다. 또한 상품의 종류에 따라 소비자의 이동 형태는 달라지는데 가벼운 생필품은 가까운 상업 시설을 이용하고, 자동차나 대형 가전제품 등

은 상대적으로 먼 시설을 이용한다. 참고로 상업 시설이 운영되기 위해서는 재화가 소비자에 전달되는 도달 범위가 소비자의 최소 요구치보다 커야 한다.

② **탈공업화와 서비스 산업** : 우리나라는 첨단 기술의 발전과 정보화 사회를 맞으면서 점차 탈공업화하는 경향을 보였다. 지식 기반의 정보화 산업이 발전하기 시작하면서 이에 부합하는 서비스 산업의 비중이 커지기 시작했다. 제조업이라는 노동력과 자본 중심의 산업에서 지식 중심의 산업으로 바뀌기 시작한 것이다.

③ **서비스 산업의 입지**

　㉠ 소비자 서비스업 : 개인 소비자가 이용하는 서비스업으로 도·소매업, 음식업, 숙박업 등이 있다. 소비자 서비스업은 소비자의 이동거리를 최소화하고 경쟁 과열을 막기 위해 소비자에 가까이 입지하고 업체들도 되도록 흩어져서 입지하는 경우가 많다.

　㉡ 생산자 서비스업 : 생산자가 이용하는 서비스업으로 금융, 보험, 법률, 광고 등이 있다. 기업과 자주 접촉해야 하기 때문에 대도시에 큰 규모로 집적하는 경우가 많다. 해당 지역의 경제 활성화와 고용 창출에 영향을 끼친다.

(2) 교통·통신의 발달과 생산·소비 공간 변화

① **교통의 발달** : 경제가 성장하면서 교통수단이 개발·개선되고 고속도로 등 교통망이 확충되었다. 그리하여 지역 간 접근성이 높아져 물자와 인구의 교류가 활발해졌다.

　㉠ 1960년대 : 경부고속도로 건설을 시작으로 전국적인 도로망이 구축되어 여객과 화물을 빠르게 실어 나를 수 있게 되었다.

　㉡ 1970년대 : 서울, 부산 등의 대도시에 지하철이 개통되면서 대도시 교통난을 해소하게 되었으며 고속도로 건설로 잠시 주춤했던 철도가 다시 발달하는 계기가 되었다.

　㉢ 국제 무역 : 평택과 광양 등 국제 무역을 위한 무역항에서 수출입이 활발하게 이루어지고 있으며, 2001년 개장한 인천국제공항은 동북아의 허브 공항으로서 운영되고 있다.

② **교통의 발달과 생산·소비 공간 변화** : 교통이 발달하게 되면 지역 사이의 교류가 늘어나므로 인구와 기능이 집중되어 생활권이 확대될 수 있다. 보통 대도시의 교통이 다면화되어 있고 편리하므로 대도시에 인구와 기능이 과밀화되는데, 이는 교통 혼잡과 지가의 상승으로 이어진다. 그러면 교통이 편리한 다른 지역에 다시 인구와 기능이 집중되는 공간의 재조직이 이루어진다. 그러나 한편 교통이 불편한 지역은 인구와 기능이 계속해서 소외되는 지역 간 격차가 발생하기도 한다.

③ **통신의 발달과 생산·소비 공간 변화** : 정보통신 기술이 발달하고 컴퓨터와 스마트폰을 이용해 시공간의 제약 없이 통신을 할 수 있게 되면서 생산·소비 공간도 변화하고 있다. 전자 상거래가 활성화되면서 소비자는 생산자에게 직접 이동하지 않아도 언제든지 상품을 고르고 구입할 수 있다. 한편 생산자는 매장의 임대료와 인건비를 절감할 수 있게 됐다. 이러한 유·무선 전자 상거래의 발달은 상품을 배송하는 배달 산업의 발전을 함께 이끌게 되었다.

1. 인구 분포와 인구 구조의 변화

(1) 우리나라의 인구 분포

① 우리나라의 인구 성장

㉠ 자연적 증감과 사회적 증감 : 자연적 증감은 출생자 수와 사망자 수의 차이이며, 사회적 증감은 전입자 수와 전출자 수의 차이이다.

㉡ 우리나라는 조선 시대까지 출생자 수와 사망자 수가 모두 높아 인구 성장률이 낮았다. 이후 의학이 발달하면서 영아 사망률을 비롯한 사망률이 낮아졌다. 광복 이후에는 재외 국민이 귀국하며 인구가 늘어났고, 6·25 전쟁 이후 베이비붐으로 인구가 폭발적으로 증가했다. 1960년대부터는 산아 제한 정책으로 출생률이 내려갔으며 90년대부터는 출생률과 사망률이 모두 낮아져 성장이 둔화되었다. 최근에는 출생률이 지나치게 낮아져 출산 장려 정책을 시행하고 있다.

㉢ 인구 구조도 시대에 따라 달라졌다. 과거에는 남아 선호 사상의 영향으로 남성의 비율이 높았지만, 현재는 여성 인구가 남성 인구보다 더 많다. 연령별로는 과거에는 출생률과 사망률이 모두 높아 피라미드형이었지만, 점차 두 비율이 낮아지면서 종형으로 바뀌었다. 미래에는 출산율이 더 낮아지고, 고령화가 심화되면서 방추형이 될 것으로 예상된다. 더 자세히 살펴보면 유소년과 청장년층은 감소하고 있고 노년층은 증가하고 있다. 아울러 도시에서의 청장년층의 비율이 높으며 농어촌에서는 노년층의 비율이 높게 나타난다.

② 우리나라의 인구 분포

㉠ 인구 분포에 영향을 미치는 요인

- 자연적 요인 : 기후, 지형, 토양, 자원 등
- 사회·경제적 요인 : 교통, 산업, 문화, 교육, 복지 등

㉡ 인구 분포

- 과거에 인구 분포는 자연적 요인의 영향을 주로 받았다. 경지가 많고 따뜻한 기후인 남서부 지역은 많은 인구가 분포했고, 혹독하고 긴 겨울 추위가 이어지는 북동부 산간 지대에는 인구 분포가 낮았다.
- 1960년대 산업화가 이루어지면서 대도시와 공업 지대를 중심으로 인구가 늘어나기 시작했다. 특히 수도권의 인구 밀집도가 높은데, 국토 전체 면적의 12%에 불과한 수도권에 인구 절반이 거주하고 있다. 또한 부산, 대구, 광주 등 지방 대도시와 남동 임해 지역에 많은 인구가 살고 있다. 이에 비해 태백·소백산맥의 산간 지대와 농어촌 지역에는 상대적으로 적은 인구가 살고 있다.

2. 인구 문제와 공간 변화

(1) 낮은 출산율과 증가하는 노년층

① 저출산

　　㉠ 우리나라의 합계출산율은 1960년대 산아 제한 정책 시행 이후로 꾸준히 감소하고 있다. 이러한 경향은 점차 심각해져 2018년부터는 합계출산율 1.0명 이하의 초저출산 현상이 나타나고 있다. 현재 저출산과 고령화 현상은 우리나라의 중대한 사회 문제로서 거론되고 있다.

　　㉡ 여성의 사회진출 확대, 미혼 인구의 증가, 초혼 연령의 상승, 결혼과 출산에 대한 가치관의 변화가 저출산의 원인이라고 할 수 있다. 또한 자녀 육아의 물질적 · 시간적 비용에 대한 부담이 출산 기피 현상으로도 이어지고 있다. 저출산은 경제활동인구의 감소로 연결돼 국가 경쟁력에 악영향을 끼칠 수 있다.

　　㉢ 해결 방안 : 결혼 적령기의 남성과 여성이 결혼과 출산을 할 수 있는 경제 · 사회적 분위기를 마련해야 한다. 임신과 출산 · 양육에 대한 국가적 차원의 경제적 지원과 자유로운 육아휴직 제도 같은 정책적 지원도 필요하다.

② 고령화

　　㉠ 고령화는 의학의 발달로 인해 사망률이 감소하고 기대 수명이 증가하면서 빠른 속도로 진행되고 있다.

　　㉡ 고령화는 노인 인구 부양비용을 증가시켜 국가 경제에 부담을 주게 된다. 노인 세대를 부양해야 하는 청장년층과 미래 세대의 부담으로도 이어져 세대 갈등이 촉발될 수 있다. 또한 생산력과 노동력 감소를 가져와 경제 발전에 지장을 일으키고 활력을 떨어뜨린다. 노령 세대 또한 소득 불안으로 삶의 질이 낮아질 위험이 있다.

　　㉢ 해결 방안 : 기초 연금과 같은 공적 연금 제도를 강화하고, 노령층을 위한 편의 시설 확충 등 복지 정책을 펴야 한다. 아울러 노령층이 경제적 어려움에 허덕이지 않도록 일자리 등 경제적 뒷받침을 해주어야 한다.

3. 외국인 이주와 다문화 공간

(1) 외국인 이주자 유입과 다문화 가정의 증가

① 우리나라의 외국인 현황 : 세계화와 함께 우리나라도 국제 사회에 진입하면서 노동 시장도 개방되었다. 이에 따라 외국인 노동자가 유입되었고, 국제결혼도 활성화되었다. 2015년을 기준으로 우리나라에 체류하는 외국인은 전체 인구의 3.7%를 차지한다. 외국인 근로자 인구는 일자리가 많은 수도권에 많이 분포하고 있으며, 국제결혼 인구는 농어촌에도 많이 거주하고 있다.

② 외국인 노동자의 유입 : 1990년대부터 경제 발전과 함께 국민의 생활수준도 높아지면서 3D 업종을 기피하는 현상이 나타나기 시작했다. 이에 따라 저임금의 외국인 노동자가 유입되었고, 최근에는 다국적 기업이 국내에 진출하기 시작하면서 금융과 IT, 개발 부문에서 고소득 · 고학력의 외국인 노동자도 유입되고 있는 상황이다.

③ 국제결혼과 다문화 가정 : 1980년대부터 농촌 인구가 감소하고 결혼 적령기 성비가 불균형해지기 시작했다. 90년대부터는 이에 대한 대안으로 국제결혼이 추진되었고, 이를 중개하는 업체도 설립되면서 국제결혼이 증가하게 되었다. 또한 외국인에 대한 거부감이 약화되고 결혼에 대한 가치관이 변화하면서 국제결혼 성사에 영향을 끼쳤다. 외국인 근로자의 유입과 국제결혼의 성장으로 우리나라도 다문화 사회로 점차 진입하고 있다.

(2) 다문화 사회의 형성

① 다문화 공간의 증가 : 국내 체류 외국인과 다문화 가정이 증가하면서 이들이 공동체를 이루는 다문화 공간도 확대되고 있다. 안산시 원곡동의 국경 없는 마을, 이태원동 이슬람 중앙성원 마을 등이 다문화 공동체의 사례다.

② 다문화 사회의 영향 : 다문화 사회는 저렴한 노동력을 제공하여 경제 성장에 영향을 끼치고 있다. 또한 저출산·고령화의 한 가지 대안으로도 평가되고 있으며, 다양한 문화적 교류를 일으키기도 한다. 반면 외국인 근로자와 국내 근로자의 일자리 경쟁이 일어나고 있으며, 외국인에 대한 인종 차별 등 인종주의가 갈등을 유발하고 있다. 또한 다문화 가정의 자녀들이 성장하며 정체성에 혼란을 겪는 경우도 있어 우리 사회가 해결해야 할 과제로도 지목되고 있다.

---

07   대한민국의 지역 이해

1. 지역의 의미와 지역 구분

(1) 지역의 의미

① 지역 : 지역은 주변 다른 곳과 지리적 특성이 구분되는 공간적 범위를 말한다. 자연환경과 인문환경 등의 여러 지리적 특성의 분포에 따라 구분된다. 지역의 고유한 특성을 지역성이라고 한다. 지역성은 지역 내의 자연적·문화적 특색이 오랜 세월 상호 작용하여 형성된 그 지역만의 독특한 성격이다. 이 지역성은 시간이 지날수록 교통이 발달하고 인구와 물자가 교환되면서 바뀌기도 한다.

② 지역 구분의 유형

㉠ 동질 지역 : 특정한 지리적 현상이 동일하게 분포하는 공간적 범위다. 기후 지역, 농업 지역, 문화권 등이 있다.

㉡ 기능 지역 : 중심의 기능이 주변에 미치는 범위에 따라 나타난다. 상권과 통근권, 통학권 등이 있다.

㉢ 점이 지역 : 서로 인접한 지역의 특징이 섞여 나타나는 지역이다. 문화권과 언어권의 경계 지역에서 나타난다.

(2) 우리나라의 다양한 지역 구분

① **우리나라의 지역 구분** : 지역을 구분하는 기준은 자연환경과 인문적 환경이 될 수 있다. 과거에는 주로 산맥, 골짜기, 하천 등 자연환경을 기준으로 지역을 구분했다. 지역은 북부・중부・남부 지역으로 구분하기도 하고, 행정구역에 따라 경기・충청・전라・경상・강원・황해・평안・함경도의 8개 지역으로 나눌 수도 있다. 남한에서는 수도권, 충청권, 호남권, 영남권, 강원권, 제주권의 6개의 권역으로 나누기도 한다. 현재 남한의 행정구역은 1특별시, 6광역시, 6도, 3특별자치도, 1특별자치시로 구분한다.

2. 북한 지역의 특성과 통일 국토의 미래

(1) 북한 지역의 자연환경

① **북한의 지형** : 북한은 남한보다 산지와 고원이 많고 평야의 비율이 적다. 북동부 지역에는 험준한 산세가 이어지며, 백두산을 비롯해 개마고원이 위치하고 있다. 낭림산맥이 남북으로 길게 뻗어 있으며, 서쪽보다 동쪽의 산지의 규모와 밀도가 높다. 서쪽의 해발 고도가 낮아 두만강을 제외하고 대동강, 압록강, 청천강 등의 대하천은 서해로 흐르고 서쪽에 평야가 발달했다.

② **북한의 기후** : 북한은 대륙의 영향을 받아 대륙성 기후가 나타난다. 연교차가 크고 내륙의 산지 지형일수록 겨울이 춥다. 산과 지형의 영향으로 동해안이 서해안보다 겨울철 기온이 높다. 연 강수량은 600mm ~ 1,500mm 정도로 남한보다 적고, 지형별로 강수량의 차이가 크다. 동해안의 원산, 청천강 중・상류 지역은 다우지, 대동강 북부 내륙, 관북 해안 지역 등은 소우지에 속한다.

(2) 자연환경과 주민 생활

① **주민 생활** : 서해안의 평야 지대를 제외하고 산지와 구릉을 개간해 농경지를 조성했다. 강수량이 적어 대체적으로 논농사보다는 보리, 콩, 옥수수, 감자 등 밭농사를 중심을 하고 있다. 남한보다 기온이 낮은 편이라 김장 시기가 더 빠르며, 냉혹한 관북 지방에서는 열 보존을 위해 폐쇄적인 가옥 구조가 발달했다.

② **자원** : 여러 지질 구조가 분포한 북한에는 다양한 지하자원이 매장되어 있다. 특히 광물자원의 매장량이 세계적인데 흑연과 텅스텐, 마그네사이트 등이 매장되어 있다. 이는 북한 경제의 중요한 기반이다. 북한은 수력 발전과 화력 발전으로 전력을 생산하고 있으며, 낙차가 큰 산지가 많아 수력 발전이 유리한 편이다.

(3) 북한의 인문환경

① **북한의 인구와 도시 분포** : 북한의 국토 면적은 남한보다 넓으나 인구 밀도는 낮다. 북한 인구는 2024년 2,624만명 정도로 남한의 절반 수준이다. 북한은 1960년대까지 높은 인구 증가율을 기록했으나, 이후 공업화의 영향으로 여성 인력을 필요로 하게 되면서 출산 제한 정책을 펼쳤다. 1990년대 중반 이후부터는 극심한 경제난으로 출산율이 낮아지고 영아 사망률은 증가했다. 현재는 노동력 확보를 위해 출산 장려 정책을 펴고 있다. 인구 분포는 평양을 중심으로 한 평안도 등 서쪽 지역에 전체 인구의 절반 가까이가 거주하고 있다. 총 인구의 절반 이상은 도시 지역에 분포되어 있어, 북한 또한 농어촌의 노동력 부족 문제가 존재한다.

② 북한의 도시 : 북한의 수도인 평양에는 300만 명이 넘는 인구가 살고 있으며 북한의 정치·경제 중심지이다. 서쪽을 중심으로 신의주, 남포, 개성 등과 같은 큰 도시가 발달해 있다. 한편 동쪽의 관북 지방에는 동해안을 따라 청진, 원산이 공업 도시로 자리를 잡고 있다.

③ 북한의 교통 : 북한의 교통망 또한 서부의 평야 지역을 중심으로 발달해있고, 동부에는 해안선을 따라 교통망이 분포되어 있다. 북한의 교통은 철도가 주류를 이루고 있고, 도로와 해운은 보조적인 역할을 하고 있다. 도로는 주로 단거리 운송과 철도역과 주변 지역을 잇는 수단으로 사용되고 있다. 북한에는 8개의 무역항이 있는데 나진과 선봉, 청진 등에 위치하고 있다.

④ 북한의 산업 : 1960년대에는 강력한 중화학 공업 우선 정책을 펼쳐 경제 성장을 이룩했으나, 반면 경공업이 낙후되면서 산업 간 불균형에 빠졌다. 90년대에는 극심한 경제 위기를 맞아 제조업이 약화되었고 잇따라 중화학 공업의 비중도 축소됐다. 북한은 주로 농업·수산업·광공업 등 1차와 2차 산업의 비중이 높고, 서비스업의 비중이 낮아 주민들의 기본적인 생활에 불편을 야기하고 있다. 공업 지역은 관서·관북의 해안을 따라 평양, 남포, 신의주, 함흥 등에 분포하고 있다.

(4) 북한의 개방 정책과 통일 국토의 미래

① 북한의 개방 정책

㉠ 나진·선봉 경제특구 지정 : 1990년 사회주의 경제권이 붕괴하고 산업 교류망이 단절되면서 북한도 대외 경제 개방 정책을 펼치기 시작했다. 북한은 1991년 나진·선봉을 경제특구로 지정하고 국제와 경제적 교류를 시도하였으나, 제도적 기반이 부족하고 간접 자본도 미비하여 외국 자본이 거의 유치되지 못했다.

㉡ 신의주 특별행정구 : 중국의 경제 개방 정책을 모방하여 외국 자본을 유치하려 했으나 성공하지 못했다.

㉢ 개성 공업지구와 금강산 관광특구 : 남한이 단독으로 자본을 들여 투자·개발하려 했으나 현재는 중단된 상태다.

㉣ 북한은 이후에도 꾸준히 경제특구를 지정하여 경제 개방을 시도하였으나 국제 관계가 악화되고, 물류 체계의 낙후와 기반 시설도 열악해 외국 자본 유치에 좀처럼 성공하지 못하고 있다.

② 남북한의 교류와 통일 국토의 미래

㉠ 남북한의 교류 : 남북한의 교류와 협력은 1970년대부터 시작되었고, 80년대 후반부터 안정적으로 이루어질 제도적 기반을 마련했다. 남북의 교류는 단순 상품에서 시작하여 위탁 가공, 직접 투자, 인도적 물자 지원, 사회·문화적 교류로 이어졌다.

㉡ 통일 국토의 미래 : 통일은 국토와 인구가 늘어나는 측면 외에도 남한의 자본력·기술력과 북한의 노동력과 지하자원이 결합하여 국가 경쟁력을 높이는 기회가 될 수 있다. 또한 한반도의 지리적 특성상 해안과 대륙으로 함께 진출할 수 있는 통로가 마련되어, 태평양 지역부터 아시아, 유럽을 연결하는 물류·교통·경제의 중심지로 부상할 수 있다. 이에 통일을 위한 정책·제도적 기반을 마련하고, 적합한 인재 육성과 통일에 대한 당위성과 의식을 고취하는 것이 필요하다.

3. 인구와 산업이 집중된 수도권

(1) 수도권의 지역 특성

① 수도권의 범위 : 우리나라의 수도권은 조선 시대 한양에 도읍이 세워지면서부터 정치적 중심지 역할을 해왔다. 현재 우리나라의 수도권은 행정구역상 서울특별시, 경기도, 인천광역시 등 3개의 지역으로 구분된다. 이 세 지역은 하나의 거대한 대도시권으로 생산·소비 활동, 주거 기능 등 생활 여건이 통합되어 있다.

② 인구와 산업의 중심지 : 수도권은 정치·경제·문화적으로 우리나라의 중심지 역할을 한다. 중앙 행정 기관과 금융 기관, 주요 대기업, 언론사 등이 수도권에 집중되어 있고, 교통망도 수도권을 중심으로 연결되어 어느 지역이든 접근성이 좋다. 그래서 수도권 면적은 우리나라의 12%에 불과하나 전체 인구의 절반 정도가 수도권에 몰려 있다.

(2) 수도권의 공간 구조 변화

① 경제적 공간 구조

    ㉠ 1960년대 : 수도권은 한반도의 중심부에 있는데다가 항구도 가까워 수출입이 용이하다. 1960년 대부터 서울과 인천 지역에 경인 공업 단지를 개발하게 되었다.

    ㉡ 1970년대 : 경인 지역의 제조업이 지가 상승으로 서울 주변 지역으로 분산되기 시작했다.

    ㉢ 1980년대 : 인천의 남동공단, 경기도 안산의 반월·시화공단 등 수도권 외각에 산업 시설들이 조성되었다.

    ㉣ 1990년대 : 3차 산업 비중이 증가하는 탈공업화가 진행되었다.

    ㉤ 2000년대 이후 : 지식 기반의 정보통신 기술과 서비스업이 빠르게 성장하고 있다. 또한 기술 집약적 첨단 산업 중심으로 빠르게 변화하였다. 산업 구조가 고도화되면서 경기도에는 넓은 공장 부지를 요구하는 지식 기반 제조업이 들어서고, 서울에는 지식 기반 서비스업을 제공하는 고급 인력의 기업들이 집적되는 형태로 분화되었다.

② 수도권의 문화 : 수도권에는 서울을 중심으로 문화적 기능이 집중되어 있다. 전통을 가진 문화 시설들이 곳곳에 들어서 있다. 자본을 바탕으로 공연장과 경기장, 전시장 등이 서울과 경기도 일대에 새롭고 꾸준히 조성되며 국가의 문화 산업을 이끌고 있다.

(3) 수도권이 당면한 문제와 해결책

① 수도권의 당면 문제 : 대표적으로 주택과 교통 문제가 있다. 주택의 공급이 인구 증가를 따라가지 못해 주택 가격이 극심하게 상승했다. 차량의 증가로 교통 체증이 심각하고 주차 공간의 부족도 무시할 수 없는 상황이다. 많은 인구가 살면서 발생되는 대기 오염과 소음, 쓰레기 배출과 처리 등 환경오염도 당면한 문제다. 도시에서 배출되는 미세먼지 또한 환경 문제를 가중시키는 요인 중 하나다.

② 수도권 문제 해결 방안 : 수도권이 당면한 문제들은 인구 과밀로 인한 측면이 높다. 그러므로 과도하게 집중된 인구를 주변 지역으로 분산시킬 필요가 있다. 수도권과 그 주변 지역의 교통 등 접근성을 확충하고 주변 지역에 생활에 필요한 인프라를 조성하는 등 정부의 노력이 필요하다. 정부는 이에 발맞춰 혁신도시를 건설해 공공기관을 지방으로 이전하고 세종특별자치시에 청사를 마련하는 등 행정 기능을 분담하고 있다.

4. 동서 차이가 뚜렷한 강원 지방

(1) 영동·영서 지역의 특성

① **영동·영서 지역의 구분** : 동쪽으로 태백산맥이 위치한 강원도는 전체적으로 동고서저의 지형을 갖고 있다. 태백산맥을 중심으로 동쪽은 영동, 서쪽은 영서라고 한다. 태백산맥에는 설악산과 오대산 등 우리나라를 대표하는 명산이 위치하고 있으며, 대관령·미시령·한계령 등 이름난 고개가 있다. 특히 과거부터 사람의 통행이 빈번했던 대관령을 기준으로 영동과 영서를 구분했다.

② **영동·영서 지역의 차이**

ㄱ 영동 : 영동 지역은 평지가 적고 해안을 따라 작은 규모의 평지가 위치해 있다. 태백산맥이 겨울철 차가운 북서풍을 막아주기 때문에 영서 지역보다는 비교적 따뜻한 편이고, 여름에는 동해의 영향으로 시원하다. 바다와 인접해 있어 예부터 오징어, 명태 등 해산물을 이용한 음식이 발달했다.

ㄴ 영서 : 산지와 고원이 산재해 있으며 여름철에는 덥고 겨울철에는 대륙성 기후 덕분에 춥다. 논농사보다는 밭농사가 중심이 되었으며 감자, 옥수수 등 밭에서 나는 작물을 이용한 음식이 주를 이룬다.

(2) 강원도의 산업 구조와 주민 생활

① **강원도의 산업 구조** : 강원도는 태백산 일대의 영월, 정선, 태백 등에 석회석과 무연탄 매장량이 상당해 산업화 과정에서 큰 역할을 해왔다. 그러나 국내 최대의 광업 지역으로 성장한 강원 지방은 1989년의 석탄 산업 합리화 정책으로 타격을 입었다. 광산이 폐쇄되면서 지역 경제가 침체됐고 인구도 줄었다. 2000년대 이후에는 폐광을 관광지로 개발하고, 눈이 많이 내리는 지역 특색을 활용해 스키를 즐기는 리조트 등을 건설해 지역 경제를 살리려 했다.

② **강원도의 산업 구조 변화** : 강원도는 이렇듯 기존의 광업, 임업 중심의 산업에서 관광업 중심의 산업 경제로 변화하고 있다. 산과 바다를 두루 갖고 있어 사시사철 즐길 수 있는 관광지로 유명하다. 또 겨울 스포츠를 즐길 수 있는 리조트를 건설하고 관련 축제를 개최해 관광객을 끌어 모으고 있다. 아울러 이러한 관광 서비스업에 종사하는 전문 인력들도 늘어나고 있는 추세다.

5. 빠르게 성장하는 충청 지방

(1) 교통의 중심지 충청 지방

① **과거** : 충청 지방은 남한의 중심에 자리하고 있어 수도권과 경상도, 강원도, 전라도와 모두 인접해 있다. 예부터 충청 지방은 도읍과 각 지방을 연결하는 교통의 중심지였고 물자도 활발히 교류되었다. 과거에는 강경과 부여, 공주를 중심으로 하천 교통이 주가 되었으나 철도가 세워지면서 하천 교통은 쇠퇴했다.

② **현재** : 충청도의 지역 중 대전에 철도역이 들어오게 되었고, 이에 따라 인구가 유입되기 시작했다. 그리하여 대전은 충청을 대표하는 대도시로 성장하게 된다. 충청은 현재 많은 고속국도 노선이 지나는 교통 흐름의 중심이자, 철도의 중심지로 위상을 높이게 됐다.

(2) 충청 지방의 지역 구조 변화

① **충청 지방의 공업 발달** : 정부의 국토 균일 발달 정책에 힘입어 수도권과 가까운 충청 지방은 수도권에서 이탈하는 공업 기능을 흡수하고 있다. 충청남도 당진・서산・아산, 충청북도 진천과 음성 지역에 제조업 공장들이 들어서면서 관련 종사자도 늘어나고 있다.

② **고속국도 개통** : 서해안 고속국도의 개통으로 수도권과의 접근성이 향상되면서 당진에는 제철소가 세워지고 아산에는 자동차 산업이 발달하게 되었다. 충주는 기업 도시로 지정되었고, 보령은 갯벌을 이용한 지역축제로 유명하다. 또한 경부고속국도를 따라 대덕연구단지와 오송생명과학단지가 조성되어 생명공학 기술의 중심지로 떠올랐다. 충청남도 아산과 당진 일대와 이 일대와 가까운 경기도 평택・화성 일대에 황해경제자유구역이 세워지기도 했다.

③ **충청 지방의 도시 성장** : 세종특별자치시가 혁신도시로 건설되어 수도권에 집중되었던 중앙 행정 기능을 분담하게 되었다. 세종뿐 아니라 충청북도 진천과 음성 일대에도 혁신도시가 건설되어 국가의 균형 발전에 이바지할 것으로 기대된다.

6. 다양한 산업이 발달하는 호남 지방

(1) 호남 지방의 농지 개간과 간척 사업

① **호남의 농지 개간** : 평야가 발달한 호남 지방은 과거부터 벼농사가 주로 이루어졌고 현재도 가장 많은 벼를 생산하고 있다. 일제강점기부터 농지 개간이 이루어져 대규모의 벼농사가 시작되었다.

② **호남의 간척 사업** : 1965년 계화도 간척지는 섬진강 댐 건설로 삶의 터전을 잃게 된 주민들을 위해 건설되었으며, 방조제 안쪽에 드넓은 경작지를 조성할 수 있었다. 이 경작지에서 재배된 벼는 국가의 식량 생산을 늘리는데 크게 기여했다. 호남은 김제시 광활면, 영산강 하구 등 여러 지역에 간척지를 만들어 농경지와 산업단지를 확대했다. 또한 1991년 시작한 새만금 간척 사업은 우리나라의 최대 간척 사업으로 현재도 일부 진행 중이며, 군산 일대부터 부안 일대의 바다를 메워 글로벌 자유무역 중심지로 만드는 사업이다.

(2) 호남 지방의 산업 구조의 변화

① **호남 지방의 산업** : 호남은 농업의 대표 지방으로 벼농사 등의 1차 산업이 활발하게 이루어지고 있다. 국내의 쌀 생산량 중 30%를 차지한다. 호남은 수도권과 영남보다 공업화는 미진했으나, 1970년대 여수에 석유화학산업단지가 건설되었고, 1980년 광양제철소가 건설되어 공업화에 박차를 가했다. 90년대 이후에는 대불국가산업단지, 군산국가산업단지가 조성되면서 대중국 교역 확대를 목표로 제조업을 크게 육성하였다.

② **호남 지방의 발전 방향** : 호남은 풍부한 문화유산과 자연환경을 바탕으로 관광 산업을 발달시키고 있다. 지리산과 덕유산, 내장산, 다도해 등 수려한 자연경관을 보유하고 있으며, 갯벌과 습지는 자연 생태 체험의 장으로도 손꼽히고 있다. 뿐만 아니라 새만금과 광양 일대에 조성된 경제자유구역, 혁신도시로 지정된 전주와 나주가 호남 지방의 산업개발을 이끌어 갈 것으로 기대된다.

7. 공업과 함께 발달한 영남 지방

(1) 영남 지방의 공간 구조

① **영남의 인구 분포** : 영남 지방은 북서쪽의 소백산맥과 동쪽의 태백산맥 사이로 흐르는 낙동강이 젖줄이 되었다. 영남 지방의 인구는 이 낙동강 중·상류에 위치한 안동과 상주 등에 중심적으로 분포되었고, 이후에는 내륙과 해안에 산업단지가 조성되면서 이쪽으로 인구가 몰리게 됐다. 반면 교통이 불편한 산지 중심의 경상북도 북부와 서부는 인구 유출로 고령화 현상을 겪었다.

② **영남의 산업 분포** : 수도권과 함께 우리나라의 공업 발전을 이끈 영남 지방은 1960년대부터 부산과 대구를 중심으로 경공업이 발달했다. 1970년대부터는 영남에 대형 산업단지가 조성되어 주변 지역의 인구를 끌어들였다. 영남 내륙은 노동력이 풍부하고 교통이 편리해 이를 바탕으로 성장하게 되었고, 바다와 맞닿은 남동 해안 지방에는 중화학 공업단지가 세워졌다. 포항은 우리나라 제철 공업의 대명사가 되었고, 울산은 조선과 자동차·석유, 창원은 기계, 거제는 조선 산업으로 유명한 도시가 되었다. 1990년대 이후 대구와 부산 등 대도시 주변으로 위성도시가 발달하여 이 지역으로도 인구가 몰리게 되었다.

(2) 영남 지방 주요 도시의 특성

① **영남 지방의 주요 대도시**

ㄱ) **부산** : 우리나라 제2의 도시인 부산은 1970년부터 80년대까지 신발제조 산업이 발달하며 성장했으나 90년대 이후 침체를 겪었다. 그러나 부산은 우리나라의 최대 무역항으로서 물류 산업을 발전시켰고, 동북아시아의 물류 거점으로서 그 기능이 강화되어 왔다. 또한 국제영화제의 개최와 함께 문화·관광을 중심으로 한 콘텐츠 산업 개발에 힘을 다하고 있다.

ㄴ) **대구** : 섬유 공업이 강세였던 대구는 섬유 공업의 쇠퇴로 지역 경쟁력이 약화되었다. 현재는 섬유 공업의 첨단화와 함께 자동차 부품과 금속 등 고부가가치를 가진 산업 육성에 힘쓰고 있다. 또한 패션과 문화 산업 발전에 힘을 다하고 있고, 첨단의료복합단지의 유치와 대구 테크노폴리스 조성으로 첨단 산업 도시를 목표로 달리고 있다.

ㄷ) **울산** : 영남의 대표 공업 도시인 울산은 조선과 자동차·정유 등 중화학 공업단지가 들어서면서 인구가 증가했고 1997년 광역시로 승격되었다. 현재는 정보통신 기술을 활용해 전지와 원자력, 정밀 화학 등 새로운 산업을 성장시키는 데 힘쓰고 있다.

ㄹ) **창원** : 기계 공업단지가 조성되고 경남도청이 창원으로 이전되면서 공업 도시이자 행정 도시로도 성장했다. 2010년에는 진해와 마산을 통합하며 인구 100만 명이 넘는 영남에서도 손꼽히는 대도시가 되었다.

② **영남 지방의 주요 문화 도시**

ㄱ) **경주** : 과거 신라의 수도였던 경주는 우리나라의 대표적인 문화관광 도시로 신라와 불교의 문화 유적이 많이 자리 잡고 있다. 불국사를 비롯해 석굴암, 경주역사유적지구, 양동마을이 유네스코 세계문화유산으로 지정되어 그 역사·문화적 가치를 인정받고 있다.

ㄴ) **안동** : 우리나라 유교 문화를 엿볼 수 있는 대표적 관광지로 유교와 관련된 문화유산을 풍부하게 보유하고 있다. 고택, 서원, 향교 등 유교 유적지뿐 아니라 우리의 전통문화를 체험할 수 있는 교육의 장으로도 각광받아 왔다.

8. 세계적인 관광지로 발전하는 제주도

(1) 세계적인 관광지인 제주도의 매력

① **제주도의 자연환경** : 신생대 때의 화산 활동으로 생성된 제주도는 다양하고 독특한 화산 지형을 많이 갖고 있다. 화산 분출로 솟아오른 중심의 한라산과 그 주위 곳곳으로 기생화산인 오름이 위치하고 있어 독특한 경관을 선사한다. 용암 동굴과 주상절리 등 육지에서는 접할 수 없는 특색 있는 화산 지형도 관광객들을 끌어 모으고 있다. 한라산의 정상부터 저지대를 따라 분포한 다양한 식생들 또한 제주도만이 가진 관광자원적인 특색이다. 다채로운 자연환경 덕분에 제주도는 2002년 생물권 보전지역과 2007년 세계자연유산, 2010년에 세계지질공원으로 지정됐다.

② **자연환경을 반영한 문화** : 화산섬으로 현무암이 풍부한 제주도는 현무암을 건축 재료로 사용하기도 하고, 또 현무암을 조각해 만든 돌하르방은 제주도를 상징하는 존재로서 기능하고 있다. 주생활을 보면 바람이 강하게 부는 제주도에서는 가옥 지붕을 유선형으로 만들고, 줄을 이어 바둑판 모양으로 단단히 고정하기도 한다. 바람으로 인한 피해를 막기 위해 현무암을 쌓아 돌담을 만드는데, 이러한 문화 또한 제주도의 풍경을 독특하게 꾸미는 요소 중 하나다. 또 돌담 곁으로 난 올레길이 관광코스로도 개발되어 관광객들에게 특별한 재미를 선사한다.

(2) 제주도의 지역 발전 현안과 전망

① **제주도의 인구와 산업 발달** : 제주도는 2006년 제주특별자치도로 승격되어 싱가포르와 홍콩 같은 국제 자유 도시로 발전하고 있다. 제주도의 인구는 꾸준히 늘고 있는데, 이는 3차 산업을 비롯한 관광 산업의 발달뿐 아니라 자연환경이 뛰어난 살기 좋은 지역이라는 인식이 형성되어 인구를 끌어 모으고 있기 때문이다.

② **제주도의 발전 방향** : 인구와 관광객이 늘어남에 따라 제주도는 환경오염과 난개발 등 부작용도 겪고 있다. 이를 방지하기 위해 무분별한 개발을 막는 제도적 장치를 마련하고 환경오염 물질 배출을 최소화하려 노력하고 있다. 또 의료 관광이나 마이스 산업 같은 고부가가치 산업을 육성하는 등 새로운 성장 동력을 키우기 위해 힘쓰고 있다.

01 다음 자료는 조선 시대 지리지의 일부이다. 이에 대한 옳은 설명을 〈보기〉에서 고른 것은? (단, (가), (나)는 〈택리지〉, 〈신증동국여지승람〉 중 하나다.)

> (가) 영암의 동남쪽 바닷가에 있는 여덟 고을은 풍속이 거의 비슷하다. 그중에도 ㉠ 해남과 강진은 탐라에서 바다를 건너오는 길목이라서, 말·소·귤·유자 등을 통해 소득을 올린다.
>
> (나) 동쪽으로 경상도 풍기군 경계까지 29리이고, 남쪽으로 경상도 예천군 경계까지 36리이고, 북쪽으로 제천현 경계까지 52리이고…
>
> [군명] 적산(赤山)·적성(赤城)·단산(丹山)
>
> [형승] 이작(李作)의 기(記)에 "㉡ 단양은 옛 고을이라 산수가 기이하고 빼어났으니…"

보기

ㄱ. (가)는 가거지의 조건을 제시하였다.
ㄴ. (나)는 국가 주도로 제작되었다.
ㄷ. (가)는 (나)보다 제작 시기가 이르다.
ㄹ. ㉠은 ㉡보다 고위도에 위치한다.

---

① ㄱ, ㄴ   ② ㄱ, ㄷ
③ ㄴ, ㄷ   ④ ㄴ, ㄹ
⑤ ㄷ, ㄹ

해설

(가)는 조선 후기 이중환에 의해 제작된 〈택리지〉, (나)는 조선 전기 국가 주도로 제작된 〈신증동국여지승람〉이다. 이중환은 〈택리지〉에서 가거지의 조건으로 지리, 생리, 인심, 산수의 네 가지 조건을 제시하였다.

02 다음 글은 조선 시대에 제작된 지도에 대한 것이다. (가), (나) 지도에 대한 옳은 설명을 〈보기〉에서 고른 것은?

> (가) 정상기가 제작하였고, 8장의 지도를 합치면 전국 지도가 되는 분첩 지도로 전체 크기가 약 1.4m×2.7m이다. 100리를 1척으로 하는 백리척(百里尺)을 사용하였다.
>
> (나) 김정호가 제작하였고 남북 22층, 동서 19면으로 구성된 분첩 절첩식 지도다. 10리마다 방점을 찍어 거리를 표현하였으며, 필요한 부분만 찍어 낼 수 있는 방식으로 제작되었다.

보기

ㄱ. (가)는 목판으로 제작되었다.
ㄴ. (나)는 지도표를 사용하였다.
ㄷ. (가)는 (나)보다 제작 시기가 이르다.
ㄹ. (나)는 (가)보다 실제 거리를 더 축소해서 표현하였다.

① ㄱ, ㄴ   ② ㄱ, ㄷ
③ ㄴ, ㄷ   ④ ㄴ, ㄹ
⑤ ㄷ, ㄹ

해설

(가)는 조선 후기 정상기가 제작한 〈동국대지도〉, (나)는 김정호가 제작한 〈대동여지도〉이다.
ㄴ. (나) 〈대동여지도〉는 지도표(범례)를 활용하여 각종 지리 정보를 좁은 지면에 효과적으로 표현하였다.
ㄷ. (가) 〈동국대지도〉는 우리나라 최초로 백리척이라는 축척을 사용하였고, 〈대동여지도〉에서도 이를 활용하였으므로 시기적으로는 〈동국대지도〉가 〈대동여지도〉보다 먼저 제작되었다.

03 다음 글의 ㉠ ~ ㉢에 대한 설명으로 옳은 것은?

> 제주도의 남서쪽에는 ㉠ 마라도가 있다. 이 섬은 전체가 남북으로 긴 타원형이고, 해안은 기암절벽을 이루고 있다. 마라도에서 약 149km 떨어져 있는 곳에는 ㉡ 이어도가 있는데, 이곳 주변 해역에는 조기, 갈치 등 다양한 어종이 서식하고 있다.
> 울릉도에서 약 87km 떨어진 곳에는 과거 우산도 등으로 불리던 ㉢ 독도가 있다. 이 섬은 희귀 동식물이 서식하고 있고 천연 보호 구역으로 지정되어 있으며, 전략적 가치도 매우 높다.

① ㉠에는 종합해양과학기지가 설치되어 있다.
② ㉡은 국토의 최남단에 위치한다.
③ ㉢은 영해 설정 시 통상 기선이 적용된다.
④ ㉠은 ㉢보다 일출 시각이 이르다.
⑤ ㉠ ~ ㉢은 모두 사람이 살지 않는 무인도이다.

해설

독도는 우리나라 영토 중 가장 동쪽에 위치한 섬이다. 독도 주변 해역의 영해 설정에는 통상 기선이 적용된다.

04 다음 자료는 지도에 표시된 네 지역의 지리 정보이다. (가) ~ (라) 지역에 대한 설명으로 옳은 것은?

지역	지리 정보
(가)	• 천연기념물 제336호로 지정 • 동도, 서도와 89개의 부속 도서로 구성
(나)	• 압록강 하구에 위치한 섬으로 〈동국여지승람〉에 '마도'로 소개
(다)	• 두만강이 흐르며, 옌볜 조선족 자치구가 있는 북간도와의 접경지
(라)	• 면적 약 0.3km², 해안선 길이 약 4.2km² • 제주도 모슬포항에서 남쪽으로 약 11km 떨어져 있는 화산섬

① (라)는 파랑도라고도 불린다.

② (가)는 (나)보다 태양이 남중하는 시각이 이르다.

③ (나)는 (다)보다 우리나라 표준 경선과의 최단 거리가 가깝다.

④ (라)는 (다)보다 기온의 연교차가 크다.

⑤ 영해 설정에 (라)는 통상 기선이 적용된다.

해설

자료는 우리나라의 4극에 관한 것으로 (가)는 최동단인 독도, (나)는 최서단인 마안도(비단섬), (다)는 최북단인 유원진, (라)는 최남단인 마라도이다. 독도는 마안도보다 태양의 남중 시각이 이르다.

05 다음 자료에 대한 옳은 설명을 〈보기〉에서 고른 것은?

> • ___A___ 은/는 중생대에 일어난 격렬했던 지각 운동으로, 중국 방향의 지질 구조선 형성과 ㉠ 대
> 보 화강암 관입에 영향을 주었다.
> • ___B___ 은/는 신생대에 일어난 비대칭 융기 운동으로, 해발 고도가 높고 연속성이 뚜렷한 ㉡ 태
> 백산맥과 함경산맥 형성에 영향을 주었다.

> **보기**
> ㄱ. A는 북부 지방을 중심으로 일어났다.
> ㄴ. B의 영향으로 동고서저의 경동 지형이 형성되었다.
> ㄷ. ㉠이 기반암인 산지는 주로 흙산이다.
> ㄹ. ㉡은 1차 산맥으로 분류된다.

① ㄱ, ㄴ ② ㄱ, ㄷ
③ ㄴ, ㄷ ④ ㄴ, ㄹ
⑤ ㄷ, ㄹ

해설
A는 대보 조산 운동, B는 경동성 요곡 운동이다. 경동성 요곡 운동의 영향으로 경동 지형이 형성되었고, 태백산맥, 함경산맥과 같은 1차 산맥이 만들어졌다.

06 다음 글은 한반도의 지각 운동에 대한 것이다. ㉠ ~ ㉤에 대한 설명으로 옳지 않은 것은?

> 고생대까지 안정을 유지하던 한반도는 중생대에 이르러 세 차례의 지각 변동이 일어났다. 중생대
> 초기에 일어난 ㉠ 송림 변동은 한반도 북부 지방을 중심으로 영향을 미쳤다. 중기에 일어난 ㉡ 대보
> 조산 운동은 한반도 전체에 영향을 주었으며 대규모 마그마의 관입으로 ㉢ 화강암이 형성되었다.
> 후기에 경상 분지 지역에서는 불국사 변동이 일어났다. 신생대 제3기에는 ㉣ 경동성 요곡 운동이
> 일어나 ㉤ 동고서저의 지형이 형성되었다.

① ㉠은 낭림산맥과 같은 1차 산맥을 형성시켰다.
② ㉡은 중국 방향의 지질 구조선을 형성시켰다.
③ ㉢이 기반암으로 이루어진 산지에서는 돌산이 잘 나타난다.
④ ㉣은 고위 평탄면과 하안 단구 형성에 영향을 주었다.
⑤ ㉤의 영향으로 중부 지방의 대하천은 대부분 황해로 흐른다.

해설
송림 변동은 랴오둥 방향의 지질 구조선을, 대보 조산 운동은 중국 방향의 지질 구조선을 형성시켰다. 경동성 요곡 운동은 1차 산맥을 형성시켰고, 이후 차별 침식에 의해 2차 산맥이 형성되었다. 화강암이 기반암을 이룬 산지에서는 돌산이 잘 나타나며, 고위 평탄면과 하안 단구는 경동성 요곡 운동에 의해 형성된 융기 지형이다.

07 (가)에 대한 (나) 시기 자연환경의 상대적 특성으로 옳은 것은?

> (가) 약 1만 8천년 전, 바다가 물러나면서 황해는 육지가 되어 완전히 사라졌으며, 한반도와 제주도는 육지로 연결되었다.
>
> (나) 약 6천년 전, 해수면이 현재와 유사한 높이까지 상승하여 하천 하류부의 골짜기가 바닷물에 침수되면서 리아스 해안이 형성되었다.

① 연평균 기온이 낮다.
② 설악산의 해발 고도가 높다.
③ 냉대림의 분포 면적이 넓다.
④ 남해로 유입되는 하천의 길이가 짧다.
⑤ 화학적 풍화보다 물리적 풍화가 활발하다.

해설
(가)는 황해가 육지가 되고 한반도와 제주도가 육지로 연결된 시기이므로 최종 빙기이고, (나) 시기는 해수면이 상승하는 후빙기이다. ④ 후빙기 때는 최종 빙기 때에 비해 해수면이 상승하므로, 남해로 유입되는 하천의 길이가 짧다.

08 다음 글의 ㉠~㉤에 대한 옳은 설명만을 〈보기〉에서 있는 대로 고른 것은?

> 우리나라 대하천의 중·상류에는 산지 사이의 골짜기를 구불거리면서 흐르는 ┌㉠┐이/가 발달한다. ┌㉠┐ 주변에는 계단 모양의 지형인 ┌㉡┐이/가 나타나기도 한다. 반면 하천 중·하류에서는 충적 평야 위를 구불거리면서 흐르는 ┌㉢┐을/를 볼 수 있다. ┌㉢┐ 주변에서는 집중 호우 시 하천의 범람으로 형성된 ┌㉣┐을/를 흔히 볼 수 있고, 하천이 바다로 유입되는 하구 부근에는 유속의 감소로 쌓인 퇴적물이 ┌㉤┐을/를 형성하기도 한다.

보기
ㄱ. ㉠은 신생대 경동성 요곡 운동과 관련 있다.
ㄴ. ㉤은 조차가 큰 서해안에서 잘 발달한다.
ㄷ. ㉠은 ㉢에 비해 하방 침식이 우세하다.
ㄹ. ㉡은 ㉣에 비해 퇴적물의 평균 입자 크기가 크다.

① ㄱ, ㄴ
② ㄱ, ㄹ
③ ㄴ, ㄷ
④ ㄱ, ㄷ, ㄹ
⑤ ㄴ, ㄷ, ㄹ

해설
㉠은 감입 곡류 하천, ㉡은 하안 단구, ㉢은 자유 곡류 하천, ㉣은 범람원, ㉤은 삼각주이다.
ㄴ. 조차가 큰 서해안에서는 삼각주 발달이 불리하다.

09 표의 (가) ~ (다) 하천에 대한 옳은 설명을 〈보기〉에서 고른 것은? (단, (가) ~ (다)는 금강, 한강, 낙동강 중 하나다.)

하천명	하천 길이 (km)	유역 면적 (km^2)	유역 내 인구 (만 명)	용도별 이용 비율(%)		
				생활용수	공업용수	농업용수
(가)	510	23,384	670	25	18	57
(나)	494	35,770	2,089	60	6	34
(다)	398	9,912	338	33	7	60
섬진강	224	4,912	28	18	3	79
영산강	130	3,468	187	27	5	68

보기

ㄱ. (가) 하구에는 삼각주가 발달한다.
ㄴ. (나)는 황해로 유입되는 하천이다.
ㄷ. (다) 유역은 대부분 영남 지방에 위치한다.
ㄹ. (나), (다)의 하구에는 둑이 설치되어 있다.

① ㄱ, ㄴ
② ㄱ, ㄷ
③ ㄴ, ㄷ
④ ㄴ, ㄹ
⑤ ㄷ, ㄹ

해설

(가)는 하천 길이가 가장 길고 공업용수 비율이 높으므로 낙동강, (나)는 유역 면적이 가장 넓고 유역 내 인구가 가장 많으며 생활용수 비율이 높으므로 한강, (다)는 하천 길이가 짧고 유역 면적이 좁으며 농업용수 비율이 높으므로 금강에 해당한다.
ㄷ. 금강 유역은 주로 충청 지방에 위치한다.
ㄹ. 하굿둑은 금강, 낙동강, 영산강 하구에 설치되어 있다.

10 (가), (나) 지역에 대한 설명으로 옳은 것은? (단, (가), (나)의 하천은 동일한 하계망에 속한다.)

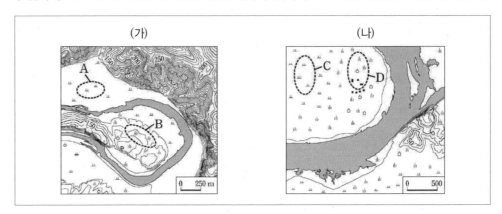

① (가)의 하천은 (나)의 하천보다 평균 유량이 많다.

② (나)의 하천은 (가)의 하천보다 하상의 해발 고도가 높다.

③ B에서는 둥근 모양의 자갈이 발견된다.

④ B는 A보다 범람에 의한 침수 가능성이 높다.

⑤ C의 토양은 D의 토양보다 배수가 양호하다.

해설

(가)는 하천 상류의 감입 곡류 하천을, (나)는 하천 하류의 자유 곡류 하천을 나타낸 것이다. B는 하천 상류 구간의 감입 곡류 하천 주변에 발달하는 하안 단구이다. 하안 단구는 과거 하천의 바닥이나 범람원이 지반의 융기 또는 해수면 하강으로 인해 하천 양안에 계단 모양으로 남은 지형으로 둥근 모양의 자갈을 흔히 볼 수 있다.

11 표는 권역별 세 해안 지형의 면적 비율을 나타낸 것이다. (가) ~ (다)에 대한 설명으로 옳은 것은? (단, (가) ~ (다)는 갯벌, 석호, 해안 사구 중 하나다.)

(단위 : %)

구 분	(가)	(나)	(다)
강원권	100.0	–	22.6
수도권	–	35.2	5.8
충청권	–	14.3	29.8
호남권	–	46.8	27.3
영남권	–	3.7	9.8
제주권	–	–	4.7
합 계	100.0	100.0	100.0

① (가)는 바람의 퇴적 작용으로 형성된다.
② (나)는 모래톱 지형인 사주의 형성으로 만들어진 호수이다.
③ (다)는 염전이나 양식장으로 이용된다.
④ (가)는 (나)보다 분포 면적이 넓다.
⑤ (나)는 (다)보다 퇴적물의 평균 입자 크기가 작다.

> **해설**
> (가)는 강원권에 분포하므로 석호, (나)는 수도권, 충청권, 호남권, 영남권에 나타나므로 갯벌, (다)는 모든 권역에서 나타나며 충청권, 호남권, 강원권이 차지하는 비중이 높으므로 해안 사구에 해당한다.
> ① 해안 사구는 바람의 퇴적 작용에 의해 형성된다.
> ② 석호는 사주의 발달 과정에서 형성된다.
> ③ 갯벌은 염전이나 양식장으로 이용된다.
> ④ 분포 면적은 갯벌이 석호보다 넓다.

12 다음 글의 (가)에 들어갈 내용으로 가장 적절한 것은?

> 저는 지난겨울 ○○ 동굴을 답사하였습니다. 동굴 천장에 매달려 있는 종유석, 동굴 바닥에 있는 석순 등은 수천, 수만년 동안 서서히 자랐기 때문에 나이테가 생겼다고 설명을 들었습니다. 이 지역의 기반암은 고생대 바다에서 형성되었다고 합니다. 이러한 기반암의 특성이 반영되어 이 지역은 _____(가)_____

① 대부분의 농경지가 논입니다.
② 흑갈색의 토양이 주로 분포합니다.
③ 주상절리로 이루어진 절벽이 나타납니다.
④ 공룡 발자국 화석이 여기저기서 발견됩니다.
⑤ 용식 작용으로 형성된 돌리네가 나타납니다.

해설
석회암 지대에는 지하수나 빗물에 의한 용식 작용이 활발하다. 이러한 작용으로 지하에는 석회 동굴, 지표에는 움푹 들어간 돌리네 등 카르스트 지형이 발달한다.

13 지도의 A ~ D에 대한 설명으로 옳은 것은?

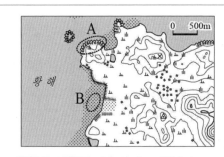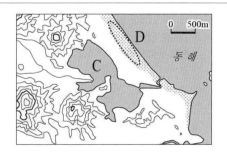

① A는 파랑 에너지가 분산되는 곳에서 잘 형성된다.
② B는 바람에 의해 운반된 모래가 퇴적된 지형이다.
③ C는 바닷물의 유입으로 면적이 점차 확대되고 있다.
④ D는 파랑과 연안류의 퇴적 작용으로 형성된다.
⑤ D는 B에 비해 퇴적물 중 모래의 비중이 낮다.

해설
A는 암석 해안, B는 갯벌, C는 석호, D는 사주이다.
① A는 파랑 에너지가 집중되는 곳에 발달한다.
② B는 조류의 퇴적 작용으로 형성된다. 바람에 의해 운반된 모래가 퇴적된 지형은 사구이다.
③ 석호는 하천에 의해 운반된 퇴적물이 지속적으로 쌓여 시간이 지남에 따라 호수의 면적이 점차 축소된다.
⑤ 사주는 모래의 비중이 높고, 갯벌은 점토질이다.

14 다음은 우리나라의 계절별 기후 특징을 정리한 것이다. ㉠ ~ ㉤에 대한 설명으로 옳은 것은?

계 절	기후 특징
봄	이동성 고기압과 저기압이 교대로 통과하고, ㉠ <u>꽃샘추위</u>가 나타난다. 대기가 건조하여 산불 발생 빈도가 높고, ㉡ <u>높새바람</u>이 분다.
장마철	6월 하순 경 남부 지방부터 장마가 시작되고, ㉢ <u>장마 전선</u>을 따라 다습한 남서 기류가 유입되면 집중호우가 발생한다.
한여름	고온 다습한 날씨가 지속되면서 열대야가 나타나고, 강한 햇볕에 의한 상승 기류가 발달할 때 국지적으로 ㉣ <u>소나기</u>가 내리기도 한다.
겨 울	시베리아 고기압의 주기적인 강약으로 기온 하강과 상승이 반복되며, 북서 계절풍이나 ㉤ <u>북동 기류</u>의 영향으로 일부 지역에 폭설이 발생한다.

① ㉠ – 오호츠크해 기단이 우리나라에 영향을 미칠 때 잘 나타난다.
② ㉡ – 시베리아 기단의 확장으로 영서 지방에 부는 강한 북서풍이다.
③ ㉢ – 한대 기단과 열대 기단이 만나 정체되어 형성된다.
④ ㉣ – 바람받이 사면에 부딪혀 발생하는 지형성 강수에 해당한다.
⑤ ㉤ – 주로 충청과 호남 서해안을 중심으로 발생한다.

해설
㉢의 장마 전선은 찬 성질의 한대 기단과 더운 성질의 열대 기단이 만나 정체되어 형성된다.

15 다음 자료는 (가) ~ (다) 기후 현상과 관련된 안전 생활 안내이다. 이에 대한 설명으로 옳은 것은? (단, (가) ~ (다)는 대설, 태풍, 황사 중 하나다.)

(가)	• 실외에서는 마스크를 착용한다. • 창문을 닫고 야외 활동을 줄인다. • 외출 후 손을 씻고 양치질을 잘한다.
(나)	• 외출 시 상습 침수 지역, 고압 전선 근처, 돌출된 간판을 피한다. • 강풍에 대비하여 유리창과 출입문을 닫는다.
(다)	• 미끄러지지 않는 신발을 신고, 주머니에서 손을 넣고 걷지 않는다. • 지붕 붕괴 위험이 있는 시설물에 들어가지 않는다.

① (가)에 의해 일사량이 증가하고 기온이 높아진다.
② (나)에 대비한 전통 가옥 시설에는 우데기가 있다.
③ (다)는 주로 열대 해상에서 발생해 우리나라로 이동한다.
④ (다)는 (나)보다 해일 피해를 유발하는 경우가 많다.
⑤ (가)는 봄, (다)는 겨울에 주로 발생한다.

해설
(가)는 황사, (나)는 태풍, (다)는 대설이다. 황사는 봄, 대설은 겨울에 주로 발생한다.

16 다음 중 ⊙ ~ ⑩에 대한 옳은 설명을 〈보기〉에서 고른 것은?

바람의 유형과 발생 원리

해안 지방에서 부는 ⊙ 해륙풍은 하루 동안 교대로 분다. 지표면의 온도가 해수면보다 빨리 올라가서 육지는 저기압이 되고 바다는 고기압이 되면 ⓒ 해풍이, 그 반대가 되면 ⓒ 육풍이 분다. 습윤한 바람이 바람받이 사면을 타고 충분이 상승하면 수증기가 응결하면서 ② 비가 내린다. 이후 산을 넘은 공기가 바람그늘 사면을 따라 하강할 때는 고온 건조한 성질의 바람으로 변화한다. 이러한 현상의 사례로 ⑩ 높새바람이 있다.

> **보기**
>
> ㄱ. ⊙은 흐린 날보다 맑은 날에 강하게 분다.
> ㄴ. 낮에는 주로 ⓒ이, 밤에는 주로 ⓒ이 분다.
> ㄷ. ②의 강수 유형은 대류성 강수이다.
> ㄹ. ⑩이 불 때 영동 지방은 영서 지방보다 기온이 높다.

① ㄱ, ㄴ   ② ㄱ, ㄷ
③ ㄴ, ㄷ   ④ ㄴ, ㄹ
⑤ ㄷ, ㄹ

> **해설**
>
> ㄱ. 흐린 날보다 맑은 날에 육지와 바다의 온도차에 따른 기압차가 크게 나타나기 때문에 해륙풍이 뚜렷하게 나타난다.
> ㄴ. 낮에는 지표면의 온도가 해수면보다 빨리 올라서 육지는 저기압이 되고 바다는 고기압이 된다. 이 때, 바람은 바다에서 육지로 불게 되는데 이를 해풍이라고 한다. 밤에는 반대로 바람이 육지에서 바다로 불게 되는데 이를 육풍이라고 한다.

17 그래프는 두 권역의 시·군 규모별 인구 구조를 나타낸 것이다. 이에 대한 옳은 설명을 〈보기〉에서 고른 것은? (단, (가), (나)는 수도권과 호남권 중 하나이고, A, B는 인구 규모 20만 명 이상 도시군, 20만 명 미만 도시군 중 하나다.)

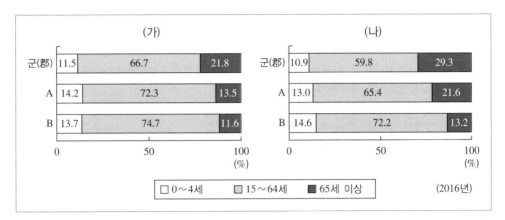

ㄱ. (가)는 (나)보다 도시 거주 인구 비율이 높다.
ㄴ. (나)는 (가)보다 총 부양비가 높다.
ㄷ. A는 B보다 인구 규모가 큰 도시군이다.
ㄹ. B에 속하는 도시 수는 (나)가 (가)보다 많다.

① ㄱ, ㄴ   ② ㄱ, ㄷ
③ ㄴ, ㄷ   ④ ㄴ, ㄹ
⑤ ㄷ, ㄹ

해설
(가)는 (나)보다 노년층 인구 비중이 낮으므로 수도권, (나)는 호남권이다. 수도권은 호남권보다 도시 거주 인구 비율이 높고, 호남권은 수도권보다 청장년층 인구 비중이 낮으므로 총 부양비가 높다.

18 다음 글의 (가) 기후 현상에 대한 설명으로 옳지 않은 것은?

> 우리나라 대기에 영향을 미치는 [(가)] 와/과 미세먼지는 성분과 크기로 구분될 수 있다. [(가)]
> 은/는 중국·몽골의 사막지대나 황토 고원에서 바람을 타고 날아온 흙먼지이고, 미세먼지는 일정
> 크기 이하의 입자들을 통칭한다. 그래서 [(가)] 이/가 발생하면 미세먼지 농도 역시 높아진다.
> [(가)] 은/는 삼국사기에도 기록될 만큼 오래전부터 있었던 자연 현상으로 최근 사막화로 발생 빈
> 도가 증가하고 있다. 반면 미세먼지는 주로 공장의 매연이나 자동차의 배기가스 등의 요인에 의해
> 농도가 높아지는 경우가 많다.

① 호흡기 질환의 발병률을 높인다.
② 여름철보다 봄철의 발생 빈도가 높다.
③ 각종 정밀 기기의 오작동 비율을 높인다.
④ 비닐하우스, 축사, 가옥 등의 붕괴 피해를 유발한다.
⑤ 편서풍의 영향을 받아 발원지에서 동쪽으로 이동한다.

해설
(가)는 황사이다. 황사는 주로 봄철에 편서풍의 영향으로 우리나라에 유입된다. 황사는 호흡기 질환의 발병률을 높이고,
각종 정밀 기기 등의 오작동 비율을 높인다.

19 (가), (나) 도시 재개발의 상대적 특성을 그림으로 나타낼 때, A, B에 들어갈 항목으로 옳은 것은?

(가)	□□ 마을은 노후 주택과 시가지를 모두 철거하고 새로운 주거 지역을 건립하는 재개발 방식을 채택하였다. 기존의 주거지는 대규모 아파트 단지로 바뀌었으며 도시 기반 시설이 새롭게 들어서면서 예전과 전혀 다른 모습으로 탈바꿈하였다.
(나)	○○ 마을은 주민들의 의사를 적극적으로 반영하는 재개발 방식을 채택하였다. 새로운 주거 시설을 신축하기보다 기존의 낡은 주택을 보수하고 부족한 생활 기반 시설을 보완하는 등 주민들의 생활환경 개선에 중점을 두어 마을을 재정비하였다.

※ 그림에서 '고'는 큼(높음), '저'는 작음(낮음)을 의미

```
고                     (가)
↑
A
↓
저                           (나)
    저 ← B → 고
```

	A	B
①	투입 자본 규모	거주민의 이주율
②	투입 자본 규모	기존 건물 활용도
③	거주민의 이주율	투입 자본 규모
④	기존 건물 활용도	투입 자본 규모
⑤	기존 건물 활용도	거주민의 이주율

(가)는 기존의 낡은 주택을 철거하고 대규모 아파트 단지를 건립하는 철거 재개발 방식이며, (나)는 주민들의 의사를 적극 반영하여 낡은 주택을 보수하고 부족한 시설을 보완하는 수복 재개발 방식이다. (가)는 (나)보다 투입 자본 규모가 크고 기존 건물 활용도는 낮으며 원주민의 이주율이 높다.

20 도시 내부 구조에 대한 내용을 보고 ㉠ ~ ㉤의 설명이 옳지 않은 것은?

> 〈도시 내부 구조〉
>
> • 도시 내 기능 지역 분화 : 도시 내부에서는 유사한 종류의 기능이 집적하거나 분산하는 과정을 통해 ㉠ 기능 지역 분화가 일어난다. 일반적으로 도시 내부는 기능별 ㉡ 지대 지불 능력의 차이에 따라 도심에서 외곽으로 갈수록 상업 지역, 공업 지역, 주거 지역으로 분화된다.
> • 도심의 특성
>   – ㉢ 중심 업무 기능의 집중
>   – 주거 및 공업 기능의 ㉣ 이심 현상
>   – ㉤ 인구 공동화 현상

① ㉠은 접근성과 지대의 차이에 따라 발생한다.
② ㉡은 도심에서 주거 기능이 상업 기능보다 대체로 높다.
③ ㉢으로는 대기업의 본사나 금융 기관의 본점이 있다.
④ ㉣은 도심에서 주변 지역으로 기능이 이전하는 현상이다.
⑤ ㉤은 도심의 상주 인구가 감소하고 주간 인구가 증가하는 현상이다.

도시 내 기능 지역 분화는 도시 내부가 기능에 따라 여러 지역으로 나뉘는 현상이다. 기능별 접근성, 지대의 차이에 따라 도시 내 기능 지역 분화가 일어난다. 도시의 중심부에 위치해 있는 도심은 접근성이 높은 대신 지대 및 지가가 비싸기 때문에 중심 업무 기능이 입지해 있다. 지대 지불 능력이 큰 중심 업무 기능은 도심에, 지대 지불 능력이 작은 공업 기능과 주거 기능은 주변 지역에 입지하는 경향이 있다.

21 표는 남한과 북한의 발전 현황을 나타낸 것이다. 이에 대한 설명으로 옳은 것은? (단, A와 B는 남한과 북한 중 하나이며, (가) ~ (다)는 수력, 원자력, 화력 중 하나다.)

구 분	A		B	
	발전 설비 용량 비중	발전량 비중	발전 설비 용량 비중	발전량 비중
(가)	7.3	1.5	59.2	60.2
(나)	23.3	30.9	0.0	0.0
(다)	69.4	67.6	40.8	39.8
합계	100.0	100.0	100.0	100.0

① A는 북한에, B는 남한에 해당한다.

② (나) 발전소는 주로 내륙에 입지한다.

③ (다)의 연료는 북한이 남한보다 해외 의존도가 높다.

④ (가)의 발전량은 (나)보다 기후 조건의 영향을 많이 받는다.

⑤ (가)는 (다)보다 발전 시 대기 오염 물질의 배출량이 많다.

해설

(나)의 경우 B에서는 발전 설비 용량 비중과 발전량 비중이 0이므로 발전이 이루어지고 있지 않다는 것을 알 수 있다. 따라서 (나)는 원자력이고, B는 원자력 발전이 이루어지고 있지 않는 북한이다. A는 남한이고, 남한에서 발전 설비 용량 비중과 발전량 비중이 가장 높은 (다)는 화력이다. 그리고 남한에서 발전 설비 용량 비중과 발전량 비중이 가장 낮고, 북한에서는 가장 높은 (가)는 수력이다. ④ 수력 발전량은 강수량에 따른 유량과 관련이 높으므로 원자력보다 기후 조건의 영향을 많이 받는다.

22 다음 글의 (가) ~ (다) 자원에 대한 옳은 설명만을 〈보기〉에서 있는 대로 고른 것은?

> • [(가)]은/는 백색을 띠거나 정제 후 백색을 갖게 되는 점토 광물이다. 주로 도자기 및 내화 벽돌, 종이, 화장품의 원료로 이용되며, 산청·합천 등지에 분포한다.
> • [(나)]은/는 시멘트 공업의 주원료이며, 제철 공업에서도 사용된다. 삼척·단양 등지에 분포하고 있으며, 우리나라의 자원 중에서 가채 연수가 긴 편이다.
> • [(다)]은/는 제철 공업의 주원료로 산업이 발달하면서 수요가 급증하였다. 북한에는 비교적 매장량이 풍부하며, 남한에는 양양, 홍천, 충주 등지에 매장되어 있다.

보기

ㄱ. (나)는 주로 고생대 평안 누층군에 분포한다.
ㄴ. (가)는 (나)보다 연간 국내 생산량이 많다.
ㄷ. (나)는 (다)보다 수입 의존도가 낮다.
ㄹ. (가), (나)는 비금속 광물, (다)는 금속 광물에 해당한다.

① ㄱ, ㄴ
② ㄱ, ㄷ
③ ㄷ, ㄹ
④ ㄱ, ㄴ, ㄹ
⑤ ㄴ, ㄷ, ㄹ

해설

(가)의 도자기 및 내화 벽돌의 원료로 이용되는 광물은 고령토이다. (나)의 시멘트 공업의 주원료로 이용되는 광물은 석회석이다. (다)의 제철 공업의 주원료로 이용되는 광물은 철광석이다.
ㄷ. 국내 생산량이 많은 (나) 석회석이 국내 생산량이 적은 (다) 철광석보다 수입 의존도가 낮다.
ㄹ. (가) 고령토와 (나) 석회석은 비금속 광물이고, (다) 철광석은 금속 광물이다.

23 다음은 (가) ~ (다) 작물의 시·도별 재배 면적 비중을 나타낸 것이다. 이에 대한 설명으로 옳은 것은? (단, (가) ~ (다)는 쌀, 과수, 채소 중 하나다.)

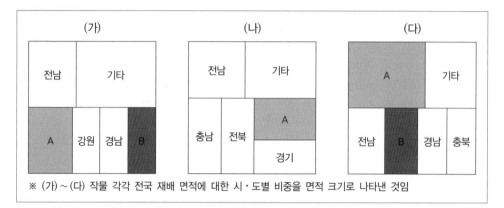

※ (가) ~ (다) 작물 각각 전국 재배 면적에 대한 시·도별 비중을 면적 크기로 나타낸 것임

① (나)는 최근 1인당 소비량이 증가하는 추세이다.
② (다)의 재배 면적은 호남 지방이 영남 지방보다 넓다.
③ (가)는 주로 밭, (나)는 주로 논에서 재배된다.
④ A는 B보다 겸업농가 비중이 높다.
⑤ B는 A보다 농가 수가 많다.

> **해설**
> (가)는 채소, (나)는 쌀, (다)는 과수, A는 경북, B는 제주이다. 채소는 밭, 쌀은 논에서 주로 재배된다.

24 표의 (가) ~ (다) 공업에 대한 설명으로 옳지 않은 것은? (단, (가) ~ (다)는 1차 금속, 섬유 제품(의복 제외), 화학 물질 및 화학 제품(의약품 제외) 제조업 중 하나다.)

〈주요 공업의 시·도별 에너지 소비량〉

(단위 : 천 TOE)

(가)		(나)		(다)	
지 역	사용량	지 역	사용량	지 역	사용량
전 남	11,380	전 남	4,682	경 북	113
경 북	9,549	충 남	3,847	경 기	103
충 남	7,006	울 산	3,759	대 구	64

※ 공업별 에너지 소비량 상위 3개 시·도만 나타냄

① (가)는 원료의 해외 의존도가 높은 기초 소재 공업이다.
② (나)는 계열화된 공정이 필요한 집적 지향형 공업이다.
③ (다)는 1960년대 대표적인 수출 주도 산업이었다.
④ (나)는 (다)보다 초기 설비 투자비용이 적게 든다.
⑤ (다)는 (가)보다 생산비에서 노동비가 차지하는 비중이 높다.

해설
(가)는 1차 금속 제조업, (나)는 화학 물질 및 화학 제품(의약품 제외) 제조업, (다)는 섬유 제품(의복 제외) 제조업이다. (나)는 대규모 장치가 필요하므로 (다)보다 초기 설비 투자비용이 많이 든다.

25 표의 A~C에 대한 옳은 설명을 〈보기〉에서 고른 것은? (단, A~C는 백화점, 편의점, 대형 마트 중 하나다.)

소매업태	품목별 매출 비율(%)		1회당 구매액(원)
	식품	비식품	
A	56.3	43.7	42,155
B	14.7	85.3	73,004
C	51.6	48.4	5,119

보기

ㄱ. A는 B보다 대도시의 도심에 입지하는 경향이 강하다.
ㄴ. A는 C보다 자가용 이용 고객의 비율이 높다.
ㄷ. B는 C보다 고가 제품의 판매 비율이 높다.
ㄹ. C는 A보다 상점 간 평균 거리가 멀다.

① ㄱ, ㄴ   ② ㄱ, ㄷ
③ ㄴ, ㄷ   ④ ㄴ, ㄹ
⑤ ㄷ, ㄹ

해설
A는 대형 마트, B는 백화점, C는 편의점이다. 대형 마트는 편의점보다 자가용 이용 고객의 비율이 높고, 소비자의 최소 요구치의 범위가 넓어 상점 간 평균 거리가 멀다.

26 다음 자료의 (가), (나)에 대한 설명으로 옳은 것은?

○○신문
남북 정상 회담 결과 발표

2018년 9월 남과 북의 정상이 역사적 만남을 통하여 합의문을 발표하였다. 남과 북은 비핵화의 실현과 평화 체제 구축을 위하여 노력하기로 하였으며 경제적 교류와 협력을 더욱 증대하기로 하였다. 그 일환으로 2002년 관광 특구로 지정되었으나 2008년 이후 중단되어 왔던 [(가)] 관광 사업을 정상화하기 위해 노력하기로 하였다. 이러한 합의문 발표 이후 남과 북의 정상은 [(나)]에 올라 천지를 배경으로 기념사진을 촬영하였다.

① (가)는 백두대간이 시작되는 곳이다.
② (가)는 시·원생대에 형성된 편마암이 풍화 작용을 받아 형성된 흙산이다.
③ (나)의 정상부에는 분화구가 함몰되어 형성된 칼데라호가 있다.
④ (가)는 (나)보다 정상의 해발 고도가 높다.
⑤ (가), (나)는 모두 관서 지방에 위치한다.

해설
(가)는 금강산, (나)는 백두산이다. 백두산의 정상부에 위치한 천지는 화구가 함몰되어 형성된 칼데라호이다.

27 다음은 지역 조사 계획서를 작성한 일부이다. 이에 대한 옳은 설명을 〈보기〉에서 고른 것은?

〈□□시 지역 조사 계획서〉

• □□시 학교별 ㉠ 통학권 특성 분석을 주제로 설정한다.
• ㉡ 학교별 주소를 홈페이지를 통해 파악한다.
• 각 학교를 방문하여 학생들에게 거주지를 묻는 ㉢ 설문 및 면담 조사를 실시한다.
• 조사 자료를 바탕으로 각 고등학교의 ㉣ 동(洞)별 통학 인구 비율을 통계 지도로 표현한다.
• □□시 학교별 통학권 특성에 대한 분석 결과를 보고서로 정리한다.

보기

ㄱ. ㉠은 지역의 유형 중 기능 지역에 해당한다.
ㄴ. ㉡은 지리 정보 유형 중 관계 정보에 해당한다.
ㄷ. ㉢은 지리 정보 수집 방법 중 야외 조사에 해당한다.
ㄹ. ㉣은 점을 찍어 표현하는 점묘도로 나타내는 것이 가장 적절하다.

① ㄱ, ㄴ   ② ㄱ, ㄷ
③ ㄴ, ㄷ   ④ ㄴ, ㄹ
⑤ ㄷ, ㄹ

지역 조사는 일반적으로 조사 계획(조사 주제, 조사 지역, 조사 방법 선정) → 지리 정보 수집(실내 조사, 야외 조사) → 지리 정보 분석 → 보고서 작성 순으로 이루어진다. 지리 정보는 공간 정보, 속성 정보, 관계 정보로 구분된다. ⓒ은 지리 정보 유형 중 공간 정보에 해당한다. ⓔ은 단계 구분도나 도형 표현도로 표현하는 것이 적절하다.

28 다음 충청 지역 지도의 A ~ E 지역과 관련된 지리 조사 주제와 내용으로 적절하지 않은 것은?

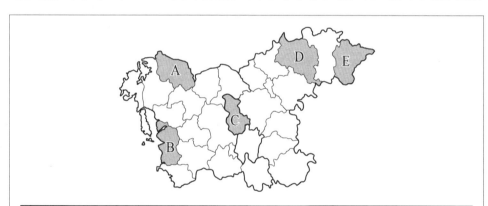

	〈조사 주제〉	〈조사 내용〉
A	제철 공업 발달과 경제 성장	산업 구조와 지역 내 총 생산액 변화
B	갯벌의 분포와 관광업 발달	관광객수와 관광 수입액 변화
C	행정기관 이전과 도시 개발	행정기관 이전 전후의 토지 이용 변화
D	기업 도시 지정과 지역 변화	산업 단지 면적 및 사업체수 변화
E	수도권 전철 확장과 인구 이동	수도권과의 통근·통학 인구 변화

① A
② B
③ C
④ D
⑤ E

A는 제철 공업이 발달한 당진, B는 머드 축제로 유명한 보령, C는 중앙행정기관이 이전한 세종, D는 기업 도시로 지정된 충주이다. E는 단양으로 수도권 전철이 연결되어 있지 않다.

29 지도는 강원도의 두 지표별 상위 5개 지역을 나타낸 것이다. (가), (나) 지표로 옳은 것은?

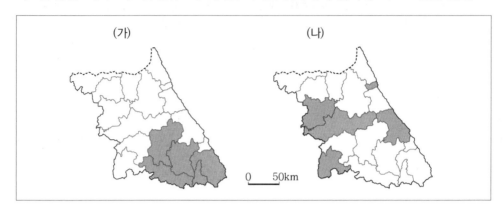

	(가)	(나)
①	경지 중 밭 면적 비중	1차 산업 종사자 비중
②	경지 중 밭 면적 비중	숙박 및 음식점업 종사자 수
③	1차 산업 종사자 비중	경지 중 밭 면적 비중
④	1차 산업 종사자 비중	숙박 및 음식점업 종사자 수
⑤	숙박 및 음식점업 종사자 수	경지 중 밭 면적 비중

> **해설**
> (가)는 산지의 비율이 높은 영월, 평창, 정선, 태백, 삼척에서 높게 나타나는 지표이므로 경지 중 밭 면적 비중, (나)는 상대적으로 인구가 많고 관광 산업이 발달한 원주, 춘천, 강릉, 속초, 홍천에서 높게 나타나는 지표이므로 숙박 및 음식점업 종사자 수이다.

30 호남 지역 지도에 표시된 A ~ E 지역의 특성을 고려한 탐구 학습 주제로 가장 적절한 것은?

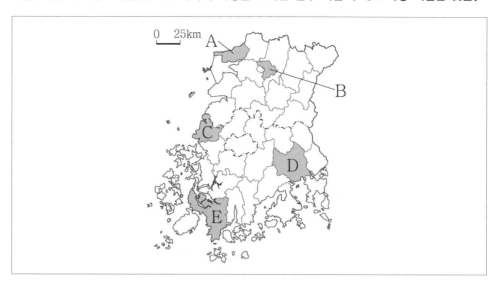

① A – 세계문화유산 등재에 따른 관광 산업 변화
② B – 한옥마을을 활용한 장소 마케팅 전략
③ C – 지리적 표시제 등록에 따른 녹차 생산량 변화
④ D – 하굿둑 건설이 주변 생태계에 끼친 영향
⑤ E – 원자력 발전소 입지가 지역 경제에 끼친 영향

해설
A는 군산, C는 영광, D는 순천, E는 해남이다. 전주(B)의 한옥마을은 한옥이 대규모로 모여 있어, 이를 활용한 장소 마케팅이 이루어진다.

31 그래프는 영남권의 시·도별 인구 구조를 나타낸 것이다. 이에 대한 옳은 설명을 〈보기〉에서 고른 것은?

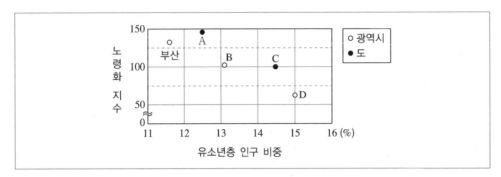

보기
ㄱ. A는 B보다 청장년층 인구 비중이 높다.
ㄴ. B는 D보다 노년층 인구 비중이 낮다.
ㄷ. C는 D보다 총 부양비가 높다.
ㄹ. A는 경북, D는 울산이다.

① ㄱ, ㄴ   ② ㄱ, ㄷ
③ ㄴ, ㄷ   ④ ㄴ, ㄹ
⑤ ㄷ, ㄹ

해설
A는 경북, B는 대구, C는 경남, D는 울산이다.
ㄱ. A 경북은 B 대구보다 청장년층 인구 비중이 낮다.
ㄴ. B 대구는 D 울산보다 노년층 인구 비중이 높다.
• 노령화 지수＝(노년층 인구/유소년층 인구)×100
• 총 부양비＝(유소년층 인구+노년층 인구)/청장년층

32 다음 자료는 우리나라의 국토 종합 개발 계획을 나타낸 것이다. ㉠ ~ ㉤에 대한 설명으로 옳은 것은?

구 분	1차 국토 종합 개발 계획	2차 국토 종합 계발 계획	3차 국토 종합 계발 계획
시행 시기	1972 ~ 1981년	1982 ~ 1991년	1992 ~ 1999년
개발 방식	㉠ 거점 개발	광역 개발	㉡ 균형 개발
개발 전략	㉢ 공업 기반 조성을 위한 대규모 교통망 구축 ⋮	㉣ 국토의 다핵 구조 형성 ⋮	㉤ 수도권 집중 억제와 지방 육성 ⋮

① ㉠은 주로 상향식 개발 방식으로 추진되었다.

② ㉡은 경제적 효율성보다 지역 간 형평성을 중시한다.

③ ㉢의 일환으로 고속철도를 건설하였다.

④ ㉣을 위해 혁신 도시와 기업 도시를 육성하였다.

⑤ ㉤을 위해 수도권 공장의 신·증축을 제한하는 제도를 폐지하였다.

> **해설**
> ① 거점 개발은 주로 하향식 개발 방식으로 추진되었다.
> ③ 1차 국토 종합 개발 계획에 따라 공업 기반 구축을 위해 고속국도가 건설되었다.
> ④ 혁신 도시와 기업 도시는 2000년대 이후 육성되었다.
> ⑤ 수도권 집중을 억제하기 위해 수도권 공장의 신·증축을 제한하는 제도를 실시하였다.

02 세계지리

01 세계화와 지역 이해

1. 세계화와 지역화

(1) 세계화와 지역화

① 세계화 : 인간의 활동 반경이 넓어지면서 국가 간의 상호 교류가 확대되고 국경의 제약도 희미해지는 현상이다. 교통·통신기술이 발달하면서 시공간적인 한계가 극복되고 국가 간의 정보·물자와 인구의 교류도 확대되었다. 세계화가 가속화하면서 국제적 협력과 분업이 활발해지고 있다.

② 지역화 : 각 지역의 고유한 특색과 자율성을 살려 독자적 가치를 갖게 되는 것이다. 세계화가 진행된 각 지역은 지역색을 살려 다양한 상품과 문화를 발전시키고 개발해 교류하고 있다. 지역은 지역화를 통해 경제를 활성화하고 경쟁력을 강화하고 있다. 국가는 지리적 표시제, 장소 마케팅, 지역 브랜드화를 통해서 지역화의 성공을 노리고 있다.

(2) 세계화와 지역화의 영향

① 세계화와 지역화가 미친 영향 : 국가 간 경계가 희미해지는 세계화가 진행되면서 인적·물자·문화 교류가 활발해지고 동시에 경제의 세계화도 이루어지고 있다. 이미 많은 기업들이 세계를 무대로 경쟁하고 있다. 경제의 세계화뿐 아니라 국가 간에 문화를 공유하고 이해하는 문화의 세계화도 활발해졌다. 그러면서도 서로의 문화를 이해하지 못하는 문화 갈등이 일어나기도 하고, 각국의 전통문화가 세계화의 흐름 속에 쇠퇴하는 문제가 나타나기도 한다.

② 세계화에 대한 대응 : 세계화에 발맞춰 다른 국가·지역과 경제적·문화적 교류를 활성화하면서도 나름의 경쟁력을 갖춰야 한다. 또한 세계 문화를 보존하고 또 다양성을 유지하기 위해서 자립성을 갖출 수 있도록 국가적 차원에서 지원해야 한다.

2. 지리 정보와 공간 인식

(1) 동서양의 공간 인식

① 동양의 세계관 : 동양에서는 그중에서도 중국을 중심으로 한 세계관이 확립되어 왔다. 중국은 5세기 무렵부터 동서 교류를 통해 지도를 제작해 왔으나 중국을 중심으로 그 주변국들을 그리는데 한정되었다. 송나라의 〈화이도〉, 명나라의 〈대명혼일도〉 등이 그 예다. 우리나라 조선 시대에 그려진 〈혼일강리역대국도지도〉도 중국을 가운데 크게 묘사하고 우리나라도 다른 나라보다 상대적으로 크게 그리는 등 사대주의와 우리나라 국토에 대한 자부심을 엿볼 수 있다. 17세기 이후에는 중국의 세계

관도 그 인식 범위가 넓어졌으며 우리나라도 18세기 들어 실학 사상의 영향으로 사대주의에서 벗어난 세계관을 갖기 시작했다.

② **서양의 세계관** : 고대 로마에서는 영토를 넓히며 얻은 지리적 지식을 기반으로 세계지도를 제작하였고, 경위선·투영법 개념을 활용하였다. 그 이후 서양은 세계관에 있어 종교의 영향을 많이 받았다. 과학적이고 실용적인 지도보다는 기독교적 세계관이 반영되어 예루살렘을 지도의 중심에 두었다. 한편 국제적 상업 활동을 펼치며 지리적 정보를 확보한 이슬람 세계에서도 이슬람교의 성지인 메카를 지도의 중심에 두기도 했다. 15세기에 유럽을 필두로 대항해 시대가 열리고 바다를 통해 대륙을 넘나들면서 지도제작 기술이 발전하고 세계관도 크게 확장되었다.

3. 세계의 지역 구분

(1) 세계의 권역 구분

① **지역과 권역**

ㄱ **지역** : 지리적 특성이 다른 곳과 구분되는 지표상의 공간 범위다. 지역은 마을이나 동네와 같이 작은 범위부터 국가와 대륙처럼 넓은 범위로 다양하게 설정할 수 있다. 문화·사회·경제적 기준을 다르게 함으로써 지역은 다양하게 구분된다.

ㄴ **권역** : 지역을 구분하는 기준 가운데 세계를 큰 규모로 나눈 공간의 단위다. 가령 적도를 기준으로 남반구와 북반구를 나누는 것과 같다.

② **권역 구분의 지표**

ㄱ **자연적 요소** : 육지와 강·바다의 위치, 기후, 식생, 지형 등 자연환경으로 권역을 구분하는 지표다.

ㄴ **문화적 요소** : 종교, 인종, 언어 등의 문화적 특색을 기준으로 구분하는 지표다.

ㄷ **기능적 요소** : 업무 기능이 이루어지는 지역, 상업 기능이 이루어지는 지역 등 기능의 중심이 되는 핵심 지역과 그 주변을 권역으로 설정하는 지표다.

ㄹ **역사적 요소** : 권역의 설정 또는 지역 이해와 같은 공간적 차원과 관련된 역사 지리적 지표다.

ㅁ 세계의 각 권역은 자연·문화·기능·역사적 요소가 복합적으로 나타난다. 권역이 맞닿아 있는 지점에서는 서로의 권역 특성이 섞이는 '점이 지대'가 나타난다.

③ **권역 구분의 기준과 방법** : 세계의 권역을 구분하는 기준은 다양하나 가장 일반적인 것은 아시아, 아프리카, 유럽처럼 대륙으로 나누는 것이다. 최근에는 지구상에서 나타나는 정치·종교·경제적 갈등과 화합 등 지구적 쟁점을 기준으로 권역을 나누는 경향이 있다.

1. 열대 기후 환경

(1) 기후의 이해

① 기후 : 기후는 특정 지역에서 장기간 평균적으로 일어나는 대기 현상의 상태를 말한다.

② 기후 요소

   ㉠ 기온 : 기온은 지구의 자전에 따라 하루 동안 변화하고, 공전에 의해 일 년 동안 변화를 갖는다. 기온은 태양 복사 에너지의 영향을 받으며, 보통 적도에서 양극으로 갈수록 기온이 낮아진다.

   ㉡ 바람 : 공기가 수평적으로 움직이는 것이다. 태양 복사 에너지의 불균형으로 지역 간 기온 차가 일어나고, 기온 차에 의한 기압차로 공기가 움직인다. 기압이 높은 곳에서 낮은 곳으로 바람이 분다.

   ㉢ 강수 : 대기 중에 포함된 수증기가 비와 눈, 우박 등으로 지상에 떨어지는 것이다.

③ 기후 요인

   ㉠ 위도 : 저위도는 단위 면적당 일사량이 많아 기온이 높고, 고위도는 상대적으로 적어 기온이 낮다. 위도는 기후에 영향을 많이 끼치는 요인이다.

   ㉡ 수륙 분포 : 위도가 같더라도 해안 지역이 내륙 지역보다 연간 기온차가 적다. 이는 수륙의 비열차 때문이다.

   ㉢ 지형 : 강수에 많은 영향을 끼친다.

   ㉣ 해발 고도 : 고도가 높을수록 기온이 낮아진다.

   ㉤ 해류 : 따뜻한 난류가 흐르는 해안 지역은 기온이 높고, 차가운 한류가 흐르는 지역은 기온이 낮다.

   ㉥ 기단 : 온도와 수증기의 함량이 비슷한 공기의 거대한 덩어리로, 지역의 기온과 강수량에 영향을 미친다.

   ㉦ 전선 : 기온차가 큰 기단 사이에 자리한다. 강수량에 영향을 끼친다.

(2) 열대 기후의 특징

① 열대 기후 : 평균 기온이 18℃ 이상인 지역이다. 적도를 중심으로 남·북위가 20° 전후인 지역에 분포해 있다. 연교차가 적고 기온이 높으며 강수량이 많다. 태양빛이 세서 상승 기류가 발달해 대류성 강우가 자주 발생한다.

② 적도 수렴대 : 열대 기후 지역의 지표에서는 띠 형태의 저압대가 발달되어 주변 공기가 유입되는데 이것을 적도 수렴대라 한다.

③ 열대 기후의 구분 : 강수량과 강수시기에 따라 열대 우림 기후, 사바나 기후, 열대 몬순 기후로 구분된다.

(3) 열대 기후의 특색

① 열대 우림 기후 : 일 년의 강수량이 많으며 계절에 따른 강수량 차이도 적다. 강한 일사로 대류성 강우인 소나기 스콜이 자주 내린다. 동남아시아의 적도 지역 섬, 아프리카 콩고 분지, 남아메리카의 아마존 분지 등이 해당한다.

② 사바나 기후 : 건기와 우기가 뚜렷하게 구분되며, 연간 강수량은 열대 기후보다 적다. 건기에는 아열대 고압대의 영향을 받고, 우기에는 적도 수렴대의 영향을 받는다. 아프리카 동부의 열대 우림 기후 주변 지역, 인도차이나반도, 남아메리카 야노스·캄푸스 지역 등이 해당한다.

③ 열대 몬순 기후 : 긴 우기와 짧은 건기가 번갈아 나타난다. 연 강수량은 많은 편이지만, 건기가 나타나는 특징이 있다. 인도 남서·동북부 해안, 동남아시아 일대, 남아메리카 북동부가 해당한다.

(4) 열대 기후의 주민 생활

① 의식주 : 덥고 습하기 때문에 짧고 개방적인 옷을 입는다. 자연에서 쉽게 조달할 수 있는 목재와 풀 등으로 지은 고상 가옥에서 사는 경우가 많다. 전통적으로 수렵·채집 활동으로 식량을 구했고, 이동식 화전 농업으로 작물을 재배했다. 현대에는 선진국의 자본력과 원주민의 노동력이 집약된 플랜테이션 농업으로 커피와 카카오, 사탕수수를 재배하는 곳이 많다.

② 관광 산업 : 열대 기후 지역은 다양한 자연환경과 토속문화를 생생히 보존하고 있는 곳이 많아, 동물과 생태계를 관광·체험할 수 있는 트래킹, 사파리 관광이 발달하게 되었다.

2. 온대 기후 환경

(1) 온대 기후의 특징

① 온대 기후 : 평균 기온이 −3℃에서 18℃ 미만의 지역이다. 중위도에 분포하며 편서풍을 겪는다. 대륙의 서쪽 해안 지역은 바다에서 부는 편서풍의 영향을 받고, 동쪽 해안은 내륙을 거쳐서 오는 편서풍의 영향을 받는다. 계절별로 태양 고도와 일조량의 차이가 있어 기온도 차이를 보인다. 여름 철은 해가 길어 기온이 높고 겨울철엔 해가 짧아 기온이 낮다.

② 온대 기후의 구분 : 계절별 강수량과 여름철 기온에 따라 서안 해양성 기후와 지중해성 기후, 온난 습윤 기후와 온대 겨울 건조 기후로 나뉜다.

(2) 온대 서안 기후

① 서안 해양성 기후 : 위도는 40°〜60° 정도의 대륙의 서쪽 해안 지역에서 나타난다. 바다에서 부는 편서풍의 영향으로 여름은 서늘하고 겨울은 온화하다. 대륙의 동쪽 해안보다 연교차가 적다. 습도도 높고 비가 내리는 날도 많다. 서부 유럽과 북아메리카의 북서 해안 지역, 오스트레일리아 남동부 지역 등이 해당한다.

② 지중해성 기후 : 위도는 30°〜40° 정도의 대륙의 서쪽 해안 지역에서 나타난다. 아열대 고압대의 영향을 받는 여름철은 고온 건조하고, 편서풍과 전선의 영향을 받는 겨울은 온화하고 비가 많이 내린다. 지중해 연안과 칠레 중부, 북아메리카의 캘리포니아 지역, 아프리카 남서단 등이 해당한다.

(3) 온대 동안 기후

① **온난 습윤 기후** : 위도는 30° ~ 40° 정도의 중위도 대륙 동해안 지역에서 나타난다. 연중 습윤한 특성을 보이며, 여름철은 무덥고 강수량이 많다. 중국 남동부, 미국 남동부, 오스트레일리아 남동부 지역에 해당한다.

② **온대 겨울 건조 기후** : 위도는 20° ~ 30° 정도의 중위도 대륙 동해안 지역에서 나타난다. 온난 습윤 기후보다 건조한 겨울철을 나며, 여름은 고온 다습하고 겨울은 한랭 건조하다. 연교차와 연강수량차가 크다. 중국 남부, 인도차이나반도 북부 등이 해당한다.

(4) 온대 기후 지역의 주민 생활

① **서안 해양성 기후** : 밀과 보리 재배가 활발하고, 소·돼지·양을 목초지에 기르는 농업의 형태가 나타난다. 또한 대도시 주변 지역을 중심으로 낙농업과 화훼 농업이 발달했다. 날씨가 흐리고 비가 오는 날이 많아 외출 시 우산과 코트를 구비하곤 한다.

② **지중해성 기후** : 고온 건조한 날씨에 잘 자라는 올리브와 오렌지 재배를 많이 한다. 온화하고 강수량이 많은 겨울철에는 밀과 보리 재배가 이루어진다. 일조량이 높은 지중해 연안에서는 가옥의 벽면을 하얗게 칠해 태양빛 반사량을 늘려 열을 차단한다.

③ **온대 동안 기후** : 여름철 기온이 높고 강수량이 많아 농업이 유리하다. 동아시아와 동남아 온대 기후에서는 벼농사가 발달했고, 산지에서는 차를 재배한다. 여름철에 강수가 집중되어 홍수가 자주 일어나고, 겨울철에는 강수량이 적어 가뭄이 발생한다.

3. 건조 및 냉·한대 기후 환경과 지형

(1) 건조 기후의 환경

① **건조 기후** : 건조 기후에서는 강수량보다 증발되는 강수의 양이 많다.

② **건조 기후의 구분** : 연 강수량을 기준으로 사막 기후(250mm 이하)와 스텝 기후(250mm ~ 500mm)로 나뉜다.

    ㉠ **사막 기후** : 남·북회귀선 부근의 아열대 고압대 지역, 대륙 내부의 지역, 한류가 흐르는 대륙의 서안 지역에 분포한다. 매우 건조해 식생이 잘 성장하지 못하며 날씨가 대체로 맑아 일교차가 크다. 한류가 흐르는 아프리카 대륙 남쪽 연안의 나미브 사막, 중국 서부와 중앙아시아 일대에 위치한 대륙 내부의 타클라마칸 사막이 있다. 아열대 고압대의 영향을 받은 아프리카 북부의 사하라 사막도 유명하다.

    ㉡ **스텝 기후** : 사막 주변에 보통 나타나고 낮은 풀이 자라 초원이 형성되며 짧은 우기가 있다.

(2) 건조 기후의 지형과 주민 생활

① **건조 기후의 지형**

    ㉠ 건조하고 강수량이 적어 물리적 풍화 작용이 일어난다. 암석이 바람에 잘게 깎이고 부서져 암석과 자갈·모래 지형이 나타난다. 또한 바람에 날린 모래에 침식되어 삼각뿔 모양이 된 삼릉석을 볼 수 있다.

ⓛ 바람과 이에 날리는 모래의 침식 작용으로 버섯바위가 나타난다. 또한 모래가 날리고 쌓이는 사구가 생성된다.

ⓒ 물이 넓게 퍼져서 흐르는 포상홍수 형태를 보이고, 산기슭에는 이에 침식된 완만한 경사면인 페디먼트가 형성된다.

ⓡ 사막에서는 비가 내릴 때만 흐르는 물길인 와디가 나타나고, 계곡 입구에는 물길에 운반된 물질이 부채꼴 모양으로 쌓이는 선상지가 나타난다.

② 건조 기후의 주민 생활 : 주민들은 유목 생활을 하거나, 강수량이 많은 지역에서 시작되어 사막을 가로질러 흐르는 외래 하천 주변에서 관개 농업을 한다. 스텝 기후 지역에서는 대규모로 양·소 등을 방목하기도 한다.

(3) 냉·한대 기후의 환경

① 냉대 기후의 특징 : 가장 추운 달의 평균 기온이 −3℃ 미만, 가장 따뜻한 달의 평균 기온이 10℃ 이상이다. 연 기온차가 큰 대륙성 기후로 여름이 짧고 겨울이 길고 매우 춥다. 침엽수림인 타이가가 나타난다. 겨울 강수량의 차이에 따라 냉대 습윤 기후와 냉대 겨울 건조 기후로 나뉜다. 냉대 습윤 기후는 동부 유럽, 시베리아 서부 등이 해당하고, 냉대 겨울 건조 기후는 동아시아의 북부 지역이 해당한다.

② 한대 기후의 특징 : 가장 따뜻한 달의 평균 기온이 10℃ 미만으로 기온이 매우 낮아 나무 등 식생의 성장이 어렵다. 한대 기후 가운데 가장 따뜻한 달 평균 기온이 0℃ 이상이면 툰드라 기후, 연중 월평균 기온이 0℃ 미만인 곳은 빙설 기후 지역이라 한다. 툰드라 지역은 북극해 주변과 일부 고산 지대에 해당하며 짧은 여름 동안 이끼류와 작은 풀이 자란다. 빙설 기후는 그린란드와 남극 대륙에 나타난다.

③ 냉·한대 기후의 지형 : 빙하 지형과 주빙하 지형이 나타난다. 빙하 지형은 다시 빙하 침식 지형과 빙하 퇴적 지형으로 구분된다.

ⓖ 빙하 침식 지형 : 계곡 상류에 형성된 반원 모양의 와지(웅덩이 땅)인 권곡이 대표적이다. 이 권곡이 산 정상부를 중심으로 여러 개가 만나면 호른이라는 뾰족한 봉우리가 형성된다. 하천 골짜기를 높은 산 골짜기에 발달한 빙하인 곡빙하가 이동하면서 깎아 내면 U자곡이 생성되고, 해수면이 상승해 이 U자곡에 바닷물이 들어오면 피오르 해안이 형성된다. 알래스카 해안과 노르웨이에서 피오르 해안을 볼 수 있다.

ⓛ 빙하 퇴적 지형 : 덮여 있던 빙하가 후퇴하면 남은 자갈이나 모래가 퇴적되며 빙력토 평원이 나타난다. 이 빙력토 평원에는 빙하가 이동하는 방향에 따라 빙하의 퇴적물이 쌓여 '드럼린'이 분포하게 된다. 빙력토 평원이 끝나는 지점에서는 빙하에 의해 운반된 물질이 퇴적되어 '모레인'이 나타난다. 빙하가 녹아 고여 만든 빙하호나 빙하의 밑에서 흘러 퇴적물을 쌓은 '에스커'도 빙하 퇴적 지형 중 하나다.

ⓒ 주빙하 지형 : 지표면이 얼었다 녹았다를 반복하면서 주빙하 지형이 발달한다. 이 지역에서는 암석의 물리적 풍화작용이 일어나며, 빙하 지형의 주변 지역에서 주로 나타난다. 토양층은 영구 동토층과 여름에 일시적으로 녹는 활동층이 나타난다. 산지의 경사진 면에서는 수분 함유량이 많은 활동층이 흘러내리는 솔리플럭션 현상이 일어난다.

④ 냉·한대 기후의 지역 생활

   ⊙ 냉대 기후 : 추위에 잘 견디는 보리와 밀, 귀리 등 밭농사가 이루어지고, 침엽수림인 타이가 지대에서는 목재·펄프를 생산하는 임업이 발달했다.

   ⊙ 한대 기후 : 매우 낮은 기온으로 농업이 어렵다. 원주민들은 유목과 사냥으로 삶을 이어나갔다. 날생선과 날고기를 섭취하여 비타민 등 부족한 영양소를 얻었다. 최근에는 지구 온난화에 의한 기후 변화로 기온이 점차 높아지고 있어 농업이 가능한 지역도 생기는 등 환경적 변화를 맞고 있다.

4. 세계의 주요 대지형

(1) 지형 형성 작용

① 대지형 : 대륙 규모의 거대한 산맥이나 고원 등의 지형이다. 대지형은 지형 형성의 내적 작용에 의해 형성되고 외적 작용의 영향을 오래도록 받아 기복이 줄어든다. 내적 작용은 지반의 융기·침강, 습곡·단층 작용 등이고, 외적 작용은 풍화·침식, 운반·퇴적 작용 등을 말한다.

② 판 구조 운동 : 대지형은 지각을 이룬 10여 개의 판 운동에 의해 형성된다. 맨틀의 대류에 따라 지각판이 부딪히고 나누어지면서 산맥이나 해구 등을 생성한다.

(2) 세계의 주요 대지형

① 안정육괴 : 주로 대륙에 넓게 분포하고 있으며 순상지와 구조 평야 등이 있다. 시·원생대 조산 운동 이후로 지각이 승강하는 조륙 운동과 오랜 세월 침식 작용을 받아 형성되었다.

   ⊙ 순상지 : 방패를 엎어 놓은 듯한 완만한 고원과 평원 형태를 이룬다.

   ⊙ 구조 평야 : 오랜 지질 시대 동안 지각 변동을 받지 않아 물결 모양의 수평층 상태를 이루고 있는 지형이다. 오랜 침식 작용으로 만들어진 대평원이다.

② 습곡 산지

   ⊙ 고기 습곡 산지 : 고생대부터 중생대의 조산 운동으로 생성된 산지로 오랜 세월 침식으로 고도가 낮고 평탄한 산지다. 순상지 주변부에 위치하며 석탄이 많이 매장되어 있다. 스칸디나비아 산맥과 우랄 산맥이 대표적인데 이 두 산맥 사이에 순상지가 존재한다.

   ⊙ 신기 습곡 산지 : 중생대 말기부터 현대까지 조산 운동으로 형성된 산지로 해발 고도가 높고 거칠다. 고기 습곡 산지와 달리 지각이 불안정하여 화산 활동이 활발하고 석유와 천연가스가 매장되어 있다. 환태평양 조산대의 로키 산맥, 알프스-히말라야조산대의 알프스 산맥, 히말라야 산맥, 카프카스 산맥이 유명하다.

5. 독특하고 특수한 지형들

(1) 카르스트 지형과 화산 지형

① **카르스트 지형** : 카르스트 지형은 석회암 지대에서 나타나며 석회암에 포함된 탄산칼슘이 빗물이나 지하수에 녹아 독특한 지형을 형성한다. 베트남의 할롱 베이, 중국의 구이린 지역에는 탑 모양의 탑 카르스트 지형이 나타나 절경을 이룬다. 지하수가 석회암을 용식 시켜 움푹 파이면 웅덩이 모양의 돌리네가 형성되고, 돌리네가 발달하면 우발라가 된다. 카르스트 지형 주변에는 석회암이 용식되고 남은 철분 성분이 산화되어 붉은색을 띠는 테라로사가 형성된다.

　㉠ **석회 동굴** : 지하의 석회암 지대가 지하수나 빗물이 흘러 들어가 용식 작용을 받으면 석회 동굴이 형성된다. 석회 동굴에는 종유석이나 석순, 석주 등 독특하고 아름다운 지형을 형성해 관광객을 끌어 모으는 관광 상품으로 개발된다.

② **화산 지형** : 화산 활동으로 용암과 가스가 분출되면 다양한 화산 지형을 형성하게 된다.

　㉠ **순상 화산** : 점성이 작고 유동성이 높은 현무암질 용암이 주변에 넓게 퍼져 경사가 작은 순상 화산을 형성한다.

　㉡ **용암 돔** : 점성이 높은 안산암·유문암질 용암이 분출 지점 근방에 높게 쌓여 굳으면 경사가 가파른 용암 돔을 형성한다.

　㉢ **성층 화산** : 화산의 일반적인 형태로 화산 쇄설물이 폭발적인 분출로 쌓이고, 흘러나온 용암이 천천히 쌓이면서 퇴적되는데 이때 원추 모양의 화산이 생성된다.

　㉣ **칼데라** : 화산이 분출하고 화구가 함몰되면서 더 넓은 분지 형태의 구덩이가 생성되는데 이것이 칼데라이고 여기에 물이 고이면 칼데라호가 된다.

　㉤ **용암 대지** : 칼데라의 틈새를 따라 현무암질 용암이 분출되어 형성된 평탄한 대지다.

③ **화산 지형과 주민 생활** : 화산 지대에 쌓인 화산재는 땅을 비옥하게 하여 농경에 도움을 준다. 또한 유황과 구리 등 광물 자원이 많이 분포되어 있고, 화산 지대의 열을 이용한 지열 발전으로 전기를 생산하기도 한다. 화산 지대의 열이 지하수를 데운 온천도 관광 상품으로 이용된다.

(2) 해안 지형

① **해안 지형의 형성** : 해안에서는 파랑, 연안류, 조류의 힘으로 침식과 퇴적 작용이 이루어져 다양한 지형이 발달한다. 또한 해수면이 하강하면 육지가 드러나면서 해안 지형이 단조로워지고, 상승하면 해안선이 복잡해지게 된다.

　㉠ **파랑** : 해수면 위에서 부는 바람의 힘으로 움직여 해안에 부딪혀 침식·퇴적 작용을 일으킨다. 바다 쪽으로 육지가 돌출된 곳에서는 침식 작용, 육지가 움푹 들어간 만에서는 퇴적 작용이 일어난다.

　㉡ **연안류** : 해안을 따라 바닷물이 이동하는 것으로 퇴적 작용을 일으킨다.

　㉢ **조류** : 태양과 달의 인력으로 바닷물이 들어오고 나가는 힘으로 퇴적 작용을 일으켜 갯벌을 형성한다.

② 해안 침식 지형

ㄱ 해식애 : 해안의 산지나 구릉이 파랑의 침식 작용으로 움푹 들어간 부분이다.

ㄴ 파식대 : 해식애가 움푹 들어간 만큼 전면에 넓고 평평하게 형성되는 부분이다.

ㄷ 해식동굴 : 파랑의 침식 작용이 더 강한 부분이 움푹 깎여 나가며 동굴 지형을 이루는 부분이다. 파랑의 침식 작용을 견딘 부분은 시 아치나 시 스택 지형이 되기도 한다.

ㄹ 해안 단구 : 파식대가 지반의 융기나 해수면이 하강하면서 위로 더욱 드러나며 계단 모양을 만드는 것이다.

③ 해안 퇴적 지형

ㄱ 사빈 : 파랑과 연안류가 하천이나 암석 해안이 깎여 생성된 모래를 실어 날라 만에 퇴적시키면 사빈이 형성된다.

ㄴ 해안 사구 : 바람이 사빈의 모래를 날려 내륙 쪽에 쌓여 이루는 언덕이다.

ㄷ 파랑과 연안류는 흐르면서 사취나 사주를 만들기도 하고, 모래가 만의 입구를 막아 석호를 형성하기도 한다.

ㄹ 갯벌 : 조류에 의해 만들어지는 것으로 조류가 점토와 모래 등을 옮겨 퇴적시켜 형성된다. 파랑의 침식 작용이 약한 만이나 조차가 큰 곳에 주로 발달한다.

03 세계의 인문 환경과 인문 경관

1. 주요 종교의 전파와 종교 경관

(1) 세계의 주요 종교와 전파 과정

① 세계 주요 종교와 특징 : 인류는 초월적인 존재를 경배하고 숭배하는 정신문화를 만들어, 경전과 교리를 확립한 종교를 믿어왔다.

ㄱ 보편 종교 : 전 세계를 상대로 포교하는 종교다. 크리스트교, 이슬람교, 불교 등이 해당한다. 유일신인 하느님과 그의 아들 예수를 구원자로서 섬기는 크리스트교는 서양권 문화 형성이 지대한 영향을 끼쳤으며 사람들이 생활양식과 법과 제도를 형성하는 기반이 되었다. 엄격한 계율을 가진 이슬람교는 알라를 유일신으로 섬기며 선지자인 무함마드를 경배하고 그가 전파한 〈쿠란(코란)〉을 경전으로 삼았다. 불교는 석가모니의 해탈을 바탕으로 그의 가르침을 배우고 전파하며, 신을 섬기기보다는 삶에 대한 깨달음과 이를 위한 실천과 수행을 중시한다.

ㄴ 민족 종교 : 일부 지역과 민족에서 전파되어 믿는 종교로 힌두교와 유대교 등이 있다.

② 세계 주요 종교의 전파 과정

ㄱ 크리스트교 : 로마 제국이 국교로 삼으면서 지중해 연안으로 전파되었고, 신항로를 개척한 유럽 국가들의 세계적 활동으로 전 지구적으로 퍼지게 되었다. 유럽과 아메리카 대륙에서의 비중이 높다.

ⓛ 이슬람교 : 서남아시아와 북부 아프리카에서 주로 믿고 있으며, 이슬람교 국가가 군사 활동으로
    영역을 넓히고 국제적 상업 활동을 활발히 진행하면서 전파되었다.

ⓒ 불교 : 발원지인 인도로부터 개인이 교리를 전하고 또는 문화적으로 전파되어 동아시아와 동남
    아시아에서 영향력을 발휘해 왔다.

(2) 세계 주요 종교의 성지와 경관

① 주요 종교의 성지 : 성지는 종교의 발원과 대체로 관계가 높은 지역으로 각 종교에서는 성스러운
    곳으로 여겨진다. 신자들은 성지순례를 통해 신앙심을 표현하기도 한다.

ⓐ 예루살렘 : 크리스트교와 유대교, 이슬람교의 성지다. 예루살렘은 크리스트교에서 예수가 십자
    가가 못 박혀 죽어 인류를 구원했다고 믿어지며, 이슬람교에서는 선지자 무함마드가 다녀간 곳
    이다. 유대교에는 민족의식을 형성하게 된 중심지로서 추앙받고 있다.

ⓛ 메카와 메디나 : 이슬람교의 성지로서 메카는 선지자 무함마드가 탄생한 곳이며, 메디나는 그의
    묘지가 소재한 곳이다.

ⓒ 룸비니와 부다가야 : 룸비니는 불교의 석가모니가 탄생한 지역이고, 부다가야는 수행하던 석가
    모니가 깨달음을 얻은 곳이다.

ⓡ 바라나시 : 인도의 옛 카시 왕국의 수도이자 힌두교의 최대 성지이다. 갠지스강이 위치하고 있으
    며 힌두교에서는 갠지스강에 몸을 씻으며 죄를 함께 벗을 수 있다고 믿는다.

② 주요 종교의 경관과 상징

ⓐ 크리스트교 : 크리스트교의 종교 건물에는 종탑과 십자가가 대체로 나타나나 종파별로 그 모양
    은 다르다. 예수의 희생과 구원을 의미하는 십자가는 크리스트교의 상징이다.

ⓛ 이슬람교 : 기하학적 무늬인 아라베스크 문양과 돔형 건물을 중심으로 주위에 첨탑이 세워진
    독특한 건물 양식이 특징이다.

ⓒ 불교 : 주변 자연환경과 어우러진 불당과 탑 등이 특징이다. 부처의 사리를 모신 탑은 부처의
    영속성을 의미한다. 사찰에서 볼 수 있는 수레바퀴의 문양은 불교 교리 속의 윤회사상을 뜻한다.

ⓡ 힌두교 : 다신교인 힌두교에서는 다양한 신들의 조각상이나 상징물들을 접할 수 있다.

2. 세계의 인구 변천과 인구 이주

(1) 세계의 인구 변천

① 산업화 전후의 변화 : 산업화 이전에는 인구가 느리게 증가하다가 산업화 이후 의학 기술과 위생
    시설이 발전하면서 빠른 속도로 증가했다.

② 인구 변천 모형 : 세계의 인구 변화를 파악할 수 있는 모형이다. 출생률과 사망률의 변화를 바탕으로
    인구가 어떻게 성장해왔는지 단계별로 알 수 있다. 인구 변천 모형에 따르면 경제 발전이 더딘 때에
    는 출생률과 사망률이 모두 높게 나타나 인구 증가도 둔화됐다. 산업화 이후에는 점차 인구 증가율
    이 높아지며, 경제 발전이 크게 이루어지면 출생률·사망률이 모두 낮아져 인구 증가가 둔화된다.
    이후에는 저출산의 경향으로 인구가 점차 감소하게 된다.

① **아프리카** : 개발도상국의 비중이 높고, 1950년 이후 세계 평균보다 인구 증가율이 높게 나타난다.

② **아시아 · 라틴 아메리카** : 1950년대에는 인구 자연 증가율이 높았으나, 경제가 발전하고 산하 제한 정책이 시행되면서 낮아지게 됐다.

③ **유럽 · 앵글로 아메리카** : 선진국 비중이 높은 이 지역에서는 출생률이 계속 감소하고 있으며, 일부 국가에서는 출생률이 사망률보다 낮아 인구가 자연 감소하고 있다. 또한 저출산 경향이 고령화와 노동력 부족을 야기하고 있다.

(3) 세계의 인구 이주

① **이주 유형** : 더 나은 환경을 찾아 떠나는 자발적 이주와 국가 권력이나 정치적 억압을 피해 떠나는 강제적 이주가 있다. 이주 기간에 따라서 일시적 이주와 영구적 이주로 나눌 수도 있다.

② **이주 원인** : 소득과 생활수준이 낮은 개발도상국에서 선진국으로 이주하는 경제적 이주가 있다. 또 자신이 믿는 종교의 자유를 찾아 떠나는 종교적 이주가 있으며, 지진과 화산 활동 · 해일 등을 피해 떠나는 환경적 이주가 있다.

③ **최근의 국제 이주** : 교통이 발달하고 세계화가 진행되면서 국제 이주도 활발해졌다. 선진국에서는 저출산과 고령화에 의한 노동력 부족으로 개발도상국에서 많은 노동자가 이주하고 있다. 내전이나 국제 분쟁을 겪고 있는 아프가니스탄 등의 지역에서는 난민이 발생해 주변국으로 이주하고 있다.

3. 세계의 도시화와 세계 도시 체계

(1) 세계의 도시화

① **도시화** : 도시는 정치 · 경제 · 문화의 중심지로서 도시화는 도시를 중심으로 인구와 기능이 밀집되는 현상이다. 또한 지방과 촌락에 도시의 생활양식이 전파되는 현상이기도 하다.

② **세계의 도시화** : 도시화는 세계적으로 진행되고 있으며 선진국은 산업 혁명 이후로 도시화가 점진적으로 진행되었고, 개발도상국들은 제2차 세계대전 이후 급속하게 진행되어 왔다.

(2) 세계 도시의 의미와 선정 기준

① **세계 도시** : 국가 경계를 넘어 세계의 중심지가 되는 도시를 의미한다. 전 세계 · 지역의 경제가 하나로 통합되어 움직이는 도시다. 정치 · 경제적으로 국제 사회가 모여 중요한 의사결정을 하는 도시이며, 정치 · 경제 · 문화적 영향력이 전 세계로 뻗히게 된다. 뉴욕, 런던, 도쿄 등이 대표적인 세계 도시라고 할 수 있다.

② **세계 도시의 선정 기준** : 경제, 연구 · 개발, 문화와 정보의 교류, 세계 각국과의 접근성 등 다양한 기준이 존재한다.

(3) 세계 도시의 특징과 도시 체계

① 세계 도시의 특징 : 전 세계를 무대로 활동하는 다국적 기업의 본사와 연구・개발단지가 모여 있다. 정보를 교류하는 네트워크와 뛰어난 교통 체계가 형성되어 있다. 범세계적인 정치・경제적 사안을 논의하고 결정하는 국제기구 등이 소재한다. 고차원의 생산자 서비스업이 주류를 이루고 있으며 여기에 종사하는 고학력・고소득 근로자를 위한 주택・생활 서비스가 발달해 있다.

② 세계 도시의 산업 변화 : 고차원적인 지식정보 기반의 서비스업이 발달하게 되면서 기존의 전통적인 중산층의 성장은 둔화되었다. 또한 도시에 개발도상국 출신의 이민 노동자들과 영세한 근로자들도 늘어남으로써 경제적 양극화도 나타났다.

(4) 세계 도시 체계의 계층

① 세계 도시 체계 : 세계 도시의 계층 체계라고도 할 수 있다. 정치・경제적인 국제적 영향력, 국제기구와 다국적 기업 본사의 수, 인구의 규모와 교통・통신 기술의 수준 등으로 도시마다 계층적인 체계가 나타난다.

② 최상위의 도시 체계는 런던, 뉴욕, 도쿄 등 선진국에 위치하고 있다. 그 아래 수준의 도시에서는 국제 금융 기업이나 다국적 기업의 지사가 소재한다.

4. 주요 식량 자원과 국제 이동

(1) 세계의 주요 식량 자원

① 세계의 주요 식량 작물

  ㉠ 쌀 : 동아시아의 온대 계절풍 지역과 동남아시아의 몬순 기후에서 주로 재배된다. 고온 다습하고 건조한 수확기를 겪는 지역에서 재배가 유리하다. 벼농사를 짓는 지역에서는 인구 밀도가 높게 나타난다. 쌀은 재배되는 곳에서 소비량이 높아 다른 작물과는 달리 국제 이동량이 적다.

  ㉡ 밀 : 전 세계적으로 재배되며 저온 건조한 지역에서도 잘 자란다. 미국, 캐나다 등에서는 밀 재배의 기계화가 이뤄져 밀을 대량으로 생산하여 소비・수출하고 있다.

  ㉢ 옥수수 : 다양한 기후에서 적응력이 뛰어나 여러 지역에서 재배되고 있다. 가축의 사료로도 활용되며 최근에는 바이오 연료로도 개발되어 이용된다.

② 세계의 목축업

  ㉠ 소 : 고기와 우유, 치즈 같은 유제품을 제공한다. 강수량이 풍부한 지역에서는 대체로 소를 방목하여 기른다.

  ㉡ 양 : 고기와 젖, 가죽을 제공한다. 강수량이 적은 지역에서 양을 방목하는 경우가 많다.

  ㉢ 돼지 : 유럽과 아시아 전역에서 사육하고 번식력이 강하다. 돼지고기를 금기시하는 이슬람교 중심의 서남아시아에서는 대체로 사육하지 않는다.

(2) 식량의 국제 교역 증가와 이동

① **식량 자원의 생산과 수요** : 세계의 지역별로 인구 분포와 식량 생산 양상도 다르게 나타난다. 아시아 와 아프리카는 인구수에 비해 식량 생산 비중이 낮고, 아메리카·유럽·오세아니아 등이 높다. 이러 한 차이가 식량 자원의 국제적 이동을 일으킨다.

② **식량 자원의 교역** : 식량 자원의 교역은 세계화와 자유무역협정의 체결로 늘어나고 있다. 세계의 곡물 시장은 곡물 생산 환경과 생산량에 민감하게 반응한다. 최근에는 세계 곡물 시장을 소수의 국가나 기업이 장악하는 경향이 있어, 안정적인 식량 수급에 어려움을 빚기도 한다.

5. 주요 에너지 자원과 국제 이동

(1) 에너지 자원의 특성

① **에너지 자원** : 석유, 석탄, 천연가스 등 화석 에너지와 태양력, 풍력과 같은 신재생 에너지가 있다.

② 에너지 소비 비중은 화석 에너지가 매우 높다. 최근에는 화석 에너지 고갈과 가격 상승 등으로 에너 지 수급이 어렵게 되자 신재생 에너지의 개발·이용 비중도 높아지고 있다.

(2) 지역별 화석 에너지 자원의 생산과 소비

① 국가와 지역에 따라 에너지 자원의 생산과 소비도 다르게 나타난다. 특히 화석 에너지의 경우 중국, 미국 등 소수 국가의 사용량이 전 세계의 절반 이상을 차지할 만큼 격차가 크게 나타나고 있다.

② 개발도상국의 화석 에너지 생산량이 소비량보다 높고 선진국은 반대로 소비량이 생산량보다 많다. 화석 에너지 생산은 주요 산유국이 몰린 서남아시아가 많고, 중화학 공업이 발달한 중국, 일본 등 동아시아 지역이 소비량이 높다.

③ 화석 에너지 자원의 확보와 수송 문제는 국제적 분쟁으로 격화되는 경우도 발생한다.

(3) 주요 에너지 자원의 특징과 분포 및 이동

① **석유** : 19세기 내연기관이 발명되면서 수요가 급증했다. 서남아시아 지역에 전 세계 매장량의 절반 정도가 매장되어 있다. 석유는 특정 지역에 매장되어 있는 편재성이 크고, 중화학 공업이 발달한 경제 선진국과 지역에서 소비량이 높다. 석유의 국제 이동량은 매우 높은 편이다. 아랍에미리트, 이라크 등 서남아시아의 수출량이 많고, 미국과 중국 등에서 수입량이 많다.

② **석탄** : 18세기 증기기관의 발달로 수요가 급증했다. 화력 발전의 주 연료로 사용되어 왔다. 석탄은 전 세계에 비교적 고르게 매장되어 있어 석유보다 국제 이동량은 적은 편이다. 오스트레일리아, 중국에서 수출이 많고, 우리나라, 일본 등에서 수입이 많다.

③ **천연가스** : 냉동 액화 기술로 기체인 가스를 규격화하고 안정하게 보관할 수 있게 되면서 수요가 늘어났다. 열효율이 뛰어나고 다른 화석 연료에 비해 오염 물질의 배출이 적다. 석유와 함께 매장되 어 있는 경우가 많으며 러시아, 카타르 등이 주요 수출국이다.

④ **신재생 에너지** : 사용과 개발 과정에서 환경오염을 일으키는 화석연료와 달리 환경친화적이며 재생 성이 높아 고갈될 염려가 없는 대체 에너지다. 태양광, 수력, 풍력 등이 있다.

1. 자연환경과 생활 모습

(1) 몬순 아시아의 자연환경

① **몬순 아시아의 기후** : 유라시아 대륙 동쪽 해안과 아시아 남부, 동·동남아시아 지역이 해당한다. 계절풍의 영향을 많이 받아 계절별로 풍향과 강수의 차이가 뚜렷하다. 여름에는 남풍의 계절풍이 불고 고온 다습하다. 겨울에는 북풍의 영향을 받고 한랭 건조하다. 여름의 강수량이 많아 홍수가 발생하고 벼농사가 발달했다.

② **몬순 아시아의 다양한 지형** : 산맥, 하천, 고원 등 다양한 지형을 갖고 있어 주민 생활에 영향을 끼친다. 인도와 중국의 접경지역에는 높은 산맥이 자리하고 있어 문화적 경계를 이루고 있다. 필리핀, 인도네시아, 일본 등지에는 화산 활동이 활발해 화산 지형이 생성되었고, 화산재가 농토를 비옥하게 만들어 농업이 함께 발달하였다. 강수량이 많아 유량이 많은 갠지스강, 메콩강 등 대하천이 크고 길게 뻗어 있으며, 홍수가 자주 나 충적 평야가 발달한 곳이 많다. 몬순 아시아의 내륙인 몽골이나 타클라마칸에는 초원과 사막 등 건조 지형이 나타난다.

(2) 몬순 아시아의 전통 생활

① **농업** : 몬순 아시아의 농업 생활은 지역마다 다양하게 나타난다. 여름 강수량이 많은 곳은 벼농사가, 강수량이 적고 기온이 낮은 지역은 밀농사를 짓는다.

　㉠ 쌀 농업 : 우리나라나 일본처럼 일 년에 한 번 쌀을 생산하는 지역도 있지만, 동남아시아와 같이 강수량이 많아 일 년에 두세 번 쌀을 수확하는 곳도 있다. 쌀은 재배 단위 면적당 인구를 많이 부양할 수 있는 인구 부양력이 높은 작물로 쌀 생산지 중심으로 인구 밀도가 높다.

　㉡ 기호 작물 농업 : 지역별로 차·목화·커피 등 기호 작물이 생산되기도 한다.

② **의식주**

　㉠ 의생활 : 계절에 따라 다른 옷차림을 한다. 여름에는 통풍이 잘되고, 겨울에는 보온이 잘되는 옷을 입는다. 이러한 의복의 양식은 사회·경제·역사적 조건에 따라 달라지기도 한다.

　㉡ 주생활 : 고위도 지역은 추위를 막기 위해 폐쇄적 가옥 구조를 띠고, 저위도는 지붕을 급경사로 만들고 날씨가 무더워 개방적 구조를 띤다. 여름과 겨울의 기온차가 큰 냉·온대 지역에서는 더위와 추위를 함께 대비한 가옥 구조가 나타난다.

2. 주요 자원의 분포 및 이동과 산업 구조

(1) 몬순 아시아와 오세아니아의 자원 분포와 이동

① 지하자원의 분포와 이동

㉠ 석탄 : 중국과 인도, 오스트레일리아 지역에서 많이 생산된다. 공업 발달 지역에서 많이 수입하며 오스트레일리아의 석탄이 동아시아에 주로 수출된다. 중국은 석탄 생산도 많지만 그만큼 소비가 많아 오스트레일리아의 석탄을 수입해 함께 쓰고 있다.

㉡ 철광석 : 중국과 인도, 오스트레일리아 등지에서 생산되며 제철과 조선 등 중공업이 발달한 우리나라와 일본 등에 많이 수출된다.

㉢ 천연가스 : 중국과 오스트레일리아, 인도네시아에서 생산되며 인도네시아산 천연가스를 동아시아 지역에서 주로 수입해 쓰고 있다.

② 농축산물의 분포와 이동

㉠ 쌀 : 전 세계 생산량의 90% 정도를 차지할 정도로 몬순 아시아의 쌀 생산량은 많다. 각 생산지의 쌀은 생산지에서 주로 소비하며 이동량도 적다.

㉡ 밀 : 인도와 중국, 오스트레일리아의 생산 비중이 높다. 동·동남아시아에 주로 수출되고 있다.

㉢ 몬순 아시아에서는 커피, 사탕수수 등 기호 작물도 생산되고 있다. 또한 오스트레일리아나 뉴질랜드에서 난 유제품과 소고기, 양모 등이 동아시아로 수출되고 있다.

(2) 몬순 아시아와 오세아니아의 산업 구조

① 상호 보완성 : 산업은 지역별로 자연·인문환경이 차이가 나 상호 보완적이고 교류도 활발하다. 오세아니아의 지하자원이 동아시아 등지로 수출되고 동아시아에서는 이를 이용해 공업 생산을 하고 있다.

② 주요 산업 구조

㉠ 중국 : 1970년대부터 개방 정책을 펼쳐, 서구의 자본력과 기술을 전수받아 풍부한 노동력을 바탕으로 공업을 발전시켰다.

㉡ 우리나라와 일본 : 원료를 수입하기 용이한 해안 지역을 중심으로 제철·자동차·조선 등 중화학 공업이 발달하였다. 오스트레일리아에서 철광석과 석탄 등을 수입해 쓰고 있다.

㉢ 인도 : 중국에 이어 세계 인구수 2위인 인도는 대규모 노동력을 기반으로 노동 집약적 산업을 발달시켰다. 또한 과학·공학 기술을 함께 발달시켜 산업 단지를 조성하고 첨단 기술력 확보에 힘쓰고 있다.

㉣ 동남아시아 : 농업 등 1차 산업의 비중이 높으며, 최근에는 노동력을 바탕으로 2차 산업을 함께 발전시키고 있다. 또한 다국적 기업의 생산 공장이 함께 들어서고 있다.

㉤ 오스트레일리아 : 육류와 양모, 밀 등을 생산하는 기업형 농목업이 대규모로 발달했다. 또한 철광석, 보크사이트 같은 풍부한 지하자원을 보유하고 있어 여러 국가에 수출하고 있다.

③ 산업 구조의 변화 : 산업 구조가 고도화되어 부가 가치가 높은 3차 산업의 비중이 높아지고 있다. 우리나라와 일본 등은 최첨단 기술과 정보통신 기술을 바탕으로 로봇, 소재 산업을 육성해왔고, 영어가 공용어인 필리핀에는 다국적 기업의 아웃소싱 산업인 BPO 산업이 들어섰다.

3. 민족 및 종교적 차이

(1) 몬순 아시아와 오세아니아의 민족과 종교

① 다양한 민족 : 수많은 민족의 이동과 교류가 이어져 내려와 지역에 따라 복잡하고 다양하다.

  ㉠ 남부아시아 : 드라비다족이 거주하고 있던 지역에 아리아인들이 침입하면서 중부와 북부에는 아리아인이, 남부에는 드라비다족이 거주하고 있다. 이 밖에도 700개 이상의 다양한 민족이 남부아시아를 이루고 있다.

  ㉡ 동남아시아 : 중국·인도와 이슬람의 영향을 많이 받은 동남아시아는 태평양과 인도양의 다리 역할을 함에 따라 인구의 이동도 많았고 그만큼 다양한 민족이 살아가고 있다.

  ㉢ 중국 : 90% 이상을 차지하는 한족과 나머지 50개 이상의 소수 민족이 함께 살아가고 있다. 소수 민족들은 자치구를 이뤄 자신의 전통문화와 민족성을 지켜나가고 있다.

  ㉣ 오세아니아 : 오래전부터 원주민들이 거주하고 있었으며 오스트레일리아의 애버리진이나 뉴질랜드의 마오리족이 유명하다. 오스트레일리아는 유럽인들이 들어오게 되고 인구의 대다수를 차지하게 되었으나, 현재는 다양한 민족이 이주하여 다문화 사회를 형성하고 있다.

② 다양한 종교

  ㉠ 남부아시아 : 인도의 브라만교에서 시작된 힌두교를 주로 믿고 있고, 파키스탄과 방글라데시는 이슬람교, 스리랑카는 불교를 믿고 있다.

  ㉡ 동남아시아 : 태국과 라오스 등지에서는 인도에서 발원한 불교를 대체로 믿고 있다. 인도네시아와 말레이시아에는 이슬람교가 전파되었으며, 과거 스페인의 식민지였던 필리핀은 크리스트교를 주로 믿는다.

  ㉢ 동아시아 : 우리나라와 중국, 일본은 대체로 불교와 유교의 영향을 받아 왔으나, 다른 지역에 비해 종교색은 옅은 편이다.

  ㉣ 오스트레일리아·오세아니아 : 유입된 유럽인들의 영향으로 크리스트교를 주로 믿는다.

(2) 몬순 아시아와 오세아니아의 지역 갈등과 해결 방안

① 지역 갈등

  ㉠ 카슈미르 지역 : 파키스탄의 이슬람교 세력과 인도의 힌두교 세력이 종교적 갈등을 일으키고 있는 지역이다.

  ㉡ 스리랑카 : 힌두교를 믿는 타밀족과 불교를 믿는 민족 사이의 갈등이 이어지고 있다.

  ㉢ 인도네시아 아체 : 인도네시아의 지역 가운데 하나로 석유와 천연가스 영유권을 둘러싸고 반군과 정부가 갈등하고 있다.

  ㉣ 필리핀 : 크리스트교가 강세인 필리핀 주류 세력과 소수의 이슬람교도인 모로족이 갈등하고 있다.

  ㉤ 중국 : 중국을 지배하고 있는 최대 민족인 한족이 50여 개의 소수민족을 탄압하고 소수 민족은 중국으로부터 독립하려는 의지를 보이면서 갈등이 심화해왔다.

  ㉥ 오스트레일리아·오세아니아 : 원래 이 지역에 살고 있던 원주민과 유입된 유럽인들이 토지 영유권 분쟁 등 갈등을 빚고 있다.

② **지역 갈등의 해결 노력** : 갈등을 빚고 있는 각 지역은 다양한 민족의 평화와 공존을 위해 노력하고 있다. 인도네시아 정부는 국가와 민족의 통일 속에 다양성을 추구하면서 서로의 다름을 존중하려 하고 있다. 싱가포르는 중국어와 타밀어, 영어, 말레이시아어를 공용어로 지정하여 민족 간의 화합을 추구하고 있다. 오스트레일리아에서는 원주민인 애버리진에 가한 탄압에 대한 총리의 사과와 토지 영유권을 일부 인정하는 등 화합의 손길을 내밀고 있다.

05 건조 아시아와 북부 아프리카

1. 자연환경과 생활 모습

(1) 자연환경의 특성

① **기후의 특성** : 대부분이 건조 기후며 증발량이 강수량보다 많고 일교차가 크다. 물을 조달할 수 있는 곳을 중심으로 인구가 분포한다.

  ㉠ 사막 기후 : 아프리카북부와 아라비아반도, 중앙아시아 등지에서는 강수량이 적어 사막화 되어 있다.

  ㉡ 스텝 기후 : 아프리카북부·아라비아반도의 주변 지역과 터키 일대의 고원, 중앙아시아 북쪽에는 사막에 짧게 비가 내리는 기간이 있어 짧은 풀이 자라 스텝 기후를 이룬다.

  ㉢ 지중해성 기후 : 지중해와 흑해 주변 지역에서는 여름엔 기온이 높고 건조하며 겨울은 온난하고 습윤한 기후가 나타난다.

② **지형의 특성** : 고원과 산맥 등 험준하고 거친 지형이 많이 나타나며 구릉지에 인구가 모여산다. 거대한 산맥의 남쪽에는 충적 평야가 형성되어 있고, 나일강 하류에서는 주기적인 범람이 일어나 비옥한 퇴적 삼각주 평야가 나타난다. 티그리스와 유프라테스강 유역에는 인구 분포가 많고 농경지가 발달했다. 북부 아프리카의 중·남부나 아라비아반도에는 사막이 넓게 펼쳐져 있으며, 지중해 연안에는 부분적으로 해안 평야가 산재한다.

(2) 전통 생활 모습

① **의식주**

  ㉠ 의생활 : 통풍이 잘되고 보온성능이 뛰어난 헐렁한 천으로 몸을 감싸는 의복 형태가 발달했다.

  ㉡ 식생활 : 가축에게서 육류와 유제품을 얻고, 밀로 제조한 빵을 주식으로 삼는다.

  ㉢ 주생활 : 흙집을 많이 지어 살았고 일교차와 강한 태양빛, 모래바람을 막기 위해 창문을 작게 뚫었다. 초원 지대의 주민들은 유목 생활을 하여 설치·철거가 용이한 천막을 지어 생활한다.

② **토지 이용** : 수원지에서 유래한 외래 하천과 오아시스 주변으로 사람들이 모여 살았다. 얻은 물로 농경지를 형성해 대추야자와 밀 등을 경작했다. 지하수를 이용한 관개 농업이 발달하기도 했다. 초원 지역에서는 유목 생활을 하며 양, 낙타 등을 길렀다. 생활에 필요한 물품을 사고파는 상인들과 거래하며 물품을 구하기도 했다. 예부터 상인들의 활동으로 동서양의 교류가 이루어졌다.

2. 주요 자원의 분포 및 이동과 산업 구조

(1) 주요 자원의 분포와 이동

① 화석 에너지의 분포와 이동 : 이 지역에는 석유와 천연가스가 매우 풍부하게 매장되어 있다. 페르시아만을 중심으로 전 세계 석유 생산량의 30%를 차지하고 있으며, 북부 아프리카와 카스피해 해안에도 석유와 천연가스가 많이 매장되어 있다. 유전의 규모가 크고 생산되는 석유의 품질이 뛰어나기로 유명하다. 페르시아만의 석유는 주로 송유관을 통해 주변 지역과 지중해 연안으로 전달되고, 이곳에서 유럽과 아시아로 수출된다.

② 화석 에너지의 개발과 영향 : 이 지역의 석유 매장량은 매우 풍부하나 초기에는 석유 자원을 개발하기 위한 기술력이 부족하여 서구의 선진국들이 들어와 개발이 이루어졌다. 그러나 1970년 이후 이 지역의 산유국들은 자원 민족주의를 앞세워 석유 사업을 국유화하고 석유수출국기구(OPEC)를 설립하여 석유의 생산량과 가격을 통제해왔다. 석유 자원의 개발과 수출로 이 지역의 경제는 급성장하였고 주민에 대한 복지도 크게 확대했다. 그러나 도시를 중심으로 석유 자원의 경제적 이익이 집중되어, 주변 도시·농촌과의 격차가 커졌다. 또한 소비품의 해외 의존도가 커지고, 석유 자원에 대한 국제적 분쟁이 일어나는 등 잡음이 나고 있다.

(2) 주요 국가의 산업 구조

① 자원 국가 : 석유 매장량이 풍부한 사우디아라비아, 아랍에미리트, 카타르 등은 석유 수출로 부를 쌓았으며, 이를 통해 화학 및 소재 제조업 분야에 투자하고 도시 개발에 전념했다. 중앙아시아의 카자흐스탄은 유전 개발로 경제 성장을 이루었으며 석유 관련 화학 산업을 발전시켰다.

② 자원 부족 국가 : 자원이 부족한 국가들은 최근 제조업을 육성하여 경제 발전을 이루고 있다. 터키나 이집트 등은 에너지 자원을 대부분 수입하고 있고, 풍부한 관광자원을 바탕으로 수입의 많은 부분을 얻고 있다. 이집트의 경우 근래에 석유와 천연가스를 생산하기 시작하면서 원유와 석유 제품을 수출하고 있다.

(3) 지역 발전을 위한 노력

① 에너지 시장의 변화 : 산유국이 많은 건조 아시아와 북부 아프리카에서는 최근 신흥국의 석유 수요 감소와 셰일 가스 등 비전통 석유의 생산 증가, 신재생 에너지 활용으로 앞으로의 미래가 불투명하다. 따라서 석유 외에 다른 경제 부분에서 산업을 육성하고 있으며, 세계 여러 나라와도 협력하고 있다.

② 포스트 오일 시대 : 산유국들은 걸프 협력 회의를 발족해 석유 이후의 에너지 시대를 대비해 발전소와 항만, 공항 등 인프라 건설을 위해 힘을 모으고 있다. 이러한 노력들은 석유 산업 일변이던 경제 구조를 다변화시키기 위한 노력이다.

3. 사막화의 진행

(1) 사막화의 원인과 진행 지역

① 사막화 : 건조·반건조 지역에서 인공적·자연적 요인에 의해 토양이 황폐화되고 식생이 감소하는
현상이다. 기상 이변으로 오랫동안 가뭄이 계속되어 발생하고, 무분별한 벌목과 정착지의 확대,
지나친 관개 농업으로 인한 토지의 염분 상승이 사막화를 가속화한다.

② 사막화 지역

    ㉠ 사헬 지대 : 스텝·사바나 기후인 사헬 지대는 인구의 급격한 증가와 과다한 가축 방목, 산림
    벌채로 초원이 황폐해져 사막화가 진행되고 있다.

    ㉡ 아랄해 연안 : 과도한 관개 농업으로 토양 속의 물이 마르면서 사막화가 진행되고 호수가 황폐해
    졌다.

(2) 사막화의 진행으로 인한 지역 문제와 해결 노력

① 사막화로 인한 지역 문제 : 사막화로 식생을 비롯한 생태계가 파괴되고 황무지가 늘어나면서 거대한
모래 폭풍이 발생하고 있다. 토양이 황폐화되면서 식량을 생산하기 위한 능력이 감소하고 기근이
발생한다. 기근을 버티지 못한 주민들이 인근으로 이동하면서 인근 주민들과 갈등을 빚기도 한다.
사람이 몰리면서 의료·위생시설도 부족해 질병이 발생하는 등 심각한 문제에 직면해 있다.

② 사막화 해결 노력 : 사막화를 막기 위해서는 무분별한 방목과 경작을 막고, 목초지를 조성해야 한다.
국제 사회는 사막화방지협약을 맺어 사막화가 진행 중인 지역을 지원하고 있다.

---

06   유럽과 북부 아메리카

1. 주요 공업 지역의 형성과 최근 변화

(1) 주요 공업 지역의 형성과 쇠퇴

① 유럽의 공업 지역 : 유럽은 석탄과 철광석이 생산되는 서부를 중심으로 공업이 발달했다. 석탄이
많이 나는 영국의 랭커셔와 요크셔 지방, 독일의 루르 지역에 공업 지대가 형성되었다. 프랑스의
로렌 지역에서는 철광석이 많이 나 제철 공업을 발전시켰다. 그러나 자원의 고갈과 자원 채굴 비용
이 상승하고 새로운 에너지원들이 등장하면서 전통적인 공업 지역들은 점차 쇠퇴하였다.

② 북부 아메리카의 공업 지역 : 보스턴을 중심으로 한 뉴잉글랜드 지역에서 공업이 발달하였다. 유럽
과 지역적으로 가깝고 노동력이 풍부해 공업 지대를 이루기 용이했다. 이후에는 오대호 연안으로
중화학 공업이 발달했고, 철강은 시카고와 피츠버그, 자동차 공업은 디트로이트와 토론토에 자리를
잡았다. 마찬가지로 자원이 고갈되고 공업이 지나치게 집중되어 이 지역들의 공업 지대도 쇠락하게
되었다.

(2) 주요 공업 지역의 변화

① 유럽 공업 지역의 변화 : 유럽의 새로운 공업 지역은 석유를 에너지원으로 삼고 외국의 저렴한 철광석을 수입하기 시작하면서 수입·수출이 용이한 임해 지역과 교통이 편리한 지역을 중심으로 형성되었다. 1960년대 이후에는 고부가가치의 첨단 산업을 육성해왔고, 이들 지역에서는 산업 지역을 중심으로 대학, 연구소 등 개발 시설들이 자리하면서 산업 클러스터를 형성하게 되었다.

② 북부 아메리카 공업 지역의 변화 : 오대호 중심의 공업 지대가 쇠퇴하고 미국 남부와 남서부에 기술 집약적 산업 지대인 선벨트와 실리콘 밸리가 형성되어, 미국뿐 아니라 전 세계의 첨단 산업을 이끌고 있다. 태평양 연안의 공업 지역, 항공·우주 산업으로 유명한 멕시코만 연안 공업 지역이 대표적이다. 아울러 멕시코의 미국 접경지대를 따라 형성된 '마킬라도라'는 미국과 멕시코의 자유무역협정(NAFTA) 체결로 성장하게 된 조립 공업 지대로, 관세 혜택을 받으며 북부 아메리카 시장에 대한 입지가 크게 상승했다.

2. 현대 도시의 내부 구조와 특징

(1) 세계적 대도시의 발달 과정

① 세계 도시 : 공업 발달로 경제 성장을 이룬 유럽과 북부 아메리카에는 대도시가 형성되고 상호 교류망이 구축되면서 세계적 영향력을 갖는 런던, 뉴욕 등의 세계 도시가 만들어졌다. 이들 도시에는 국제기구와 다국적 기업의 본사가 들어서 있으며, 세계 금융의 중심지로서 기능하고 있다. 세계 도시는 교통과 통신의 발달로 전 세계에 산재한 도시의 기능을 통합하고 있으며, 또한 산업 구조의 고도화와 지식 기반의 정보통신 산업으로 산업 구조가 변화하였다.

② 유럽 주요 도시의 발달 : 영국 런던은 17세기 동인도 회사의 설립으로 독점 무역을 하였고, 이후에는 산업 혁명의 발원지가 되었다. 현재는 금융과 항공 교통의 중심지로서 기능하고 있다. 프랑스 파리는 세계 문화·예술의 중심지로 19세기 산업화로 크게 성장했고 도시 개조 사업으로 세계적 도시가 되었다.

③ 북아메리카 주요 도시의 발달 : 뉴욕은 제2차 세계대전 이후로 월가를 중심으로 세계 경제·금융의 중심지가 되었으며 국제연합 본부가 설치되었다. 시카고는 오대호와 미시시피강을 잇는 거점 도시로, 서부와 동부를 연결하며 무역과 엔터테인먼트·미디어 관련 산업이 발달했다.

(2) 현대 도시의 특성과 내부 구조

① 현대 도시의 내부 구조 : 도시는 성장하면서 지역별로 기능을 분담하는 공간 분화가 일어난다.

　㉠ 도심 : 중심업무지구가 형성되어 있으며 지대와 접근성이 좋다. 고층 빌딩이 밀집하며 낮에는 사람이 많고 밤에는 빠지는 인구 공동화 현상이 일어난다.

　㉡ 중간 지대 : 저급주택지구와 공업 기능이 분담된 지역으로 중심업무지구의 외곽에 자리한다. 대중교통이 발달하면서 저소득 인구의 거주 비율이 늘어났다.

　㉢ 도심 재활성화 : 낙후된 도심 지역을 주거·문화공간으로 개발하면서 고소득층 인구가 이 지역으로 들어와 기존 주민들이 밀려나는 현상이 발생했다.

② 유럽 주요 도시의 내부 구조 : 시가지의 범위가 좁고 토지 이용이 집약적이다. 중심지에는 역사가 오래된 건물들이 많이 밀집해 있고 고소득층이 많이 거주한다. 그 주변 지역으로 이민자 등 저소득층 주거지가 분포하고 있다.

③ 북아메리카 주요 도시의 내부 구조 : 도로 교통이 발달하면서 교외화가 진행되었고, 도시 외곽에 주거지가 형성되기 시작했다. 최근에는 이러한 외곽 지역에 인구가 집중되고 업무 · 생활 인프라가 건설되면서 '에지시티'라는 새로운 중심 지역으로 떠오르고 있다.

3. 지역의 통합과 분리 운동

(1) 통합을 모색하는 지역

① 경제 협력과 정치 통합을 꿈꾸는 유럽

ㄱ 석탄 · 철강공동체(ECSC) : 제2차 세계대전 이후 황폐해진 유럽은 경제 재건을 위해 경제 공동체를 설립했다.

ㄴ 유럽공동체(EC) : 1967년 유럽의 공동 시장 창설을 목표로 설립된 공동체로 회원국 간에 관세를 철폐하고 공동 대외 관세 정책을 시행했다.

ㄷ 유럽연합(EU) : 유럽 국가들은 경제적 협력을 넘어 정치적 통합을 도모하기 위해 1992년 마스트리흐트 조약을 맺고 유럽연합을 창설했다. 유로라는 단일 화폐를 도입하고 유럽 통합적 의회를 구성하는 등 독자적인 법률 · 행정 체계를 갖추고 경제 · 사회 분야에서 공동 정책을 펴고 있다. 유럽연합의 회원국 국민들은 유럽연합의 시민으로서 연합국 어디든 자유로이 이동할 수 있다.

② 자유무역과 경제 발전 이루려는 북아메리카 : 유럽이 '유럽자유무역연합'을 창설하고 동아시아 경제권이 국제 경제 무대에서 떠오르기 시작하면서 미국은 위기감을 느꼈다. 이에 미국은 1992년 캐나다, 멕시코와의 시장 단일화를 목적으로 북아메리카 자유무역협정(NAFTA)을 맺어 서로의 관세를 철폐했다. 미국의 자본력과 기술력, 캐나다의 자원, 멕시코의 노동력이 결합되어 국제 경제 무대에서 막강한 경쟁력을 갖추게 되었다.

(2) 분리의 움직임이 나타나는 지역

영국의 스코틀랜드와 북아일랜드, 스페인의 바스크와 카탈루냐 지방 등은 종교와 인종, 언어 등 각 지역의 문화적 전통이 확고하여 분리 독립을 염원해왔고, 이 때문에 각 정부와 갈등을 빚었다. 벨기에의 플랑드르 지역과 캐나다의 퀘백은 특히 언어의 차이가 분리 독립의 상당한 이유로 작용한다.

1. 도시 구조에 나타난 도시화 과정의 특징

(1) 중·남부 아메리카의 도시화

① 유럽 문화의 전파 : 마야, 아스테카, 잉카 등 먼 과거부터 찬란한 문명을 이룩했던 중·남부 아메리카 지역은 라틴계 유럽인들이 들어와 식민 도시를 건설하였다. 그러므로 이 지역에는 유럽 라틴 문화가 전파되었고, 원주민의 고유한 문명은 파괴되었다. 또한 자원을 수탈하고 개발하였으며 노동력을 충당하기 위해 아프리카의 노예를 이주시켰다. 이러한 이유로 이 지역의 인종은 유럽의 백인과 원주민, 아프리카계 인종의 혼혈로 변화하게 되었다. 그 결과 다양한 인종과 문화가 혼재하는 독특한 문화를 형성하게 되었다.

② 식민 도시의 건설 : 스페인, 포르투갈은 기존의 도시를 파괴하고 새로운 식민 도시를 건설하였다. 남부 유럽식의 종교 시설, 광장, 도로 등이 들어섰다.

(2) 도시화의 과정과 특징

① 도시화율 : 중·남부 아메리카의 도시에는 전 인구의 80% 정도가 분포되어 있어, 경제 발전 수준에 비해 도시화 정도가 높은 편이다. 특히 우루과이나 아르헨티나의 경우 90%에 달하는 도시화율을 보인다.

② 공간적 불균형 : 20세기에 들어 경제가 발전하고 유럽의 백인들이 도시로 유입됐다. 또한 농촌의 인구가 도시로 몰리게 되는 이촌향도 현상이 일어났다. 그 결과로 몇몇의 도시만 크게 성장하면서 지역별 인구 비율이 불균형해지는 공간적 불균형이 발생했다. 리우데자네이루, 상파울루, 멕시코시티 등 인구수가 1,000만명을 상회하는 소수의 대도시가 형성되었다.

(3) 중·남부 아메리카의 도시 구조

① 식민 지배와 도시 구조 : 스페인과 포르투갈 같은 남부 유럽 국가의 식민 도시 건설로 도시 안의 건물들도 비슷한 형태를 갖게 되었다. 도시 중앙에는 광장을 건설했는데 광장을 중심으로 행정·상업 시설이 형성되어 도시를 통치하는 기능이 집중되었다. 이 중앙 광장에 고위층의 인구가 주로 분포했다.

② 도시 구조의 특징 : 중·남부 아메리카 도시의 중심부에는 유럽에서 이주했던 백인들이 주로 거주하고 고급 주택들이 분포하게 되었다. 또한 중심지를 벗어나 외곽으로 갈수록 원주민과 아프리카계 주민들이 거주하는 빈민촌이 형성되고 저급 주택이 밀집하게 됐다. 이 지역은 우범지대가 되는 등 지역 격차가 크게 발생하고 있다.

③ 도시 문제 : 도시에 인구와 기능이 급격하게 몰리게 되면서 과도시화와 종주 도시화 현상이 발생했다. 농촌에서 도시로 이주한 주민들은 하층민이 되어 도시 외곽과 공유지에 정착하게 되었다. 이 지역은 불량주택지구가 되어 슬럼화가 일어났고, 중심지에 비해 복지 환경과 사회적 혜택이 낙후되어 지역 격차가 벌어졌다. 중·남부 아메리카 도시에서는 하층민에 의한 범죄가 빈번하게 일어나고, 교통이 혼잡하며, 위생 등 공공 서비스가 미흡한 문제가 발생하고 있다.

2. 다양한 지역 분쟁과 저개발 문제

(1) 사하라 이남 아프리카의 식민지 경험과 민족 및 종교 분포

① 유럽의 식민지 지배 : 사하라 이남의 아프리카 지역에는 15세기부터 유럽인들이 진출하여 서쪽 해안 지역을 중심으로 금, 상아 등 여러 자원을 수탈하였다. 아메리카 대륙 발견 이후에는 아프리카와 아메리카, 유럽의 노예 삼각 무역을 통해 아프리카계 노예를 아메리카로 이주시켜 값싼 노동력과 자본 및 기술을 바탕으로 단일 경작 하는 플랜테이션 농장에서 일하게 했다. 시간이 흘러 19세기부 터는 아프리카의 대부분 국가가 유럽의 식민지가 되어 자원과 인력을 수탈당했다.

② 제3세계 : 제2차 세계대전 이후로 식민지 국가들은 대부분 독립하여 제3세계의 한 부분이 되었으나, 현재까지 부족·국가 간의 정치적 분쟁, 내전, 기아와 빈곤에 시달리고 있다.

③ 민족과 종교 분포 : 사하라 이남 아프리카는 부족 중심의 생활을 영위하며 원시 문화를 발달시키고 보전해왔다. 부족마다 언어와 종교가 다르고 생활양식에도 차이가 있으며, 얼굴형과 신장·피부색 에 따라 다양한 부족으로 나뉜다. 이 지역에는 다양한 종교 분포가 나타난다. 서남아시아와 가까운 소말리아·수단·카메룬 등은 이슬람교를 신봉하고 있다. 한편 아프리카 남부에는 유럽인들의 식 민 지배로 크리스트교가 유입되어 영향을 끼쳤다. 사하라 이남 아프리카에는 원주민들이 믿어 오던 토속 신앙이 존재하고 외래 종교의 유입으로 그 영향력은 감소했으나, 여전히 원주민들의 삶에 적지 않은 영향을 미치고 있다.

(2) 사하라 이남 아프리카의 분쟁과 저개발

① 민족 및 종교 갈등 : 사하라 이남의 아프리카에서는 과거부터 부족 중심의 소규모 공동체들이 형성 되었으나, 유럽의 식민 지배가 시작되면서 임의의 국경선이 쳐지게 되었다. 그 결과 서로 다른 부족 이 섞이게 된 이 지역의 국가들은 부족 간의 갈등으로 통합에 어려움을 겪고 있다. 언어와 종교가 다르고, 국가 지도자들이 부정부패와 독재를 저지르는 경우가 많아 분쟁이 잇따르고 있다.

② 난민과 아파르트헤이트 : 이러한 부족 간의 갈등으로 분쟁과 내전이 발생하게 되었으며, 이 때문에 수많은 난민이 생겨나고 주민들은 정치·경제적 피해를 입고 있다. 또한 남아프리카 공화국에서는 소수의 백인 지배층이 다수의 아프리카계 원주민들을 지배하기 위해 아파르트헤이트라는 인종 분리 정책을 시행하면서, 수많은 사람들이 인종 차별 피해를 받았다.

③ 저개발과 개발을 위한 노력 : 유럽의 제국주의 국가들은 아프리카에서 다이아몬드 등 지하자원을 수탈하고 플랜테이션 농업을 실시했다. 그 결과 현재까지 대부분의 사하라 이남 아프리카 국가들은 농산물·광물 수출 산업 구조에 머무르고 있으며, 이러한 저개발로 빈곤과 기아에 시달리고 있다. 저개발을 극복하기 위해 아프리카는 풍부한 노동력을 바탕으로 경제 성장을 위해 노력하고 있다. 또한 아프리카 국가들은 '아프리카연합(AU)'을 결성해 경제 협력을 이끌어 내려 힘을 모으고 있다.

3. 자원 개발을 둘러싼 과제

(1) 중·남부 아메리카의 자원 분포와 개발

① 천연자원 : 중·남부 아메리카에는 석유, 구리, 철광석 등 풍부한 천연자원이 매장되어 있다. 멕시코는 산유국이자 세계 최대의 은 생산지이며, 브라질과 베네수엘라, 에콰도르는 손꼽히는 산유국이다. 칠레에는 구리가 세계적으로 매장되어 있고, 볼리비아는 주석과 천연가스를 생산해 수출하고 있다.

② 빈부 격차 : 자원 개발의 이익을 둘러싸고 빈부 격차가 발생할 수 있어, 석유와 천연가스가 생산되는 나라에서는 이 자원을 국유화하여 빈부 격차를 줄이려 한다.

(2) 사하라 이남 아프리카의 자원 분포와 개발

① 천연자원 : 산유국인 나이지리아는 국가 수출 비중 가운데 석유가 90%를 차지하고 있다. 남아프리카 공화국은 석탄 생산량이 많으며, 금과 다이아몬드, 크롬 등 광물 자원도 풍부하게 매장되어 있다. 아프리카 중·남부의 잠비아와 콩고에서는 구리와 코발트가 많이 생산돼 '코퍼 벨트'라고 불린다.

② 선진국의 자원 확보 경쟁 : 중국, 미국, 러시아 등 선진국은 아프리카의 풍부한 천연자원을 확보하기 위해 인프라를 제공하고 채굴권을 얻는 등 경쟁을 벌이고 있다.

(3) 환경 보존과 자원의 정의로운 분배

① 자원 개발과 환경 보존 : 중·남부 아메리카와 사하라 이남 아프리카 국가들은 자원 개발로 인한 열대림 파괴와 환경오염이 나타나고 있다. 특히 지구의 허파라고 불리는 브라질의 아마존 열대림은 심각하게 훼손되어 생태계가 파괴되고 원주민들도 생활 터전을 잃는 상황이다. 석유 산업을 개발하는 과정에서도 삼림 파괴가 발생하고 오염 물질이 유출되어 토양과 강이 오염되는 등 몸살을 앓고 있다. 이 때문에 환경을 파괴하지 않는 선에서 자원 개발과 경제 발전을 이루는 '지속 가능한 발전'이 대안으로 제시되고 있다.

② 자원의 정의로운 분배 : 중·남부 아메리카와 사하라 이남 아프리카 국가의 자원 개발은 대부분 선진국의 손으로 시작되어 처음에는 많은 이익이 대륙 외부로 빠져나갔다. 가공 전의 부가가치가 낮은 상태로 자원을 수출하기 때문에 실질적 이익도 적은 편이다. 또한 자원 개발과 그 이익을 둘러싸고 부정부패와 정치적 분쟁이 발생하고 있어 주민들이 피해를 입고 있다. 아울러 자원 개발로 인한 이득이 불평등하게 분배되어 빈부 격차도 심화되는 상황이다. 국민들의 생활을 개선하기 위해 이득의 정의로운 분배가 필요한 시점이다.

1. 경제 세계화에 대응한 경제 블록의 형성

(1) 경제 세계화의 의미와 영향

① **경제 세계화와 다국적 기업** : 교통과 통신의 발달, 물자와 인적 교류가 국제적으로 일어나면서 전 세계의 경제가 국경을 넘어 통합되는 경제 세계화가 이뤄지고 있다. 따라서 세계를 무대로 개발·영업 활동을 하면서 이윤을 창출하는 다국적 기업이 나타났다. 다국적 기업은 상품의 개발과 연구, 생산 기능을 여러 국가와 지역에 배치함으로써 시장을 확대하고 그에 따른 이익을 극대화하고 있다. 이를 공간적 분업이라고 한다.

② **경제 세계화의 영향** : 지리적으로 가깝고 경제적으로 상호 보완적 관계에 놓인 국가들은 자유무역협정(FTA)을 맺어 관세를 인하하고 무역 장벽을 철폐하고 있다. 이를 통해 국민들은 다양한 상품을 합리적인 가격으로 시장에서 구입할 수 있고, 기업들은 더 좋은 상품을 개발하기 위해 경쟁하고 노력한다. 그러나 자유무역협정은 개발도상국과 선진국의 경제적 격차를 벌리기도 한다. 선진국은 고부가가치의 첨단 산업을 육성하고, 개발도상국은 값싼 노동력을 제공하는 대신 선진국의 제조 공장이 들어서면서 역할 분담의 고착화가 발생하게 된다.

(2) 세계 주요 경제 블록의 형성

① **경제 블록의 형성 배경** : 제2차 세계대전 이후 개발도상국들이 산업화로 경제 발전을 급격하게 이루면서 국가들이 경제적으로 상호 보완적 협력 관계를 맺을 필요가 생겼다. 특히 경제·지리적으로 인접한 국가들끼리 협력하여 경제적 이익을 추구하는 지역주의가 나타나고 있다. 이러한 관계에 놓인 선진국과 신흥국들이 경제 블록을 형성했다.

② **주요 경제 블록** : 유럽연합(EU), 동남아시아국가연합(ASEAN), 아시아·태평양경제협력체(APEC), 북아메리카자유무역협정(구 NAFTA, 현 USMCA), 남아메리카공동시장(MERCOSUR) 등이 있다. 이러한 경제 블록을 이루는 국가들은 관세 인하, 무역 장벽 철폐, 물자·인력 교류 등으로 경제 협력을 이어가고 있다. 그러나 이러한 경제 동맹에서 소외된 국가들의 경제는 상대적으로 위축되고 약화되는 문제도 발생하고 있다.

2. 지구적 환경 문제에 대한 국제 협력과 대처

(1) 지구적 환경 문제와 지구촌의 노력

① **지구적 환경 문제의 종류** : 인류의 산업 발전과 도시화는 자연환경에 악영향을 끼쳐 왔고, 화석 연료의 사용으로 온실가스가 대량으로 발생하며 비정상적 지구 온난화가 일어났다. 지구 온난화는 이상 기후를 유발하고, 또 과도한 자연환경 개발이 더해져 사막화를 일으켰다. 또 오염 물질이 대기로 올라가 빗물에 섞여 산성비가 내리고, 과도한 벌목으로 열대림과 삼림이 파괴되며, 바다에 폐기물이 유출되어 바다 생태계가 파괴되는 등 전 지구적 환경 문제가 심각한 상황이다.

② 지구적 환경 문제를 해결하기 위한 노력 : 전 세계는 이러한 환경 위기를 극복하고 인류와 자연의 공존을 이루기 위해 지속 가능한 발전을 목표로 수립했다. 경제 발전과 사회의 통합, 자연환경의 보전이 균형을 이루는 발전을 추구하는 것이다. 국제 사회는 환경협약을 맺어 탄소 배출을 줄이고 생물 종의 다양성을 지키는 등의 활동을 하기로 약속했다.

(2) 지구적 환경 문제 해결을 위한 노력과 실천 방안

① 국가의 노력 : 전 지구적 환경 문제를 해결하기 위해 국가는 환경 보전을 위한 실효성 있는 대책을 수립하고 범국가적인 환경 캠페인을 진행하고 있다. 탄소 배출 감소를 위해 전기 자동차에 보조금을 지원하고, 탄소 배출을 줄인 가계와 기업을 위해 탄소 포인트를 지급하고 있다. 또한 환경 마크 제도와 쓰레기 종량제 제도를 실시하는 등 전방위적인 환경 정책을 실시하고 있다.

② 개인의 노력 : 지구적 환경 문제를 해결하기 위해 개인은 생활 속 작은 실천을 행해야 한다. 가까운 거리는 되도록 걸어 이동하고 대중교통을 이용한다. 냉난방기 사용을 조절해 전기를 절약하고, 가정에서 나온 폐기물을 분리하여 배출하는 등 솔선수범하여 환경 보전을 위해 힘써야 한다.

3. 세계 평화와 정의를 위한 지구촌의 노력들

(1) 세계 평화와 정의를 위한 지구촌의 노력

① 지구촌의 다양한 분쟁 : 지구촌에서는 민족과 종교의 차이, 자원과 영토의 영유권 등으로 다양한 분쟁이 발생하고 있다. 이러한 갈등으로 오랜 기간 동안 전쟁과 내전에 시달려 경제·정치적 위기에 놓인 국가들이 있다. 이러한 국가들에서는 크고 작은 규모의 난민이 발생하며 경제적 빈곤과 기아 위기가 늘 상존하고 있다.

② 세계 평화를 위한 지구촌의 노력 : 국제 사회는 제2차 세계대전 이후로 국제연합(UN)을 창설하고 세계대전이라는 재앙을 다시 맞지 않기 위해 상호 협력적인 관계를 유지하고 있다. 또한 세계 곳곳에서 일어나는 분쟁을 중재하기 위한 기구를 설립하고, 난민에 대한 지원 정책을 펴는 난민기구를 창설하면서 세계 평화를 위한 노력을 기울이고 있다. 또한 세계 평화를 추구하는 일반 세계 시민들은 비정부 기구(NGO)를 조직해 이러한 사안을 해결하고 그 실상을 고발하며, 피해자들을 구제하는 활동을 적극적으로 펼치고 있다.

(2) 세계 평화와 정의를 위한 세계 시민의 태도

우리는 세계 시민으로서 인류가 현재 맞고 있는 정치·경제·환경적 문제들을 인식하고 이에 관심을 가져 해결하려는 의지를 갖춰야 한다. 아울러 평화와 인권 보호에 대한 올바른 의식을 함양하고 국제 사회의 개선과 공동의 발전을 위해 고민하는 세계 시민이 되어야 한다.

01 지리 정보 수집방식인 (가), (나)에 대한 옳은 설명만을 〈보기〉에서 있는 대로 고른 것은?

> (가) 실내 조사에서 정리된 지리 정보를 확인하고 보완하기 위해 계획된 경로를 따라 현장을 직접 방문하여 해당 지역의 지리 정보를 수집하는 방식이다.
> (나) 지표면으로부터 반사 또는 방출되는 에너지를 인공위성이나 항공기 등에 탑재된 센서로 감지하여 지리 정보를 수집하는 방식이다.

보기

> ㄱ. (가)의 주요 조사 방법으로는 관찰, 실측, 면담이 있다.
> ㄴ. (나)의 활용 사례로 북극해 해빙(海氷)의 면적이나 남극 상공의 오존층 파괴 범위 파악 등을 들 수 있다.
> ㄷ. (나)는 (가)보다 지리 정보 수집에 활용된 시기가 늦다.
> ㄹ. △△ 여행사 관광 프로그램 속의 유럽 여행지에 대한 만족도 조사에는 (나)가 (가)보다 적합하다.

① ㄱ, ㄴ   ② ㄱ, ㄹ
③ ㄷ, ㄹ   ④ ㄱ, ㄴ, ㄷ
⑤ ㄴ, ㄷ, ㄹ

해설
(가)는 현지(야외) 조사, (나)는 원격 탐사이다.
ㄱ. 관찰, 실측, 면담 등은 현지(야외)조사의 주요 조사 방법이다.
ㄴ. 원격 탐사는 항공기나 인공위성 등을 사용하여 인간의 접근이 어려운 극지방을 비롯한 여러 지역과 광범위한 지역의 지리 정보를 주기적으로 수집하는 데 활용할 수 있다.
ㄷ. 현지(야외) 조사는 전통적인 지리 정보 수집 방법인데 반해, 원격 탐사는 과학 기술의 발달에 활용되기 시작한 방법이다. 따라서 (나)가 (가)보다 지리 정보 수집에 활용된 시기가 더 늦다.

02 (가), (나) 지도에 대한 설명으로 옳은 것은?

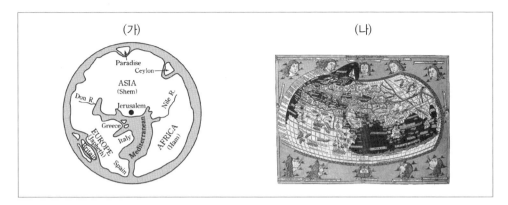

① (가)는 지도의 위쪽이 동쪽을 가리킨다.

② (가)에는 경선과 위선의 개념이 반영되어 있다.

③ (나)에는 아메리카 대륙이 표현되어 있다.

④ (나)는 항해에 이용하기 위해 제작되었다.

⑤ (가)는 이슬람교, (나)는 크리스트교의 세계관이 반영되어 있다.

해설

(가)는 중세 서유럽에서 사용하던 TO 지도, (나)는 프톨레마이오스의 세계 지도이다. TO 지도는 아시아 대륙을 위쪽에 놓고 유럽과 아프리카 대륙을 아래쪽에 배치하여 지도의 위쪽이 동쪽을 가리킨다. 중앙에 배치된 예루살렘은 중세 유럽인들의 기독교적 세계관을 보여준다.

03 다음 자료의 ㉠~㉤에 대한 설명으로 옳은 것은?

인도 다르질링 홍차

㉠ 북위 27°, 동경 88°에 위치한 인도의 다르질링은 홍차로 유명하다. 이곳은 ㉡ 인도의 다른 지역에 비해 서늘하고 습하여 독특한 향과 맛을 지닌 홍차가 생산된다. 다르질링 홍차는 ㉢ 지리적 표시제에 등록되어 있으며, ㉣ 세계 여러 지역으로 수출되고 있다. 현재 ㉤ 다르질링 주민들의 약 40%가 차 재배와 가공 등 홍차 관련 산업에 종사하고 있다.

① ㉠ : 속성 정보에 해당한다.

② ㉡ : 해발 고도가 낮고 평탄하기 때문이다.

③ ㉢ : 지역 특산물의 가치를 상승시키기 위함이다.

④ ㉣ : 유럽보다 아프리카로의 수출량이 많다.

⑤ ㉤ : 원격 탐사 기법을 통해 수집한 정보이다.

해설

지리적 표시제는 특정 지역의 우수 생산품에 대해 지역 이름을 표시하여 판매하도록 하는 제도로, 세계화에 대응하기 위한 지역화 전략 중 하나이다. ①에서 ㉠은 공간 정보에 해당한다. ② 다르질링은 해발 고도 2,000m 이상인 곳에 위치한다.

04 다음 글의 밑줄 친 '(가) 지역'의 기후 특성을 그래프의 A ~ E에서 고른 것은?

(가) 지역은 미생물의 활발한 활동과 많은 강수량에 의해 토양층의 양분이 제거되어 매우 척박한 토양이 분포한다. 이로 인해 이 지역 사람들은 경작할 곳의 나무를 베어 불을 지른 뒤 남은 재로 지력을 높여 카사바, 얌 등의 작물을 재배한다. 약 3 ~ 5년이 지나면 농경지가 다시 척박해지기 때문에 사람들은 다른 지역으로 이동하여 동일한 방식으로 농경지를 조성한다.

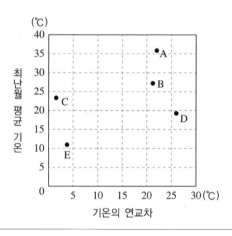

① A
② B
③ C
④ D
⑤ E

해설

(가) 지역은 열대 기후 지역으로 글의 내용은 이 지역에서 행해지는 이동식 화전 농업에 대한 설명을 담고 있다. 그래프에서 A는 건조 기후, B는 온대 기후, D는 냉대 기후, E는 고산 기후이다.

05 다음 자료의 (가), (나) 사막이 위치한 지역을 지도의 A~C에서 고른 것은?

- 2013년 유네스코 세계자연유산으로 지정된 ┌ (가) ┐ 사막은 건조 기후에 속하나 대서양과 접해 있어 해안 지역에서는 차가운 바닷물의 영향으로 안개가 늘 짙게 낀다.
- ┌ (나) ┐ 사막의 생성은 지각 변동의 영향이 크다고 할 수 있다. 남쪽에서 일어난 조산 운동으로 거대한 산맥이 생성되면서 바다에서 부는 습윤한 바람을 막아 건조한 사막을 이루게 된 것이다.

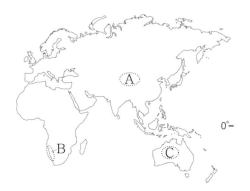

	(가)	(나)
①	A	B
②	A	C
③	B	A
④	B	C
⑤	C	A

해설
(가)는 한류 연안에 발달한 나미브 사막, (나)는 대륙 내부에 발달한 타클라마칸 사막이다. C는 아열대 고압대의 영향으로 형성된 사막이다.

06 다음은 남아메리카의 두 지역에 대한 설명이다. (가), (나) 지역에 대한 옳은 설명을 〈보기〉에서 고른 것은?

> • 브라질의 아마존 분지 대부분을 차지하는 (가) <u>아마존 우림</u>은 지구의 허파라고도 불린다. 서쪽으로는 안데스 산맥, 북쪽과 동쪽으로는 고원에 가로막혀 있다. 상당히 고온 다습하고 연강수량은 2,000mm를 넘는다.
> • 남아메리카 북부의 오리노코강 지역에 있는 (나) <u>야노스</u>는 평탄한 초원지대를 이루며, 목축업이 발달했다. 베네수엘라와 콜롬비아의 영토상에 있으며 연중 기온이 높다.

보기

ㄱ. (가)와 (나) 모두 적도 수렴대의 영향을 많이 받는다.
ㄴ. (나)는 우기와 건기의 구분이 뚜렷하게 나타난다.
ㄷ. (가)의 토양은 염기가 풍부해 농사를 짓기 좋다.
ㄹ. 칠레 중부와 아프리카 남서단 지역이 (나)와 유사한 기후 환경을 띤다.

① ㄱ, ㄴ   ② ㄱ, ㄷ
③ ㄴ, ㄷ   ④ ㄴ, ㄹ
⑤ ㄷ, ㄹ

해설

(가)의 아마존 우림은 열대 우림 기후, (나)의 야노스는 사바나 기후이며 모두 열대 기후에 해당하고 따라서 적도 수렴대의 영향을 받는다. 사바나 기후는 열대 우림 기후와 달리 건기와 우기가 뚜렷한 것이 특징이다. 아마존 우림은 강수량이 많아 토양의 염기가 씻겨 내려가 척박하다. 칠레 중부와 아프리카 남서단은 지중해성 기후에 해당한다.

07 다음 편지 내용의 ㉠～㉣에 대한 옳은 설명을 〈보기〉에서 고른 것은?

> 안녕, ○○야! 어제 ㅁㅁ에 도착한 후 숙소에 짐을 풀었어. 아침에 가이드랑 함께 차를 타고 가다보니 창밖으로 ㉠ 와디가 보였어. 한참을 더 달려서 ㉡ 사구 앞에 내렸지. 발밑을 보니 삼각뿔 모양의 암석이 눈에 들어왔어. 가이드 말로는 이런 암석을 ㉢ 삼릉석이라고 했어. 내일은 그 유명한 움직이는 돌이 있는 ㉣ 플라야를 볼 수 있다고 해.

> **보기**
> ㄱ. ㉠에는 비가 내리면 일시적으로 물이 흐른다.
> ㄴ. ㉡이 연속적으로 발달하여 이어진 지형을 바하다라고 한다.
> ㄷ. ㉢은 바람에 의해 운반된 물질의 침식 작용으로 형성되었다.
> ㄹ. ㉣에 고인 물은 주민들의 주요 식수원으로 사용된다.

① ㄱ, ㄴ　　　　　　　　　　② ㄱ, ㄷ
③ ㄴ, ㄷ　　　　　　　　　　④ ㄴ, ㄹ
⑤ ㄷ, ㄹ

> **해설**
> ㄱ. 와디는 비가 내릴 때에만 일시적으로 물이 흐르는 건천이다.
> ㄷ. 삼릉석은 바람에 날린 모래의 침식을 받아 여러 개의 마모된 면이 생긴 자갈이다.

08 다음 글의 밑줄 친 내용에 대한 답으로 가장 적절한 것은?

> 우리가 찾아간 ○○ 지역은 겨울 기온이 영하 60℃를 오르내리고, 여름이면 해가 지지 않는 백야의 땅이었다. 그곳에 사는 순록 유목민의 삶을 촬영하는 과정은 고난의 연속이었다. 작은 보트에 짐을 가득 싣고 물과 씨름하기도 하였고, 자동차 바퀴가 푹푹 빠지는 질퍽한 길에 시달리기도 하며 이동하였다. 그런데 ○○ 지역은 강수량이 1년에 200mm도 안 된다는데, 왜 그렇게 땅이 질퍽거렸을까?

① 매일 대류성 강수가 내리기 때문이다.
② 라테라이트 토가 주로 분포하기 때문이다.
③ 집중호우로 하천이 자주 범람하기 때문이다.
④ 영구 동토층 위의 활동층이 녹았기 때문이다.
⑤ 수목 밀도가 높아 토양의 수분 함유량이 많기 때문이다.

> **해설**
> 툰드라 기후 지역은 가장 따뜻한 달 평균 기온이 0 ~ 10℃인 곳으로, 강수량은 적지만 여름에는 영구 동토층 위의 활동층이 녹아 토양 속의 수분 함유량이 많아진다.

09 다음 중 A와 B의 대화에서 볼 수 있는 ㉠ ~ ㉤에 대한 설명으로 옳지 않은 것은?

> A : 나는 아이슬란드를 여행 중이야. ㉠ 두 땅 사이로 깊은 계곡이 있는데, 매년 조금씩 멀어지고 있대. ㉡ 곳곳에 뜨거운 물이 솟구쳐 오르는 간헐천이 있어. 지금이 ㉢ 맑은 날 오후 3시인데도 어둑어둑해. 하루가 너무 짧은 것 같아.
> B : 난 지금 페루에 있어. 어제는 ㉣ 안데스 산지에 있는 살리나스 염전을 봤어. 산속에 염전이 있다니! 내일은 ㉤ 칠레로 넘어 가서 세계문화유산으로 지정된 광산마을을 방문할 거야.

① ㉠ : 판이 갈라지는 경계에 위치하기 때문이다.
② ㉡ : 지열 발전에 유리한 자연 조건을 갖추고 있다.
③ ㉢ : 백야가 나타나는 계절이기 때문이다.
④ ㉣ : 해양판과 대륙판의 충돌로 형성되었다.
⑤ ㉤ : 신기 조산대에 위치한 세계적인 구리 생산국이다.

해설

아이슬란드는 판이 갈라지는 경계에 위치한다. 고위도 지역으로 여름에는 낮이 긴 백야 현상이 나타나며, 겨울에는 해가 일찍 지고 밤이 길다.

10 지도의 A ~ E 대지형에 관한 설명으로 옳은 것은?

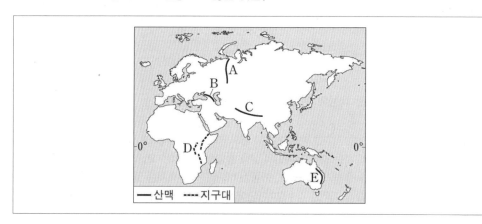

① A와 스칸디나비아 산맥 사이에는 순상지가 있다.
② B의 습곡 산지는 고생대에 조산 운동으로 형성되었다.
③ C는 두 대륙판의 수렴 경계에 발달한 습곡 산지로 화산이 연속적으로 분포한다.
④ D는 해양판이 대륙판 밑으로 밀려 들어가며 형성되었다.
⑤ E는 대륙판과 해양판의 경계에 발달한 신기 습곡 산지이다.

해설

A는 우랄 산맥, B는 카프카스 산맥, C는 히말라야 산맥, D는 동아프리카 지구대, E는 그레이트디바이딩 산맥이다.
① 우랄 산맥과 스칸디나비아 산맥 사이에는 오래된 방패 모양의 지형인 순상지가 있다.

11 다음은 어떤 하천에 대해 스무 고개를 하고 있는 장면이다. (가)에 들어갈 질문으로 옳은 것은?

단 계	A	B
한 고개	하천 유역이 세계 4대 문명의 발상지에 속합니까?	예
두 고개	아프리카 대륙에 위치합니까?	아니요
세 고개	대체로 서쪽에서 동쪽으로 흐릅니까?	예
네 고개	댐 건설을 둘러싸고 국가 간 갈등이 나타나고 있습니까?	아니요
다섯 고개	(가)	예
⋮	⋮	⋮

① 세계에서 유로가 가장 긴 하천입니까?
② 유역 내에 열대 기후 지역이 분포합니까?
③ 하구의 삼각주에서는 벼의 2기작이 활발하게 이루어집니까?
④ 봄철에 하류보다 상류의 얼음이 일찍 녹아 범람이 빈번합니까?
⑤ 하류의 유량은 계절풍의 영향으로 겨울철보다 여름철에 많습니까?

해설

문제에서 설명하는 하천은 중국 내륙의 황허 강이다. 황허 강의 하류는 계절풍의 영향을 받기 때문에 여름에 강수량이 증가하여 유량도 증가한다.

12 (가) 종교에 대한 설명으로 옳은 것은?

2050년에는 [(가)] 신자수가 증가하여 전 세계적으로 크리스트교 신자수와 비슷해질 것으로 예측된다. 특히 유럽에서는 북부 아프리카계 이주민의 유입이 많고, 이들의 출산율이 높아 [(가)] 신자 수 비중이 2010년 약 6%에서 2050년 10% 정도로 증가할 것으로 예상된다.
- △△신문, 20XX년 X월

① 남부 아시아에서 발생하였다.
② 여러 신을 믿는 민족 종교이다.
③ 주민들은 소고기를 금기시한다.
④ 종탑과 십자가가 대표적인 종교 경관이다.
⑤ 매일 다섯 번씩 성지를 향해 기도하는 신자들이 많다.

해설

(가)는 이슬람교이다. 이슬람교 신자들은 매일 다섯 번씩 성지인 메카를 향해 기도를 하는 경우가 많다.
① 이슬람교는 서남아시아에서 발생한 종교이다.
③ 소고기를 금기시하는 종교는 힌두교이다.
④ 종탑과 십자가는 크리스트교의 종교 경관이다.

13 다음 자료의 (가), (나) 종교에 대한 설명으로 옳은 것은?

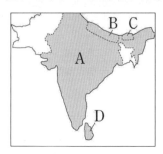

〈남부 아시아 A ~ D 국가의 위치〉

A는 (가) 와 (나) 의 발상지이며 (나) 의 신자수가 가장 많다. A와 국경을 접하고 있는 B의 경우 ⃝㉠ , C의 경우 ⃝㉡ 을/를 믿는 신자수가 가장 많다. 차 생산지로 유명한 D는 1948년 영국으로부터 독립하였으며 약 70%의 주민들이 (가) 를 믿고 있다.

① (가)는 ㉠, (나)는 ㉡에 해당한다.
② (가)의 성지로는 부다가야가 있다.
③ (나)는 하나의 신만을 인정하는 유일신교이다.
④ (나)의 대표적 종교 경관은 첨탑과 둥근 지붕이 있는 모스크이다.
⑤ (가)는 민족 종교, (나)는 보편 종교에 해당한다.

해설

A는 인도, B는 네팔, C는 부탄, D는 스리랑카이다. 네 국가 중 인도와 네팔은 힌두교인이 전체의 약 80%를 차지하고 있다. 따라서 (나)와 ㉠은 힌두교이다. 부탄과 스리랑카는 불교가 주요 종교인 국가로 (가)와 ㉡은 불교이다. 인도 북부에 위치한 부다가야는 석가모니가 보리수 나무 아래에서 깨달음을 얻은 곳으로 불교의 주요 성지이다.

14 다음 자료는 세계 음식 문화 체험에 대한 대화이다. (가) ~ (다)에 대한 옳은 설명을 〈보기〉에서 고른 것은?

> A : 터키 식당에 가서 (가) 양고기 케밥을 주문했는데, 숯불에 구운 고기와 채소 꼬치였어. 고기를 기둥처럼 쌓아 올려 구운 케밥도 먹어 보고 싶어.
> B : 이탈리아에서 먹었던 (나) 피자는 밀가루로 반죽한 얇은 도우에 모짜렐라 치즈와 토마토를 얹었어. 맛이 아주 담백했어.
> C : 태국 식당에서 시큼하고 매운 국물에 새우가 들어간 (다) 똠양꿍이라는 음식을 먹었어. 맛이 특이해서 입맛이 확 살아났어.

> **보기**
> ㄱ. (가)는 이동식 화전 농업을 하는 지역에서 유래되었다.
> ㄴ. (나)가 유래한 지역에서는 올리브를 음식 재료로 많이 사용한다.
> ㄷ. (다)는 덥고 습한 기후 지역에서 사용되는 향신료가 많이 들어간다.
> ㄹ. (가)와 (다)는 돼지고기가 금기시되는 지역에서 발달해 주변 지역으로 전파되었다.

① ㄱ, ㄴ ② ㄱ, ㄷ
③ ㄴ, ㄷ ④ ㄴ, ㄹ
⑤ ㄷ, ㄹ

해설
(가) 양고기 케밥은 이슬람 문화권인 터키에서 유래되었다. (나) 피자가 유래한 이탈리아는 지중해성 기후로 이 지역은 여름철 고온 건조한 기후 조건을 활용하여 수목 농업을 실시하며, 경엽수의 열매인 올리브를 음식 재료로 많이 사용한다. (다) 똠양꿍은 불교 신자가 많은 태국에서 유래한 음식으로 이 지역은 고온 다습해 음식의 부패를 막기 위해 향신료를 많이 사용한다.

15 다음 자료의 (가) 국가에 대한 설명으로 옳은 것은?

> 우리가 (가) 의 쿠스코에 도착한 날에는 태양제를 위한 준비가 한창이었다. 태양제는 잉카인들이 그 해의 풍작을 태양신에게 기원하는 제사이다.

① 세계 최대의 구리 생산국이다.
② 포르투갈어를 공용어로 사용한다.
③ 북아메리카 자유무역협정 회원국이다.
④ 팜파스에서 상업적 목축업이 이루어진다.
⑤ 유럽계보다 원주민이 차지하는 인구 비중이 높다.

해설
안데스 산지에 위치한 페루는 유럽계나 혼혈보다 원주민이 차지하는 비중이 높다. ①은 칠레, ②는 브라질, ③은 멕시코, ④는 아르헨티나이다.

16 표의 (가) ~ (다) 국가에 대한 옳은 설명만을 〈보기〉에서 있는 대로 고른 것은? (단, (가) ~ (다)는 독일, 나이지리아, 사우디아라비아 중 하나다.)

〈연령층별·성별 인구 비중〉

(단위 : %)

구 분	(가)		(나)		(다)	
	남 성	여 성	남 성	여 성	남 성	여 성
0 ~ 14세	22.5	21.5	14.6	14.0	6.6	6.3
15 ~ 64세	27.1	26.2	40.6	27.9	33.3	32.6
65세 이상	1.3	1.4	1.4	1.5	9.2	12.0

보기

ㄱ. (가)는 (나)보다 청장년층 인구의 성비가 높다.
ㄴ. (나)는 (다)보다 중위 연령이 낮다.
ㄷ. (다)는 (가)보다 1인당 국내 총생산이 많다.
ㄹ. (가) ~ (다) 중에서 총부양비는 (나)가 가장 높다.

① ㄱ, ㄴ
② ㄴ, ㄷ
③ ㄷ, ㄹ
④ ㄱ, ㄴ, ㄹ
⑤ ㄱ, ㄷ, ㄹ

해설

(가)는 유소년층의 비중이 가장 높은 나이지리아, (나)는 특히 청장년층에서 남성의 비중이 높은 것으로 보아 외국인 남성 노동력의 유입이 많은 사우디아라비아, (다)는 노년층 비중이 높은 독일이다.

17 다음 글의 (가) 도시에 대한 (나) 도시의 상대적 특성을 〈보기〉에서 고른 것은?

• 2016년 하계 올림픽 개최 도시인 ⎡ (가) ⎤ 은/는 일찍이 조성된 동남쪽 해안 지구에 부와 물자가 집중된 반면, 북부 내륙 지구에는 빈곤이 만연해 있다. 해변에서도 보이는 산비탈의 파벨라는 라틴 아메리카의 대표적 빈민촌 중 하나이다.
• 미국 5대호 연안의 최대 도시인 ⎡ (나) ⎤ 에 형성된 불량주택지구는 최근 들어 중심업무지구에서 일하는 중산층에게 매력적인 주거지로 바뀌고 있다. 그 이유 중 하나는 통근할 때 혼잡한 고속도로를 이용하지 않아도 되고 대중교통 이용 시 환승하는 부담이 줄어들기 때문이다.

보기

ㄱ. 세계 도시 체계에서 계층이 높다.
ㄴ. 비공식 부문의 종사자 비율이 낮다.
ㄷ. 과도시화 경향이 뚜렷하게 나타난다.
ㄹ. 도시 경관에 식민 지배의 영향이 강하게 남아 있다.

① ㄱ, ㄴ   ② ㄱ, ㄷ

③ ㄴ, ㄷ   ④ ㄴ, ㄹ

⑤ ㄷ, ㄹ

(가)는 개발도상국 도시로 브라질 리우데자네이루이다. (나)는 선진국의 도시로 미국 시카고이다.

ㄱ. 개발도상국의 도시에 비해 선진국의 도시는 도시의 규모와 기능, 영향력이 크기 때문에 세계 도시 체계에서 계층이 높게 나타난다.

ㄴ. 비공식 부문의 종사자 비율은 선진국보다 개발도상국이 더 높다.

18 다음 글의 (가) 도시와 비교한 (나) 도시의 상대적 특징을 〈보기〉에서 고른 것은?

- [(가)]은/는 프랑스령 인도차이나의 수도가 되면서 유럽풍의 도시로 개발되었다. 이 도시의 중심부에 위치한 호안끼엠 지역은 무역과 문화, 행정의 중심지 역할을 하고 있으며, 교외의 일부 지역에는 저소득층 주거지구가 형성되어 있다.
- [(나)]에는 세계 경제의 수도라고 불리는 월가(街)가 있으며, 도심에 위치한 센트럴 파크는 도시민들의 대표적인 휴식 공간이다. 이 도시는 세계 도시로서의 위상을 갖고 있지만, 여러 가지 범죄로 인해 어려움도 겪고 있다.

보기

ㄱ. 도시 기반 시설의 구축 정도가 높다.

ㄴ. 세계 도시 체계에서 상위를 차지한다.

ㄷ. 세계 500대 다국적 기업의 본사 수가 적다.

ㄹ. 생산자 서비스업에 종사하는 인구의 비중이 낮다.

① ㄱ, ㄴ   ② ㄱ, ㄷ

③ ㄴ, ㄷ   ④ ㄴ, ㄹ

⑤ ㄷ, ㄹ

(가) 도시는 프랑스령 인도차이나였던 베트남의 수도 하노이, (나) 도시는 세계 금융 산업의 중심인 월가와 센트럴 파크 등이 있는 미국의 뉴욕이다.

ㄱ. 선진국의 도시인 뉴욕은 개발도상국의 하노이에 비해 도시 기반 시설의 구축 정도가 높다.

ㄴ. 뉴욕은 최상위 계층의 세계 도시로서 하노이에 비해 세계 도시 체계에서 상위를 차지한다.

19 그래프는 어느 화석 에너지의 용도별 소비량 변화를 나타낸 것이다. 이 자원에 대한 설명으로 옳은 것은?

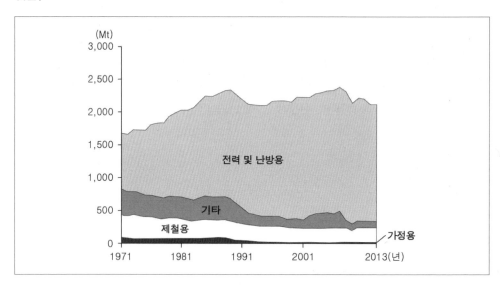

① 산업 혁명 당시 주요 에너지원으로 이용되었다.
② 신생대 제3기층 배사 구조에 주로 매장되어 있다.
③ 냉동 액화 기술의 발달로 운반과 사용이 편리해졌다.
④ 세계 1차 에너지 소비 구조에서 가장 큰 비중을 차지한다.
⑤ 화석 에너지 중 연소 시 대기오염 물질 배출량이 가장 적다.

> **해설**
>
> 전력 생산, 난방, 제철 공업에 주로 사용되는 화석 에너지는 석탄이다. 고기 습곡 산지 주변에 주로 매장되어 있는 석탄은 산업혁명 시기에 증기기관의 연료로 이용되면서 사용량이 크게 증가하였다. ② 신생대 제3기층 배사구조에 주로 매장된 것은 석유와 천연가스다. ③과 ⑤는 천연가스, ④는 석유의 특징이다.

20 지도의 A 지역에서 공업이 발달할 수 있었던 배경만을 〈보기〉에서 있는 대로 고른 것은?

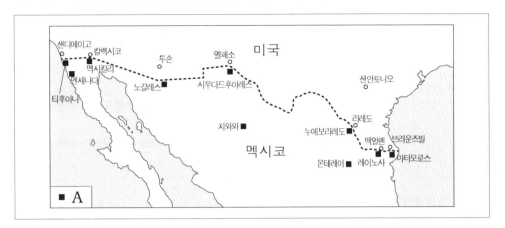

보기
ㄱ. 미국과의 지리적 인접성
ㄴ. 저임금 노동력의 원활한 공급
ㄷ. 각종 첨단 연구개발 시설의 집적
ㄹ. 관세 장벽 극복을 위한 다국적 기업의 진출

① ㄱ, ㄴ　　　　　　　　　　② ㄴ, ㄷ
③ ㄷ, ㄹ　　　　　　　　　　④ ㄱ, ㄴ, ㄹ
⑤ ㄴ, ㄷ, ㄹ

해설
A는 멕시코와 미국의 접경 지역에 주로 형성된 마킬라도라이다. 보세공업 지역인 마킬라도라는 다른 나라에서 수입되어 들어오는 원료나 부품에 대한 관세가 없고, 저임금 노동력이 풍부해 조립형 공업이 발달하기 좋은 조건을 갖추고 있다. 또한 북아메리카 자유무역협정(NAFTA) 체결로 미국과 캐나다에 무관세로 상품을 수출할 수 있게 되면서 미국 기업뿐만 아니라 세계적인 다국적 기업들이 직접 투자를 해 많은 공장을 설립하였다.

21 다음은 세계 지리 수업 시간에 교사와 학생의 대화이다. 수업 주제로 가장 적절한 것은?

> 교　사 : 목화에서 실을 뽑아내 면사를 만들고 천으로 짜서 면직포를 만듭니다. 면직포를 봉제하여 블라우스를 만듭니다. 각 생산품이 어떤 지역에서 만들어지는지 말해 볼까요?
> 학생 A : 면사는 부피가 큰 목화를 운반하기 힘들기 때문에 목화 재배지 인접 지역에서 생산될 거예요.
> 학생 B : 면직포는 생산비에서 노동비가 차지하는 비중이 높기 때문에 저렴한 노동력이 풍부한 나라에서 만들어질 거예요.
> 학생 C : 블라우스는 빠르게 변화하는 소비자의 기호에 즉각적으로 대응하기 위해 시장 근처에서 생산될 거예요.

① 탈공업화와 첨단 산업 단지 조성
② 경제 블록 형성을 통한 경쟁력 강화
③ 제품 기술 발달에 따른 산업 혁신 클러스터의 형성
④ 정보통신 기술의 발전에 따른 서비스 산업의 세계화
⑤ 주요 생산 요소와 시장에 대한 접근성에 따른 제조업 입지

> **해설**
> 공업의 입지에 영향을 끼치는 요인에 따라 면사는 원료지향성, 면직포는 노동지향성, 패션은 시장지향성의 입지 유형으로 분류하고 있다. 따라서 수업의 주제는 주요 생산 요소와 시장에 대한 접근성에 따른 제조업의 입지가 가장 적절하다.

22 다음은 지리 용어를 정리한 것이다. (가), (나)에 들어갈 용어로 적절한 것은?

> (가) : 다양한 기업뿐만 아니라 대학, 연구소가 밀집해 있어 대기업과 중소기업 간의 분업, 기업과 대학의 산학협력이 유기적으로 이루어지는 곳이다.
> (나) : 다국적 기업의 경영·관리 기능, 연구·개발 기능, 생산 기능 등이 국제적으로 나뉘어 입지하는 현상을 말한다. 가령 경영·관리 기능은 본국의 핵심 지역에, 연구·개발 기능은 전문 인력에 대한 접근성이 좋은 곳에, 생산 기능은 신흥 공업국에 입지한다.

	(가)	(나)
①	메갈로폴리스	공정 무역
②	메갈로폴리스	공간적 분업
③	메갈로폴리스	플랜테이션
④	산업 클러스터	공정 무역
⑤	산업 클러스터	공간적 분업

산업 클러스터는 같은 업종의 기업들뿐만 아니라 연구개발 기능을 담당하는 대학, 연구소, 각종 지원 기관들이 특정 지역에 집적함으로써 정보와 지식 공유를 통한 시너지 효과를 일으키는 산업 집적지를 의미하는 것으로 유럽의 여러 혁신클러스터가 있다. 공간적 분업(국제 분업)이란 기업의 조직이 확대되면서 기업의 여러 부문이 최적의 장소에 입지하려는기업 입지 활동을 의미한다. 이는 소기업에서 대기업, 그리고 다국적 기업으로 발전하는 과정에서 나타날 수 있는 것이다.

23 다음 글의 밑줄 친 ㉠ ~ ㉤에 대한 옳은 설명을 〈보기〉에서 고른 것은?

> 스포츠용품을 생산·판매하는 세계적인 ○○기업의 ㉠ 본사는 미국에 있으며, 이 기업에서 판매되는 상품은 모두 외국에 있는 ㉡ 생산 공장에서 제작된다. 창업 초기에는 일본에 생산 공장을 설립하였으나 1970년대 후반 ㉢ 대한민국, 대만으로 생산 공장을 이전하였다. 이후 1980년대에는 ㉣ 중국, 1990년대에는 ㉤ 베트남, 인도네시아 등의 동남아시아 지역으로 생산 공장을 이전하였다.

> **보기**
> ㄱ. ㉠은 경영 기획 및 관리 기능을 주로 담당한다.
> ㄴ. ㉡은 ㉠보다 고급 전문 인력이 더 요구된다.
> ㄷ. ㉣에 공장이 입지한 것은 ㉢의 노동비가 상승한 것과 관련이 있다.
> ㄹ. 생산 공장이 ㉤으로 이전함에 따라 ㉢과 ㉣의 근로자들이 ㉤에 대규모로 유입된다.

① ㄱ, ㄴ   ② ㄱ, ㄷ
③ ㄴ, ㄷ   ④ ㄴ, ㄹ
⑤ ㄷ, ㄹ

노동 집약적 공업 제품을 생산하는 기업의 특징으로 상대적으로 노동비가 저렴한 지역으로 생산 공장이 이전함에 따라㉢, ㉣ 지역에서 ㉤으로 근로자의 대규모 이동은 일어나기 어렵다.

24 지도의 A ~ D 분쟁 지역에 대한 옳은 설명만을 〈보기〉에서 있는 대로 고른 것은?

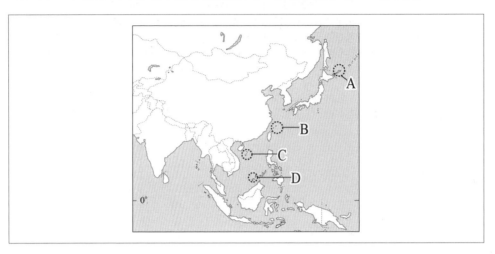

> **보기**
>
> ㄱ. A는 러시아가 실효적 지배를 하고 있다.
> ㄴ. B의 분쟁은 종교적 차이가 주된 요인이다.
> ㄷ. D는 A보다 분쟁 당사국의 수가 많다.
> ㄹ. 중국은 B, C, D의 분쟁 당사국으로 모두 포함되어 있다.

① ㄱ, ㄷ
② ㄴ, ㄹ
③ ㄱ, ㄴ, ㄹ
④ ㄱ, ㄷ, ㄹ
⑤ ㄴ, ㄷ, ㄹ

해설

A는 쿠릴(지시마) 열도, B는 센카쿠(댜오위다오) 열도, C는 시사(파라셀, 호앙사) 군도, D는 난사(스프래틀리, 쯔엉사)
군도이다. 쿠릴 열도는 일본·러시아, 센카쿠 열도는 중국·일본·대만이 분쟁을 하고 있다. 시사 군도는 중국·베트남,
난사 군도는 중국·대만·베트남·말레이시아·필리핀·브루나이가 영유권을 놓고 다투고 있다. 이 영해 분쟁들의 원인
은 복합적이나, 대체로 영역과 자원·경제적 문제로 발생했다.

25 다음 글의 (가) ~ (다)에 대한 옳은 설명만을 〈보기〉에서 있는 대로 고른 것은?

- 세계은행 보고서는 화석연료의 사용량 급증으로 인한 [(가)] 이/가 농작물 수확량 감소와 식량 가격 상승 등 농업에 큰 영향을 끼치고 있다고 밝혔다. 또한 [(가)]에 의해 세계 평균 기온이 2 ~ 3℃ 상승하면 말라리아 감염 위험에 노출되는 사람이 크게 늘어날 우려가 있다고 했다.
- 1994년 유엔 총회에서 몬트리올 의정서 채택 일을 기념하여 9월 16일을 '세계 [(나)] 보호의 날'로 지정했다. [(나)] 이/가 파괴되면 지표면에 도달하는 [(다)]의 양이 증가해 식물 성장 저해, 농작물 수확량 감소 등의 문제가 발생한다.

> **보기**
>
> ㄱ. (가)로 인해 툰드라의 영구 동토층 분포 범위가 축소되고 있다.
> ㄴ. (가)를 완화하기 위해 온실가스 배출권 거래제가 도입되었다.
> ㄷ. (나)가 파괴되는 주요 요인은 대기 중으로 배출되는 메탄가스의 증가이다.
> ㄹ. (다)의 증가는 피부암 발생률 상승과 밀접한 관련이 있다.

① ㄱ, ㄴ   ② ㄱ, ㄷ
③ ㄴ, ㄹ   ④ ㄱ, ㄴ, ㄹ
⑤ ㄴ, ㄷ, ㄹ

> **해설**
>
> (가)는 지구 온난화로 온실가스로 인해 발생하며 영향은 툰드라 영구 동토층이 녹아 분포 범위가 축소되고 해수면 상승, 이상기후 현상이 발생한다. 대책은 온실가스 배출권 거래제 도입, 삼림 보호 등이 있다. (나)는 오존층으로 원인은 염화플루오린화탄소 사용량 증가이고, 영향은 피부암·백내장 발병률 증가, 식물 성장 저해 등이다. 대책은 대체 냉매제 개발이다.

26 표는 (가) ~ (다) 환경 문제에 대한 것이다. 이에 대한 옳은 설명을 〈보기〉에서 고른 것은? (단, 사막화, 열대림 파괴, 오존층 파괴, 지구 온난화만 고려한다.)

환경 문제	원 인	영 향
(가)	장기간의 가뭄, 과도한 방목 및 개간 등	토양 황폐화, 황사 현상 심화 등
(나)	무분별한 벌목, 농경지 및 목장 확대 등	산소 공급량 감소, 생물종 다양성 감소 등
(다)	화석 연료 사용 증가 등	___㉠___, 해수면 상승 등

보기

ㄱ. (가)는 건조한 스텝 기후 지역보다 열대 우림 기후 지역에서 발생 가능성이 높다.
ㄴ. (나)를 해결하기 위해 국제 사회는 람사르 협약을 체결하였다.
ㄷ. (나)는 (다)를 심화시키는 요인 중 하나이다.
ㄹ. ㉠에는 '빙하 면적 축소'가 들어갈 수 있다.

① ㄱ, ㄴ
② ㄱ, ㄷ
③ ㄴ, ㄷ
④ ㄴ, ㄹ
⑤ ㄷ, ㄹ

해설

(가)는 사막화, (나)는 열대림 파괴, (다)는 지구 온난화이다. 사막화는 열대 우림 기후 지역보다 스텝 기후 지역에서 발생 가능성이 높고, 람사르 협약은 습지와 습지 자원을 보호하기 위해 체결되었다.

일반상식 | 윤 리

윤리란 인간이 마땅히 지켜야 하는 삶의 도리로 인간다움의 핵심이다. 다양한 종교와 철학자들이 윤리란 무엇인가를 탐구했는데, 그 견해들의 공통점을 종합하면 윤리는 인간의 존엄성 실현을 목적으로 하고 있다고 본다. 즉 법이 강제성을 지녔다면, 윤리는 인간이 스스로를 통제하게 하여 사회적 삶의 유지와 발전에 필요한 것으로 본다.

세부유형

▶ 윤 리

윤리는 현대 사회와 윤리에 관한 내용으로 도덕과 비슷한 개념이다. 그러나 도덕이 다수의 사회 구성원이 무의식적으로 채용하고 있는 관습을 따르는 것이라면, 윤리란 인간의 본성과 욕구에 대한 지식을 바탕으로 한 신념이다. 따라서 윤리는 보다 상위적인 차원의 의미이다. 교과목으로서의 윤리에는 인간과 윤리, 동양윤리와 한국윤리, 서양윤리, 사회사상의 전개와 민주주의의 발전이 포함된다.

01 인간과 윤리

1. 윤리의 이해

(1) 윤리와 사회

① 윤리의 정의

㉠ 의미 : 인간이 살아가면서 마땅히 지켜야 할 도덕적 행동의 기준 또는 규범을 말한다. → 인간다움의 핵심

㉡ 특 징

- 사물의 이치를 나타내는 물리(物理)에 대응하여 인간관계의 이치와 도리를 나타낸다.
- 법처럼 강제력이 있는 것이 아니므로 인간이 스스로 통제하도록 한다.

② 윤리사상과 사회사상

㉠ 윤리사상

- 역할 : 이기적인 행위를 통제하고 이타적인 행위를 권장한다. → 사회적 삶의 유지와 발전에 반드시 필요
- 윤리적 인간 : 다양한 도덕 규범을 준수하고, 도덕 규범에 대해 반성적 사고를 하는 사람을 의미한다.

㉡ 사회사상

- 정의 : 인간의 삶에서 나타나는 현상에 대한 해석과 인간이 바람직하다고 생각하는 사회 모습 및 그것의 구현에 관한 체계적인 사유를 의미한다.
- 특 징
  - 인간은 그 사회가 윤리적이고 올바른 사회일 때 인간다운 삶을 살아갈 수 있다고 보았다.
  - 가변성, 개혁성, 실천성, 다양성을 지닌다.
  - 사회사상이 지닌 가치

개념적 가치	사회적 현상과 구성원들의 삶의 가치를 올바르게 이해할 수 있는 틀을 제공한다.
설명적 가치	사회 구성원들의 삶이 특정한 방식으로 이루어지는지를 설명할 수 있다.
규범적 가치	사회를 정당화시키거나 비판하는 규범적 기준을 제시한다.
실천적 가치	사회 구성원이 자신의 삶을 선택할 때 선택의 범위를 확정시키는 기능을 한다.

- 이상사회
  - 정의 : 사람들이 가장 바람직하다고 여기며 이루어지기 바라는 사회
  - 동양의 이상사회

유 교	대동사회(大同社會)
불 교	정토와 미륵세상
도 교	소국과민(小國寡民) 사회

  - 서양의 이상사회

플라톤	현명한 통치자들이 다스리는 사회를 '좋음의 이데아 사회'라 보고 이를 '이상국가'라 지칭하였다.
토마스 모어	모든 사람이 소유와 생산에 있어서 평등하고, 경제적으로 풍요로우며, 도덕적으로 타락하지 않는 이상사회를 '유토피아'라 정의내렸다.
베이컨	계급제와 신분제는 존재하지만, 과학 기술의 발전을 통해 빈곤이 해결되고, 인간의 건강, 행복, 능력이 증진되는 과학적 유토피아 사회를 '뉴아틀란티스'라 명명하였다.
루 소	빈부의 차이가 없는 정치 공동체, 직접 민주주의 사회를 '민주적 이상사회'라 하였다.
마르크스	사유 재산과 계급이 소멸한 공산 사회를 이상사회라 생각하였다.
바쿠닌	국가의 강제력이 없는 무정부 사회를 이상사회라고 하였다.

  ㉢ 윤리사상과 사회사상의 공통점과 차이점
    - 공통점 : 인간과 사회에 대해 탐구하고, 인간 존엄성의 존중과 실현을 추구한다.
    - 차이점 : 윤리사상은 바람직한 인간의 모습을 제시하는 반면, 사회사상은 이상사회를 추구하여 바람직한 사회의 모습을 제시한다.

(2) 인간과 윤리사상

① 인간의 본성에 대한 여러 견해
  ㉠ 인간의 동물적 본성 : 인간이 동물적 본성을 지녔다고 보아 종족 보존을 위한 본능과 충동이 있다고 주장한다. → 찰스 다윈(C. Darwin)이 주장한 진화론의 대표 근거
  ㉡ 인간의 이성적 본성 : 인간이 동물과 구별되는 것으로 도구를 사용하고, 문화적 욕구가 있으며, 사회 생활을 영위하고, 이성적으로 계획하고 예측 가능하다는 특징을 가진다고 주장한다.
  ㉢ 인간의 존엄성 : 인간이 존엄하다는 근거로서 인간을 자율적인 도덕적 행위의 주체 또는 유한한 목숨을 지닌 존엄한 존재로 봤다.
  ㉣ 인간의 본성에 관한 학설

성선설	중국의 맹자는 인간의 본성은 선천적으로 선(善)하나 외부의 나쁜 환경이나 물욕(物慾)으로 인해 악하게 된다고 주장하였다.
성악설	중국의 순자는 인간은 선천적으로 한없는 욕망을 가지고 있어 그대로 두면 싸움이 일어나고 결국 파멸에 이르기 때문에 이를 인위적으로 바로잡아야 한다고 하였다.
성무선악설(백지설)	중국의 고자와 서양의 루소가 주장한 것으로 인간의 본성은 선천적으로 착하거나 나쁘지 않으며, 오직 환경에 의해서만 성격이 결정된다고 주장하였다. 이와 유사한 개념으로 로크가 주장한 '백지설'이 있다.

② 인간의 본질

　　㉠ 의의 : '인간이란 어떤 존재인가'에 대한 본질을 탐구하고자 한다.

　　㉡ 인간의 본질에 관한 여러 관점

도구적 존재	여러 가지 도구를 만들어 사용한다.
유희적 존재	생활상의 이해관계를 떠나 삶의 재미를 추구한다.
문화적 존재	상징체계를 바탕으로 문화를 계승·창조한다.
사회적 존재	사회화 과정을 거쳐야 온전한 인간으로 성장할 수 있다.
이성적 존재	이성적인 사고 능력을 가지고 있다.
정치적 존재	국가를 이루며 정치 활동을 한다.
종교적 존재	절대적 존재에 대한 믿음을 가지고 산다.
윤리적 존재	도덕적 주체로서 스스로 가치 있다고 생각하는 것을 행할 수 있다.
예술적 존재	예술 활동을 통해 아름다움을 추구한다.

(3) 윤리학

① 정의 : 윤리학이란 도덕적 행동의 기준이나 규범을 체계적으로 탐구하는 학문을 말한다.

② 윤리학의 관점

　　㉠ 상대론적 윤리설(결과론적 윤리설)

　　　• 윤리 행위의 의미 : 인간관계를 정의롭고 평화롭게 만들며 자아를 성취할 수 있게 하는 행위를 가리킨다.

　　　• 대표 학자 : 소피스트, 에피쿠로스, 홉스, 벤담, 듀이 등

　　㉡ 절대론적 윤리설(비결과론적 윤리설)

　　　• 윤리 행위의 의미 : 윤리 규범의 필요성을 구속적·당위적 입장에서 수용하는 행위를 말한다.

　　　• 구 분

목적론적 윤리설	아리스토텔레스는 "모든 종류의 의도적인 활동은 어떤 선을 달성할 목표를 갖고 있다"고 하였으며, 이런 목적을 거슬러 올라가면 인생의 궁극적인 목적에 도달하게 되고 이를 '행복'이라 하였다.
법칙(의무)론적 윤리설	인간에게는 누구나 지켜야 할 행위의 법칙이 주어져 있다는 것으로 법칙론을 주장한 대표 학자로 칸트가 있다.

　　　• 대표 학자 : 소크라테스, 플라톤, 스피노자, 아리스토텔레스, 칸트, 헤겔 등

③ 윤리 문제 해결을 위한 여러 이론

공리주의	시비선악 판단의 기준을 인간의 이익과 행복 증진에 두고 문제를 해결하고자 한다.
의무론	도덕의 근본 원리를 도덕 법칙에 따르는 의무에 두고 문제를 해결하고자 한다.
덕 윤리	덕을 함양하여 인격자가 됨으로써 도덕 문제를 해결하는 능력을 기를 수 있다고 본다.
배려 윤리	정서적으로 돌보고 보살피는 배려에 의해 도덕 문제를 해결할 수 있다고 본다.
책임 윤리	행위가 미칠 영향과 결과에 대한 책임에 기초해서 도덕 문제를 해결하고자 한다.
담론 윤리	의사소통을 하여 상호 이해와 정당화된 도덕 규범으로 도덕 문제를 해결할 수 있다고 본다.

1. 동양윤리

(1) 유교 윤리사상

① 개 요

　㉠ 현실에서 나타나는 삶의 문제를 중요시한다.

　㉡ 지속적인 수양을 통한 도덕적 인격의 완성과 도덕적 이상사회의 실현을 추구한다.

② 유교 사상의 흐름

춘추전국 시대	공자는 주나라의 인문주의적 전통을 계승하여 인(仁)과 덕치(德治), 예치(禮治)를 강조했으며, 맹자와 순자는 인성론과 사회사상을 제시했다.
한(漢)	유교가 국학으로 자리 잡았으며, 훈고학(유교 경전 연구)이 발달했다.
송(宋)	주희가 집대성하여 세계와 인간에 대한 치밀한 탐구를 통해 실천적 수양을 강조했다.
명(明)	왕수인이 양명학을 체계화했다.
청(淸)	성리학과 양명학이 공허하다는 비판 정신에서 출발하여 현실에 바탕을 두고 사실을 밝히고자 한 실학이 융성하였다.

③ 대표 사상가

　㉠ 공 자

　　• 춘추전국 시대 인물로, 인, 예, 정명, 덕치, 재화의 고른 분배 등을 강조했다.

　　• 그의 인(仁) 사상(내면적 도덕성)은 맹목적·무조건적인 사랑이 아닌, 선행을 좋아하고 악을 미워하는 사람이 행하는 참된 사랑을 말한다. → 실천 덕목으로 효제(孝悌), 충서(忠恕), 정명(正名)을 주장

　　• 사회·정치 사상으로 정명 사상, 덕치(德治) 사상을 강조했으며, 이상사회로서 '대동사회(大同世界)'를 주장하였다.

　　• 예(禮) 사상으로 '극기복례(克己復禮)'를 들어 자신의 사욕을 극복한 진정한 예를 회복하는 것이라고 보았다.

　　• 진정한 예는 인(仁)을 바탕으로 하며, 인과 예는 건전한 사회 질서 유지의 필수적 원리라고 보았다. → 군자(君子)란 '인(仁)'을 바탕으로 '예(禮)'를 실천하는 이상적 인간

　㉡ 맹 자

　　• 성선설을 주장하여 인간은 본래부터 착한 본성을 가지고 있으며, 남에게 차마 어찌하지 못하는 착한 마음씨, 즉 '사단(四端)'을 지니고 있다고 보았다.

　　• 맹자의 사단(四端)

측은지심(惻隱之心)	남을 불쌍히 여기는 마음
수오지심(羞惡之心)	자신의 잘못을 부끄러이 여기고, 남의 잘못을 미워하는 마음
사양지심(辭讓之心)	겸손하고 양보하는 마음
시비지심(是非之心)	옳고 그름을 가리는 마음

　　• 의(義) 사상은 맹자가 특히 강조한 덕목으로, 그는 옳고 그름을 분명하게 구분하는 사회적 정의가 '의'라고 보았다.

- 그는 '대장부(大丈夫)' 또는 '대인(大人)'을 이상적 인간상으로 보았는데 여기서 대장부는 '호연지기(浩然之氣)를 갖춘 사람'을 말한다.
- 정치사상으로 왕도 정치, 민본주의적 혁명사상을 주장하였다.

ⓒ 순 자
- 성악설을 주장해, 인간은 자신의 욕구 충족만을 추구하는 옳지 못한 성품을 가지고 태어난다고 하였다.
- 인간이 악하다고 보았기 때문에 교화의 대상으로서 사회 혼란의 원인과 극복 방안으로 '화성기위(化性起僞)'를 주장하였다. → 인간의 본성을 변화시켜 선하게 만들려는 인위적(人爲的)인 시도

④ 특 징
ⓖ 도덕적 공동체의 추구

정명(正名)	공자는 사회 구성원 각자가 자신의 역할과 신분에 맞는 덕을 실현해야 함을 강조했다.
대동사회(大同社會)	모두가 더불어 잘 사는 사회로, 유교에서 제시한 이상사회를 말한다.
오륜(五倫)	인간관계에서 지켜야 할 다섯 가지 의무를 말한다.

ⓛ 인간과 자연의 조화 추구
- 천인합일(天人合一) 사상 : 하늘과 사람은 하나라고 봤다.

⑤ 한국의 유교 사상
ⓖ 대표 학자
- 이 황
  - 주자의 이기론을 수용하였는데, '이(理)'란 우주 만물의 근원이 되는 이치로서 '기(氣)'의 활동 근거가 되는 것이고, '기(氣)'란 만물을 구성하는 재료로서 사물을 낳는 도구라고 보는 입장이다.
  - '이기호발설(理氣互發說)'이라는 학설을 통해 사단(四端)과 칠정(七情)을 각각 이발(理發)과 기발(氣發)로 나누어 이기론을 설명하였다.
  - 경(敬) 사상을 주장해 엄숙하고 차분한 자세로 항상 옳은 일에 몰두하는 것을 강조하였으며, 이는 이황의 성리학에서 실천적인 가치 개념의 핵심이 되었다.
  - 〈성학십도〉라는 저서를 집필하여 선조가 성군이 되기를 바라는 뜻에서 군왕의 도에 관한 학문의 요체를 도식으로 설명하였다.
- 이 이
  - 주희의 이통기국(理通氣局) 이기론을 수용하였는데, 이는 본체로서 두루 통하고, 기는 형체가 있어 제한되어 특수한 것이라고 보는 입장이다.
  - 기발이승일도설(氣發理乘一途說)을 주장하여 모든 만물 구조가 이(理)와 기(氣)로 되어 있는데, 발하는 기 위에 이가 올라타 있는 상하 구조를 이룬다고 보았다. → 운동·변화하는 것은 기이며, 이는 스스로 움직이지 못함
  - 사단과 칠정은 모두 기가 발한 것으로, 칠정 가운데 순선한 부분이 사단이라 하였다.
  - 수양론으로서 '경(敬)'의 실천으로 '성(誠)'에 이름을 강조하였으며, 사회경장론을 통해 정치와 경제, 교육과 국방 등에 대해 전반적인 개혁을 도모하였다.

ⓛ 조선 후기 실학 사상
- 정의 : 실생활에 도움이 되는 실용적인 학문
- 배경 : 양란(임진왜란과 병자호란) 이후 성리학의 사변적 성격에 대한 비판 의식을 바탕으로 시작되었다.
- 주요 학파
  - 경제치용 학파

특 징	중농 실학으로, 농업의 혁신을 통해 민생안정과 사회발전 등 현실사회 문제를 해결하고자 하는 경향성을 띤다.
대표 학자	유형원(균전론), 이익(한전론), 박지원(한전론), 정약용(여전론, 정전론, 성기호설)

  - 북학파(이용후생 학파)

특 징	중상적 실학으로 청나라의 발달된 문물을 배워서 상공업의 진흥을 통한 경제 성장과 사회복지 달성을 주장했다.
대표 학자	홍대용, 박지원, 박제가

  - 실사구시 학파

특 징	실증적 자세와 과학적인 연구 방법(고증학)을 통해 우리 자신의 역사, 지리, 문헌 등을 연구하여 민족에 대한 관심과 민족적 정체성의 형성에 기여했다
대표 학자	김정희

(2) 불교 윤리사상

① 개 요

ⓐ 모든 존재와 현상에는 원인(因)과 조건(緣)이 있어, 이것이 결합하여 상호 의존한다는 연기(緣起)적 세계관을 강조한다.

ⓑ 연기를 깨달으면 자기가 소중하듯 남도 소중하다는 자비(慈悲)의 마음이 생긴다.

② 불교 사상의 흐름

ⓐ 불교는 '석가족(釋迦族)에서 나온 성자(聖者)' 또는 '불타(佛陀, Buddha : 깨달은 사람)'라는 의미의 석가모니에서 유래했다.

ⓑ 석가모니의 불교 사상은 인도 전통사상에 대한 비판적 수용을 통해 구체화되었다.

ⓒ 불교의 이론화는 소승불교 시대에 경전 체계가 구체화되며 이루어졌다.

ⓓ 이후 대승불교가 등장하여 개인의 해탈, 대중 구제에 대한 관심과 실천이 체계화되고 공(空) 사상이 확립되었다.

ⓔ 불교는 후한(後漢) 시대에 중국에 전래되어 경전에 대한 재해석 과정을 거치면서 다양한 종파로 나뉘어 발전하였으며 동양권 종교에서 가장 막대한 영향력을 끼치게 되었다.

③ 특 징

평등적 세계관	모든 존재는 깨달음을 얻어 부처가 될 가능성을 말하는 불성(佛性)이 있으므로 모두 평등하다.
깨달음의 실천	진리를 깨닫고 자비를 실천하면 '열반' 또는 '해탈'이라는 이상적 경지에 도달할 수 있다.
이상적 인간상	대승불교는 깨달음을 얻어 중생을 구제하고자 하는 이상적 인간상으로 '보살(菩薩)'을 제시했다.

④ 한국의 불교 사상

통일신라	– 이차돈의 순교 이후 본격적으로 전개되었다. – 교종으로 부처의 말씀인 경전을 바탕으로 깨달음을 얻어야 성불(成佛)할 수 있다고 보았다. – 원효는 백성들에게 일심과 화쟁 사상을 전파하여 민중 생활 속 실천 불교로의 대중화에 기여했다.
고 려	– 호족 세력의 영향이 커지며 지방 호족 등이 주로 믿던 선종의 영향력이 커졌다. – 선종은 자기 마음속의 깨달음을 얻어야 한다고 보고 수행을 강조했다.
조 선	숭유억불 정책이 시행되며 지배 체제의 억압 속에서 민중적이고 토착적인 모습으로 발전하였다.

(3) 도가·도교 윤리사상

① 개 요

　㉠ 사회 혼란은 인간의 인위적인 규범과 제도로부터 온다.

　㉡ 자연의 순리에 따르는 삶을 강조한다.

② 도가·도교 사상의 흐름

춘추전국 시대	노자와 장자가 그 출발점이 되었는데, 노자와 장자는 노장 사상을 통해 무위자연을 강조하였고, 도(道) 중심의 사상을 전개하였다.
한(漢)	황로학(黃老學)이 대두하였으며, 후한(後漢) 대는 신선 사상과 도가 사상을 수용한 오두미교(五斗米敎)가 체계를 갖췄다.
위·진(魏晉)	일신의 안위를 도모하고 은둔 생활을 즐기는 청담(淸談) 사상이 유행했다.
기타 전개	동아시아 사회에 수용되어 국가적인 의식으로 행해지기도 하였고, 민간의 풍속과 결합되어 전개되었다.

③ 특 징

　㉠ 우주 만물의 근원인 도(道)에 따라 인위적으로 강제하지 않고 자연스러움을 따르는 '무위자연(無爲自然)'의 삶을 강조한다.

　㉡ 인위적으로 강제하지 않고 무위(無爲)의 다스림이 이루어지는 이상사회로 '소국과민(小國寡民)'을 제시했다.

　㉢ 평등적 세계관(장자)

제물(齊物)	세상 만물을 차별하지 않고 한결같이 바라보는 상태를 말한다.
심재(心齋)	심재(마음을 비워 깨끗이 함)와 좌망(坐忘 ; 조용히 앉아 자신을 구속하는 일체의 것들을 잊어버림)을 통해 절대 자유의 경지인 소요유(逍遙遊)에 이를 수 있다.
이상적 인간상	도를 깨달아 모든 차별이 소멸된 정신적 자유의 경지에 이른 지인(至人), 진인(眞人), 신인(神人) 등으로 구분할 수 있다.

④ 한국의 도가 · 도교 사상

전 개	민간신앙으로서 단군신화를 뿌리로 하여 한국 전통사상과 융합되어 선가설(仙家說)로 전개되었다.
특 징	– 도교의 제례인 재초를 통하여 국가의 재앙을 막고 복을 비는 의례적인 도교로서의 특징을 지닌다. → 산신 사상, 신선 사상, 팔관회 등 – 조선 시대에는 도참, 비기 등 예언이 등장하기도 하였다. – 우리나라 지식인들 사이에서 수련의 방식으로 자리 잡았다. → 양생법, 풍수지리 사상

(4) 한국 윤리사상의 흐름

① 고대 국가

  ㉠ 고조선의 건국이념이라 전해지는 '홍익인간(弘益人間)'을 바탕으로 국가를 통치하였다.

  ㉡ 인간 존중과 평등 사상을 기반으로 하였다.

② 통일신라~고려 시대

  ㉠ 중심 윤리사상으로 불교가 중심을 이루었지만, 유교 역시 국가 운영의 원리로서 기능하였다.

  ㉡ 불교는 원효의 화쟁 사상을 계승하여 교종과 선종의 조화를 위해 노력하였으며, 의천의 교관겸수(敎觀兼修), 지눌의 돈오점수(頓悟漸修)와 정혜쌍수(定慧雙修)가 대표적인 이론이다.

③ 조선 시대

  ㉠ 성리학이 국가 운영의 중심 이념이자 개인과 사회의 윤리사상으로 정착되어 본격적인 유교 사회의 길을 걸었다.

  ㉡ 성리학에 대한 비판으로 조선 후기에 실학 등장하면서 당시 사회 문제를 해결하는 데 주목하였다.

④ 근대 사회

  ㉠ 19세기에는 국난 극복을 위한 노력으로 위정척사 사상, 개화사상, 강화 학파 등이 등장하였다.

  ㉡ 한말에는 다양한 사상들이 의병운동과 애국 계몽 운동으로 이어졌으며, 신흥 종교들이 출현하여 유 · 불 · 도 사상을 융합해 백성들에게 새로운 이상을 제시하였다.

⑤ 현대 사회 : 20세기에 이르러서는 서양 윤리사상의 본격적 수용과 전통 윤리사상에 대한 새로운 변화를 모색하고 있다.

2. 서양윤리

(1) 고대 윤리

① 소크라테스의 윤리사상

기본 입장	절대주의적·보편주의적 진리관을 통해 보편적 이성으로 실재하는 진리를 추구했다.
이상적 삶	도덕적인 삶을 주장하며 선(善)과 정신적인 가치를 추구했는데 이는 덕을 갖춘 삶을 말한다.
특 징	– 사람들이 악(惡)을 행하는 이유는 옳고 그름을 알지 못해서라고 보았다. – 그의 유명한 명언인 '너 자신을 알라'라는 말은 무지의 자각을 의미한다.
주지주의	지덕복합일설(知德福合一說)을 통해 덕에 대한 앎을 가진 사람은 덕이 있는 사람이 되며 결과적으로 행복한 삶을 보장한다고 보았다.
교육 방법	문답법(반어법, 산파법), 변증술

② 플라톤의 윤리사상

기본 입장	'이데아(Idea)'라는 개념을 통해 완전한 사물의 본질인 이데아의 세계를 모방해야 한다고 주장했다. → 이상주의
이상국가	개인의 4주덕(四主德)이 사회 속에서 실현될 때, 정의(正義)로운 사회 혹은 이상(理想)국가가 이루어진다고 보았다.
4주덕(四主德)	인간의 영혼을 정욕, 기개, 이성의 세 부분으로 구분하여 이에 각각 대응되는 절제·용기·지혜의 덕이 조화를 이룰 때 정의의 덕을 이루고 행복한 삶이 실현된다고 인식하였다.
철인 통치	– 인격과 지혜를 구비한 철인(철학자)이 나라를 통치할 때 이상국가가 달성될 수 있다고 보았다. – 철인(철학자)이란 선의 이데아를 모방·실현하는 이상적인 인간, 4주덕(지혜, 용기, 절제, 정의)을 갖춘 사람을 말한다.

③ 아리스토텔레스의 윤리사상

기본 입장	이성을 포함한 인간의 모든 기능을 탁월하게 수행함으로써 바람직한 삶이 가능하다고 본다.
선(善)의 실현	선은 현실 세계에만 존재하고 현실 세계에서 실현되는 것으로 선에 대한 앎을 추구했다.
덕(德)	– 이론적 덕 : 지혜를 쌓고 이성의 힘을 길러서 생긴다. → 철학적인 삶 추구 – 실천적 덕 : 본능적 충동을 억제하기 위해 최대한 이성적으로 행동하는 것이다.
목적론적 세계관	모든 사물은 자신의 고유한 목적을 가지고 있다고 보았고, 고로 행복은 각자의 주관적인 느낌이 아니라 인간의 존재 방식, 즉 이성에 알맞은 덕스러운 활동이라 하였다. 그리하여 최고선, 즉 인생의 궁극적 목적을 이룰 수 있다고 했다.
중용(中庸)	인간에게는 누구나 충동과 욕망이 있으나 이것이 인간 생활을 지배하게 해서는 안 되며, 부족과 과도(過度)의 중용으로 조정돼야 한다고 주장했다. → 지나치지도 않고 모자람도 없는 중간 상태

④ 에피쿠로스 학파의 윤리사상

기본 입장	쾌락주의를 추구하여 감각적·본능적 욕구의 충족을 중시하였고, 쾌락은 유일한 선(善)이며 고통은 유일한 악(惡)이고 쾌락은 행복한 생활의 시작이며 인생의 목적이라 하였다.
아타락시아(Ataraxia)	쾌락을 마음이 평온한 상태로 여겼으며, 이를 평정심을 유지시켜주는 바람직한 가치라 생각하였다.
대립 사상	스토아 학파의 '금욕주의'나 '아파테이아(Apatheia : 정념이 없는 마음의 상태)'와는 반대되는 주장을 하였다.
영 향	근대 영국의 경험론과 공리주의 윤리설에 영향을 미쳤다.

(2) 근대 윤리

① 경험주의

㉠ 베이컨(F. Bacon)의 윤리사상

기본 입장	행복한 삶의 실현을 말하며 관찰과 실험에 의해 인간과 외부 사물을 인식하여 얻어낸 지식을 강조했다.
우상론	인간이 인식하지 못하게 하는 선입견이나 편견을 말한다. → 제거의 대상으로 인식
인 식	"아는 것이 힘이다"라는 말을 통해 과학적 지식을 통한 자연의 개척을 주장했다.

㉡ 홉스(T. Hobbes)의 윤리사상

기본 입장	외부 사물에 대한 감각적 경험의 욕구도에 따라 인간 선악의 판단 기준이 다르다고 보았다.
성악설	자연 상태에서의 인간은 이기적이며 자기 자신의 보존만을 추구하는 존재라고 하였다. → 계약의 준수가 자기 보존에 도움이 된다는 윤리적 이기주의, 사회계약설 주장

㉢ 흄(D. Hume)의 윤리사상

기본 입장	행동을 도덕적으로 판단하는 기준은 이성이 아니라 감정이라 하였다.
상대주의적 윤리관	사회적으로 타당한 도덕이란 사회적으로 인정을 받을 수 있는 것이다.
인 식	공감과 이타심을 중시하여, 이기심은 공감을 통해서 억제할 수 있으며, 이타심(利他心)만이 오직 선하고 인류의 행복을 보장한다고 하였다.

② 이성주의

㉠ 데카르트(R. Descartes)의 윤리사상

기본 입장	감각적 경험을 통한 지식은 불완전하며, 사유를 통해 완전하고 확실한 지식을 추구해야 한다고 보며 경험론을 비판했다. → 단편적·우연적 지식은 불완전한 지식으로 인식
방법적 회의	사유(思惟)의 제원리가 "나는 생각한다. 그러므로 나는 존재한다"인데, 이러한 철학적 사유와 이성적 활동을 통한 완전하고 확실한 지식을 추구하여 근대 합리주의적 사고의 전형이 되었으며, 이성에 근거한 보편적 지식을 추구(이성적 진리관)하였다.

㉡ 스피노자(B. Spinoza)의 윤리사상

기본 입장	유한한 인간이 신의 무한성과 자유에 참여하여 완전한 능동적 상태, 즉 범신론을 얻는 것이라 보았다. → 해탈의 윤리사상
행복관	인간의 삶을 영원의 한 부분으로서 인식하고 최고선은 모든 것을 이성적으로 관조하는 데서 오는 평온한 행복이라고 하였다. → 지성이나 이성을 가능한 최대로 완성하는 일

③ 공리주의

㉠ 벤담의 윤리사상

기본 입장	쾌락주의 행복론을 통해 도덕적 행위는 고통의 양을 최소화하고 쾌락의 양을 최대화하여 행복을 가져오는 행위라 보았다.
양적(量的) 공리주의	모든 쾌락은 질적으로 같고, 이를 수치화할 수 있다고 주장하였다. → '최대 다수의 최대 행복'이라는 행위 원칙과 유용성의 원리를 내세움
쾌락의 기준	강도, 지속성. 확실성을 통해 쾌락을 계산하였다.
제재론	인간의 도덕적 행위를 위한 신체적·도덕적·정치적·종교적 제재(制裁)가 필요하다고 주장하였다.

© 밀의 윤리사상

기본 입장	인격의 존엄을 바탕으로 하는 쾌락의 추구가 행복의 근원이라고 보았다.
질적(質的) 공리주의	쾌락의 질적 차이를 강조하였다.
내적 양심 제재	자신의 쾌락과 행복만을 추구하지 않고 타인의 행복까지도 실현되기를 원하는 이타심, 즉 '동정(同情)'과 '인애(仁愛)'를 사회적 감정이라 하였으며, 도덕의 본질은 동정과 인애를 토대로 공익과 정의를 실현하는 것이라 보았다.

© 공리주의의 장단점

장 점	다수결의 원리와 연결되어 근대 민주주의의 성립에 기여하였다.
단 점	쾌락을 삶의 목적으로 설정해 내면적 동기에 소홀했으며, 다수의 이익 추구로 소수의 권익을 침해하였다.

④ 칸트의 윤리사상

기본 입장	의무론적 윤리로서 인간은 실천 이성의 명령을 따르고, 선의지에 지배를 받아야 한다고 주장하였다.
의무적 윤리	우리가 마땅히 지켜야 할 도덕 법칙에 대해서 행위의 옳고 그름이 결정된다는 이론이다.
인간에 대한 관점	인간이란 동물의 욕구를 지녔지만 동시에 자유의지를 갖고 자신의 행동에 책임을 져야 하는 이중적 존재로 보았다.
윤리적 목표	인간의 내면적 자유의지와 인격으로부터 자율적인 도덕 법칙을 확립하는 것을 말한다.
목적의 왕국	각 개인이 자유롭고 평등한 목적의 주체로서 조화롭게 공존하는 것을 이상적인 사회 체계라 보았다.
영 향	칸트주의는 현대의 롤스의 정의론에 영향을 끼쳐 보편주의와 공평 입장에서의 자율적 정의 원칙 선택이라는 주장을 펼치게 되었다.

(3) 현대 윤리

① 덕 윤리

  ㉠ 기본 입장
  - 아리스토텔레스의 윤리사상적 전통을 따른다.
  - 도덕 법칙이나 원리보다 행위자의 내면적 도덕성이나 성품을 중요시하였다.
  - 의무론과 공리주의가 행위자 내면의 도덕성과 인성의 중요성을 간과하며, 개인의 자유와 권리 강조로 공동체의 전통을 무시한다고 비판하였다.

  ㉡ 특 징
  - 윤리적으로 옳고 선한 결정을 하려면 유덕한 품성을 길러야 하며, 옳고 선한 행위를 습관화하여 자신의 행위로 내면화해야 한다고 주장하였다.
  - 공동체와 분리된 개인이 아니라 공동체 구성원으로서의 인간의 삶에 관심을 갖는다.
  - 매킨타이어 : 개인의 자유와 선택보다 공동체와 그 공동체의 전통과 역사를 중시하였다.
  - 덕 윤리가 내리는 도덕 판단은 구체적이고 맥락적 사고를 반영한다.

  ㉢ 시사점 : 윤리학의 논의 범위를 확장하였으며, 도덕적 실천력을 높이는 데 기여하였다.

② 실존주의

키르케고르 (S. A. Kierkegaard)	불안과 죽음의 문제를 극복하고 참된 실존을 회복하기 위해 '신 앞에 선 단독자(單獨者)' 로서 인간의 주체적 결단을 강조하였다.
하이데거 (M. Heidegger)	인간은 죽음을 자각하고 직시할 때 본래적인 실존을 회복할 수 있다고 하였다.

③ 생명존중 사상

배 경	환경 파괴와 인간 생명에 대한 위협이 증가하면서 대두되었다.
기본 입장	생명에 대한 신비와 존엄성을 강조하는 사상적 성격을 띠었다.
대표 사상	슈바이처(A. Schweitzer)의 사상이 대표적인데, 그는 생명 외경(畏敬) 사상을 통해 생명을 지키고 그것을 촉진하는 것이 선(善)이며, 생명을 죽이고 그것에 상처를 입히는 것은 악(惡)이라고 주장하였다.

④ 책임 윤리

배 경	막스 베버가 심정 윤리(행위에 선한 의도를 중시)와 대비하면서 처음 사용한 개념이다.
기본 입장	예견할 수 있는 행위의 결과에 대한 개인의 엄중한 책임을 중시하였다.
요나스	– 현대 과학 기술 문명이 초래한 위기를 극복하는 방안으로 책임 윤리를 제창하였다. – 윤리적 공백이란 과학 기술의 발달과 그것을 따라가지 못하는 윤리 간의 차이가 발생하는 것이라고 보았으며, 기존의 윤리가 인간 삶의 전 지구적 조건과 미래, 즉 인류의 존속이라는 문제를 진지하게 고려하지 않는다고 비판했다. – 인간은 책임을 질 수 있는 유일한 존재로 인간이 책임질 수 있는 능력을 지녔다는 것 자체가 책임을 져야만 한다는 의무로 연결된다고 주장하여, 인류의 존속이라는 무조건적 명령을 이행하기 위한 자연과 미래 세대에 대한 책임을 강조했다.

⑤ 배려 윤리

배 경	근대 윤리나 정의 윤리의 한계를 비판하며 등장했다.
기본 입장	– 정의 윤리에 없는 연민, 관계 중시, 동정, 유대감 등을 강조했고, 여성주의 윤리의 영향을 받았으며, 도덕성의 원천을 감정에서 찾는다. – 구체적인 상황을 중시하여 지식적인 부분과 더불어 정서적인 부분의 중요성을 부각했다.
영 향	정의 윤리에서 주장했던 도덕성 개념에 조화, 공감, 보살핌 등이 더해져 도덕성에 대한 이해를 넓혔다.
한 계	감정이나 정서에 한정되는 감정적 요소만 강조해, 보편성을 가지지 못하고 윤리적 상대주의에 빠질 수 있다.
대표 학자	길리건, 나딩스

1. 현대의 삶과 윤리

(1) 현대 사회에서의 윤리

① 롤스의 정의론

　㉠ 정의론의 이론적 기초는 밀, 그린(적극적 자유 주장), 라스키의 최선아(最善我) 실현에서 왔다.

　㉡ 정의론의 원칙

　　• 제1원칙(평등한 자유의 원칙) : 모든 개인은 타인의 유사한 자유와 양립할 수 있는 가장 광범위한 기본적 자유에 대하여 동등한 권리를 가져야 한다.

　　• 제2원칙

　　　– 공정한 기회균등의 원칙 : 사회·경제적 불평등의 원천이 되는 직무와 직위는 모든 사회 구성원에게 개방하여야 한다.

　　　– 차등의 원칙 : 사회·경제적 불평등은 모든 사회 구성원의 이익 증대에 이바지하는 경우에만 정당화될 수 있다. → 최소 수혜자에게 최대의 이익 보장

　㉢ 특 징

　　• 제1원칙과 제2원칙이 서로 충돌하는 경우 제1원칙이 우선시된다.

　　• 누진세, 무거운 상속세, 광범위한 공공교육 등 복지 정책과 복지 제도의 필요성을 인정하였으며, 실질적 기회균등을 보장할 수 있는 사회장치를 만들고자 하였다.

　　• 복지국가적 개입에 의해 사회 정의와 평등을 실현할 것을 주장하였다.

② 공동체주의

　㉠ 개인주의에 바탕을 둔 자유주의를 비판하고 공동체가 인간의 삶에서 느끼는 중요성을 강조하는 사상이므로, 개인보다는 공동체를 우선시한다.

　㉡ 구성원 간의 사회적 유대감과 책임감, 공동체 구성원에 대한 배려와 사랑 등 공동체의 유지와 발전을 위한 필수적인 가치를 강조한다.

　㉢ 특 징

　　• 공동체의 범주는 가정, 지역 공동체, 국가 공동체, 세계 공동체로 확장된다.

　　• 인간은 공동체를 중심으로 자신의 정체성을 형성하고, 공동체에 뿌리를 둔 존재이며, 공동체와 개인은 상호 보완적 관계에 있다고 하였다.

　　• 회사나 동호회 정당은 개인이 자신의 이익을 목표로 도구로 선택하는 '구성적 공동체'라고 보았는데, 이때 구성적 공동체란 개인의 자아 정체성을 구성하고 삶의 방향 등을 형성하는 데 기반이 되는 공동체, 자아에 깊이 스며드는 공동체관을 의미한다.

　　• 공동선과 개인적 선의 조화를 추구하였다.

(2) 국가와 윤리

① 민주주의

ⓒ 기본 개념

- 국가의 주권이 국민에게 있고 국민을 위하여 정치를 행하는 제도를 말한다.
- 모든 국민이 통치 작용에 동의하고 또 그 통치 작용에 의해 자유롭고 평등한 입장에서 정치에 참여하는 국민이 지배하는 정치 원리이자 실천 원리이다.

ⓒ 대표 가치

인권 존중	모든 사람의 천부적 권리를 존엄하게 생각하며, 모든 개인을 무한한 가치를 지니고 있는 존재로 파악하고 존중하는 사상으로, 민주주의의 근본 이념이 된다.
자유	외부로부터 부당한 지배 및 강제를 받지 않는 상태를 말하며, 민주주의에서 인간은 사회적 존재이므로 인간이 누리는 자유도 '사회에서의 자유'를 말한다. 따라서 자유에는 책임이 뒤따른다.
평등	인간 존중의 평등, 법 앞에서의 평등, 정치적 · 경제적 · 사회적 평등을 말한다.

ⓒ 기본 원리

국민주권의 원리	바람직한 국가의 정치 형태를 최종적으로 결정하는 권력이 국민에게 있다는 것으로 사회계약설에서 그 이론적 기초가 출발했다.
대의정치	국민이 투표를 통해 일정 기간 권력의 행사를 자신들이 선택한 자에게 위탁하는 방식으로, 국민에 의한 선출 방식과 선출된 지도자의 정치권력에 대한 견제라는 두 가지 요인이 모두 갖춰져야 한다.
권력분립	국가작용을 하는 입법 · 사법 · 행정을 각기 다른 구성을 가진 독립기관이 담당하게 하여 기관 상호간 견제 균형을 유지하도록 하는 제도로, 권력의 집중과 남용을 방지한다.
다수결의 원칙	다수의 결정을 국민 전체의 합의로 인정하는 것이며, 다수결의 의사결정 이후에는 반대 의사들도 승복의 태도를 지녀야 한다.
법치주의	정해진 법에 의해 정치를 한다는 원리이다.

ⓒ 대한민국 헌법에 명시된 국민의 4대 의무

국방의 의무	외부의 공격에 대해 국가를 방어할 의무가 있다.
납세의 의무	국가의 유지에 필요한 경비를 부담하는 것은 국민의 기본적인 의무이다.
교육의 의무	국민 개개인이 보호하는 자녀에게 초등교육과 법률이 정하는 교육을 받도록 해야 한다.
근로의 의무	개인의 기본적인 생활을 유지하며 행복을 누리고, 국가의 경쟁력을 향상시키기 위해 근로를 해야 한다.

② 사회주의

ⓒ 배경 : 플라톤의 이상국가론에 사상적 기원을 두고 있으며, 마르크스의 공산당 선언에 의해 이론화되었다.

ⓒ 기본 개념 : 인간 개개인의 의사와 자유보다는 사회 전체의 이익을 중시한다.

ⓒ 마르크스 : 자신의 사상을 '과학적 사회주의'로 명명하였으며, 자본주의 붕괴와 프롤레타리아(노동자 계급) 독재 및 계급 없는 사회의 도래를 역사적 필연성의 차원에서 설명하였다.

ⓒ 마르크스주의적 국가관 : 국가는 가진 자들의 이익에 봉사하기 위한, 계급의 지배를 영속화하기 위한 것에 지나지 않는다고 보아 평등주의적 분배를 주장했다. → 능력만큼 일하고 필요한 만큼 소비하는 사회를 추구

　　　　⑩ 영향 : 사회주의의 영향으로 소련, 유고슬라비아, 중국 등이 사회주의의 길을 걸었으며 소련의
　　　　　　붕괴 이후에는 일부 민주 사회주의의 형태를 띠며 발전했다.

　③ 야경국가
　　　㉠ 기본 개념 : 소극적 복지 정책을 강조하는 근대 자유주의적 국가를 말한다.
　　　㉡ 특징 : 개인의 자유보장, 형식적 원리 존중, 소극적 정치, 시민민주주의
　　　㉢ 자유주의적 국가관(소극적 의미) : 국가는 필요악이며, 국가의 임무는 대외적인 국방과 대내적인
　　　　　치안 유지 확보 및 최소 한도의 국가 존립에 관한 것에 국한한다. → 개인의 자유에 방임
　　　㉣ 복지국가 : 자유주의적 국가관에 반대되는 적극적 의미의 국가관으로 국가가 국민을 적극적으로
　　　　　돌보아야 한다고 본다. → 현대의 대다수의 국가가 복지국가에 해당

　④ 인권 존중 사상
　　　㉠ 기본 개념 : 인간은 성별, 종교, 피부색, 국적, 빈부 차이, 사회적 지위 등의 조건에 관계없이
　　　　　누구나 평등하게 존엄성을 존중받아야 한다.
　　　　• 인간의 존엄성 : 인간이 가지는 천부적 인권이자 기본적인 인권을 의미한다.
　　　　• 인권 : 인간이 마땅히 누려야 할 권리, 인간 존엄성을 유지하며 자유롭고 평등하게 살아갈
　　　　　권리를 말한다.
　　　㉡ 대표 학자
　　　　• 칸트 : 인간은 자유롭고 평등하며, 수단이 아닌 목적으로 대우해야 할 존엄한 존재라고 생각하
　　　　　였다.
　　　　• 로크 : 인간은 남에게 양도할 수 없는 자연권(생명권, 자유권, 재산권)을 지니고 있다고 여겼다.
　　　㉢ 인권은 보편성, 천부성, 불가침성, 항구성의 특징을 지니며, 인권 존중의 실천을 위해서는 인간
　　　　　존엄성을 바르게 이해하고 인권 감수성을 기르도록 노력해야 한다.

　⑤ 국가와 복지
　　　㉠ 복 지
　　　　• 기본 개념 : 건강, 생활, 환경 등의 삶의 질에 대한 기준을 높여 행복을 누릴 수 있도록 하는
　　　　　것을 말한다.
　　　　• 현대 국가에서의 복지 : 사람은 누구나 행복하게 살 권리가 있으며, 이를 보장하는 것은 국가의
　　　　　책무로 보는 것이다. 따라서 국가는 사회 보험, 공적 부조 등을 통해 기본적인 생활 수준을
　　　　　보장해야 한다.
　　　㉡ 사회 복지 : 사회 구성원이 기본적 욕구를 충족시킬 수 있게 하기 위한 사회적인 체계이며, 사회
　　　　　보장 제도는 사회적 위험으로부터 국민을 보호하고 삶의 질을 향상시키는 데 필요한 소득·서비
　　　　　스를 국가가 보장하는 정책으로 사회 부조, 공공 부조, 사회 복지 서비스 등이 있다.
　　　㉢ 복지의 기능
　　　　• 긍정적 기능 : 생활 안정을 통한 인간 존엄성의 실질적 보장, 소득 재분배를 통한 사회 불평등
　　　　　극복, 사회 안정 등
　　　　• 부정적 기능 : 생산성과 효율성 저하, 국가의 재정 악화, 비용 부담 증가에 따른 조세 저항 등

2. 현대 사회의 윤리 문제

(1) 윤리 문제의 이해

① 특 징

　㉠ 전 지구적으로 영향을 끼칠 수 있고 미래 세대까지 위협할 수 있어서 파급 효과가 광범위하다.

　㉡ 윤리 문제의 원인이 되는 대상이 누구인지 판단하기 어려워 책임 소재가 불분명한 경우가 많다.

② 윤리적 성찰과 실천

　㉠ 윤리적 성찰의 의미

　　• 성찰은 자신의 경험, 자아 정체성, 세계관, 삶의 목적 및 이상 등에 대해 스스로 평가하고 반성하는 것을 의미한다.

　　• 생활 속에서 자신의 마음가짐, 행동 또는 가치관과 정체성에 대하여 윤리적 관점에서 깊이 반성하고 살피는 태도를 말한다.

　㉡ 윤리적 성찰의 중요성

　　• 자신의 존재를 자각함으로써 올바른 삶을 살 수 있다.

　　• 도덕적인 앎과 실천 간의 간격을 좁히고 인격을 함양하는 데 도움을 준다.

　　• 스스로를 비판적으로 성찰하고 불완전함을 보완하여 올바른 가치관을 형성하는 데 도움을 준다.

③ 도덕적 토론

　㉠ 토론의 필요성 : 당면 문제에 대해 상대방과 서로 입장 차이를 좁히면서 최선의 해결책을 모색하는 과정으로, 개인의 성찰뿐 아니라 공동체적 차원의 성찰로 이끌어 줄 수 있다.

　㉡ 토론의 과정

　　• 주장하기 : 자신의 주장에 대한 근거를 찾고 자신의 주장을 근거와 함께 발표한다.

　　• 반론하기 : 상대방이 하는 주장의 오류나 부당성을 밝힌다.

　　• 재반론하기 : 상대방의 반론이 옳지 않음을 밝히거나 자신의 주장을 뒷받침할 더 많은 근거를 제시한다.

　　• 반성과 정리하기 : 상대방의 반론을 참고하여 각자의 주장을 반성하고 자신의 최종 입장을 발표한다.

④ 윤리적 실천

　㉠ 도덕적 탐구와 윤리적 성찰, 윤리적 실천과의 관계

　　• 먼저 도덕적 탐구와 윤리적 성찰을 조화시키며, 이를 바탕으로 윤리적 실천이 이루어져야 한다.

　　• 탐구와 성찰을 윤리적 실천으로 옮겨 도덕적으로 옳은 것을 행하도록 해야 한다.

　㉡ 윤리적 실천을 위한 자세

　　• 윤리적 실천을 위한 도덕적 습관을 기른다.

　　• 선의지를 강화해야 한다.

　㉢ 윤리적 실천의 방법 : 좌우명 만들어 실천하기, 일기 쓰기 등

(2) 현대 사회에 나타난 다양한 윤리적 쟁점

① 생명 윤리

- ⊙ 핵심 문제 : 장기 이식, 인공임신 중절, 자살, 안락사, 뇌사, 생명 복제, 인체 실험, 유전자 조작, 동물 실험과 동물의 권리 등 삶과 죽음 및 생명의 존엄성에 대한 문제
- ⓒ 대표 사례 : '낙태, 안락사 등을 허용해야 하는가?', '생명에 관한 자기 결정권이 인간에게 주어져 있는가?' 등

- 뇌 사

기본 개념	뇌 활동이 불가능하여 뇌 기능이 완전히 정지된 회복 불능의 상태(뇌사)를 죽음으로 인정하느냐에 대한 윤리적 논쟁을 말한다.
찬 성	– 다른 많은 생명을 살릴 수 있는 기회를 제공(실용적 관점)하고, 인간의 인간다움은 뇌에서 비롯되기 때문임을 근거로 삼는다. – 치료 연장은 가족의 경제적 고통을 가져오기 때문에 뇌사를 죽음으로 인정하면 의료 자원의 비효율성을 막을 수 있다고 본다.
반 대	– 인간의 생명은 실용적 가치로 따질 수 없는 존엄성을 지니며, 심장 자체는 뇌의 명령 없이도 자발적으로 박동되기 때문에 심폐사를 죽음으로 인정한다. – 뇌사 판정 과정에서 오류 가능성이 제기될 수 있고, 이것이 남용되거나 악용될 위험성이 있다고 본다.

- 인공임신 중절

기본 개념	자궁 내 태아를 모체 밖으로 배출시켜 임신을 중단하는 행위에 대한 윤리적 논쟁을 말한다.
찬 성	– 소유권 논거 : 여성은 아기 몸에 대한 소유권을 지니며 태아 역시 몸의 일부이므로 태아에 대한 권리를 지닌다. – 생산 논거 : 여성은 태아를 생산하므로 태아를 마음대로 할 수 있는 권리가 있다. – 자율권 논거 : 여성은 자신의 삶을 자율적으로 영위할 수 있으므로 낙태에 관해 자유롭게 결정할 권리를 가진다. – 평등권 논거 : 여성은 남성과 동등한 권리를 가져야 하는데, 이를 위해서는 낙태에 대한 결정이 자유로워야 한다. – 정당방위 논거 : 여성은 자기 방어와 정당방위의 권리가 있으므로 일정 조건에서 낙태의 권리가 있다. – 프라이버시 논거 : 낙태는 여성의 사생활 문제이므로 개인의 선택이다.
반 대	– 존엄성 논거 : 모든 인간의 생명은 존엄하기 때문에 태아의 생명도 존엄하다. – 무고한 인간의 신성불가침 논거 : 잘못이 없는 인간을 해치는 것은 부도덕한 일이다. – 잠재성 논거 : 태아는 임신 순간부터 성인으로 성장할 잠재성이 있으므로 인간으로서의 지위를 가진다.
보수주의자적 관점	도덕적으로 절대 허용될 수 없으며 산모의 생명을 구해야 할 경우에만 허용해야 한다.
자유주의자적 관점	태아의 성장, 주수와 상관없이 항상 도덕적으로 허용해야 한다.
공리주의자적 관점	때에 따라 해야 할지 말아야 할지 여부의 결과를 사정하여 허용 여부를 결정해야 한다 (중간적 입장).

② 성과 가족 윤리

　　㉠ 핵심 문제 : 사랑과 성의 관계, 성 차별과 양성평등, 성의 자기 결정권, 성 상품화, 결혼의 윤리적
　　　　의미, 부부 윤리, 가족 해체 현상, 노인 소외 등에 대한 문제

　　㉡ 대표 사례 : '성을 상품화해도 되는가?', '가족의 윤리적 의미는 무엇인가?' 등

　　　• 성 상품화

기본 개념	인간의 성을 상품처럼 사고팔거나 또는 다른 상품을 얻기 위한 수단으로 이용하는 행위 등 성을 이용해 이윤을 추구하는 행위에 대한 윤리적 논쟁을 말한다.
찬 성	- 성의 자기 결정권과 표현의 자유를 인정해야 한다. - 이윤 극대화를 추구하는 자본주의 논리에 부합한다.
반 대	- 인간의 성이 지닌 본래의 가치와 의미가 변질될 수 있다. - 성 상품화는 그 자체로 인간을 수단화·도구화하는 것이다.

③ 사회 윤리

　　㉠ 핵심 문제 : 직업 윤리, 공정한 분배 및 처벌, 사형제 존폐 여부, 우대 정책과 역차별, 시민 참여
　　　　와 시민 불복종 등에 대한 문제

　　㉡ 대표 사례 : '공정한 분배의 기준은 무엇인가?', '시민 불복종을 정당화할 수 있는 조건은 무엇인
　　　　가?', '사회 참여는 시민의 의식인가?' 등

　　　• 사형제도

기본 개념	국가가 범죄자의 생명을 인위적으로 박탈하는 법정 최고형인 사형제의 존폐 여부에 관한 윤리적 논쟁을 말한다.
찬 성	- 국민의 안전을 지키기 위해 피해자의 생명을 앗아간 범죄자의 생명권을 제한해야 한다. - 범죄 비례성의 원칙에 따라 극악한 범죄에 대한 처벌로 적합하다. - 형벌의 목적은 근본적으로 인과응보적 응징에 있다.
반 대	- 사형은 근본적으로 인간의 존엄성을 훼손하는 것이며, 범죄자의 생명권도 보장되어야 한다. - 오판의 가능성이 있으므로 폐지되어야 한다.

　　　• 우대 정책

기본 개념	공정한 분배를 위하여 특정 집단이 겪어 온 부당한 차별을 바로잡기 위해 다양한 방면에서 혜택을 제공하는 것에 관한 윤리적 논쟁을 말한다.
찬 성	- 과거의 부당한 차별에 대한 보상을 제공한다. - 사회적 격차가 해소되고 긴장이 완화된다. - 사회적 운으로 발생한 불평등을 시정하여 기회의 평등을 보장할 수 있다.
반 대	- 특정 집단에 대한 특혜는 업적주의에 위배되며, 다른 집단에 대한 또 다른 차별을 발생시킨다. - 과거의 피해와 현재의 보상 사이의 불일치가 문제될 수 있다.

④ 과학 기술과 정보 윤리

　　㉠ 핵심 문제 : 과학자의 사회적 책임, 과학 기술의 가치 중립성, 인격적 인간관계의 파괴, 개인정보
　　　　유출 등 사생활 침해, 거대한 감시체제(Panopticon, 판옵티콘)의 운영에 대한 우려, 사이버 공간
　　　　에서의 표현의 자유 허용 범위, 사이버 따돌림, 사이버 공간에서의 자아 정체성, 정보의 자기
　　　　결정권과 잊힐 권리 등에 대한 문제

ⓒ 대표 사례 : '과학 기술은 가치 중립적인가?', '사이버 공간에서의 자아 정체성은 현실 공간에서와 동일한가?' 등

- 사이버 폭력

기본 개념	사이버 공간에서 상대방이 원하지 않는 언어, 이미지 등을 이용하여 정신적으로 피해를 주는 폭력 행위에 대한 윤리적 논쟁을 말한다.
문제점	- 빠른 전파성 : 인터넷, SNS의 빠른 전파성과 무한 복제성으로 피해자를 공격하는 소문, 허위 사실 등이 광범위하고 빠르게 확산되어 피해가 확대된다. - 시공간 제약 없는 가해 : 시공간 경계가 없는 사이버 공간의 특성으로 24시간 장소의 구애 없이 사이버 폭력에 노출된다. - 피해 기록의 영속성 : 인터넷상에 노출된 사이버 폭력의 내용은 삭제가 어려워 피해자는 평생 해당 기록에 대한 두려움에 시달리게 된다. - 은밀한 폭력 방식 : 익명성을 이용하여 은밀하고 가혹한 폭력이 행해진다. - 가해자들이 피해자의 고통을 직접 목격하기 어려워 폭력의 심각성을 인식하지 못한다.

⑤ 환경 윤리

ⓐ 핵심 문제 : 자원 고갈, 생태계 오염 및 파괴, 기상 이변, 미래 세대에 대한 책임, 기후 변화에 따른 윤리적 문제, 생태계의 지속 가능성에 대한 문제

ⓒ 대표 사례 : '인간 중심주의 윤리로 환경 문제를 해결할 수 있는가?', '환경 보전과 개발은 양립 가능한가?' 등

⑥ 문화 윤리

ⓐ 핵심 문제 : 다문화 사회에서 발생하는 문제, 종교 간 갈등 문제, 대중문화의 상업화에 따른 선정성과 폭력성, 의식주와 관련한 윤리 문제 등

ⓒ 대표 사례 : '예술이 윤리적 지도를 따라야 하는가?', '윤리적 소비는 왜 필요한가?', '문화의 다양성을 존중하는 것과 보편 윤리를 인정하는 것은 양립 가능한가?' 등

- 대중문화에 대한 규제

기본 개념	지나친 상업성과 자본 종속, 선정성과 폭력성 등을 이유로 대중문화를 규제하는 것에 대한 윤리적 논쟁을 말한다.
찬 성	- 성을 상품으로 대상화하면 성의 인격적 가치가 훼손될 수 있으므로 윤리적 규제가 필요하다. - 자본 종속으로 인해 문화 산업의 도구로 전락할 수도 있는 개인에 대한 보호가 가능하다. - 청소년의 정서에 해로운 대중문화를 선별해낼 수 있다.
반 대	- 규제가 자율성과 표현의 자유를 침해할 수 있다. - 다양한 대중문화를 즐길 대중의 권리를 침해한다. - 대중문화를 규제하는 기준에 대한 공정성의 기준이 문제가 될 수 있다. - 강자를 대변하거나 특정한 정치적 의도를 전달하려는 도구로 악용될 수 있다.

⑦ 평화 윤리

  ㉠ 핵심 문제 : 남북한 통일, 민족의 정체성과 민족 통합, 세계화와 지역화, 국제 분쟁, 해외 원조 등

  ㉡ 대표 사례 : '지구촌 시대에 민족 정체성은 어떤 의미인가?', '왜 통일을 해야 하는가?', '원조는 의무인가, 자선인가?' 등

    • 남북한 통일

배 경	1953년 한국전쟁이 휴전되면서 북위 38도선을 경계로 한반도는 남북으로 분단되었다. 이후 한반도는 현재까지 분단된 상태이며 장기간 분단으로 통일에 대한 찬반 의견이 분분하다.
찬 성	이산가족의 고통 해소와 민족의 동질성 회복 등을 근거로 든다.
반 대	조세 증가에 대한 거부감과 통일 후 사회적 갈등 발생에 대해 우려한다.
윤리적 차원의 통일의 당위성	− 민족 문화의 전통을 계승·발전하고 민족적 자부심을 회복해야 한다. → 민족사적 사유 − 다른 이념과 사상 속에서 정치·경제·사회·문화의 다른 길을 추구하다보면 전혀 상이한 문화 집단으로 변질될 우려가 있다. → 민족의 동질성 회복 − 동족상잔의 전쟁 재발에 대한 불안 제거와 이산가족들의 고통이 해소되어야 한다. → 인도주의적 사유 − 민족적 역량의 낭비를 방지하고 민족 번영의 기반을 확립해야 한다. → 민족 발전 가능 − 평화통일은 민족의 자주적인 역량을 세계에 발휘하고, 동북아와 세계 평화의 안정에 기여할 수 있다. → 국제 정치적 사유 − 남북한이 통일하면 경제 규모 확대·통합으로 새로운 성장 동력을 확보할 수 있다. − 남북한 공간 통합으로 생활공간을 대륙으로 확장할 수 있다.

    • 세계화

기본 개념	국제 사회의 상호 의존성이 증가하고 세계 전체가 긴밀하게 연결된 사회 체계로 통합되어 가는 현상에 관한 윤리적 논쟁을 말한다.
찬 성	− 지구촌 실현이라는 목표 아래 세계 통합을 지향하고 인류의 공동 번영을 도모한다. − 전 세계적인 문화의 교류를 통해 전 지구적 차원에서 문화 간 공존을 기대할 수 있다. − 환경·난민·인권 문제 등 전 지구적 문제를 해결하고 보편적 가치를 보장하기 위한 국제적인 협력이 이루어질 수 있다.
반 대	− 문화의 획일화 : 세계의 통합만을 지나치게 강조할 경우 지구촌 문화의 획일화라는 문제가 발생할 수 있다. − 경제적 종속 : 특정 국가의 시장과 자본의 독점으로 경제적 약소국이 특정 국가에 경제적으로 종속될 수 있다. − 빈부 격차 : 강대국의 시장과 자본의 독점으로 빈부 격차가 심화될 수 있다.

01 인간의 본성에 대한 설명으로 틀린 것은?

① 다윈의 진화론으로 인해 인간의 동물적 본성에 대한 관심이 증대되었다.

② 순자는 인간의 본성이 악하지만 선하게 교화할 수 있으므로, 정치는 성품의 교화에 초점을 맞추어야 한다고 하였다.

③ 인간성은 선천적으로 정해져 있으므로 사회적 관계에 따른 변화는 없다.

④ 인간의 이성은 목적에 알맞은 계획과 예측을 가능하게 한다.

해설

자연 과학의 발전으로 인간성도 경험에 따라 변한다는 인간관을 내세우게 되었다.

02 다음 내용에서 추론할 수 있는 인간의 특성은?

> • 짐승은 필요한 만큼 먹고 마시며 과식을 하지 않으나, 인간은 과음 과식을 하여 소화불량에 걸릴 수 있다. 짐승은 본능에 따라 욕구를 쉽게 자동 조절할 수 있으나, 인간은 그때그때마다 자기반성을 통해 자기를 제어해야 한다.
> • "먼저 사람이 되어야 한다"라는 말이 있다. 여기서 '사람'은 '사람다운 사람'을 의미한다.

① 도구적 존재　　　　　　　　② 윤리적 존재

③ 유희적 존재　　　　　　　　④ 사회적 존재

해설

인간만이 자기반성을 할 수 있고 자기 제어를 할 수 있다는 것은 윤리적 존재로서의 특징을 나타내는 것이다. 인간은 자유의지와 반성의 능력을 가지고 있기에 윤리적 존재로서 살아간다.

03 다음 중 나머지 세 인물과 윤리설을 달리하는 인물은?

① 밀　　　　　　　　　　　② 야스퍼스

③ 벤 담　　　　　　　　　　④ 에피쿠로스

해설

야스퍼스는 실존주의 윤리사상을 주장하였다. 밀, 벤담, 에피쿠로스는 모두 공리주의 윤리사상을 주장하였거나 영향을 받은 철학자이다.

04 상대론적 윤리설과 윤리학적 회의론의 배경으로 적절하지 않은 것은?

① 종교에 의지한 전통 윤리의 쇠퇴

② 자연 과학의 눈부신 발달

③ 세계 질서와 사회 양상의 급격한 변동

④ 이성 중심의 인간관 확립

해설

사회가 급격하게 발전하고 이성을 중시하던 인간관이 무너짐에 따라 인간성도 경험에 따라 변한다는 인간관이 나타나게 되었다.

05 다음 중 인공임신 중절에 대한 공리주의자들의 견해로 알맞은 것은?

① 인공임신 중절 허용과 비허용의 절대적인 기준을 마련한다.

② 인공임신 중절에 대한 법률적 지정을 반대한다.

③ 태아의 성장 상태가 아닌 인격체 여부를 기준으로 인공임신 중절을 판단해야 한다.

④ 인공임신 중절이 본인과 가족들에게 미치는 결과를 고려해 허용 여부를 결정한다.

해설

공리주의는 자유주의나 보수주의 입장에 서지 않고, 해당 시점에서의 인공임신 중절이 여성 본인과 가족들에게 미치는 영향에 대해 고려한 후 결정해야 한다고 주장한다.

06 다음 관점에서 지지할 수 있는 진술로 옳지 않은 것은?

> 태아는 수정된 순간부터 인간과 동일한 지위를 지닌 존재이므로, 인간과 마찬가지로 죽임을 당하지 않을 권리를 갖는다. 태아의 권리는 근본적인 것이며, 어떠한 경우라도 침해될 수 없다.

① 태아는 생명의 존엄성을 지닌 존재이다.

② 인공임신 중절은 잘못이 없는 인간을 해치는 행위이다.

③ 여성의 권리가 태아의 생명권보다 우선한다.

④ 태아는 인간으로 성장할 잠재성을 가지고 있다.

해설

제시문은 태아가 수정된 순간부터 인간과 동일한 지위를 갖는다는 관점으로, 어떠한 경우에도 생명은 침해될 수 없다고 본다. 이 관점에서는 태아의 생명을 인간과 마찬가지로 존엄하게 여기고, 태아를 해치는 것은 잘못이 없는 인간을 해치는 것과 동일하게 본다. 따라서 ③ '여성의 권리가 태아의 생명권보다 우선한다'를 지지하는 진술이 아니다.

07 다음 중 밑줄 친 '이것'에 대한 설명으로 옳은 것은?

> • 이것은 외부의 구속을 받지 않고 어떤 목적을 스스로 세우고 실행할 수 있는 의지를 말한다.
> • 이것은 윤리의 전제 조건이다.

① 이것 때문에 인간은 자연법칙에 따라 결정론적인 삶을 산다.
② 이것은 도덕적 책임을 부과하는 전제 조건이 된다.
③ 이것은 동물과 인간의 공통점이다.
④ 이것이 없는 사람은 인격을 갖춘 사람이다.

> **해설**
> 제시문의 '이것'은 자유의지이다. 자유의지는 인간으로 하여금 자신의 선택과 행위를 통제할 수 있도록 해 주는 것으로 도덕적 책임의 전제 조건이며 인간이 자율적 존재라는 것에 대한 근거가 된다.

08 다음 중 우리나라의 도교와 도가 사상에 대한 설명으로 틀린 것은?

① 오늘날 한국 사회에서도 불교나 기독교보다는 도교적인 요소가 뚜렷하게 드러난다.
② 양반들은 도가 사상을 이해하였고, 백성들과 천인, 부녀자들은 종교로서의 도교에 더욱 친숙하였다.
③ 도교는 도가 사상에서 이론을 빌려 오지만 노장 사상과는 다른 기반에서 출발하였고, 추구하는 목적도 다르다.
④ 농민과 민중을 주체로 하는 도교를 '민중도교'라 한다.

> **해설**
> 오늘날의 한국 사회에서 도교는 불교나 기독교처럼 뚜렷하게 드러나지 않는다. 그러나 한국인의 의식 구조 속에는 도가 사상 또는 도교적인 요소가 깊이 깔려 있다.

09 다음 중 우리나라의 불교에 대한 설명으로 옳은 것을 모두 고른 것은?

> ㄱ. 원효는 중관학파와 유가학파의 사상적 통일이라는 대승불교 최고의 과제를 〈대승기신론소〉를 통해 매우 훌륭하게 해냈다.
> ㄴ. 고려 시대 의천의 돈오점수설은 주체를 강조하는 선 중심의 교선일치 사상이었다.
> ㄷ. 조선 시대의 숭유억불 정책은 조선 왕조의 유지를 위한 정치적 목표 가운데 하나였다.

① ㄱ, ㄴ
② ㄱ, ㄷ
③ ㄴ, ㄷ
④ ㄱ, ㄴ, ㄷ

> **해설**
> ㄴ. 고려 시대 지눌의 돈오점수설은 주체를 강조하는 선 중심의 교선일치 사상이었다.

10 '이기적인 욕심은 착한 본성을 가려 서로 미워하게 만들고 두려움은 의(義)로운 일 앞에서 주저하게 만든다'라고 하여, 사회 혼란의 원인을 욕심과 두려움에서 찾았던 인물은?

① 순 자
② 장 자
③ 맹 자
④ 이 이

> **해설**
> 맹 자
> 도덕 윤리의 내면을 추구해 '의'와 같은 덕목을 보다 강화시켜 나갔다. 인간만이 선한 본성을 가지고 태어나며, 인간에게 주어진 과제는 타고난 선한 본성을 잘 간직하고 기르는 것이다.

11 다음과 같이 죽음에 대해 설명한 서양의 사상가는?

> 살아 있는 동안에는 죽음을 경험할 수 없으므로 죽음을 두려워할 필요가 없다.

① 플라톤
② 에피쿠로스
③ 하이데거
④ 야스퍼스

> **해설**
> ① 플라톤 : 육체에 갇혀 있는 영혼이 죽음을 통해 영원불변한 이데아의 세계로 들어감
> ③ 하이데거 : 죽음에 대한 자각을 통해 삶을 더욱 의미 있고 가치 있게 살 수 있음
> ④ 야스퍼스 : 죽음은 인간이 피할 수 없는 한계상황임

12 다음 괄호 안에 들어갈 알맞은 말은?

> (   )은/는 과학의 산물, 과학적 인식을 지나치게 높이 평가하여 그 외의 사고방식이나 의식 구조를 무시하는 입장이다.

① 쾌락주의
② 도구적 이성
③ 과학 지상주의
④ 개인주의

> **해설**
> 과학 지상주의
> 모든 과학의 산물, 과학적 인식과 사고방식을 지나치게 높이 평가한 나머지, 그 외의 모든 사고방식이나 의식 구조, 특히 도덕적 · 심미적 · 종교적 가치를 무시하는 입장을 의미한다.

13 다음 윤리사상에 대한 설명으로 옳은 것은?

> 꽃의 모습은 다양하지만 우리가 꽃이라고 말할 수 있기 위해서는 영원히 변하지 않는 꽃의 실재를 전제해야만 하는 것과 마찬가지로, 시시각각으로 변하는 감각 세계와는 근본적으로 다른 본질적 세계가 존재한다.

① 육체적 쾌락과 정신적 쾌락을 동일시하였다.
② 개인 윤리를 사회 윤리와 결부시키고자 하였다.
③ 현상의 세계는 이데아 세계의 모방에 불과한 것이다.
④ 인간의 본성을 이성에 의한 사유 활동이라고 보았다.

해설
플라톤은 이 세상의 모든 사물마다 이데아가 있으며, 그 가운데 최고의 이데아를 '선의 이데아'라고 하였는데, 이 선의 이데아를 모방해서 도덕적인 삶을 살아가야 한다고 보았다.

14 요나스의 책임 윤리에 대한 설명으로 옳은 것은?

① 인간 중심적 자연관을 옹호한다.
② 도덕적 의무를 강조하는 전통 윤리를 옹호한다.
③ 확정적인 미래에 대한 책임만 제기한다.
④ 미래 세대를 위한 환경도 보전해야 한다고 강조한다.

해설
요나스는 인간 중심적 자연관을 비판한다. 요나스는 도덕적 의무만을 강조하는 전통 윤리에서 벗어나 인간과 자연의 관계로 윤리의 영역을 넓히고, 불확실한 미래까지 책임의 범위를 넓혀야 한다고 강조한다.

15 밑줄 친 '이것'과 가장 관련 있는 내용은?

> 이것은 어떠한 물질적 이익도 효용도 없는 행위로서 시간을 낭비하는 불건전한 활동으로 여기는 경향도 있었지만, 오늘날에는 문화 활동을 발전시키는 원동력이 되고 있다.

① 여러 가지 도구를 만들어 사용하는 존재이다.
② 생활상의 이해관계를 떠나 삶의 재미를 추구하는 존재이다.
③ 상징체계를 바탕으로 문화를 계승하고 창조하는 존재이다.
④ 도덕적 주체로서 스스로 가치 있다고 생각하는 것을 행할 수 있는 존재이다.

해설
제시문의 '이것'은 여가이다. 여가는 일을 할 수 있는 충전의 계기가 되며, 삶에서의 흥미를 찾게 해주는 역할을 한다. 선택지 중 여가와 가장 관련 있는 내용은 유희적 존재에 대해 설명한 ②이다.

16 다음의 윤리사상과 사회사상의 관계에 대한 설명으로 옳은 것은?

> 잘못된 윤리사상과 사회사상은 사회와 인류에 커다란 재앙을 불러오기도 한다. 게르만족이 가장 우수하다는 잘못된 가치관을 지닌 히틀러는 제2차 세계대전 당시 수백만 명의 유대인을 독가스로 학살하고, 수많은 사람들을 고통으로 몰아넣었다.

① 개인의 윤리사상이 공동체 전체에 영향을 끼치는 사회사상으로 나타날 수도 있다.
② 윤리사상 대신 사회사상을 통해 이상사회를 추구해야 한다.
③ 인간과 사회의 정체성 측면에서 윤리사상과 사회사상은 상호 배타적이다.
④ 윤리사상은 사회사상을 실현하는 수단이다.

> **해설**
> 히틀러 한 사람의 잘못된 윤리 의식으로 수많은 유대인들이 학살당한 사례를 통해 개인의 윤리사상이 사회에 큰 영향을 끼칠 수 있다는 것을 알 수 있다.
> ② 실천적인 관점에서 윤리사상과 사회사상은 서로 깊이 관련되어 있다.
> ③ 윤리사상과 사회사상은 상호 의존적이다.
> ④ 윤리사상과 사회사상은 상호 보완적으로, 윤리사상이 사회사상을 실현하는 수단이 되는 것은 아니다.

17 다음 중 플라톤의 이상국가론에 대한 설명으로 옳은 것은?

① 나라 안의 전체에게 최대의 행복을 주려고 노력하는 국가
② 투쟁 상태를 피하기 위한 소극적인 성격의 국가
③ 공공선을 실현하기 위한 시민들의 자유로운 계약 결과의 국가
④ 개인이 자연권을 계약에 의해 국가에 위임함으로써 형성된 국가

> **해설**
> 플라톤의 이상국가
> 사유 재산이 금지되고, 그곳에서는 공동으로 거주하고 공동으로 식사하며 가족 제도도 폐지한다. 즉, 일부일처제도 없으며 수호자 계급으로 선발된 여자들은 수호자로 선발된 남자들 모두의 공동 소유이고, 그 자식들도 공동 소유로서 폴리스(도시국가) 전체 차원에서 양육된다. 여성도 한 사람의 시민으로 정치적·군사적 지위에 있어서 남자와 동등해야 한다며 남녀평등이 주창되었다. 또한 국가는 교육을 담당해야 하며 평생 의무교육을 하도록 보장해야 한다고 역설하고 있다. 즉, 나라 안의 전체에게 최대의 행복을 주려고 노력하는 국가를 말한다.
> ②는 홉스, ③은 루소, ④는 로크의 국가관이다.

18 야경국가에 대한 설명으로 옳은 것은?

① 국민의 공공복리를 주요한 기능으로 하는 국가이다.

② 치안 유지와 개인의 자유에 대한 침해의 제거를 목적으로 하는 국가이다.

③ 고도의 발전 단계에 이른 일부 국가에 한정되어 있다.

④ 국민이 국가에 지나치게 의존하거나 소외감을 가져올 수 있다.

> **해설**
>
> 야경국가는 정부의 권력을 최대한으로 줄이고 개인의 자유를 침해하지 않게 하면서 개인의 자유와 재산, 그리고 생명을 보장하려는 국가이다.
> ①·③·④는 복지국가에 관한 설명이다.

19 다음 밑줄 친 '그'의 사상으로 옳지 않은 것은?

> 그는 공자가 살았던 당시보다 더욱 혼란해진 전국 시대의 상황에서 옳고 그름을 판단하여 정의를 밝힘으로써 현실 사회의 혼란을 극복하기 위해 인(仁)보다 의(義)를 강조하였다.

① 인간이란 선천적으로 순선한 존재라고 주장하였다.

② 인간은 누구나 사단(四端)을 가지고 태어난다.

③ 왕도 정치를 추구하였다.

④ 이상적인 사회를 대동사회로 보았다.

> **해설**
>
> 제시문은 맹자에 대한 내용으로 맹자는 성선설을 주장하였으며, 이상적인 인간을 대인(大人) 또는 대장부로 보았다. 또한 왕도 정치를 추구하였으며, 인간은 누구나 사단을 가지고 태어난다고 보았다. ④는 공자에 대한 설명이다.

20 다음 갑과 을의 대화를 읽고, 을의 관점과 일치하는 주장을 〈보기〉에서 모두 고르면?

> 갑 : 과학 기술은 그 자체로 선하지도 악하지도 않습니다.
> 을 : 아닙니다. 과학 기술 자체에 대한 반성적 자세가 필요합니다.

보기

> ㄱ. 과학 기술은 가치 중립적이어야 한다.
> ㄴ. 과학 기술에는 도덕적 판단이 포함되어야 한다.
> ㄷ. 과학 기술에는 사회적 책임이 전제되어야 한다.
> ㄹ. 과학 기술은 참과 거짓의 사실적 판단 대상일 뿐이다.

① ㄱ, ㄴ ② ㄱ, ㄷ
③ ㄴ, ㄷ ④ ㄷ, ㄹ

해설

제시문에서 갑은 과학 기술이 그 자체로 가치 판단의 대상이 될 수 없다는 가치 중립적 입장을 취하고 있는 데 반해, 을은 과학 기술이 윤리의 인도를 받아야 한다고 주장하고 있다. 을의 관점에 따르면, 과학 기술은 인간의 삶에 큰 영향을 끼칠 수 있으므로 사회적 책임과 도덕적 판단을 전제하고 있어야 한다.

21 다음 중 뇌사 판정에 관련된 설명으로 옳은 것은?

① 뇌사 판정을 받은 환자는 의식 회복이 전혀 불가능하다.
② 뇌사 판정은 전적으로 의사의 판단에 따라 내려져야 한다.
③ 뇌사는 개인의 죽음과 관련되므로 사회적 합의와는 무관하다.
④ 뇌사 판정은 엄격한 기준에 의해 신중하게 내려야 한다.

해설

뇌사 판정을 받은 환자가 의식을 되찾는 경우가 드물게 있으므로 뇌사 판정은 엄격한 기준에 의해 신중하게 내려야 한다. 죽음을 어떻게 규정하는가에 대한 문제는 윤리적·의료적 선택에 중요한 의의가 있으므로 사회적 합의를 도출하도록 노력해야 한다.

22 다음에서 설명하는 사상가는?

> 동물도 삶의 주체로서 자신의 삶을 누릴 권리가 있어 인간을 위한 수단으로 간주해서는 안 된다고 주장한 동물 중심주의 윤리의 대표적 사상가이다.

① 싱 어
② 벤 담
③ 레 건
④ 아퀴나스

해설

레건은 인간과 동물은 자기의 삶의 주체일 수 있기 때문에 동물은 고유의 가치를 가지며, 그들을 존중해야 한다고 주장하였다.

23 다음에 해당하는 불교 사상은?

> 모든 사물에 변하지 않는 실체는 없으며 너와 내가 본질적으로 다른 존재가 아니며 서로 사랑하고 봉사해야 한다는 것이다.

① 사성제설
② 연기설
③ 삼법인설
④ 공(空) 사상

해설

① 인간이 달성해야 할 목표와 올바른 삶의 방법을 총체적으로 제시하는 고집멸도의 네 가지 진리인 공성제, 집성제, 멸성제, 도성제를 의미한다.
② 어떤 사물도 생겨날 원인에 의하여 존재하고, 그 원인이 소멸되었을 때 소멸한다는 것이다.
③ 세상의 모든 현상과 존재의 참다운 모습에 대한 불타의 깨달음을 의미한다.

24 쾌락의 획득과 고통의 회피가 인간을 행복하게 한다고 주장한 에피쿠로스 학파가 감정적 · 정신적 동요나 혼란이 없는 평정심의 상태를 표현한 말은?

① 아타락시아
② 정신의 자유
③ 만민 평등 사상
④ 아파테이아

해설

아타락시아(Ataraxia)는 헬레니즘 시대의 인간의 자연스러운 본성에 근거하여 쾌락의 획득과 고통의 회피가 인간을 행복하게 한다고 주장한 에피쿠로스 학파가 감정적 · 정신적 동요나 혼란이 없는 평정심의 상태를 표현한 말이다. 스토아 학파의 아파테이아(Apatheia)와 자주 비교되는 용어이다.

25 현대의 '덕' 윤리의 모태가 된 사상가는 누구인가?

① 소크라테스   ② 플라톤

③ 아리스토텔레스   ④ 벤 담

> **해설**
>
> 현대의 '덕' 윤리의 모태가 된 사상가는 아리스토텔레스이다.

26 목적론적 윤리설의 내용으로 옳은 것은?

① 바르게 사는 것이 선(善)이다.

② 쾌락을 주는 것이 선(善)이다.

③ 결과보다 동기를 중요시한다.

④ 정(正)과 부정(不正)을 중요시한다.

> **해설**
>
> 목적론적 윤리설
>
> 잘 사는 것과 선을 목적으로 추구하였으며, 대표적 사상으로는 쾌락주의(키레네 학파, 에피쿠로스 학파)와 공리주의를 들 수 있다.
>
> ①·③·④는 의무론적 윤리설에 속하는 내용이다.

27 과학 지상주의의 문제점으로 적절한 것은?

① 가치 판단의 기준으로 타산성이나 효율성을 경시한다.

② 인간의 도구적 이성을 과도하게 중시한 나머지 지적·창의적 특성마저 무시한다.

③ 도덕적·종교적 신념들을 과학적으로 증명될 수 없다는 이유로 무조건 받아들인다.

④ 인간 공동의 이상·역사·생활 양식과 같은 심정적인 연대를 심각하게 위협한다.

> **해설**
>
> 인간 공동의 이상·역사·생활 양식과 같은 심정적인 연대는 합리성을 최고의 가치로 추구하는 도구적 이성만으로는 이룩되기 어렵다.

28 소피스트 윤리사상의 한계에 대한 설명 중 옳지 않은 것은?

① 세속적 가치를 중시하고 감각적 경험을 가치 판단으로 보았다.

② 사회 붕괴를 초래할 위험성에 대한 대안을 제시하지 못하였다.

③ 사회 질서를 유지하는 데 도움이 되었지만 다양한 가치와 차이를 수용하지 못하였다.

④ 일체의 권위와 도덕을 무시하고 가치관의 혼란과 윤리의 타락을 초래하였다.

> **해설**
> ③은 보편주의 윤리, 즉 소크라테스 사상의 한계점을 말한 것이다.

29 사회사상의 의미에 대한 설명으로 옳지 않은 것은?

① 사회사상은 사회의 변화와 발전을 위한 이론적 토대를 제공한다.

② 사회적 삶에서 나타나는 현상을 설명하고 해석하는 체계적인 사유이다.

③ 인간이 바람직하다고 생각하는 사회에 관한 체계적인 생각이나 태도를 말한다.

④ 인간은 근본적으로 사회생활을 영위하는 존재이므로 공동체의 가치를 개인보다 우선한다.

> **해설**
> 사회사상은 사회를 종합적으로 이해하는 이성의 작용으로 사회의 바람직한 모습에 관한 체계적인 생각이나 태도이며 다양한 사회 현상을 설명해 주고 또 그것을 이해하기 위한 이론적 틀을 제공해 준다. 그러나 사회사상은 다양성을 그 특징으로 하므로 개인보다 공동체의 가치를 우선한다고 볼 수 없다.

30 통일 당위성의 현실적 측면이 아닌 것은?

① 전쟁의 공포에서 해방

② 이산가족의 재결합

③ 세계 평화 이바지

④ 과도한 분단 비용 절약

> **해설**
> ③은 통일의 당위성의 이념적 측면에 대한 내용이다.

31 다음 중 윤리와 윤리학에 대한 설명으로 옳지 않은 것은?

① 윤리란 인간이 살아가면서 지켜야 할 도덕적 행동의 기준이다.

② 윤리학이란 도덕적 행동의 기준이나 규범을 탐구하는 학문이다.

③ 서양에서의 윤리는 이성적 사고 능력을 나타내는 로고스(Logos)에서 유래한다.

④ 동양에서는 인간관계의 이치와 도리를 이해하고 실천하는 데 관심을 보인다.

> **해설**
> 서양에서의 윤리(Ethics)라는 표현은 고대 그리스어로 보편적인 도덕적·이성적 속성을 나타내는 에토스(Ethos)에서 유래한다.

32 다음 중 공리주의의 단점으로 옳지 않은 것은?

① 다수결의 원리를 무시하여 근대 민주주의 성립을 지연시켰다.

② 쾌락을 삶의 목적으로 설정해 내면적 동기를 소홀히 여긴다.

③ 최대 다수의 행복을 추구하다 보면 개인 또는 소수의 권익을 침해할 수 있다.

④ 유용성을 계산할 때 고려하는 설정 범위에 따라 그 범위 밖에 있는 존재에 대한 차별이 생길 수 있다.

> **해설**
> 공리주의는 다수결의 원리와 연결되어 근대 민주주의의 성립에 기여하였다.

33 다음 내용의 주제로 가장 적절한 것은?

> 기존의 근대 윤리는 남성 중심적이고 정의 중심적인 윤리였다고 볼 수 있다. 길리건은 이를 비판하면서 여성과 남성의 도덕적 지향성이 동일하지 않다고 주장한다. 남성은 주로 권리와 의무, 정의의 원리를 중시하지만 여성은 개별적인 관계, 특히 배려를 중시한다. 따라서 그는 도덕 판단을 할 때 남성과 여성이 중시하는 것이 서로 다르다는 사실을 고려해야 한다고 주장한다.

① 배려 윤리의 등장 배경은 무엇인가

② 덕 윤리가 강조하는 것은 무엇인가

③ 배려 윤리의 범위는 어디까지인가

④ 자연법 윤리에 영향을 준 것은 무엇인가

> **해설**
> 제시문은 배려 윤리적 접근에 대한 설명이다. 배려 윤리는 기존의 남성 중심의 윤리에 반대하며, 여성의 경험과 특성을 반영한 새로운 윤리학을 강조한다.

34 다음 내용에 해당하는 제목으로 가장 적절한 것은?

> • 수정과 동시에 인간으로 인정해야 한다.
> • 기관을 형성하는 시기인 수정 후 3주부터 인간으로 인정해야 한다.
> • 태아의 성장과 성숙이 일어나는 태아기(수정 후 9 ~ 10주)부터 인간으로 인정해야 한다.
> • 태아가 모체에서 분리되어 생존이 가능한 분만 이후의 시기부터 인간으로 인정해야 한다.

① 인공임신 중절을 인정해야 하는가
② 태아와 배아의 구별은 가능한가
③ 인간 배아를 인간으로 보아야 하는가
④ 어느 시점부터 인간으로서의 지위를 인정할 것인가

해설

제시문은 인공임신 중절과 관련된 논쟁을 포함하지만 직접적으로는 어느 시점부터 인간으로서의 지위를 인정할 것인지의 문제에 해당한다.

35 다음 중 과학 기술의 성과로 올바른 내용을 모두 고른 것은?

> ㄱ. 대중문화의 발달   ㄴ. 인류의 건강 증진
> ㄷ. 물질적 풍요로움   ㄹ. 환경 문제 해결

① 1개   ② 2개
③ 3개   ④ 4개

해설

과학 기술의 성과로 올바른 내용은 ㄱ・ㄴ・ㄷ이다. 반면 자연환경을 개발하고 활용하는 과정에서는 오히려 환경 문제가 심화되었다.

36 다음 중 사이버 공간의 특징을 모두 고른 것은?

> ㄱ. 익명성   ㄴ. 대면성
> ㄷ. 시공간의 초월성   ㄹ. 정보의 개방성

① ㄱ, ㄴ   ② ㄷ, ㄹ
③ ㄱ, ㄷ, ㄹ   ④ ㄴ, ㄷ, ㄹ

해설

사이버 공간은 직접적으로 대면하지 않는 비대면성이 특징이다.

37 다음에서 설명하고 있는 사회 정의는 무엇인가?

> 어떤 잘못에 대해 처벌과 배상이 피해의 정도에 맞게 공정하게 정해졌는지를 보는 것으로 법적 정의와 관련이 깊다.

① 교정적 정의　　　　　　　　　② 분배적 정의
③ 특수적 정의　　　　　　　　　④ 절차적 정의

해설
교정적 정의는 잘못에 대한 대응이 공정한지에 대한 정의로, 국가의 법을 집행해서 실현하는 배상 또는 형벌적 정의이다.

38 다음 중 인권과 관련된 설명이 옳지 않은 것은?

① 불가침성은 인권을 향유하는 것으로 누구도 침범할 수 없는 권리라는 것이다.
② 천부성은 인권은 살아가면서 얻게 되는 권리라는 것이다.
③ 보편성은 인종, 성별, 종교, 사회적 신분에 관계없이 모든 인간이 보편적으로 누려야 한다는 것이다.
④ 항구성은 인권은 박탈당하지 않고 영구히 보장되는 권리라는 것이다.

해설
천부성은 인권은 사람이면 누구나 처음부터 가지고 태어난다는 것을 말한다.

39 다음에서 설명하고 있는 개념으로 옳은 것은?

> 한 문화에 속해 있는 사람들이 공유하는 동질감이나, 자신의 문화에 대해 갖는 자긍심을 의미한다.

① 문화적 정체성　　　　　　　　② 문화적 상대성
③ 문화적 동질성　　　　　　　　④ 문화적 통일성

해설
문화적 정체성은 개인의 자아 형성과 사회 통합의 과정에서 중요한 역할을 한다.

40 다음 글과 관련 있는 국제 정의의 실현 노력으로 가장 적절한 것은?

> 시흐리트 카흐 국제연합개발계획(UNDP) 총재보는 '한국형 원조 스타일'의 장점으로 선진 한국을 일구어 낸 '개발 노하우'를 꼽았다. 그는 "한국형 원조 스타일이 수혜국의 혁신 역량을 높이는 데 도움을 줄 것"이라며 큰 기대감을 내비쳤다. 그는 천연자원 없이 원조를 받는 나라에서 원조하는 나라로 성장한 대한민국은 수혜국에게 커다란 귀감이 될 것임을 강조하며, 우리나라와 국제연합개발계획이 공동으로 콜롬비아, 아이티 등에서 진행하는 직업훈련 및 창업 지원 프로그램을 그 사례로 꼽았다.
>
> — 동아일보 기사 중

① 형사적 정의와 분배적 정의를 실현하여 정의로운 국제 사회를 만들고자 한다.
② 국제형사재판소를 상설화하여 형사적 정의를 실현하고자 한다.
③ 공적개발원조를 통해 분배적 정의를 실현하고자 한다.
④ 반(反)인도주의적 범죄의 가해자를 처벌하고 국제 사회의 교정적 정의를 실현하고자 한다.

해설

제시문은 선진국에서 개발도상국이나 국제기관에 도움을 주는 공적개발원조에 대한 내용으로, 그중에서도 특히 재화의 공정한 분배를 통해 실현되는 분배적 정의와 관련된 내용이다. 국제형사재판소를 상설화하여 반(反)인도주의적 범죄의 가해자를 처분하는 것은 국제 사회의 형사적 정의를 실현하는 것이다.

일반상식 | 한국사

한국사란 한반도를 중심으로 전개된 우리나라의 역사를 말한다. 구석기 시대부터 시작하여 최초 국가인 고조선의 성립부터 현대 대한민국까지 발전되어온 역사이며, 각 시대 구분에 따라 통사적으로 정리되어 있다.

세부유형

▶ 한국사

한국사는 한반도에 사람이 살기 시작한 구석기 시대부터 출발하여, 철기 시대 초기 국가로 형성된 고조선의 역사부터 최근 근현대사까지를 한국사의 범위에 포함한다. 범위가 넓은 만큼 시대별로 굵직한 사건을 중심으로 시간적 흐름에 따라 정리하고, 주변국과 어떤 관계를 맺으며 변화해왔는지 알아둘 필요가 있다.

Chapter 01 한국사

01 전근대 한국사의 이해

1. 고대 국가의 지배 체제

(1) 선사문화와 국가의 등장

① 구석기 시대와 신석기 시대

구 분	구석기 시대	신석기 시대
시 기	약 70만년 전 시작	약 1만년 전 시작
도 구	주먹도끼, 찍개, 슴베찌르개 등 뗀석기	간석기, 토기(빗살무늬토기), 가락바퀴, 뼈바늘
생 활	이동 생활, 동굴이나 바위 그늘, 막집 거주	정착 생활, 강가나 바닷가 움집 거주
경 제	사냥과 채집	농경과 목축 시작, 사냥과 채집
사 회	계급이 없는 평등사회, 무리 생활	씨족마을 형성, 계급이 없는 평등사회

② 청동기 시대

시 기	기원전 2000년경~기원전 1500년경
도 구	• 청동기(비파형 동검, 거친무늬거울 등) • 간석기(반달돌칼 등 농기구), 토기(민무늬토기 등)
경 제	벼농사 보급으로 생산력 발전
사 회	• 사유 재산, 빈부격차, 계급 발생 → 군장 출현(고인돌) • 청동기 문화를 바탕으로 최초의 국가인 고조선 건국

③ 철기 시대

시 기	기원전 5세기경 시작
도 구	• 철기(농기구, 무기) • 청동기(세형동검, 잔무늬 거울) → 독자적인 청동기 문화 형성
경 제	철제농기구 사용으로 농업 생산량 증가
사 회	• 철제무기 사용으로 정복전쟁 활발 • 부여, 고구려, 옥저, 동예, 삼한 등 여러 나라 등장

(2) 고조선과 여러 나라의 성장

① 고조선

건 국	• 청동기 문화를 바탕으로 단군왕검이 건국 • 요동 지방과 한반도 서북부에 위치
성 장	• 연과 대립 • 부왕, 준왕 등 왕위 세습 • 기원전 2세기경 위만의 집권 → 철기 문화 발달
사 회	8조법(계급 사회, 개인의 노동력과 사유 재산 중시)으로 사회 질서 유지
멸 망	한 무제의 침략으로 멸망(기원전 108년), 한 군현 설치

② 여러 나라의 성장

나 라	지 역	정치 체제	풍 습
부 여	쑹화강 유역	연맹국가, 사출도	형사취수제, 순장, 영고
고구려	졸본 지역	5부 연맹, 제가회의	형사취수제, 서옥제, 동맹
옥 저	함경도 동해안	군장 국가 (읍군, 삼로)	민며느리제, 가족 공동 무덤
동 예	강원도 북부 동해안		족외혼, 책화
삼 한	한반도 남부	제정 분리 (천군, 소도)	벼농사, 철 수출(변한)

(3) 중앙 집권 국가로 발전한 삼국

① 중앙 집권 국가의 특징

㉠ 중앙 체제 정비 : 관등제 마련, 공복 제정

㉡ 율령 반포 : 국가와 백성을 다스리는 기준 마련

㉢ 지방 행정 조직 정비

㉣ 신분제 정비 : 골품제 등

㉤ 불교 수용

② 고구려의 성장과 발전

1~2세기	태조왕	정복 활동 활발 → 옥저 정복, 요동 진출
	고국천왕	진대법 실시
4세기	미천왕	낙랑군 축출 → 대동강 유역 확보
	소수림왕	불교 수용, 태학 설립, 율령 반포
5세기	광개토대왕	만주 일대 장악, 신라에 침입한 왜 격퇴, 금관가야 공격, 한강 이북 차지
	장수왕	평양 천도(427), 남진 정책, 한강 유역 장악

③ 백제의 성장과 발전

3세기	고이왕	한강 유역 장악, 6좌평 등 관등과 공복 제정, 통치 조직 정비
4세기	근초고왕	마한 정복, 왕위 부자 상속, 고구려 평양성 공격(고국원왕 전사)
5세기	나제동맹 체결(433), 웅진 천도(475)	
6세기	무령왕	22담로에 왕족 파견, 중국 남조와 교류
	성 왕	사비 천도, 국호 '남부여'로 변경, 한강 하류 일시 회복, 관산성 전투 패배

④ 신라의 성장과 발전

4세기	내물왕	김씨 왕위 계승 확립, '마립간' 칭호
6세기	지증왕	국호 '신라', '왕' 칭호, 우산국 정복
	법흥왕	불교 공인, 율령 반포, 17관등제 마련, 병부 및 상대등 설치, '건원' 연호 사용, 금관가야 정복
	진흥왕	화랑도를 국가 조직으로 개편, 영토 확장(한강 유역 장악, 대가야 정복, 함경도 진출) → 단양 신라 적성비, 진흥왕 순수비 건립

⑤ 가야연맹의 발전

건 국	• 변한 지역의 여러 소국에서 시작 • 철 생산 풍부, 벼농사 발달
금관가야	• 3세기 중반부터 전기 가야연맹 주도(김해) • 4세기 말 고구려 광개토대왕의 공격으로 쇠퇴
대가야	• 5세기 후반부터 후기 가야연맹 주도(고령) • 신라에 병합(562)

(4) 통일신라와 발해의 발전

① 신라의 삼국 통일

㉠ 고구려와 수·당의 전쟁 : 수의 침입 격퇴(살수대첩, 612), 당의 침입 격퇴(안시성 싸움, 645)

㉡ 백제와 고구려 멸망 : 백제의 신라 공격 → 나당동맹 체결(648) → 나당연합군의 공격으로 백제 멸망(660), 고구려 멸망(668)

㉢ 백제와 고구려의 부흥 운동

백 제	복신·도침(주류성), 흑치상지(임존성) 주도 → 실패
고구려	검모잠·안승(한성) 주도 → 실패

㉣ 나당전쟁과 신라의 삼국 통일 : 당의 한반도 지배 야욕(웅진 도독부, 계림 도독부, 안동 도호부 설치), 신라의 고구려 부흥 운동 지원, 사비에 주둔한 당군 격파 → 매소성·기벌포 전투에서 당에 승리 → 신라의 삼국 통일(676)

② 통일신라의 발전

㉠ 왕권 강화

무열왕	최초의 진골 출신 왕
문무왕	삼국 통일 완성
신문왕	김흠돌의 난 진압 → 진골 귀족 숙청, 왕권 강화

㉡ 통치 체제 정비

중 앙	• 집사부 중심 운영(장관인 시중의 권한 강화), 집사부 이하 13부가 행정 분담, 감찰기구 설치 (사정부, 외사정 등) • 국학 설립 : 유학 교육, 인재 양성
지 방	• 9주 5소경, 특수 행정 구역인 향·부곡 존재 • 상수리 제도(지방 세력 견제) • 신라 촌락 문서(민정 문서) : 촌락 내 인구, 토지 종류와 면적, 가축 수 등 경제 상황 기록

군 사	9서당(중앙군), 10정(지방군)
관료제	• 신문왕 때 녹읍 폐지, 관료전 지급 → 귀족 세력 약화 • 골품 제도 : 정치적·사회적 지위와 일상 생활까지 제한(가옥, 수레 등)

    © 신라 말 지배 체제의 동요

      • 신라 말의 상황 : 진골 귀족 간의 왕위 다툼(김헌창의 난, 장보고의 난) → 왕권 약화, 농민 봉기 빈번(원종과 애노의 난), 호족과 6두품 성장

      • 후삼국 성립 : 견훤의 후백제(900), 궁예의 후고구려(901)

  ③ 발해의 발전

    ⊙ 발해의 건국과 발전

대조영	지린성 동모산에서 발해 건국(698)
무 왕	영토 확장, 당의 산둥반도 공격, 신라 견제, 일본과 친교
문 왕	당·신라와 친선 관계, 당 문물 수용, 신라도를 통해 신라와 교류
선 왕	고구려 영토 대부분 회복, 최대 영토 확보 → '해동성국'이라 불림

    © 발해의 통치 체제 정비

중 앙	3성 6부 : 당 제도 모방, 명칭과 운영은 독자적, 정당성 중심 운영(장관 대내상이 국정 총괄)
지 방	5경 15부 62주, 말단 촌락은 토착 세력이 운영

2. 고대 사회의 종교와 사상

(1) 고대 사회의 성장과 천신 신앙

  ① 선사 시대의 원시 신앙과 예술

    ⊙ 구석기 시대 : 다산과 풍요, 사냥 성공 기원

    © 신석기 시대 : 원시신앙 등장(애니미즘, 토테미즘, 샤머니즘)

  ② 고대의 천신 신앙

    ⊙ 특징 : 초기 국가의 지배층이 자신의 기원을 천신과 연결 → 지배층의 통치를 정당화하는 논리로 이용

    © 사례 : 단군의 고조선 건국 설화, 제천 행사(영고, 동맹, 무천 등)

(2) 불교, 도교, 풍수지리설

  ① 불 교

    ⊙ 수용 : 중앙 집권 국가로 발전하는 과정에서 수용 → 고구려 소수림왕, 백제 침류왕, 신라 법흥왕 (이차돈의 순교)

    © 특 징

왕권 강화	왕즉불 사상, 업설 수용(신분 질서 정당화), 신라의 불교식 왕명
호국불교	대규모 사찰 건설

© 통일신라 불교

- 특징 : 교리에 대한 이해 심화, 민간에 불교 확산
- 대표적 승려

원 효	일심 사상·화쟁 사상 주장, 아미타 신앙(불교 대중화)
의 상	당에 유학, 신라에 화엄사상 정립(⟨화엄일승법계도⟩), 관음신앙 전파
혜 초	인도와 중앙아시아 순례, ⟨왕오천축국전⟩

② 신라 말 선종 불교 유행

배 경	교종의 세속화·보수화
특 징	• 참선 수행 강조, 실천적 경향 • 9산 선문 형성 : 지방 호족 세력과 연결
영 향	지방 문화 발달, 6두품 출신 유학자들과 새로운 사회 건설에 필요한 사상적 바탕 마련

⑩ 발해의 불교

- 특징 : 왕실과 귀족 중심으로 발달, 고구려 불교 계승
- 불교 문화 : 이불병좌상, 흥륭사 발해 석등

② 도 교

㉠ 수용 : 삼국 시대에 중국으로부터 전래돼 귀족을 중심으로 유행

㉡ 특징 : 신선 사상을 바탕으로 산천 숭배, 민간신앙과 결합 → 불로장생, 현세 구복 추구

㉢ 문화 : 고구려 고분 벽화(사신도), 백제 산수무늬 벽돌, 백제 금동 대향로

③ 풍수지리설

㉠ 수용 : 신라 말 도선 등 선종 승려들이 체계적인 이론으로 수용

㉡ 특징 : 산, 하천, 땅 등 지형적 요인이 인간 생활에 영향을 끼친다는 이론

㉢ 영향 : 수도 금성에서 벗어나 지역의 중요성 인식, 지방 호족 세력의 확대 뒷받침

(3) 유학의 발달

① 삼국 시대

㉠ 수용 : 중국과 교류하며 수용

㉡ 특징 : 교육기관 설립(국가 주도) → 인재 양성, 유교적 도덕 규범 장려

고구려	소수림왕 때 중앙에 태학 설립(유교 경전, 역사 교육), 지방에 경당(한학, 무술 교육)
백 제	오경박사(유학 교육)
신 라	임신서기석(청년들이 유교 경전을 공부한 내용이 적혀 있음)

㉢ 역사서 편찬 : 국력 안정 도모와 왕권 강화

고구려	⟨유기⟩ 100권 편찬, 이문진의 ⟨신집⟩ 5권(영양왕)
백 제	고흥의 ⟨서기⟩(근초고왕)
신 라	거칠부의 ⟨국사⟩(진흥왕)

② 통일신라와 발해

　㉠ 통일신라

　　• 유학의 통치 이념화 : 유학 교육기관인 국학 설립(신문왕), 독서삼품과 실시(원성왕)

　　• 대표적 유학자

6두품	강수(외교 문서 작성), 설총(이두 정리), 최치원(당의 빈공과 급제, 개혁안 10여 조 건의, 〈계원필경〉 저술)
진 골	김대문(〈화랑세기〉, 〈고승전〉 저술)

　㉡ 발 해

　　• 6부의 명칭에 유교 덕목 사용

　　• 주자감(유교 경전 교육), 문적원(유교 서적 관리) 설립

3. 고려의 통치 체제와 국제 질서의 변동

(1) 고려 건국과 통치 체제 정비

① 후삼국 통일

　㉠ 왕건이 궁예를 축출하고 고려 건국(918)

　㉡ 신라 경순왕의 항복 → 후백제 격파 → 후삼국 통일(936)

② 국가 기틀 확립

태 조	• 호족 통합 정책 : 유력 호족과 혼인, 성씨 하사, 사심관 제도와 기인 제도 • 민생 안정 : 조세 부담 축소 • 북진 정책 : 고구려 계승 의식, 서경(평양) 중시
광 종	노비안검법 실시(호족, 공신의 경제력 약화), 과거제 실시, 관리 공복 제정, 황제 칭호와 독자적 연호 '준풍' 사용
성 종	• 유교 정치 : 최승로의 시무 28조 수용, 불교 행사 억제, 국자감 설치 • 통치 체제 : 2성 6부제, 12목에 지방관 파견, 향리제 정비

③ 고려의 통치 체제

　㉠ 중앙정치제도

2성 6부	• 2성 : 중서문하성(최고 관서, 문하시중이 국정 총괄, 재신·낭사), 상서성(6부 관리, 정책 집행) • 6부(이부·호부·예부·병부·형부·공부) : 국정 실무 담당
중추원	군사 기밀, 왕명 출납 담당
어사대	관리 비리 감찰 및 풍속 교정, 어사대의 관원은 중서문하성의 낭사와 함께 대간으로 불림
삼 사	화폐와 곡식 출납 등 회계 담당
귀족회의기구	• 도병마사 : 국방 문제 논의 • 식목도감 : 법률, 제도 제정

ⓛ 지방 행정 제도

5도	일반 행정 구역(안찰사 파견), 주현보다 속현이 많음
양 계	군사 행정 구역, 병마사 파견, 진 설치
향·부곡·소	특수 행정 구역, 주현 수령의 지배

ⓒ 군사 제도

중 앙	2군(국왕 친위 부대), 6위(수도 경비, 국경 방어)
지 방	주현군(5도 주둔), 주진군(양계 주둔, 상비군)

ⓔ 관리 등용과 교육 제도

관리 등용	• 과거 제도 : 양인 이상 응시 가능, 문과와 잡과 위주, 무과 없음 • 음서 : 공신이나 5품 이상 고위 관리 자제를 과거 없이 관직에 임용
교육기관	• 국자감(개경), 향교(지방) → 관리 양성과 유학 교육 진흥 • 고려 중기 최충의 문헌공도를 비롯해 사학 12도 융성

(2) 고려 전기의 대외 관계

① 다원적 동아시아 질서와 고려의 천하관

ⓐ 10~12세기 동아시아 질서 : 당 중심의 국제 질서 붕괴로 다원적 국제 질서 확립 → 고려, 거란, 송 사이에 세력 균형

ⓑ 고려의 독자적 천하관 : 해동 천하 인식, 황제국 체제(황제, 천자 칭호 사용)

② 고려의 대외 관계

ⓐ 거란의 침입

1차 침입	서희의 외교 담판(993) → 강동 6주 확보
2차 침입	강조의 정변을 구실로 고려 침입(1010) → 양규의 항전
3차 침입	강감찬의 귀주대첩(1019) 승리, 나성(개경)과 천리장성(압록강~영흥) 축조

ⓑ 여진과의 충돌

• 12세기 초 세력을 키운 여진이 동북쪽 국경 침략 → 윤관이 별무반 편성 후 여진 정벌 → 동북 9성 설치

• 여진의 성장 : 여진의 금 건국(1115) → 고려에 군신 관계 요구 → 이자겸 등이 금의 요구 수용

(3) 문벌귀족 사회의 동요와 무신정권 성립

① 문벌귀족 사회

ⓐ 문벌 형성 : 여러 대에 걸쳐 고위 관직을 독점한 가문이 문벌 형성, 상호 혼인 관계로 지위 유지, 음서·공음전 혜택

ⓛ 문벌귀족 사회의 동요

이자겸의 난(1126)	• 배경 : 외척 이자겸이 권력 독점 • 전개 : 인종과 측근 세력의 이자겸 제거 시도 → 이자겸, 척준경의 반란 • 결과 : 국왕 권위 실추, 문벌사회 분열
묘청의 서경 천도 운동(1135)	• 배경 : 인종의 개혁 • 전개 : 서경 세력(묘청·정지상)이 황제 칭호, 서경 천도, 금 정벌 등 주장 → 개경 세력(김부식) 반발 → 서경 세력이 서경에서 반란 → 김부식의 관군에게 진압

② 무신정권 성립

ⓐ 무신정변(1170)

- 배경 : 무신에 대한 차별 대우
- 전개 : 정중부·이의방 등이 정변 → 중방 중심 정치 운영 → 무신 간의 잦은 권력 다툼과 백성 수탈로 혼란 심화

ⓛ 최씨 무신정권 수립

- 최충헌 집권 : 교정도감 설치, 사병 집단인 도방 확대 → 이후 4대 60여 년간 최씨 가문이 권력 독점
- 최우 : 정방·서방 설치, 야별초 조직
- 농민과 천민의 난 빈번 : 망이·망소이의 난(공주 명학소), 김사미·효심의 난, 만적의 난(신분 해방 운동)

③ 몽골의 침략과 무신정권의 몰락

몽골의 침략	몽골 사신 피살 사건 → 몽골의 고려 침략 → 최씨 정권의 강화도 천도 → 처인성 전투, 충주성 전투 → 최씨 정권 몰락, 몽골과 강화 체결 → 개경 환도
삼별초 항쟁	삼별초가 몽골과 강화 반대, 강화도에서 진도·제주도로 차례로 이동하며 항전 → 고려와 몽골의 연합군에게 진압됨

(4) 원 간섭기와 고려 후기 정치 변동

① 원 간섭기 고려의 상황

원의 내정 간섭	• 위상 격하 : 원의 부마국, 왕실 칭호와 관제 격하 • 영토 상실 : 쌍성총관부, 동녕부, 탐라총관부 설치 • 일본 원정 동원 : 정동행성 설치(다루가치 파견) • 공물·공녀 요구, 몽골풍 유행
권문세족의 성장	• 친원적 성향 • 주로 음서로 관직 진출, 고위 관직 독점(도평의사사 장악), 지위 세습, 대농장과 노비 소유

② 고려 후기 정치 변동

㉠ 공민왕의 개혁 정책

반원 자주 정책	• 기철 등 친원파 제거, 정동행성 이문소 폐지 • 왕실 칭호와 관제 복구, 몽골풍 금지 • 쌍성총관부 공격 → 철령 이북 지역 수복
왕권 강화 정책	• 정방 폐지 : 인사권 장악 • 신진사대부 등용 • 신돈 등용(전민변정도감 설치)

㉡ 신진사대부의 성장과 고려의 멸망

신진사대부	• 지방 향리 자제, 중소 지주 출신 → 공민왕의 개혁 정치로 성장 • 성리학 수용, 권문세족과 사회 모순 비판
신흥 무인 세력	14세기 후반 홍건적과 왜구를 격퇴하는 과정에서 성장(이성계, 최영 등)

㉢ 고려 멸망 : 요동 정벌 추진 → 이성계의 위화도 회군(1388) → 이성계, 정도전 등이 과전법 실시(1391) → 조선 건국(1392)

4. 고려의 사회와 사상

(1) 고려의 신분 구조와 사회 모습

① 신분 구조 : 신라의 골품제에 비해 개방적, 과거나 군공을 통해 신분 상승 가능

	양 반	• 최상위 지배층 : 왕족, 문반, 무반 • 특징 : 문벌 형성(고위 관직 세습, 상호 혼인 관계)
양 민	중간계층	• 구성 : 서리, 남반, 향리, 하급 장교 등 • 특징 : 향리가 지방 행정을 실질적으로 담당(속현), 직역의 대가로 토지를 받음, 신분 세습
	양민(평민)	• 일반 군현민 : 농민(백정), 상인, 수공업자 • 특수 행정 구역민 : 향·부곡·소의 거주민, 일반 군현민에 비해 조세 차별받음, 이주 금지
천 민	천 민	• 대다수가 노비 : 공노비(국가 소유), 사노비(개인 소유) • 특징 : 매매, 증여, 상속의 대상

② 고려 사회의 모습

사회 시책	• 의창 : 흉년 시 빈민 구제 • 상평창 : 물가 안정 활동 • 동서 대비원 : 환자 진료 및 빈민 구제 • 제위보 : 기금 마련, 이자로 빈민 구제
가족 제도	• 일부일처제 • 여성의 지위 : 비교적 수평적, 여성 호주 가능, 태어난 순서대로 호적 기재, 여성 이혼과 재혼 가능, 재산 자녀 균등 상속, 사위와 외손에게 음서 혜택
사회 공동체	향도 : 불교 신앙 활동 + 마을 공동체 유지

(2) 유학의 발달과 역사 인식의 변화

① 유학의 발달

고려 전기	• 6두품 출신 유학자 등용(태조), 과거제 시행(광종) • 유교 정치 이념 확립, 국자감 설립(성종)
고려 중기	• 최충의 9재 학당 : 고려 유학 발전 • 김부식 : 이자겸의 난 진압, 금의 사대 요구 수용 등 보수적 경향 → 유학 침체
고려 후기	• 충렬왕 때 안향이 성리학 소개 • 신진사대부의 성리학 수용, 권문세족 비판

② 역사서 편찬

고려 중기	김부식의 〈삼국사기〉 : 기전체, 유교적 합리주의 사관, 현존하는 가장 오래된 역사서
고려 후기	• 몽골 침략과 원 간섭으로 자주 의식을 강조한 역사서 편찬 → 이규보의 〈동명왕편〉(고구려 계승 의식), 이승휴의 〈제왕운기〉와 일연의 〈삼국유사〉(단군을 민족의 시조로 서술) • 성리학적 유교 사관 : 이제현의 〈사략〉

(3) 불교, 도교, 풍수지리설의 발달

① 불교의 발달

ㄱ 국가의 불교 장려 : 태조의 훈요 10조, 광종 때 국사·왕사 제도 및 승과 실시, 사찰 건립, 불교
   행사 거행

ㄴ 대표적 승려

의 천	• 교종 통합(화엄종 중심), 해동 천태종 창시 • 교관겸수 제창
지 눌	• 송광사에서 수선사 결사 운동, 조계종 창시 • 돈오점수, 정혜쌍수 주장
혜 심	유불일치설 주장, 심성의 도야 강조(성리학 수용의 사상적 토대 마련)
요 세	• 천태종 신앙 결사체인 백련사 조직 • 참회(법화) 신앙

ㄷ 대장경 조판

• 초조대장경 : 부처의 힘으로 거란의 침략을 물리치고자 간행 → 대구 부인사 보관 중 몽골
   침략 때 소실

• 팔만대장경 : 몽골의 침입 때, 격퇴를 염원하며 간행 → 유네스코 세계기록유산(합천 해인사
   보관)

② 도교와 풍수지리설의 발달

ㄱ 도교 : 나라의 안녕과 왕실의 번영 기원, 불로장생과 현세 구복 추구

ㄴ 풍수지리설 : 신라 말 도선 소개, 서경 길지설(묘청의 천도 운동의 이론적 근거), 한양 명당설(조
   선 수도 선정의 사상적 배경)

5. 조선의 정치 운영과 세계관의 변화

(1) 조선의 건국과 통치 체제 정비

① 조선 건국과 유교 정치 확립

㉠ 조선 건국 과정 : 명 건국 → 이성계와 급진파 신진사대부가 위화도 회군으로 정치적 실권 장악 (1388) → 과전법 시행 → 조선 건국(1392)

㉡ 유교 정치 확립

태 조	• 국호 '조선', 한양 천도(1394) • 군사 체제 정비, 경복궁 건설 • 정도전의 활약 : 재상 중심의 정치 주장, 불교 비판(〈불씨잡변〉 저술) → 성리학의 통치 이념화
태 종	• 왕권 강화 : 의정부 설치와 6조 직계제 실시, 사간원 독립, 개국 공신 세력 견제와 숙청 • 사병 제도 폐지 : 국왕이 군사 지휘권 장악 • 국가의 경제 기반 안정 : 사원전·사원의 노비 제한, 양전 사업 실시, 호패법 시행
세 종	의정부 서사제 실시(왕권과 신권의 조화), 경연 활성화, 집현전 설치(학문 연구), 훈민정음 창제·반포
세 조	왕권 강화 : 6조 직계제 실시, 집현전과 경연 제도 폐지, 유향소 폐지, 직전법 실시
성 종	• 홍문관 설치 : 경연 활성화 • 문물 정비 : 조선 왕조의 기본 법전인 〈경국대전〉 완성 → 유교적 통치 체제 확립

② 유교적 통치 체제 정비

㉠ 중앙 정치 제도와 지방 행정 제도

중앙 정치 제도	의정부	국정 총괄, 재상 합의 기구
	6조	직능에 따라 행정 분담, 실제 행정 집행
	3사	사헌부(관리 감찰), 사간원(간쟁), 홍문관(경연) → 언론 기능, 권력 독점 견제
	기 타	승정원(왕명 출납), 의금부(중죄인 처벌), 한성부(수도 행정, 치안 담당), 춘추관(역사서 편찬, 보관)
지방 행정 제도		• 8도 : 관찰사 파견 – 부·목·군·현(모든 군현에 수령 파견) • 향리 : 수령 업무 보좌, 지방 행정 실무 담당, 고려 시대에 비해 권한 약화 • 유향소(향청) : 지방 사족의 향촌 자치 기구, 수령 업무 보좌, 수령과 향리 감시, 풍속 교화

㉡ 군사 제도

군역 제도		양인 개병제, 정군(현역)과 보인(정군 비용 부담)
조 직	중앙군	5위 : 궁궐, 수도 방어
	지방군	• 영·진 방어 • 병마절도사·수군절도사가 지휘

㉢ 관리 등용 제도와 교육 제도

관리 등용 제도	과거(문과, 무과, 잡과), 음서(고려에 비해 대상축소), 천거제 실시
교육 제도	• 유학 교육 : 성균관(중앙 최고 교육기관), 향교(지방 군현에 설치), 서원·서당(사립 교육기관) • 기술 교육 : 각 해당 관청에서 담당

(2) 정치 운영의 변화

① 사림의 성장과 사화 발생

㉠ 사림의 형성과 성장 : 지방 사대부·중소 지주 출신으로 왕도 정치와 향촌 자치 추구 → 성종 때 본격적으로 정치 참여, 3사의 언관직 차지(훈구파의 비리 비판)

㉡ 사화 발생

무오사화(연산군)	훈구 세력이 김종직의 〈조의제문〉을 문제 삼아 사림 축출
갑자사화(연산군)	연산군이 생모 폐위 문제로 훈구와 사림 세력 제거
기묘사화(중종)	조광조의 개혁 정치(3사의 언론 활동 활성화, 현량과 실시, 위훈 삭제, 소격서 폐지 등) → 훈구 세력의 반발로 조광조 및 사림 제거
을사사화(명종)	외척 간의 권력 다툼 과정에서 훈구와 사림 세력이 피해를 입음

② 붕당 정치의 전개와 변질

㉠ 사림 세력 확대 : 서원과 향약을 기반으로 향촌 사회에서 세력 확대, 중앙 정계에서 세력 확장

㉡ 붕당 형성과 분화 : 이조 전랑 임명 문제로 대립 → 동인과 서인으로 분화

동 인	신진 사림(김효원 등), 척신 정치 청산과 도덕성 강조 → 이황, 조식, 서경덕의 학통 계승
서 인	기성 사림(심의겸 등), 척신 정치 청산에 소극적 → 이이와 성혼의 학통 계승

㉢ 붕당 정치의 전개와 변질

선조~광해군	• 동인이 정여립 모반 사건을 계기로 남인과 북인으로 분화 • 광해군 때 북인 집권
인조~효종	인조반정 후 서인 집권 → 상호 비판적 공존
현 종	두 차례 예송 발생 → 서인과 남인 대립 심화
숙 종	• 환국 전개 → 3사의 언론 기능 변질, 남인 몰락, 서인은 노론과 소론으로 분화 • 붕당 간 보복과 탄압으로 일당 전제화 경향

③ 탕평 정치

㉠ 영조와 정조의 탕평 정치

영 조	• 탕평 교서 발표(탕평비 건립) → 탕평 정책에 동의하는 인물(탕평파)을 등용해 정국 운영 • 붕당의 뿌리 제거 : 공론의 주재자인 산림의 존재를 인정하지 않음, 붕당의 근거지인 서원 정리 • 이조 전랑 권한 축소 • 개혁 정치 : 균역법 실시, 군영 정비, 신문고 제도 부활, 가혹한 형벌 폐지 • 문물 제도 정비 : 〈속대전〉, 〈속오례의〉, 〈동국문헌비고〉 등 편찬
정 조	• 탕평책 계승(적극적 탕평), 소론 및 남인 계열 중용 • 규장각 설치 : 서얼 출신 등용, 국왕의 권력·정책을 뒷받침하는 정치 기구 • 초계문신제 시행 : 신진 인물이나 하급 관리 중 능력 있는 자를 재교육 • 장용영 설치 : 수원에 설치한 국왕 친위군, 군영의 독립적 성격 약화 → 왕권을 뒷받침하는 군사적 기반 • 수원의 화성 건설 : 정치적·군사적 기능 부여 → 정치적 이상을 실현하는 상징적 도시 육성 • 문물제도 정비 : 신해통공(금난전권 폐지), 〈대전통편〉, 〈무예도보통지〉, 〈탁지지〉 편찬

㉡ 한계 : 붕당 간 정쟁을 완화했으나 왕과 외척에 권력 집중 → 세도 정치의 배경이 됨

④ 세도 정치의 전개

배 경	탕평 정치의 붕괴로 유력 가문 출신에 권력 집중
전 개	순조, 헌종, 철종의 3대 60여 년 동안 안동 김씨, 풍양 조씨 등 몇몇 가문의 권력 독점
폐 단	• 소수의 유력한 가문들이 권력과 이권 독점, 언론 활동 위축 • 비변사의 권한 강화 : 의정부와 6조 유명무실화 → 비변사에 권력 집중 • 정치 기강 문란 : 과거제 문란, 매관매직 등 • 탐관오리 수탈 극심, 삼정(전정·군정·환곡)의 문란으로 농촌 경제 피폐

(3) 국제 질서의 변동과 조선의 대외 관계

① 사대교린의 외교 관계

㉠ 명과의 사대 관계

조 공	사신 파견·조공(경제적·문화적 교류 및 선진 문물 수용)
책 봉	명으로부터 국왕의 지위를 인정받음

㉡ 여진·일본과의 교린 관계

여 진	• 회유책 : 귀순 장려, 국경 무역(무역소)과 조공 무역(북평관) 허용 • 강경책 : 4군 6진 개척(세종 때, 압록강~두만강까지 영토 확보)
일 본	• 회유책 : 계해약조 → 제한적 무역 허용, 3포 개항 • 강경책 : 세종 때 왜구의 본거지인 대마도 정벌(이종무)

② 임진왜란(1592)

㉠ 왜란의 배경 : 일본을 통일한 도요토미 히데요시의 대륙 침략 결정

㉡ 전개 과정

전쟁 초기	일본군이 한성과 평양 함락 → 선조의 의주 피난 → 명에 지원군 요청
수군의 활약	이순신(전라 좌수사)의 수군이 남해에서 활약 → 옥포, 사천(거북선 최초 사용), 한산도대첩(학익진 전법) 승리 → 전라도 곡창 지대 방어
의병의 항쟁	대표적 의병장 : 곽재우, 고경명, 조헌, 정문부, 서산대사, 사명대사 등
전쟁 극복	• 명군 참전, 조명연합군의 평양성 탈환, 권율의 행주대첩 승리 → 명의 휴전 제의 • 전열 정비 : 훈련도감 설치, 지방군 편제 개편(속오법 실시), 화포 개량, 조총 제작 등
정유재란(1597)	• 조명연합군이 재침입한 왜군을 직산에서 격퇴 • 이순신이 명량해전에서 왜군 대파 → 전세가 불리해진 일본군 철수

㉢ 왜란의 결과

• 조선의 변화

비변사 기능 강화	비변사가 임진왜란 이후 군사뿐 아니라 모든 정무를 총괄하는 최고 회의 기구화 됨 → 왕권 약화, 의정부·6조 중심 행정 체계 유명무실화
사회 변화	• 인구 감소, 농토 황폐화, 국가 재정 궁핍, 식량 부족 • 토지대장과 호적 소실 : 조세·역 징발 곤란 • 공명첩 발행과 신분제 동요 • 문화재 소실 : 경복궁, 불국사, 사고(전주사고만 보존)

- 동아시아의 변화

일 본	• 도쿠가와 이에야스의 에도막부 정권 성립 • 문화재 약탈, 포로로 잡아간 조선 학자와 기술자들에 의해 성리학·도자기 문화 전래
중 국	• 명 : 막대한 전쟁 비용 소모로 국력 쇠퇴 • 여진 : 명의 쇠퇴를 틈타 후금 건국 → 명·청 교체

- 일본과 국교 재개 : 에도막부의 요청으로 조선통신사 파견

③ 광해군의 정책과 호란의 전개

㉠ 광해군의 정치와 인조반정

전후 복구 사업	• 토지대장과 호적 재정비로 국가 재정 확충 노력 • 농민의 공납 부담을 줄이기 위해 대동법 실시(경기도)
중립 외교	• 배경 : 후금 건국(1616), 후금과 명의 충돌 → 명의 원군 요구 • 중립 외교(실리 외교) : 명과 후금 사이에서 중립 추구 → 강홍립 파병, 신중한 대응과 항복
인조반정	인목대비 폐위, 영창대군 살해에 대한 반발 → 서인 주도로 광해군 축출(1623) → 친명배금 정책 추진(명에 대한 의리와 명분 강조)

㉡ 정묘호란과 병자호란

정묘호란 (1627)	• 배경 : 인조와 서인 정권의 친명배금 정책 • 전개 : 후금의 침략 → 인조의 강화도 피신 → 정봉수, 이립의 활약 • 결과 : 후금과 형제 관계를 맺고 강화 체결
병자호란 (1636)	• 원인 : 청의 군신 관계 요구 거절(척화주전론 우세) • 전개 : 청의 침략 → 인조의 남한산성 피신·항전 • 결과 : 청에 항복(삼전도에서 청과 군신 관계를 맺고 강화 체결), 소현세자와 봉림대군 등 청에 끌려감

④ 북벌 운동과 북학론 : 양난 이후 대외 인식 변화

북벌 운동(17세기)	• 배경 : 병자호란 이후 청에 대한 복수심 고조 • 전개 : 효종이 송시열, 이완 등과 함께 청 정벌 계획 추진 → 군대 양성, 성곽 수리 • 결과 : 효종의 죽음 등으로 좌절
북학론(18세기)	청의 선진 문물을 수용해 부국강병을 이루자는 주장 → 북학파 실학자들이 주도
백두산 정계비 건립(1712)	• 조선과 청과의 국경 분쟁 발생 → 숙종 때 국경을 확정하고 정계비 건립(서쪽으로는 압록강, 동쪽으로는 토문강) • 간도 귀속 분쟁 발생 : 19세기 후반 정계비 해석에 대해 조선과 청이 서로 다른 주장을 펴면서 발생

(4) 세계관의 변화

① 성리학 발전

    ㉠ 통치 이념으로 활용 : 조선의 건국 이념, 사림의 성리학 절대화

    ㉡ 생활 윤리에 영향 : 〈소학〉, 〈주자가례〉 보급, 서원과 향약

② 조선 후기 새로운 사상 등장

    ㉠ 실학 등장 : 사회 모순을 해결하기 위한 개혁적 학문

농업중심	• 서울 남인 출신, 농민 입장에서 토지 제도 개혁과 자영농 육성 주장(경세치용 학파) • 유형원(〈반계수록〉), 이익(〈성호사설〉), 정약용(〈목민심서〉, 〈여유당전서〉) 등
상공업중심	• 서울 노론 출신, 상공업 진흥, 청의 선진 문물과 기술 수용 주장(북학파, 이용후생 학파) • 유수원(〈우서〉), 홍대용(〈의산문답〉, 〈임하경륜〉), 박지원(〈열하일기〉), 박제가(〈북학의〉) 등

    ㉡ 국학의 발달 : 역사, 지리 등 우리 것에 대한 관심 고조

역사연구	• 안정복의 〈동사강목〉 : 우리 역사 체계화(고조선부터 고려까지) • 유득공의 〈발해고〉 : 발해와 만주에 대한 관심(최초로 '남북국' 용어 사용)
지리연구	• 인문 지리서 편찬 : 한백겸의 〈동국지리지〉, 이중환의 〈택리지〉 • 실용적 지도 제작 : 김정호의 〈대동여지도〉

6. 양반 신분제 사회와 상품화폐 경제

(1) 양반 중심의 신분 질서 확립

① 조선 전기 신분 질서와 특징

    ㉠ 양천제와 반상제

양천제	• 양인 : 자유민, 조세와 국역의 의무, 과거 응시 자격 • 천인 : 비자유민, 개인이나 국가에 소속, 천역 담당
반상제	지배층인 양반과 피지배층인 상민 간의 차별을 두는 제도 → 양반, 중인, 상민, 천민의 신분 제도 정착

    ㉡ 신분별 특징

양 반	• 관직 진출 : 과거·음서·천거로 관직 독점 → 현직 또는 예비 관료로 활동, 국역 면제 • 경제적 기반 : 과전, 녹봉, 토지와 노비 소유
중 인	• 의미 : 양반과 상민의 중간 신분 계층(넓은 의미), 기술관(좁은 의미) • 구성 : 서리·향리·기술관(의관, 역관) – 직역 세습, 행정 실무 담당 / 서얼 – 양반 첩에게서 출생 → 중인과 같은 신분적 처우, 문과 응시 금지
상 민	• 구성 : 농민, 수공업자, 상인, 신량역천(신분은 양인이나 천역을 담당하는 계층) • 과거 응시 가능(실제로는 불가능)
천 민	• 대부분 노비이며 재산으로 취급, 매매·상속·증여의 대상 • 노비는 일반적으로 부모 중 한쪽이 노비이면 그 자녀도 노비로 귀속

② 양반 중심의 향촌 지배 체제 확립

　　㉠ 유향소 : 수령 보좌, 백성 교화

　　㉡ 향회 : 향촌 사족의 명단인 향안에 등록된 지방 양반들의 총회, 지방 사족들이 결속을 다지며
　　　　향촌에서 영향력 행사

　　㉢ 서원 : 여론 형성, 학문의 기반 마련

　　㉣ 향약 : 향촌 질서 유지, 농민 교화

(2) 수취 제도 개편

① 조선 전기의 수취 제도

조세 (전세)	• 토지에 대한 세금, 수확량의 1/10 징수 • 세종 때 공법 시행(전분 6등법, 연분 9등법) : 토지의 비옥도와 풍흉을 고려해 차등 징수
공 납	각 지역의 특산물을 현물로 징수 → 방납의 폐단으로 농민 부담 증가
역	• 군역(정군·보인), 요역(토목공사 등에 동원) • 군역 기피로 대립, 방군수포 발생

② 조선 후기의 수취 제도 개편

영정법 (전세)	풍흉에 관계없이 전세를 토지 1결당 쌀 4~6두로 고정 → 전세의 정액화, 세율 인하
대동법 (공납)	• 광해군 때 경기도에 처음 실시돼 점차 확대, 숙종 때 평안도와 함경도 등을 제외하고 전국적 실시 • 공납을 토지 1결당 쌀 12두 또는 삼베, 무명, 돈 등으로 징수 • 결과 : 농민 부담 감소, 관청에 물품을 납품하는 공인 등장, 상품화폐 경제 발달
균역법 (역)	• 군역 대신 1년에 군포 1필 징수 • 줄어든 군포 수입을 보충하기 위해 결작(토지 1결당 쌀 2두), 선무군관포(일부 상류층) 징수, 어염 세·선박세 등을 활용

(3) 상품화폐 경제의 발달

① 농업의 발달과 농민층의 분화

　　㉠ 농업 생산력 증가 : 이앙법(모내기법) 확산으로 노동력 절감과 수확량 증가(이모작 가능, 광작
　　　　등장), 인삼·면화·담배 등 상품작물 재배, 일정액을 납부하는 도조법으로 지대 납부 방식 변화

　　㉡ 농민층 분화

　　　　• 일부 농민이 상품작물 재배를 통해 부농으로 성장

　　　　• 대다수 농민은 소작농, 고용 노동자, 임노동자로 전락

② 수공업과 광업의 발달

수공업	• 관영 수공업 쇠퇴 : 장인세를 내고 물품을 직접 만들어 판매 • 민영 수공업 발달 : 공인·사상 등 상인 자본의 지원을 받아 제품을 만드는 선대제 유행, 임노동자 를 고용해 공장제 수공업 형태로 물품 생산, 독립 수공업자가 등장해 생산과 판매까지 주관(18세 기 후반)
광 업	• 설점수세제(민간인의 광산 채굴을 허용하고 세금 징수), 잠채(광물을 몰래 채굴) 성행 • 전문 광산 경영인인 덕대 등장

③ 상업의 발달

　㉠ 상인의 성장

공 인	• 대동법 실시로 정부에 필요한 물품을 공급하는 어용상인인 공인이 등장 • 서울 시전과 전국 장시를 중심으로 활동 → 점차 도고로 성장
사 상	• 금난전권 폐지(신해통공) 이후 크게 성장 • 평양의 유상, 개성의 송상(송방 설치, 인삼 판매), 의주의 만상(대청 무역), 동래의 내상(대일본 무역) 등이 성장 • 일부 사상은 독점적 도매상인인 도고로 성장 → 상업 자본 축적 • 서울의 종로, 칠패 등에서 사상이 등장

　㉡ 상업의 발달

장 시	• 15세기 말 등장해 16세기 무렵 전국적으로 확산 • 보부상 : 전국 지방의 장시를 돌아다니며 활동 → 보부상단 조합 결성
포구상업	• 포구 상업의 중심지 : 강경포, 원산포(18세기 발달) • 선상 : 선박을 이용해 각 지방의 물품을 구입한 뒤 포구에서 판매(경강상인) • 객주·여각 : 상품의 매매 및 중개와 부수적으로 운송, 보관, 숙박, 금융 등의 영업 행위 담당

　㉢ 대외 무역의 발달

청과의 무역	• 17세기 중엽부터 국경 지대를 중심으로 공무역(개시)과 사무역(후시)이 동시에 성행 • 의주의 만상이 청과의 무역 주도 • 비단·약재·문방구 등 수입, 금·은·무명·인삼 등 수출
일본과의 무역	• 17세기 이후 기유약조로 일본과의 관계가 정상화된 후 왜관 개시를 통한 대일 무역 활발 • 동래의 내상이 일본과의 무역 전개 • 은·구리·황 등 수입, 인삼·쌀 등 수출
중계 무역	• 개성의 송상이 청과 일본 연결 • 만상과 내상의 무역 활동 중계

　㉣ 화폐의 유통

배 경	상품화폐 경제 발달, 대동법 실시 이후 조세 및 소작료의 금납화 확대 → 화폐 사용 증가
전 개	숙종 때 상평통보(동전)가 전국적으로 유통
한 계	지주나 대상인들이 화폐를 고리대나 재산 축적에 이용하면서 시중에 유통되는 화폐가 크게 부족해지는 전황이 발생

④ 신분 질서의 변화와 농민 봉기

　㉠ 신분제 동요

　　• 양반층 분화 : 권력이 일부 양반에 집중되면서 다수의 양반이 향반, 잔반 등으로 몰락

　　• 상민의 신분 상승 : 부유한 상민이 공명첩, 납속책, 족보 위조 등을 통해 신분 상승 → 양반수 증가, 상민 수 감소

　　• 중인층의 신분 상승

서 얼	• 영 · 정조의 개혁 분위기에 편승해 적극적인 신분 상승 시도(상소 운동) → 서얼들의 청요직 통청 요구를 수용 • 정조 때 유득공, 이덕무, 박제가 등 서얼 출신들이 규장각 검서관에 기용됨
기술직 중인	• 축적된 재산과 실무 경력을 바탕으로 신분 상승 운동 추구 • 철종 때 관직 진출 제한을 없애 달라는 대규모 소청 운동 전개 → 실패(전문직의 역할 부각)

　　• 노비의 신분 상승 : 군공과 납속 등으로 신분 상승 추구, 노비종모법(영조), 공노비 해방(순조) → 국가 재정 확보를 위해 노비 축소(상민 증가)

　㉡ 향촌 질서 재편

배 경	일부 부농층이 양반으로 신분 상승
과 정	향전 발생 : 구향(기존 양반)과 신향(부농층)의 대립 → 수령의 신향 지원, 관이 주도해 향촌 질서 확립
영 향	구향의 향촌 지배권 약화, 수령 권한 강화 → 수령, 향리의 농민 수탈 심화

　㉢ 새로운 사상의 등장

예언 사상	• 사회 변혁 운동의 이념적 기반 • 〈정감록〉 등의 비기 · 도참 유행, 미륵신앙이 현실을 부정하고 새로운 세상을 바라는 농민 의식을 자극함
천주교	17세기에 서학(학문)으로 수용 → 18세기 후반부터 남인 계열 실학자들로부터 신앙으로 수용 (인간 평등 주장) → 정부의 박해(신유박해)
동 학	• 철종 때 몰락 양반 최제우가 창시(1860) → 삼남 지방의 농촌 사회에 널리 보급 • 사상 : 인내천, 시천주, 후천개벽 • 탄압 : 세상을 어지럽히고 백성을 현혹한다는 이유로 탄압(최제우 처형)

　㉣ 세도 정치기의 농민 봉기 : 농민들이 사회 문제와 지배 체제의 모순에 저항

홍경래의 난(1811)	• 배경 : 평안도 지역에 대한 차별, 세도 정치기에 과도한 수탈에 대한 불만 • 전개 : 몰락 양반 홍경래가 영세 농민, 광산 노동자 등과 봉기 → 청천강 이북 지역 장악 → 관군에 의해 5개월 만에 진압
임술농민봉기 (1862)	• 배경 : 삼정의 문란과 지배층의 수탈 • 전개 : 몰락 양반 유계춘의 주도로 진주농민봉기 발발 → 전국 확산 • 결과 : 안핵사 파견, 삼정이정청 설치 → 근본적 문제는 해결하지 못함

1. 서구 열강의 접근과 조선의 대응

(1) 서구 열강의 동아시아 접근

① 제국주의 대두

등장 배경	19세기 후반 독점 자본주의와 배타적·침략적 민족주의의 결합
특 징	• 서구 열강이 경제력·군사력을 이용해 대외 팽창 정책 추진 → 약소국 식민지화 • 백인 우월주의, 사회 진화론을 내세워 약소국에 대한 식민 지배 정당화

② 제국주의 열강의 동아시아 침략

㉠ 청의 개항

제1차 아편전쟁	• 과정 : 영국의 아편 밀수출 → 청 정부의 아편 몰수·폐기 → 전쟁 발발 → 청 패배 • 결과 : 난징조약 체결(5개 항구 개항, 홍콩 할양, 배상금 지급, 추가 조약에서 영사 재판권과 최혜국 대우 허용)
제2차 아편전쟁	• 과정 : 영프 연합군의 공격 → 청 패배 • 결과 : 텐진 조약, 베이징 조약 체결(추가 10개 항구 개항, 러시아에 연해주 할양)

㉡ 일본의 개항

과 정	미국 페리 함대가 무력으로 개항 요구
결 과	• 미일화친조약 체결 : 12개 항구 개항, 최혜국 대우 허용 • 미일수호통상조약 체결 : 5개 항구 개항, 영사 재판권 허용

③ 19세기 조선의 국내외 상황

국 내	세도 정치, 삼정의 문란 → 농민 봉기, 천주교 확산
국 외	• 이양선 출몰 • 서구 열강의 통상 요구로 위기감 확산

(2) 흥선대원군의 개혁 정치

① 통치 체제 정비

세도 정치 타파	• 세도 가문인 안동 김씨 축출 • 고른 인재 등용
통치 조직 정비	• 세도 정치의 핵심 권력 기구인 비변사 축소 • 의정부, 삼군부 기능 부활
법전 편찬	〈대전회통〉, 〈육전조례〉 → 통치 질서 정비
경복궁 중건	• 목적 : 왕권 강화 • 공사비 마련을 위해 원납전 징수, 당백전 발행 • 토목 공사에 많은 백성 동원, 양반 묘지림 벌목 → 백성과 양반들의 불만 초래

② 민생 안정책

삼정의 문란 개혁	• 전정 : 양전 사업 실시 → 토지 대장에 누락된 토지 색출 • 군정 : 호포제 실시 → 개인이 아닌 가호 기준으로 군포 징수, 양반에게도 군포 부과 • 환곡 : 사창제 실시 → 민간 자치 운영
서원 정리	• 배경 : 서원은 붕당의 근거지로 면세 · 면역 특권을 누리며 백성 수탈 • 과정 : 전국에 47개소의 서원만을 남기고 모두 철폐, 만동묘 철폐, 토지와 노비 몰수 → 국가 재정 확충 • 결과 : 백성들의 환영, 양반 유생들의 반발

③ 개혁 정치의 의의와 한계

의 의	국가 기강 확립, 민생 안정에 기여
한 계	왕권 강화를 목적으로 한 전통적 왕조 체제 내에서의 개혁

(3) 서구 열강의 침략과 조선의 통상 수교 거부 정책

① 병인양요(1866)

배 경	천주교 확산, 흥선대원군이 프랑스 선교사를 통해 러시아 남하 견제 시도(실패) → 천주교 배척 여론 고조 → 병인박해(천주교 신자와 프랑스 선교사 처형, 1866)
과 정	프랑스군이 강화도 침공(강화부 점령, 재물 약탈) → 한성근 부대(문수산성), 양헌수 부대(정족산성)의 활약으로 프랑스군 격퇴
결 과	프랑스군이 철수하면서 외규장각 의궤 등 문화유산 약탈, 천주교 탄압 심화, 통상 수교 거부 정책 강화

② 오페르트 도굴 사건(1868)

배 경	조선 조정이 독일 상인 오페르트의 통상 요구 거절
과 정	오페르트 일행이 남연군 묘(흥선대원군의 아버지) 도굴 시도 → 지역 주민의 저항으로 실패
결 과	통상 수교 거부 정책 강화

③ 신미양요(1871)

배 경	미국 상선 제너럴 셔먼호가 대동강을 거슬러 평양까지 올라와 통상 요구 → 평안도 관찰사 박규수의 통상 요구 거부 → 미국의 민가 약탈 행위 → 평양 관민이 제너럴 셔먼호를 불태움(1866)
과 정	제너럴 셔먼호 사건을 구실로 미군이 강화도 침략(초지진, 덕진진 점령) → 어재연 부대의 항전(광성보) → 미군 철수
결 과	전국에 척화비 건립(1871) → 통상 수교 거부 의지 천명

2. 동아시아의 변화와 근대적 개혁 추진

(1) 문호 개방과 불평등 조약 체결

① 중국과 일본의 근대화 운동

청의 양무운동	• 중체서용(중국 전통을 바탕으로 서양 기술 수용)의 원칙 • 내용 : 서양식 무기 도입, 군수 공장 등 근대 산업 시설 설립 • 한계 : 근본적 제도 개혁 없이 기술만 도입
일본의 메이지 유신	천황 중심의 메이지 정부 수립(1868) → 문명개화론을 내세워 근대화 개혁 추진 → 신분제 폐지, 근대 시설 도입, 의회 설립 → 대외 팽창 추진

② 조선의 개항

㉠ 운요호 사건(1875)

정세 변화	흥선대원군 실권 장악, 통상 개화론 대두(박규수, 오경석, 유홍기 등)
과 정	운요호를 이끌고 강화도·영종도 일대 침략 → 개항, 강화도 조약 체결

㉡ 강화도 조약(조일수호조규, 1876)

배 경	운요호 사건
내 용	• 조선이 자주국임을 명시(청의 간섭 배제 의도) • 부산·원산·인천 개항, 해안 측량권 허용, 영사 재판권(치외 법권) 인정
성 격	외국과 맺은 최초의 근대적 조약, 불평등 조약
부속조약	• 조일수호조규 부록(1876. 6.) : 개항장 내 일본인 거류지(외국인 무역 활동과 거주가 허용된 지역) 설정, 일본 화폐 유통 • 조일무역규칙 : 양곡의 무제한 유출, 일본의 수출입 상품에 대한 무관세 원칙 허용

㉢ 조미수호통상조약(1882)

배 경	황준헌의 〈조선책략〉 유포 → 미국과의 수교 주장 → 청의 알선(러시아와 일본 견제 의도)
내 용	• 거중 조정, 관세 조항 규정 • 치외 법권, 최혜국 대우 인정
성 격	서양과 맺은 최초의 근대적 조약, 불평등 조약

㉣ 서양 각국과의 수교 : 영국·독일(1883), 러시아(1884), 프랑스(1886) 등과 불평등 조약 체결

> • 거중 조정 : 양국 중 한 나라가 제3국과 분쟁이 있을 경우 다른 한 나라가 국가 간의 분쟁을 조정하는
> 것을 말한다.
> • 최혜국 대우 : 가장 유리한 대우를 조약 상대국에게 부여하는 것을 말한다.
> • 〈조선책략〉 : 일본 주재 청 외교관 황준헌이 저술한 책으로, 러시아 남하를 견제하기 위해 조선이
> 중국, 일본, 미국과 우호 관계를 맺을 것을 주장했다.

(2) 개화 정책 추진과 반발

① 개화 정책

통리기무아문 설치(1880)	• 부국강병 목표 → 김윤식, 박정양, 어윤중, 김홍집, 김옥균, 홍영식 등 개화파 인물 등용 • 실무를 담당하는 12사를 두고 국내외의 군국 기무 총괄 및 각종 개화 정책 담당	
군사 개편	• 2군영 : 기존 5군영을 무위영, 장어영의 2군영으로 개편 • 신식 군대 별기군 창설 : 신식 무기, 일본인 교관 초빙	
해외 사절단 파견	수신사	• 김기수(1차, 1876), 김홍집(2차, 1880), 〈조선책략〉 소개) • 강화도 조약 이후 일본에 파견 → 일본의 근대화 실상 파악
	조사시찰단(1881)	• 박정양, 어윤중, 홍영식 등 파견 • 일본 정부 각 기관의 사무 조사, 산업·군사 등 근대적 시설 관찰 • 시찰 후 보고서 제출
	영선사(1881)	• 김윤식을 중심으로 38명의 기술자 및 학생들 청에 파견 → 톈진에서 서양의 근대식 무기 제조 기술과 군사 훈련법 습득(1881) • 근대식 무기 제조 공장인 기기창 설립(1883)
	보빙사(1883)	• 조미수호통상조약을 계기로 미국에 파견 → 일부 사절단의 유럽 순방 • 민영익, 홍영식, 유길준 등으로 구성

② 위정척사 운동

㉠ 의미 : 반외세 자주 운동의 성격, 성리학적 전통사회 체제 수호 목적, 외세 배척을 기본 정신으로 일본과 서양의 침략성 인지 → 항일 의병운동으로 이어짐

㉡ 전개 과정

1860년대	• 배경 : 열강의 통상 요구, 병인양요 • 척화 주전론에 근거한 통상 반대 → 이항로, 기정진 등
1870년대	• 배경 : 강화도 조약 체결 • 개항 반대 운동, 왜양 일체론 → 최익현 등
1880년대	• 배경 : 개화 정책 추진, 〈조선책략〉 유포 • 개항 반대 운동, 영남 만인소 → 이만손 등

㉢ 의의와 한계
- 의의 : 조선의 자주성을 지키려 한 반외세·반침략 운동(이후 항일 의병으로 계승)
- 한계 : 개화 정책 추진의 걸림돌 됨

(3) 임오군란과 갑신정변

① 임오군란(1882)

㉠ 배경 : 개화 정책으로 인한 세금 증가에 대한 불만, 개항 이후 쌀 유출로 쌀값 폭등 → 백성 불만 고조

㉡ 전 개

발 단	신식 군대 별기군과 구식 군인에 대한 차별 대우, 밀린 급료로 받은 쌀에 겨와 모래가 섞임
전개 과정	구식 군인의 봉기(민씨 정권의 고위관료의 집과 일본 공사관·궁궐 습격) → 왕비 피신 → 흥선대원군 재집권(통리기무아문과 별기군 폐지, 5군영 복구) → 민씨 정권의 요청으로 청군 개입 → 흥선대원군이 청으로 압송, 군란 진압 → 민씨 정권 재집권

결 과	• 청의 내정 간섭 심화 : 마건상과 묄렌도르프 파견, 조청상민수륙무역장정 체결(청 상인의 내륙 진출, 영사 재판권 인정) • 제물포 조약 체결 : 일본 공사관에 경비병 주둔 허용, 배상금 지불 • 개화 정책 후퇴

② 개화파의 분화

　㉠ 배경 : 개화 정책 추진 방식과 청에 대한 입장 차이

　㉡ 온건 개화파와 급진 개화파

구 분	온건 개화파	급진 개화파
중심인물	김홍집, 어윤중, 김윤식	김옥균, 박영효, 서광범, 홍영식
개화 모델	청의 양무운동	일본의 메이지 유신
개혁 사상	점진적 개혁 추구, 동도서기론 입장 → 전통적 유교와 도덕 유지, 서양의 기술만 수용	적극적인 근대화 추구, 문명개화론 입장 → 서양의 기술과 사상, 제도 수용
청과의 관계	전통적 우호 관계 중시	청의 내정간섭 반대, 사대 관계 청산

③ 갑신정변(1884)

배 경	• 개화 정책 지연 : 청의 내정 간섭 강화, 민씨 정권의 친청 정책 • 급진 개화파 위축 : 김옥균이 일본에서 개화 정책 추진에 필요한 차관 도입을 시도했으나 실패 • 청프전쟁 발발 : 서울 주둔 청군의 절반이 베트남으로 철수 • 일본의 군사적 지원 약속
전개 과정	• 1884년 10월 급진 개화파(김옥균, 박영효, 서광범)가 우정총국 개국 축하연을 기회로 정변 • 사대당으로 지목한 고위 관료들 살해, 개화당 정부 수립 • 14개조 정강 발표 : 청과의 사대 관계 청산, 내각제 수립, 지조법 개혁, 재정 일원화, 인민 평등 확립 등
결 과	• 청군이 진압 → 3일 만에 실패, 청의 내정간섭 심화 • 한성 조약 체결(1884) : 일본의 배상금 요구, 공사관 신축비 보상 • 톈진 조약 체결(1885) : 일본과 청의 양국 군대 철수 및 군대 파견 시 상대국에 알리도록 규정
의 의	• 근대 국가 건설을 목표로 한 최초의 정치 개혁 운동 • 근대화 운동의 선구자적 역할
한 계	• 소수의 지식인 중심 : 위로부터의 개혁 • 토지 개혁에 소홀 → 민중의 지지 부족 • 일본에 지나치게 의존

④ 갑신정변 이후 정세

거문도 사건 (1885)	러시아와 우호 관계 강화 → 영국이 러시아의 남하를 견제한다는 명분으로 거문도 불법 점령
조선 중립화론 대두	조선 주재 독일 부영사 부들러와 미국 유학에서 돌아온 유길준 등이 주장

3. 근대 국민 국가 수립을 위한 노력

(1) 동학농민운동

① 동학의 확산과 교조신원운동

농민층의 동요	외세의 경제 침탈, 조세 부담 증가, 삼정의 문란, 지방관 수탈 심화 → 농촌 경제 악화
동학 확산	2대 교주 최시형이 포접제의 조직망 정비, 경전 간행 → 포교 활동을 통해 삼남 일대에 동학의 교세가 크게 확산
교조신원운동	• 정부의 탄압으로 처형당한 교조 최제우의 누명을 벗기고, 포교의 자유를 보장받으려는 목적 • 공주·삼례 집회, 보은 집회 등을 거치면서 종교 운동의 성격에서 정치·사회 운동으로 발전

② 전개 과정

㉠ 고부농민봉기(1894.1.)

배 경	고부 군수 조병갑의 비리와 수탈
전 개	전봉준을 중심으로 농민 봉기 → 고부 관아 습격, 만석보 파괴 → 조병갑 파면, 신임 군수 박원명의 회유로 농민들 자진 해산
결 과	정부 안핵사 이용태 파견 → 동학교도 탄압

㉡ 제1차 봉기(1894.3.)

배 경	안핵사 이용태의 봉기 주도자 체포
전 개	전봉준·손화중 등을 중심으로 봉기 → 백산에서 격문 발표(제폭구민, 보국안민 주장) → 황토현·황룡촌 전투 → 전주성 점령 → 정부가 청에 원군 요청, 청일 양국 파병(톈진 조약 구실)
결 과	정부와 농민군이 전주 화약 체결 → 폐정 개혁 12개조 제시, 자진 해산 → 집강소 설치(폐정 개혁안 실천)

㉢ 제2차 봉기(1894.9.)

배 경	전주화약 체결 후 조선 정부가 청군과 일본군의 철수 요구 → 일본이 내정 개혁을 요구하며 경복궁 기습 점령, 청일전쟁 발발
전 개	동학농민군의 재봉기 → 논산 집결(남북접 연합) → 공주 우금치 전투에서 관군·일본군에게 패배 → 전봉준 등 동학농민군 지도자 체포

③ 동학농민운동의 의의 및 한계

성 격	• 반봉건 : 신분제 개혁 등 정치·사회 개혁 요구 • 반외세 : 일본의 침략과 내정간섭에 저항
영 향	• 농민군의 요구가 갑오개혁에 부분적으로 반영 • 의병운동에 가담해 반일 무장 투쟁 활성화
한 계	근대 국가를 건설하기 위한 구체적인 방안을 제시하지 못함

(2) 갑오개혁과 을미개혁

① 제1차 갑오개혁(1894.7.)

전 개	농민의 개혁 요구(동학농민운동)를 일부 수용하면서 자주적 개혁 추진, 일제의 내정 개혁 요구와 경복궁 무력 점령 → 김홍집 내각 성립, 군국기무처 설치
내 용	• 정치 : 개국 기년 사용, 내각 권한 강화와 왕권 강화(궁내부 설치, 의정부 권한 집중, 6조 → 80아문 개편), 과거제 폐지, 경무청 중심의 경찰 제도 도입 • 경제 : 재정을 탁지아문으로 일원화, 은 본위 화폐 제도 채택, 도량형 통일, 조세의 금납화 • 사회 : 신분제 철폐, 전통적 폐습(조혼, 고문, 연좌제, 과부의 재가 불허) 타파

② 제2차 갑오개혁(1894.12.)

배 경	• 일본의 적극적인 간섭 → 군국기무처 폐지, 김홍집과 박영효 연립 내각 구성 • 홍범 14조 반포 → 조선은 청에 의존하는 관계를 청산하고 자주독립을 국내외에 선포
내 용	• 정치 : 내각제 도입, 8개 아문을 7부로 교체, 전국 8도를 23부로 개편, 행정구역 명칭을 '군'으로 통일, 재판소 설치, 사법권과 행정권 분리 • 경제 : 징세 기관 일원화, 지방재판소·한성재판소·고등재판소 설치, 근대적 예산 제도 도입, 징세사·관세사 설치, 상리국 폐지 • 사회 : 교육 입국 조서에 따라 한성사범학교·외국어학교 관제 반포

③ 제3차 갑오개혁(을미개혁, 1895)

전 개	삼국간섭 이후 일본의 간섭을 막기 위해 친러 정책 추진, 박영효가 일본에 망명 → 일본이 명성황후 시해(을미사변), 친일 내각 수립(김홍집, 유길준), 을미개혁 추진
내 용	• '건양' 연호 제정 • 단발령 실시 • 태양력 사용, 종두법 실시
결 과	• 을미사변, 단발령 등에 대한 반발로 을미의병 봉기 → 전국으로 확산 • 아관파천(1896) : 고종이 러시아 공사관으로 처소를 옮김

④ 갑오·을미개혁의 의의와 한계

의 의	• 근대 국가 수립을 위한 시대적 요구에 부응하는 개혁 • 개화 인사들과 농민층의 개혁 의지가 일부 반영된 자주적 근대화 개혁을 위한 노력
한 계	• 개혁 주도 세력이 일본의 무력에 의존 • 민중의 지지를 얻지 못함(위로부터의 개혁 시도) • 국방력 강화와 상공업 진흥 등에 소홀

(3) 독립협회와 대한제국

① 독립협회

㉠ 독립협회 창립(1896)

배 경	아관파천 이후 열강의 이권 침탈 심화, 자유 민주주의적 개혁 사상 보급, 자주 독립 국가 건설 목표
구 성	서재필, 윤치호, 이상재, 남궁억 등의 지도부와 광범위한 사회 계층(학생, 노동자, 여성, 천민 등) 참여
과 정	서재필 등이 자유민주주의 개혁 사상을 보급, 〈독립신문〉 창간 이후 독립협회 창립

ⓛ 독립협회 주요 활동

민중 계몽 운동	〈대조선 독립협회 회보〉 간행, 독립관에서 토론회 개최
자주 국권 운동	• 독립문 건립 • 만민공동회 개최 → 러시아의 절영도 조차 요구 저지
자유 민권 운동	국민의 신체와 재산권의 자유, 언론·출판·집회·결사의 자유 등 요구
의회 설립 운동	관민공동회를 개최해 헌의 6조 채택 → 고종의 수락, 중추원 관제 반포

• 헌의 6조
1. 외국인에게 의지하지 말고 관민이 한마음으로 힘을 합해 전제 황권을 공고히 할 것
2. 외국과의 이권에 관한 계약과 조약은 각 대신과 중추원 의장이 합동 날인해 시행할 것
3. 국가 재정은 탁지부에서 전관하고, 예산과 결산을 국민에게 공표할 것
4. 중대 범죄를 공판하되, 피고의 인권을 존중할 것
5. 칙임관을 임명할 때에는 황제가 정부에 그 뜻을 물어서 중의에 따를 것
6. 정해진 규정을 실천할 것

ⓒ 독립협회 해산

배 경	보수 세력의 독립협회 모함(공화정 수립 모함)
해산 과정	고종의 독립협회 해산 명령, 간부 체포 → 독립협회는 만민공동회 개최하며 저항 → 고종이 황국협회와 군대를 동원해 강제 해산

② 대한제국

㉠ 대한제국 수립(1897)

배 경	• 국내 : 고종의 환궁 요구, 자주독립의 근대 국가를 세우려는 국민적 열망 • 국외 : 조선에서 러시아의 세력 독점 견제
수립 과정	• 고종의 경운궁(덕수궁) 환궁 • 대한제국 선포(1897) : 국호는 대한제국, 연호는 광무로 하고, 황제라 칭하며 자주국가임을 선포 • 대한국 국제 반포(1899) : 만국 공법에 의거해 대한제국은 세계 만국이 공인한 자주독립국이며, 황제가 군 통수권, 입법권, 행정권, 사법권 등 모든 권한을 가진다고 규정 • 황제권 강화 : 입헌군주제가 아닌 전제군주제 지향(대한국 국제에 민권에 대한 언급 없음)

ⓛ 광무개혁 : 구본신참의 복고주의적, 점진적 개혁 → 전제 황권 강화

군 사	원수부 설치, 군부 권한 축소, 친위대(서울)와 진위대(지방) 확대, 무관학교 설립, 징병제 실시 추진
경 제	궁내부에 내장원 설치(수익 사업 관할), 양전 사업과 지계 발급 사업 추진, 상공업 진흥 정책(근대 시설 마련, 공장·회사 설립)
사 회	• 전화 가설, 우편 제도 정비, 전차 부설 • 실업학교와 기술 교육기관 설립, 유학생 파견

ⓒ 의의와 한계

의 의	군사력 강화, 근대적 토지 소유 제도 확립, 상공업 진흥 등 근대화 지향
한 계	황제권 강화에 치중해 민권 보장 미흡, 재정 부족으로 외국 자본 도입

4. 일본의 침략 확대와 국권 수호 운동

(1) 일제의 국권 침탈

① 러일전쟁(1904~1905)

배 경	한반도를 둘러싼 러시아와 일본의 대립 격화, 대한제국의 국외 중립 선언
전 개	일본의 기습 공격 → 일본이 뤼순항 함락, 발트 함대 격파 → 일본 승리

② 일제의 국권 침탈 과정

한일의정서 (1904.2.)	• 러일전쟁 발발 직후 체결 • 일본이 군사 전략상의 요지를 임의로 사용할 수 있는 권리 확보
제1차 한일협약 (1904.8.)	재정 고문 메가타, 외교 고문 스티븐스 파견 → 일본의 내정간섭 본격화
제국주의 열강의 한국 지배 인정	• 가쓰라·태프트 밀약(1905.7.) : 일본의 한국 지배, 미국의 필리핀 지배를 서로 인정 • 제2차 영일동맹(1905.8.) : 영국이 한국에 대한 일본의 독점적 지배권 인정 • 포츠머스 조약(1905.9.) : 러시아가 한국에 대한 일본의 독점적 지배권 인정
을사늑약 (제2차 한일협약, 1905.11.)	• 대한제국의 외교권 박탈 • 통감부 설치 → 초대 통감 이토 히로부미 파견
고종 강제 퇴위 (1907.7.)	고종의 헤이그 특사 파견 → 일본이 고종을 강제로 퇴위, 순종 즉위
한일 신협약 (정미 7조약, 1907.7.)	• 통감의 내정(행정권) 장악, 일본인 차관 임명 • 부속 각서를 통한 대한제국 군대 해산
기유각서(1909)	사법권 및 감옥 관리권 박탈, 법부·군부 폐지
한일병합조약 (1910.8.)	경찰권 박탈(1910.6.) → 대한제국 국권 강탈 → 일본 식민지로 전락, 조선총독부 설치

(2) 항일 의병운동과 의열 투쟁

① 의병운동

을미의병(1895)	• 원인 : 을미사변(명성황후 시해 사건)과 단발령 강제 시행 • 주도 : 유인석 등 위정척사 사상을 가진 유생 • 활동 : 일본군과 거류민 공격, 친일 관리 처단 • 해산 : 아관파천 이후 단발령 철회와 고종의 해산 권고 조칙 발표로 자진 해산
을사의병(1905)	• 원인 : 을사늑약 체결, 러일전쟁 이후 일본의 침략 노골화 • 주도 : 최익현(양반), 민종식(전직 관리), 신돌석(평민 의병장) 등 • 활동 : 을사늑약의 폐기 및 친일 내각 타도(국권 회복)를 주장하며 무장 투쟁 전개
정미의병(1907)	• 원인 : 고종 황제의 강제 퇴위, 군대 해산 • 특징 : 해산 군인의 참여로 의병의 전투력·조직력 강화, 의병전쟁으로 발전해 전국으로 확산 • 활동 : 13도 창의군 결성(총대장 이인영), 서울진공작전 전개 • 호남 의병전쟁 : 서울진공작전 실패 후 13도 창의군이 해산되면서 전라도 지역을 중심으로 의병 활동 전개 → 남한 대토벌 작전으로 의병 활동 위축

② 의열 투쟁

나철, 오기호	5적 암살단 조직 → 을사 5적 처단 시도
이재명	명동 성당 앞에서 이완용 암살 시도(1909)
장인환, 전명운	미국 샌프란시스코에서 친일파 미국인 스티븐스 사살(1908)
안중근	만주 하얼빈에서 이토 히로부미 처단(1909)

(3) 애국 계몽 운동

① 애국 계몽 운동의 특징

주도 세력	을사늑약 전후에 개화 운동과 독립협회의 활동을 계승한 지식인
활동 목표	사회 진화론 기반 → 실력 양성을 통한 국권 수호

② 주요 애국 계몽 운동 단체

보안회(1904)	• 독립협회의 정신 계승 • 일제의 황무지 개간권 반대 운동 → 저지 성공
헌정연구회(1905)	• 민족의 정치의식 고취와 입헌군주제 수립 목표 • 일진회 규탄 → 일제의 탄압으로 해산
대한자강회(1906)	• 국권 회복을 위해 교육·산업 진흥 강조, 입헌군주제 수립 주장 • 고종의 강제 퇴위 반대 투쟁 전개 → 일제의 탄압으로 해산
대한협회(1907)	대한자강회 계승, 실력 양성을 통한 국권 회복과 입헌군주정 지향 → 일제의 탄압으로 활동 약화, 친일화
신민회(1907)	• 주도 : 안창호, 양기탁 등이 비밀 결사 형태로 조직 • 목표 : 국권 회복, 공화정체의 근대 국가 건설 • 활동 　– 민족 교육 실시 : 대성학교·오산학교 설립 　– 민족 산업 육성 : 태극서관·자기 회사 운영 　– 국외 독립운동 기지 건설 : 만주에 신흥강습소 설립 • 해산 : 일제가 날조한 105인 사건으로 와해(1911)

③ 교육·언론·출판 활동

교 육	서북학회, 기호흥학회 설립
언론·출판	황성신문(장지연의 시일야방성대곡), 대한매일신보(양기탁과 박은식이 국채보상운동 지원)

(4) 독도와 간도

① 독 도

연 원	• 고대 : 〈삼국사기〉 신라 영토로 기록 • 고려 : 〈고려사〉 독도 기록(우산국이 고려 왕실에 조공) • 조선 : 안용복이 독도가 조선의 영토임을 확인 • 대한제국 : 대한제국 칙령 제41호(1900) 선포[독도를 울도군(울릉도)의 행정구역으로 편입, 독도가 우리 영토임을 분명히 함]
강 탈	러일전쟁 중 일본의 시마네현 고시 → 불법적 영토 편입(1905)
반 환	1946년 '연합국 최고 사령관 각서' 등에서 독도를 일본 영토에서 제외

② 간 도

간도 귀속 분쟁	• 숙종 때 청과 조선의 국경 설정 → 백두산 정계비 설립(1712) • 19세기 후반 토문강 해석을 둘러싸고 간도 귀속 분쟁 발생
간도 관리사 파견(1902)	간도를 함경도의 행정 구역으로 편입 → 간도 관리사 이범윤 파견
간도 협약	을사늑약 이후 청일 간의 외교 문제화 → 간도 협약(1909)으로 인해 간도의 중국 영토화

5. 개항 이후 경제적 변화

(1) 열강의 경제 침탈

① 개항 이후 무역 상황

개항 초기	• 강화도 조약과 부속 조약으로 각종 특권이 일본 상인에게 부여 • 거류지 무역, 중계 무역, 약탈 무역으로 이득
임오군란 이후	• 임오군란 후 청나라 상인들이 대거 진출 → 일본 상인들과 치열한 경쟁 • 조청상민수륙무역장정(1882) : 청 상인의 내륙 시장 진출 허용 → 한성 진출 • 조일통상장정(1883) : 관세권 설정, 방곡령 선포 규정, 최혜국 대우 인정
청일 전쟁 이후	일본 상인 독점 → 조선의 중개 상인 몰락, 시전 상인의 타격, 조선의 무역 수지 악화

② 열강의 주요 이권 침탈

배 경	청일전쟁과 아관파천 이후 열강들이 최혜국 대우를 내세워 이권 침탈
내 용	• 미국, 프랑스, 일본 등이 철도 부설권 차지 • 미국, 독일, 영국 등이 광산 채굴권 차지 • 러시아 등이 삼림 채벌권 차지

③ 일본의 경제 침탈

금융 지배	• 일본의 차관 제공 독점 → 일본에 재정 예속 • 대한제국 황실 재정 축소해 정부 재정에 통합 • 화폐정리사업(일본인 재정 고문 메가타 주도, 엽전과 백동화를 일본 제일은행 화폐로 교환 → 한국 상인과 은행 타격)
토지 약탈	일본이 철도 부지와 군용지 확보를 구실로 토지 대량 약탈, 동양척식주식회사 설립(1908)

• 백동화 : 전환국에서 1892년부터 발행했던 화폐이다. 액면가는 2전 5푼이었는데 재료값이 액면가에 크게 못 미쳤기 때문에 인플레이션을 일으켰다. 이후 화폐정리사업으로 통용이 중지됐다.
• 동양척식주식회사 : 1908년 한일 합작 회사로 설립됐다. 한국 정부에서 인수받거나 매입한 막대한 토지를 기반으로 일본인의 이민을 추진하는 등 한국 토지 침탈에 앞장섰다.

(2) 경제적 구국 운동

① 상권 수호 운동

회사 설립	대동상회(평양), 장통회사(서울) 등 상회사 설립
은행 및 기업 육성	• 조선은행(관료 자본 중심), 한성은행, 대한천일은행 등 설립 • 해운 회사 및 철도 회사 설립
상 인	• 개성 상인 : 수출입 유통업 확대 • 경강 상인 : 증기선 구입 • 시전 상인 : 황국중앙총상회 설립(1898)

- 황국중앙총상회 : 1898년 서울에서 창립된 시전 상인의 단체이다. 외국 상인의 침투에 대항해 민족적 권익을 지키면서 그 속에서 시전 상인의 독점적 이익을 수호·유지하고자 했다.

② 이권 수호 운동

배 경	아관파천 이후 열강의 이권 침탈 심화
내 용	• 독립협회 : 러시아의 절영도 조차 요구 저지, 한러은행 폐쇄, 프랑스와 독일의 광산 채굴권 요구 반대 • 보안회 : 일부 실업인과 관리들이 농광 회사 설립(우리 손으로 황무지 개간 주장), 황무지 개간권 요구 반대 운동(1904) → 일제가 황무지 개간권 요구 철회

③ 방곡령

배 경	개항 이후 곡물이 대량으로 일본에 유출 → 국내 곡물 부족, 곡물 가격 폭등
내 용	조선이 함경도와 황해도에서 방곡령 실시(1889, 1890) → 통보가 늦었다는 이유로 일본이 항의하며 배상 요구 → 방곡령 철수와 배상금 지급

④ 국채보상운동(1907)

배 경	대한제국을 경제적으로 예속시키기 위한 일제의 차관 강요
전 개	대구에서 서상돈 주도로 국채보상운동 전개 → 국채보상기성회 설립(서울) → 대한매일신보 등 언론기관의 대국민 홍보 → 각계각층의 호응과 동참
결 과	일제의 탄압(주요 인사들을 횡령죄로 재판)과 고위 관료·부유층 불참으로 실패

6. 개항 이후 사회·문화적 변화

(1) 근대 문물 수용과 사회·문화의 변화

① 근대 문물 도입

통 신	• 전신 : 부산–나가사키 해저 전신(1884, 일본), 인천–서울–의주 육로 전신(1885, 청)
	• 우편 : 우정총국 설립(1884) → 갑신정변으로 중단 → 갑오개혁 때 재개(1895)
	• 전화 : 경운궁에 처음 설치 → 시내로 확대
전 기	경복궁에 최초로 전등 설치(1887), 한성전기회사 설립(1898)
교 통	• 전차 : 서대문~청량리 노선(1899, 한성전기회사)
	• 철도 : 경인선(1899), 경부선(1905), 경의선(1906)
의 료	• 광혜원(1885) : 최초의 서양식 병원, 이후 제중원으로 개칭
	• 광제원(1900) : 국립 병원
	• 지석영의 종두법 보급

② 생활 모습의 변화

의	단발 실시, 양복·양장 착용, 개량 한복 등장
식	• 서양식 요리, 커피 전래(궁중)
	• 중국, 일본 요리
주	서양식·일본식 건축 양식 도입(러시아 공사관, 명동성당, 덕수궁 정관헌, 덕수궁 석조전 등)

③ 문예·종교의 변화

㉠ 문예의 변화

문 학	역사·전기 소설(박은식의 〈서사건국지〉), 신체시(최남선의 〈해에게서 소년에게〉), 신소설(이인직의 〈혈의 누〉, 이해조의 〈자유종〉, 안국선의 〈금수회의록〉)
음 악	창가(서양식 곡과 우리말 가사) 유행, 서양식 군악대 설치, 창의가·용병가 등장, 창극 유행
미 술	서양 화풍 도입 → 유화 등장
연 극	원각사 설립(현대식 극장) → 〈은세계〉 공연

㉡ 종교계의 변화

유 교	박은식의 〈유교구신론〉 → 유교의 개혁과 유림계의 단결 주장
불 교	한용운의 〈조선불교유신론〉 → 불교 개혁과 불교 대중화를 위해 노력
동 학	손병희가 동학을 천도교로 개칭, 청년·여성·소년 운동 전개, 〈만세보〉 발행
대종교	나철·오기호 등이 창시, 단군신앙 체계화, 적극적인 항일 무장 투쟁 전개
천주교	애국 계몽 운동 참여, 고아원·양로원 설립, 교육기관 설립
개신교	병원 설립, 배재학당·이화학당 등 학교 설립

(2) 근대 의식의 확대

① 근대 교육 확산

개항 초기	• 원산학사(1883) : 함경남도 덕원, 최초의 근대적 사립학교 • 동문학(1883) : 정부가 설립한 외국어 교육기관, 통역관 양성 • 육영공원(1886) : 근대적 관립학교 • 개신교 선교사들이 배재학당(1885), 이화학당(1886) 등 근대 학교 설립
갑오개혁기	교육입국조서 반포(1895) → 한성사범학교, 소학교 등 관립학교 수립
을사늑약 전후	개신교 선교사들과 애국 계몽 단체들이 대성학교, 오산학교 등 사립학교 설립 → 민족 교육 실시

• 교육입국조서 : 1895년에 고종이 발표한 것으로 '국가의 부강은 국민의 교육에 있다'는 내용이다. 이를 실천하기 위해 한성사범학교와 소학교 등이 설립됐다.

② 근대 언론의 발달

한성순보 (1883)	순한문, 박문국에서 10일에 한 번 발간, 최초의 근대 신문, 관보 성격, 정부 정책 홍보
한성주보 (1886)	국한문 혼용, 〈한성순보〉 계승(7일에 한 번 발간), 최초로 상업 광고 게재
독립신문 (1896)	순한글, 영문판 발행, 서재필 등이 창간, 우리나라 최초의 민간 신문, 민권 의식 향상에 기여
제국신문 (1898)	순한글, 서민층과 부녀자 대상, 민중 계몽
황성신문 (1898)	국한문 혼용, 유림층 대상
대한매일신보 (1904)	순한글·국한문·영문판 발행, 양기탁과 영국인 베델이 창간, 항일 논조(국채보상운동 지원)

③ 국학 연구

국 어	• 배경 : 갑오개혁 이후 국문 사용이 늘면서 문자 체계와 철자법에 대한 통일 필요성 제기 • 활동 : 국문연구소 설립(1907), 유길준·주시경·지석영 등이 국어 문법 연구
국 사	• 정부에서 〈조선 역사〉 등 교과서 편찬 • 위인전기(박은식의 〈동명왕실기〉, 신채호의 〈을지문덕전〉 등), 민족주의 역사학의 연구 방향 제시한 신채호의 〈독사신론〉

1. 일제 식민지 지배 정책

(1) 제1차 세계대전과 전후의 세계

① 제1차 세계대전(1914~1918)

배 경	제국주의 열강의 식민지 쟁탈전 고조 → 3국 동맹(독일, 오스트리아-헝가리 제국, 이탈리아)과 3국 협상(영국, 프랑스, 러시아)의 대립, 범게르만주의(독일 중심)와 범슬라브주의(러시아 중심)의 대립
전 개	사라예보 사건 → 3국 동맹과 3국 협상 측의 전쟁 가담 → 전쟁 장기화 → 미국 참전으로 협상국 우세 → 러시아 혁명 발생으로 러시아의 전선 이탈 → 독일 항복 → 협상국 승리

② 전후 처리와 베르사유 체제

베르사유 체제	전후 처리 문제를 논의하기 위해 파리강화회의 개최(미국 대통령 윌슨의 14개조 평화 원칙) → 베르사유 조약 체결, 국제연맹 창설(1920)
워싱턴 체제	전후 일본의 성장(중국에 21개조 요구) → 일본 견제를 위해 미국 주도로 워싱턴 회의 개최(1921) → 아시아·태평양 지역에서 미국의 주도적 역할 확립, 일본이 산둥반도를 중국에 반환, 군비 축소

③ 러시아 혁명과 사회주의 국가의 수립

러시아 혁명 (1917)	제1차 세계대전 이후 경제난 지속 → 3월 혁명(노동자와 군인들의 혁명으로 제정 붕괴, 임시정부 수립 → 임시정부의 개혁 미진, 전쟁 지속 → 11월 혁명(레닌 등 사회주의자들이 혁명 정부 수립)
소련 수립 (1922)	독일과 강화 조약 체결(1918), 사회 개혁 추진 → 반 혁명 세력이 내전에서 승리 → 소비에트 사회주의 연방 공화국(소련) 수립

(2) 1910년대 일제의 식민 통치

① 무단 통치

   ㉠ 식민지 통치 제도 정비

- 조선총독부 설치 : 일제 식민 통치의 중추 기관(행정·입법·사법·군통수권 장악)
- 중추원 설치 : 총독부 자문기관

   ㉡ 헌병 경찰을 통한 무단 통치

- 헌병 경찰 제도 시행 : 헌병이 경찰 업무와 일반 행정 업무 관여
- 범죄즉결례(1910) 제정 : 헌병 경찰에게 즉결 처분권 부여
- 조선태형령(1912) 제정 : 한국인에게만 태형 적용
- 일반 관리와 학교 교원에게까지 제복을 입고 칼을 차게 함

   ㉢ 한국인의 기본권 제한과 식민지 교육

- 기본권 박탈 : 출판·언론·자유 박탈, 한글 신문 폐간
- 교육 정책 : 제1차 조선교육령 제정(보통 교육과 실업 교육 위주의 편성, 일본어 교육 강화), 사립학교와 서당 탄압

② 1910년대 경제 수탈 정책

　　㉠ 토지조사사업(1910~1918)

목 적	지세 수입을 늘려 한국을 일본의 식량과 원료 공급지화 → 토지 수탈 계획
내 용	• 시행 : 임시토지조사국 설치(1910), 토지조사령 공포(1912) • 방식 : 정해진 기간 안에 직접 신고한 토지만 소유권을 인정하는 신고주의
결 과	• 조선총독부의 지세 수입 증가 → 식민지 통치에 필요한 재정 확보 • 일본인의 토지 소유 증가 : 미신고 토지, 국유지·공유지를 조선총독부 소유로 편입해 동양척 　식주식회사나 일본인 지주에게 매매 → 일본인 대지주 증가 • 농민 몰락 : 지주의 소유권만 인정하고 소작농의 관습적 경작권 부정 → 농민들이 소작농·화 　전민으로 전락, 만주·연해주로 이주

　　㉡ 일제의 산업 통제

회사령(1910)	기업을 설립할 때 총독의 허가를 받은 후 회사 설립 → 한국인의 기업 활동 억제
산업 침탈	어업령·삼림령·조선 광업령 공포, 인삼 등의 전매 사업 실시, 조선식산은행 설립
기간 시설 구축	철도·도로 건설 및 정비, 항만 시설 확충 → 식량·자원 일본 반출 목적

(3) 1920년대 일제의 식민 통치

① 민족 분열 통치(문화 통치)

　　㉠ 배경 : 3·1 운동 이후 무단 통치의 한계 인식 → 사이토 마코토가 총독으로 부임, '문화 통치'
　　　　표방

　　㉡ 목적 : 친일파 양성을 통해 민족 분열 도모

　　㉢ 내 용

구 분	표면적 내용	실제 운영
총 독	문관 총독 임명 가능	문관 총독 임명되지 않음
경찰 제도	헌병 경찰제를 보통 경찰제로 전환, 태형 제도 폐지, 관리·교원의 제복 착용 폐지	경찰서와 경찰관 수 증가, 치안유지법 제정 (1925)
언론 정책	언론·출판·집회·결사의 자유 허용	신문 검열 강화(기사 삭제, 신문 압수·정간·폐간 등)
교육 정책	교육 기회 확대 표방 → 제2차 조선교육령(보통학교 교육 연한 6년으로 증가, 학교 수 증설)	학교 수 부족, 운영비 부담 증가로 한국인의 취학률 저조
지방 제도	지방자치제 실시 표방 → 도 평의회, 부·면 협의회 구성	평의회와 협의회는 자문기관으로 의결권이 없는 자문 기구에 불과

• 치안유지법(1925) : 일제가 국가 체제나 사유재산제도를 부정하는 사회주의 사상을 탄압할 목적으로 1925년에 제정한 법률이다. 이 법은 사회주의자는 물론 민족주의 계열의 독립운동가들을 탄압하는 데 이용됐다.

② 1920년대 경제 수탈 정책

　　㉠ 산미증식계획(1920~1934)

배 경	일본의 공업화로 도시 인구 증가 → 쌀 부족 현상 → 한국에서 쌀을 확보하려 함
내 용	품종 개량, 비료 사용 확대, 수리시설 확충, 농토 개간 사업(밭을 논으로 변경) → 쌀 증산 시도
결 과	• 증산량보다 많은 양을 반출 • 수리 조합비 및 소작료 증가로 농민 몰락, 식량 사정 악화, 농업 구조 변화

　　㉡ 일제 자본의 산업 침투

회사령 폐지 (1920)	회사 설립을 허가제에서 신고제로 변경 → 일본 대기업의 한국 진출 증가(미쓰비시 등)
관세 철폐 (1923)	한일 간 관세 폐지 → 일본 상품의 한국 수출 급증 → 한국 기업 타격
금융 장악	신은행령 발표(1928), 한국인 소유 은행 합병

2. 3·1 운동과 대한민국 임시정부

(1) 1910년대 국내외 독립운동

① 국내 항일 비밀 결사

독립의군부 (1912)	의병장 임병찬이 비밀리에 조직, 복벽주의 표방, 일본에 국권 반환 요구하는 서신 발송 시도
대한광복회 (1915)	박상진(총사령)·김좌진(부사령) 등이 군대식 조직으로 결성, 공화정체의 근대 국가 수립 목표, 군자금 마련·친일파 처단 등의 활동

② 국외 독립운동

만 주	• 서간도(남만주) : 신민회 중심 → 삼원보에서 경학사 조직, 신흥강습소 설립(이후 신흥무관학교로 개편 - 독립군 양성) • 북간도(동만주) : 한인 집단촌 형성(용정촌, 명동촌 등), 서전서숙·명동학교 설립(민족 교육 실시), 중광단 결성(대종교가 결성했고 이후 북로군정서로 개편)
연해주	한인 집단촌인 신한촌 건설(1911), 권업회(자치 단체로서 권업신문 발간, 1911) 결성 → 이후 대한광복군 정부 조직, 전로한족회 중앙 총회, 대한국민의회 수립(1919)
상하이	동제사 조직(1912), 대동단결 선언 발표(박은식·신규식 등, 1917), 신한청년당(파리강화회의에 김규식을 대표로 파견, 1918)
미 주	대한인국민회(장인환·전명운의 의거를 계기로 결성, 독립운동 자금 모금), 대조선국민군단(하와이, 군단장에 박용만), 숭무학교(멕시코)

(2) 3·1 운동의 전개와 영향

① 3·1 운동의 배경

국 내	• 일본의 무단 통치와 수탈에 대한 반발 • 고종의 급사(독살설)
국 외	• 미국 대통령 윌슨이 민족자결주의 제시 • 레닌이 식민지와 반식민지의 민족 해방 운동 지원 선언

- 월슨의 민족자결주의 : 다른 민족이나 국가의 간섭을 받지 않고 자민족의 정치적 운명을 스스로 결정하는 권리를 실현하고자 하는 사상이다.

② 3·1 운동의 전개 과정

독립 선언 준비	33인의 민족 대표 구성(대중적 비폭력 운동 전개 방침 수립) → 기미독립선언서 작성
독립선언서 발표	민족 대표 33인이 태화관에서 독립선언서 낭독 후 자진 체포 → 탑골공원에서 학생·시민들이 독립선언서 낭독 후 서울 시내에서 평화적 만세 시위 전개
시위 확산	철도를 따라 전국 주요 도시로 확산(청년·학생 중심, 상인·노동자 동참) → 농촌으로 확대(농민 참여, 일제의 탄압에 대항해 무력 투쟁 전개) → 국외 확산(만주, 연해주, 미주, 일본 등)
일제의 탄압	유관순 순국, 헌병 경찰과 군대를 동원한 일본이 학살 자행(제암리 학살 사건)

- 제암리 학살 사건(1919.4.) : 화성 제암리에 파견된 일본군이 30여 명의 제암리 기독교도들을 교회에 모아 놓고 문을 잠근 뒤, 무차별 사살하고 불을 질러 증거를 인멸하려고 한 비인간적 학살 사건이다.

③ 3·1 운동의 의의와 영향
  ㉠ 우리 역사상 최대 규모의 민족 운동 : 모든 계층이 참여
  ㉡ 대한민국 임시정부 수립의 계기 : 독립운동을 조직적·체계적으로 전개할 지도부의 필요성 대두
  ㉢ 일제의 통치 방식 변화 : 기존의 무단 통치에서 문화 통치로 전환
  ㉣ 아시아의 반제국주의 민족 운동에 영향 : 중국의 5·4 운동과 인도의 독립운동에 영향

(3) 대한민국 임시정부 수립과 활동
① 대한민국 임시정부의 수립과 통합
  ㉠ 여러 지역의 임시정부 수립

대한국민의회	연해주, 전로한족회 중앙 총회를 정부 형태로 개편
한성정부	국내에서 13도 대표가 모여 수립
상하이 임시정부	신한청년당을 중심으로 임시 의정원을 만들어 구성, 대한민국 임시 헌장 선포

  ㉡ 임시정부의 통합
    - 수립 : 외교 활동에 유리한 상하이에 대한민국 임시정부 수립(1919.9.), 대한민국 임시 헌법 공포
    - 체제 : 우리나라 최초로 3권 분립에 입각한 민주 공화정체의 정부(임시 대통령 이승만, 국무총리 이동휘)

② 대한민국 임시정부의 활동

비밀 조직 운영	연통제(비밀 행정 조직), 교통국(통신기관) 조직 → 독립운동 자금 확보, 정보 수집
자금 모금	독립공채 발행, 국민 의연금 모금
외교 활동	• 김규식을 전권대사로 임명, 파리강화회의에 대표로 파견 → 독립 청원서 제출 • 미국에 구미위원부 설치(1919) : 한국의 독립 문제를 국제 여론화하려 노력
무장 투쟁	군무부를 설치하고 직할 부대로 광복군 사령부, 광복군 총영, 육군 주만 참의부 편성
문화 활동	기관지로 〈독립신문〉 간행, 외교 선전 책자 발행, 임시사료 편찬 위원회에서 〈한일 관계 사료집〉 간행

③ 국민대표회의와 대한민국 임시정부의 변화

국민대표회의 (1923)	• 배경 : 일제의 탄압으로 임시정부의 연통제·교통국 마비, 외교 활동 성과 미약, 이승만의 위임 통치 청원서 제출 → 독립운동의 노선을 둘러싼 논쟁 발생(외교 독립론, 무장 투쟁론, 실력 양성론 등) • 전개 : 독립운동의 새로운 활로를 모색할 목적으로 개최 → 창조파(임시정부 해산 후 새 정부 수립 주장)와 개조파(임시정부 유지)로 대립 → 결렬 • 결과 : 많은 독립운동가들이 임시정부에서 이탈 → 임시정부의 세력 약화
대한민국 임시정부의 변화	이승만 탄핵, 제2대 대통령 박은식 선출 → 국무령 중심 내각책임제로 개편(1925) → 국무위원 중심 집단 지도 체제로 개편(1927) → 일제의 상하이 점령 및 중국 침략으로 충칭으로 이동(1940)

3. 다양한 민족 운동의 전개

(1) 무장 투쟁과 의열 투쟁

① 1920년대 무장 독립 투쟁

봉오동 전투 (1920.6.)	• 독립군이 압록강·두만강 유역의 일본 경찰·식민통치 기관 습격 → 일제의 독립군 공격 • 대한독립군(홍범도)을 중심으로 국민회군(안무), 군무도독부군(최진동) 등의 연합 부대 형성 → 봉오동에서 대승
청산리 대첩 (1920.10.)	• 봉오동 전투에서 패한 일본군의 독립군 소탕 계획 → 훈춘 사건을 조작해 일본군이 만주 진입 • 북로군정서(김좌진)와 대한독립군(홍범도)의 연합 부대가 청산리 백운평·어랑촌 등에서 일본군 에게 반격 → 대승

② 독립군의 시련

간도 참변(1920)	청산리 대첩 이후 일본군이 독립군 소탕이라는 명분하에 간도 지역 한인 학살
자유시 참변(1921)	북만주 밀산으로 독립군 집결, 대한독립군단 결성 → 러시아 자유시로 이동 → 지원을 약속했던 소련이 독립군의 무장 해제 요구 → 밀산에서 자유시로 이동한 수백 명의 독립군 희생

③ 독립군 부대 재정비

3부 성립	• 배경 : 간도 참변, 자유시 참변 • 참의부(지안 지역), 정의부(남만주), 신민부(간도, 북만주) 조직
3부 통합	• 배경 : 미쓰야 협정 체결로 독립군 활동 위축, 민족 유일당 운동 확산 → 독립군 단체 통합의 필요성 대두 • 혁신의회(북만주)와 국민부(남만주)로 재편

④ 의열단

결 성	3·1 운동 이후 강력한 무장 조직의 필요성 인식 → 김원봉을 중심으로 만주 지린성에서 결성
활 동	• 신채호가 작성한 '조선혁명선언'을 의열단의 행동 강령으로 채택 • 의거 : 박재혁(부산경찰서 투탄, 1920), 김익상(조선총독부 투탄, 1921), 김상옥(종로경찰서 투탄, 1923), 김지섭(일본 황궁 투탄, 1924), 나석주(동양척식주식회사와 식산은행 투탄, 1926)
변 화	• 개별 의거의 한계 인식으로 조직적인 무장 투쟁의 필요성 자각 • 김원봉을 비롯한 단원들이 황푸군관학교에 입교 → 난징에 조선혁명간부학교 설립(1932) • 민족혁명당 결성(1935)

(2) 실력 양성 운동

① 물산장려운동

배 경	일본 기업의 한국 진출 활발, 일본 상품의 관세 철폐(1923) → 일본 상품 대량 유입으로 한국 기업 위기 → 한국인 자본을 보호·육성해 민족의 경제적 실력을 양상하고자 함
전 개	• 평양에서 조만식을 중심으로 평양물산장려회 설립(1920) → 서울과 전국으로 확산 • '내 살림 내 것으로', '조선 사람 조선 것' 등의 구호 제시 • 민족 산업 보호·육성을 위한 토산품 애용, 근검저축, 금주·금연 등 실천
결 과	일부 기업가에 의해 토산품 가격 상승 → 일제의 탄압과 방해로 큰 성과 거두지 못함

② 민립대학 설립 운동

배 경	3·1 운동 이후 교육열 고조, 일제의 교육령 개정 → 대학 설립을 통해 고등 교육을 실현하기 위해 교육 분야의 실력 양성 추진
전 개	이상재 등이 주도, 조선민립대학기성회 결성(1923) → 전국적인 천만원 모금 운동('한민족 1천만이 한 사람이 1원씩'의 구호)
결 과	• 일제의 탄압과 방해, 가뭄과 수해로 모금 운동 부진 • 일제의 회유책 : 경성제국대학 설립(1924)

③ 문맹 퇴치 운동

문자 보급 운동	조선일보 주도, '아는 것이 힘, 배워야 산다' 구호
브나로드 운동	동아일보 주도, '배우자, 가르치자, 다함께 브나로드' 구호

④ 실력 양성 운동의 한계와 자치론 대두

한 계	일본이 허용하는 범위 안에서만 전개, '선 실력 양성, 후 독립' 강조 → 큰 성과 거두지 못함
타협적 자치론 대두	일부 민족주의 계열(이광수, 김성수, 최린 등) : 일제의 식민 통치 인정, 자치권을 확보해 민족의 실력 양성을 주장(자치 운동, 참정권 운동 전개)
결 과	민족주의 세력의 분열 초래(일제의 민족 분열 정책에 이용 당함)

(3) 민족 유일당 운동

① 사회주의 사상 확산과 탄압

확 산	3·1 운동을 계기로 국내 유입, 청년·지식인층 중심으로 확산 → 조선공산당 결성(1925)
탄 압	일제가 치안유지법 제정(1925) → 사회주의 세력 탄압

② 민족 유일당 운동의 전개(민족 협동 전선)

국 외	• 제1차 국공합작 성립(1924) • 한국독립유일당 북경촉성회를 결성(베이징), 만주에서 3부 통합 운동 전개
국 내	• 조선민흥회(1926) : 비타협적 민족주의 계열이 사회주의 세력과 연합 모색 • 정우회 선언(1926) : 사회주의 세력이 민족주의 세력과의 제휴 필요성 강조

③ 신간회

창 립	• 비타협적 민족주의 세력과 사회주의 계열이 연대해 창립(1927) • 회장 이상재, 부회장 홍명희 선출
활 동	• 민족 단결, 정치적·경제적 각성 촉구, 기회주의자 배격 • 민중 계몽 활동으로 순회 강연, 야학 등 전개 • 농민·노동·여성·형평 운동 등 지원 • 광주학생항일운동 지원(조사단 파견, 대규모 민중 대회 계획)
해 소	민중 대회 사건으로 간부 대거 구속 → 타협적 민족주의와의 협력으로 갈등 발생, 코민테른 노선 변화 → 해소론 대두 → 해소(1931)
의 의	• 민족주의 계열과 사회주의 계열의 민족 연합 • 일제강점기 최대의 합법적인 반일 사회단체

4. 사회·문화의 변화와 사회 운동

(1) 사회 구조와 생활 모습의 변화

① 식민지 도시화

교통 발달	항만·전차 노선 확충, 철도망 완성(물자 수탈에 이용)
식민지 도시화	• 도시 발달 : 교통 발달 지역으로 확대(1920년대) → 공업 도시 성장(1930년대 이후) • 특징 : 일본인과 한국인 거주 지역 구분, 일본인 거주 지역 중심으로 도시 발전, 도시 변두리에 빈민촌 형성(토막민 거주)

② 농민 몰락

일제의 농업 정책	• 1910년대 : 토지조사사업 → 일본인 지주의 대토지 소유 확대 • 1920년대 : 산미증식계획 → 한반도가 일본의 식량 공급지화 • 1930년대 : 농촌진흥운동(1932), 조선농지령(1934)을 통해 일제가 농촌 경제 안정화 시도 → 해결 실패
농민의 삶	지주의 횡포, 높은 소작료로 농민 몰락(화전민, 도시 빈민으로 전락) → 농민 운동 확산

③ 생활양식의 변화

의	• 서양식 복장 보편화(고무신, 운동화, 구두, 양복 등), 단발머리 유행 → 모던 걸, 모던 보이 유행 • 중일전쟁 이후에는 일제가 국민복, 몸뻬 착용 강요
식	커피·빵·아이스크림·맥주 등 서양 및 일본 음식 유행, 일반 서민 및 농민은 식량 부족
주	대도시에 근대적 고층 건물 건립, 개량 한옥과 문화 주택 보급, 농촌과 도시 서민은 여전히 초가집이나 구식 기와집 거주

(2) 근대 사상의 확산과 다양한 사회 운동

① 근대 사상 확산 : 3 · 1 운동 전후로 자유주의, 공화주의, 사회주의, 개조론, 아나키즘(무정부주의) 등의 근대 사상이 국내에 유입

② 농민 운동과 노동 운동

농민 운동	배 경	토지조사사업, 산미증식계획 → 농민 몰락
	전 개	• 1920년대 : 소작료 인하와 소작권 인정 등을 요구하는 소작 쟁의 전개, 암태도 소작 쟁의(1923) • 1930년대 : 혁명적 농민 조합 중심, 항일 운동 · 계급 투쟁 성격
노동 운동	배 경	회사령 철폐 → 노동자 수 증가, 저임금, 열악한 노동 환경
	전 개	• 1920년대 : 임금 인상, 열악한 노동 조건 개선 요구 → 원산 노동자 총파업(1929) • 1930년대 : 비합법적 · 혁명적 노동조합 건설

③ 학생 운동

6 · 10 만세운동 (1926)	• 순종의 장례식을 기해 일제의 수탈과 식민지 교육에 대한 반발로 발생한 항일 운동 • 조선공산당, 천도교 세력, 학생 단체가 만세 시위 계획 → 사전에 발각돼 학생들 주도로 전개, 민족 유일당 운동의 공감대 형성(신간회 결성의 계기)
광주학생항일운동 (1929)	• 배경 : 민족 차별, 식민지 교육 • 전개 : 한일 학생 충돌 → 일본의 편파적 처벌 → 광주 지역 학생 총궐기 → 신간회 등의 지원으로 전국적인 규모의 항일 운동으로 확산 • 의의 : 전국적 규모, 3 · 1 운동 이후 최대 규모의 민족 운동

④ 기타 사회 운동

여성 운동	• 배경 : 여성에 대한 봉건적 차별 • 근우회(1927) : 신간회의 자매단체, 여성 단결과 지위 향상 노력, 기관지 〈근우〉 발행, 노동 · 농민 운동에 참여
소년 운동	방정환이 소년 운동 전개 → 어린이날 제정(1923, 조선소년운동협회), 잡지 〈어린이〉 발간
청년 운동	조선청년총동맹 결성(1924) → 식민 교육 반대 활동, 계몽 운동 등 전개
형평 운동	• 배경 : 갑오개혁 때 신분제 철폐 이후에도 백정에 대한 사회적 차별 • 조선형평사 결성(1923) : 신분 차별과 멸시 타파를 목표로 진주에서 창립 → 다른 사회 운동 단체와 연합해 항일 민족 운동 전개

(3) 민족 문화 수호 운동과 문예 활동

① 한글 연구

배 경	일제의 일본어 보급 → 학교에서 일본어 교육 비중 증가
활 동	• 조선어연구회(1921) : 이윤재, 최현배 등, 잡지 〈한글〉 간행, 가갸날(한글날) 제정 • 조선어학회(1931) : 조선어연구회 확대 개편, 한글맞춤법통일안 · 표준어 제정, 〈우리말큰사전〉의 편찬 준비 → 조선어학회사건으로 강제 해산(1942)

• 조선어학회사건 : 1942년에 총독부가 조선어학회를 독립운동 단체로 규정하고 회원 상당수를 구속한 사건이다. 이로 인해 조선어학회는 해산됐다.

② 한국사 연구

배 경	일제의 식민 사관 → 타율성론(외세의 영향을 받음), 정체성론(발전 없이 정체됨), 당파성론(당파를 만들어 싸움) 등 한국사 왜곡, 조선사편수회에서 〈조선사〉를 편찬해 식민사관 전파 시도
민족주의 사학	• 박은식 : 〈한국통사〉, 〈한국독립운동지혈사〉 저술, 민족의 '혼' 강조 • 신채호 : 고대사 연구에 치중해 〈조선상고사〉, 〈조선사연구초〉 저술
사회경제 사학	• 사회주의의 영향으로 유물 사관을 토대로 한국사 정리 • 백남운 : 〈조선사회경제사〉, 〈조선봉건사회경제사〉 → 식민주의 사관의 정체성 반박
실증 사학	• 객관적 사실에 근거한 문헌 고증 • 이병도·손진태 : 진단학회 조직(1934), 〈진단학보〉 발간

③ 종교계 활동

불 교	한용운 등이 사찰령 폐지 운동 전개, 조선 불교 유신회 조직
천도교	〈개벽〉, 〈신여성〉 등 잡지 간행, 대중 운동 전개
대종교	만주에서 중광단 조직, 항일 무장 투쟁 전개
천주교	사회 사업 확대(고아원·양로원 설립 등), 만주에서 의민단 조직 → 항일 무장 투쟁 전개
개신교	신사 참배 거부 운동, 교육·의료 활동 전개
원불교	박중빈 창시, 불교의 생활화·대중화 추구, 새생활 운동 전개

④ 문예 활동

문 학	• 1910년대 : 계몽적 문학 유행(이광수, 최남선 등) • 1920년대 : 동인지 발간, 신경향파 문학(사회주의 영향), 저항 문학(한용운, 이상화) • 1930년대 이후 : 순수 문학 등장(식민지 현실 외면), 친일 문학, 저항 문학 지속(심훈, 윤동주, 이육사 등)
예 술	• 연극 : 토월회(1923) → 본격적 신극 운동 전개 • 영화 : 나운규의 〈아리랑〉(1926) → 민족의 저항 의식과 한국적 정서 부각 • 음악 : 민족 정서가 드러난 가곡·동요, 안익태의 〈애국가〉 작곡(1936) • 미술 : 한국 전통 회화 계승, 서양화 기법 도입(나혜석, 이중섭 등) • 대중문화 : 대중가요 유행, 대중 잡지 발간

5. 전시 동원 체제와 민중의 삶

(1) 대공황과 제2차 세계대전

① 대공황 발생

배 경	제1차 세계대전 이후 미국의 경제 호황 → 생산·소비의 불균형 심화
전 개	뉴욕증권거래소 주가 폭락(1929), 기업과 은행 도산, 대량 실업 사태 발생 → 전 세계로 공황 확산
각국의 대응	미국(뉴딜 정책), 영국·프랑스(블록 경제), 이탈리아·독일·일본(전체주의 추구, 대외 침략)

② 제2차 세계대전

배 경	전체주의 국가 독일·이탈리아·일본의 3국 방공 협정(추축국), 독·소 불가침조약 체결
전 개	독일의 폴란드 침공 → 영국·프랑스의 선전 포고 → 독일·이탈리아의 유럽 장악 및 소련 공격 → 일본의 진주만 기습(태평양 전쟁, 1941)으로 미국 참전 → 노르망디 상륙 작전 → 이탈리아의 항복(1943) → 미국의 원자 폭탄 투하, 소련 참전 → 독일·일본 항복(1945)
결 과	유럽 열강 쇠퇴, 미·소 중심의 국제 질서, 식민지 국가 독립, 국제연합 창설

(2) 일제의 침략 전쟁과 전시 동원 체제

① 일제의 침략 전쟁

시 작	대공황에 따른 일본의 경제 위기 → 대륙 침략(만주사변, 1931) → 군부 쿠데타(전체주의 심화)
확 대	경제난 지속 → 중국 본토 침략(중일전쟁, 1937) → 동남아시아 침략 → 미국·영국의 경제 봉쇄 → 진주만 기습(1941), 태평양 전쟁 발발

② 병참 기지화 정책

식민지 공업화 정책	• 목적 : 대공황 극복과 전쟁에 필요한 군수 물자 공급 • 만주를 농업·원료 생산지대로, 한반도를 중화학 공업 지대로 설정 → 한반도 북부 지방에 발전소 건설, 중화학 공업 육성 → 산업 간·지역 간 불균형 초래
남면북양 정책	• 목적 : 일본 방직업자에게 싼값에 원료 공급 • 일본에 필요한 공업 제품의 원료 생산을 위해 남부 지방에 면화 재배, 북부 지방에 양 사육 강요

③ 전시 동원 체제(국가총동원법 제정, 1938)

인력 수탈	• 병력 동원 : 지원병제(1938), 학도 지원병제(1943), 징병제(1944) • 노동력 동원 : 국민징용령(1939), 근로보국대 조직 → 광산·철도 건설, 군수 공장 등에 학생과 청년들 강제 동원 • 여성 동원 : 여자 정신 근로령(1944), 여성들에게 일본군 '위안부' 강요
물적 수탈	전쟁 물자 공출, 금속 및 미곡 공출제·양곡 배급제 실시, 위문 금품 모금, 국방 헌금 강요, 산미증식 계획 재개(1938)

④ 황국신민화 정책(민족 말살 통치)

내선일체 강요	황국신민서사 암송, 궁성 요배, 신사 참배, 창씨개명 강요
교육·언론 통제	소학교 명칭을 국민학교로 변경, 우리말 사용 및 교육 금지, 한글 신문·잡지 폐간
사상 탄압	조선사상범 예방구금령(1941) : 독립운동가들을 재판없이 구금

6. 광복을 위한 노력

(1) 1930년대 이후 독립운동

① 만주 지역의 항일 투쟁

조선혁명군	조선혁명당 산하 군사 조직, 총사령관 양세봉, 중국 의용군과 연합 작전, 영릉가·흥경성 전투에서 승리
한국독립군	한국독립당 산하 군사 조직, 총사령관 지청천, 북만주 일대에서 중국 호로군과 연합 작전 전개, 쌍성보·사도하자·대전자령 전투 등에서 승리

② 항일 유격 투쟁

동북인민혁명군	중국 공산당이 만주 주변의 항일 유격대를 통합해 조직(1933) → 동북항일연군으로 개편
동북항일연군	동북인민혁명군 확대·개편(1936), 동북항일연군 내 한인 간부 중심으로 조국광복회 결성(사회주의·민족주의 세력 통합, 1936) → 보천보 전투(1937) → 일본의 탄압으로 러시아 연해주로 이동

(2) 중국 관내 항일 투쟁

① 한인애국단의 활동

배 경	위축된 대한민국 임시정부의 활로를 모색하기 위해 김구가 상하이에서 조직(1931)
활 동	• 이봉창 : 도쿄에서 일본 국왕 폭살 시도(실패, 1932), 중국 신문에 보도 → 일제가 상하이 침략(상하이 사변) • 윤봉길 : 상하이 훙커우 공원에서 일왕 생일 및 상하이 사변 승리 축하 기념식장에 폭탄 투척(성공, 1932)
영 향	중국 국민당 정부가 대한민국 임시정부를 지원하는 계기

② 민족 운동 단체 결성

민족혁명당 (1935)	• 결성 : 의열단(김원봉)을 중심으로 한국독립당·조선혁명당 등이 모여 결성(민족주의·사회주의 계열연합) • 분화 : 조소앙과 지청천 탈당
조선의용대 (1938)	• 결성 : 김원봉을 중심으로 중국 국민당 정부의 지원을 받아 조직 • 분화 : 일부 세력이 화북 지방으로 이동해 조선의용대 화북 지대 결성(1941) → 김원봉 등 나머지 세력은 충칭으로 이동해 한국광복군에 합류(1942)

(3) 건국 준비 활동

① 대한민국 임시정부의 활동

㉠ 체제 정비 : 윤봉길 의거 이후 일제의 탄압으로 근거지 이동 → 충칭에 정착, 주석(김구) 중심 체제 마련(1940)

㉡ 한국광복군(1940)

창 설	대한민국 임시정부의 정규군으로, 중일전쟁 이후 충칭에서 창설(1940) → 총사령관 지청천
활 동	• 대일 선전포고 : 태평양 전쟁 발발 직후 연합국의 일원으로 일본에 선전 포고(1941) • 군사력 증강 : 조선의용대원들의 합류(1942)로 군사력 강화 • 연합 작전 전개 : 영국군의 요청으로 인도·미얀마 전선에 공작대 파견, 문서 번역, 일본군을 상대로 한 정보 수집과 포로 심문 등의 활동 전개 • 국내진공작전 : 미국전략정보국(OSS)의 지원하에 국내 정진군을 조직해 준비 → 일제의 패망으로 불발

㉢ 대한민국 건국 강령 발표(1941)

기 초	• 조소앙의 삼균주의에 입각 • 대한민국 임시정부가 제시한 신국가 건설 계획
내 용	민주 공화정 수립, 보통 선거와 무상 교육 실시, 토지와 주요 산업의 국유화, 노동권 보장 등

② 조선독립동맹과 조선의용군

조선독립동맹 (1942)	• 결성 : 김두봉을 위원장으로 화북 지역 사회주의자들 중심으로 결성 • 활동 : 일본 제국주의 타도, 보통 선거에 의한 민주 공화국 수립, 남녀평등권 확립 등의 건국 강령 발표
조선의용군 (1942)	• 화북 각지에서 중국 공산당(팔로군)과 함께 항일전에 참여 • 광복 이후 중국 국공내전 참가 후 북한 인민군으로 편입

③ 조선건국동맹

결 성	국내에서 여운형 주도로 사회주의자와 민족주의자를 망라해 결성
활 동	• 건국 방침 : 일본 제국주의 세력 축출, 조선 민족의 자유와 독립 회복, 민주주의 국가 수립, 노농 대중 해방 • 전국에 조직망 설치, 농민동맹조직, 군사위원회 조직(일본군 후방 교란과 무장 봉기 목적) • 8 · 15 광복 후 조선건국준비위원회로 개편

④ 국제 사회의 한국 독립 약속

카이로 회담 (1943.11.)	미국 · 영국 사이에 열린 회담, 적당한 시기에 한국을 독립시킨다는 것에 합의
얄타 회담 (1945.2.)	미국 · 영국 대표가 참여, 일본과의 전쟁에 소련의 참여 결정
포츠담 회담 (1945.7.)	미국 · 영국 · 소련 대표 참여, 포츠담 선언 발표, 일본의 무조건 항복 요구, 한국 독립 재확인

⑤ 한국 독립 : 미국이 일본에 원자폭탄 투하, 소련의 대일 선전 포고 → 일본 항복, 한국 독립 (1945.8.15.)

 04 **대한민국의 발전**

1. 8 · 15 광복과 통일 정부 수립을 위한 노력

(1) 냉전 체제 형성

① 제2차 세계대전 이후

전후 처리	제2차 세계대전 중 연합국은 카이로, 얄타, 포츠담 회담에서 전후 처리 문제 논의 → 독일이 서독(미국 · 영국 · 프랑스가 관리)과 동독(소련이 관리)으로 분리, 일본이 미국의 감시를 받음, 독일과 일본에서 군사 재판 개최
국제연합 창설(1945)	전쟁 방지와 세계 평화 유지 목적 → 안전보장이사회(5개 상임 이사국에 안건 거부권 부여) 등 조직, 국제 분쟁을 해결하기 위한 유엔군 창설 허용

② 냉전 체제 형성과 심화

　㉠ 냉전 체제 형성

자본주의 진영 (미국 중심)	트루먼 독트린 발표, 유럽 부흥 계획(마셜 플랜) 수립, 북대서양조약기구(NATO) 설립
공산주의 진영 (소련 중심)	공산권 경제상호원조회의(COMECON) 조직, 바르샤바조약기구(WTO) 설립

　㉡ 냉전 체제 심화 : 베를린 봉쇄(독일 분단), 6 · 25 전쟁, 쿠바 미사일 위기, 베트남전쟁, 중국 국공내전 등

(2) 8 · 15 광복과 국토 분단

① 8 · 15 광복(1945)

배 경	우리 민족의 끊임없는 독립운동 전개, 연합군의 한국 독립 약속과 전쟁 승리
광 복	연합군의 승리로 일본이 무조건 항복 선언 → 광복(1945.8.15.)

② 미 · 소 군정과 국토 분단

38도선 설정	38도선을 경계로 미국은 남한을, 소련은 북한을 각각 분할 점령
미 · 소 군정 실시	• 남한 : 1945년 9월 초 미군 진주 → 미군의 군정 실시(직접 통치) • 북한 : 소련군이 인민위원회를 통해 통치(간접 통치) → 민족주의 세력 탄압

③ 조선건국준비위원회

조 직	광복 직후 여운형, 안재홍 등이 조선건국동맹을 중심으로 민족주의 좌파와 사회주의 세력을 모아 결성
활 동	전국에 145개 지부 설치, 치안대 조직(치안 유지)
해 체	좌익 세력의 위원회 주도권 장악, 우익 세력 이탈 → 중앙 조직을 정부 형태로 개편 → 각 지부를 인민위원회로 교체, 조선인민공화국 수립 선포(1945.9.) → 미 군정의 불인정

④ 광복 이후 국내 정치 세력

우 익	• 한국민주당 : 송진우, 김성수 중심 • 독립촉성중앙협의회 : 이승만이 귀국 후 조직 • 한국독립당 : 김구, 대한민국 임시정부 세력 중심
좌 익	좌익 박헌영 등이 남조선 노동당(남로당) 결성

⑤ 모스크바 3국 외상회의(1945.12.)

결정 사항	한반도에 임시 민주주의 정부 수립을 위한 미 · 소 공동위원회 설치, 미 · 영 · 소 · 중 4개국에 의한 최대 5년간의 신탁 통치 결의
국내 반응	• 우익 : 반탁 운동 • 좌익 : 반탁 입장 → 회의 내용 총체적 지지로 입장 변경 • 결과 : 좌우 세력 대립 격화

⑥ 제1차 미소 공동위원회 개최(1946.3)

목 적	한반도에 임시정부 수립 목적
전 개	미국과 소련의 대립(미국은 모든 단체 참여 주장, 소련은 모스크바 3국 외상회의 결정에 찬성한 단체들만 참여 주장) → 회의 결렬

⑦ 이승만의 정읍 발언(1946.6.) : 제1차 미소 공동위원회 결렬 이후 전북 정읍에서 남쪽만의 단독 정부 수립 주장

(3) 통일 정부 수립을 위한 노력

① 좌우합작운동(1946~1947)

배 경	제1차 미소 공동위원회 결렬, 이승만의 정읍 발언(단독 정부 수립 주장)
전 개	• 중심 세력 : 여운형, 김규식 등 중도 세력 • 주요 활동 : 미 군정의 지원 아래 좌우합작위원회 결성, 좌우합작7원칙 발표 • 좌우합작으로 임시 민주주의 정부 수립, 미소공동위원회 속개 요청, 유상 몰수 · 무상 분배에 의한 토지 개혁 및 과도 입법 기구에서 친일파 처리 등 결의
한 계	• 김구 · 이승만 · 조선 공산당 등 불참 • 좌우합작 7원칙 중 신탁 통치 · 토지 개혁 · 친일파 처벌 문제를 두고 좌우익 세력이 충돌
결 과	냉전 체제 심화로 미 군정이 좌우합작운동 지지 철회, 여운형 암살 → 좌우합작위원회 해체 (1947.12.)

② 유엔의 한반도 문제 논의

배 경	제2차 미소 공동위원회 결렬 → 미국이 한반도 문제를 유엔 총회에 상정
전 개	유엔 총회에서 인구 비례에 따른 남북한 총선거 결정(1947.11.) → 북한과 소련의 유엔 한국 임시 위원단 입북 거부로 남북한 총선거 실패 → 유엔 소총회에서 접근 가능한 지역(남한)에서의 총선거 실시 결정(1948.2.)

③ 남북협상(1948)

배 경	이승만 · 한국 민주당 등이 남한만의 단독 선거 결정 찬성, 좌익 세력은 반대 → 김구와 중도 세력이 통일 정부 수립을 위한 남북 정치 지도자 회담 제의
전 개	김구, 김규식 등이 평양 방문 → 남북 주요 정당 및 사회단체 연석회의와 남북지도자회의 개최 (1948.4.) → 단독 정부 수립 반대, 미소 양군 철수 요구 등을 담은 결의문 채택
결 과	미국과 소련이 합의안 미수용, 남북에서 각각 단독 정부 수립 절차 진행, 김구 피살로 남북 협상 중단

④ 단독 정부 수립 반대 운동

제주 4 · 3 사건 (1948)	남한만의 단독 정부 수립을 반대하며 제주도의 좌익 세력과 일부 주민이 무장 봉기 → 군대와 경찰 의 진압 과정에서 많은 민간인 사망
여수 · 순천 10 · 19 사건 (1948)	정부 수립 이후 이승만 정부가 제주 4 · 3 사건의 잔여 세력 진압 시도 → 출동 명령을 받은 여수 주둔 군대 내 좌익 세력이 이에 반발해 출동 거부, 여수 · 순천 일시 점령 → 진압 과정에서 많은 민간인 사망

2. 대한민국 정부 수립

(1) 대한민국 정부 수립

① 대한민국 정부 수립 과정

5·10 총선거 (1948.5.10.)	38도선 이남 지역에서 총선거 실시(김구·김규식 등 남북 협상 세력은 남한 단독 정부 수립 반대로 불참) → 제헌 국회 구성
제헌 헌법 제정·공포 (1948.7.17.)	• '대한민국' 국호 결정, 3·1 운동 정신과 대한민국 임시정부의 법통을 계승한 민주 공화국임을 밝힘 • 제헌 헌법 제정 : 삼권 분립과 대통령 중심제 채택, 평등·공공복리 강조, 국회에서 임기 4년의 대통령 간접 선거(1회에 한하여 중임 허용), 대통령 이승만·부통령 이시영 선출
대한민국 정부 수립(1948.8.15.)	대통령 이승만의 내각 조직 → 대한민국 정부 수립을 국내외에 선포 → 유엔 총회에서 대한민국 정부를 한반도 유일의 합법 정부로 승인(1948.12)

② 북한 정권 수립

북조선 임시 인민 위원회	실질적 정부 역할, 토지 개혁 실시, 노동법과 중요 산업의 국유화 조치 → 북조선인민위원회로 발전
정권 수립 과정	초대 수상 김일성을 중심으로 내각 구성 → 조선민주주의인민공화국 정부 수립 선포(1948.9.9.)

(2) 친일파 청산과 농지 개혁 추진

① 친일파 청산을 위한 노력

㉠ 반민족행위처벌법 제정(1948.9.)

배 경	친일파 청산으로 민족 정기 확립 요구, 미군정의 친일 관료 유지 정책
과 정	일제강점기 반민족 행위자 처벌 및 재산 몰수 → 반민족행위 특별조사위원회(반민 특위) 설치

㉡ 반민족행위 특별조사위원회의 활동 및 위기

활 동	활동은 1949년 1월부터 시작, 이광수·박흥식·노덕술·최린·최남선 등 친일 혐의자 체포·조사
위 기	이승만 정부의 비협조와 방해, 일부 경찰의 반민 특위 습격, 국회 프락치 사건 등으로 활동 제약

㉢ 결과 : 처벌법 개정에 따른 반민 특위 활동 기간 단축, 반민 특위 해체(1949) → 친일파 청산 노력 좌절

② 농지 개혁 실시

㉠ 배경 : 대다수 농민들이 토지 분배와 지주제 개혁 요구, 북한의 토지 개혁 실시(1946)

㉡ 농지 개혁

과 정	제헌 국회의 농지개혁법 제정(1949.6.) → 1950년부터 농지 개혁 시행
내 용	• 유상 매수·유상 분배 방식 • 가구당 농지 소유를 3정보로 제한 → 3정보 이상의 토지는 지가 증권을 발행해 정부가 매입
한 계	유상 분배에 따른 농민의 부담, 지주들의 편법 토지 매각으로 개혁 대상 토지 감소
결 과	지주-소작제 소멸, 경작자 중심의 토지 소유 확립

3. 6·25 전쟁과 남북 분단의 고착화

(1) 6·25 전쟁

① 6·25 전쟁의 배경과 전개 과정

배 경	• 미국·소련의 군대 철수, 38도선 일대에서 잦은 무력 충돌, 북한의 군사력 강화 • 냉전 격화, 애치슨 선언 발표(1950.1.)
전개 과정	북한의 기습 남침(1950.6.25.) → 서울 함락, 낙동강 유역까지 후퇴 → 유엔군 참전 → 국군과 유엔군의 연합 작전으로 남하 저지 → 인천상륙작전(9.15.) 성공 → 서울 수복(9.28.) 및 압록강까지 진격 → 중국군 참전 → 흥남 철수 → 서울 재함락(1·4 후퇴, 1951) → 서울 재수복 → 38도선 부근에서 전선 교착 → 미소 양국의 휴전 회담 합의, 협상 시작 → 정전 협정 체결(1953.7.) → 군사분계선(휴전선) 설정

> • 애치슨 선언 : 1950년 미 국무장관 애치슨이 발표한 미국의 태평양 방위선이다. 알래스카·일본·오키나와·대만·필리핀으로 구성돼 한반도는 제외됐고 북한은 이로 인해 남한을 공격해도 미국의 개입이 없을 것이라고 판단했다.

② 6·25 전쟁의 영향

ㄱ) 인적·물적 피해

- 인적 피해 : 수백만 명의 사상자 발생, 전쟁고아 및 이산가족 발생
- 물적 피해 : 전 국토 초토화, 대다수 산업 시설과 도로·주택·철도 등 파괴, 식량과 생활필수품 부족

ㄴ) 분단의 고착화

- 남북한 간의 이념 대립 및 적대적 감정 확대
- 한미상호방위조약 체결(1953) : 주한 미군 주둔, 한미 동맹 관계 강화
- 북한에서 중국의 영향력 강화

(2) 전후 독재 체제 강화

① 전후 남한의 정치와 경제 변화

ㄱ) 이승만 정부의 독재 체제 강화

발췌 개헌 (1952)	• 배경 : 제2대 국회의원 선거(1950.5.) 결과 이승만 지지 세력 급감 • 내용 : 대통령 직선제, 양원제 국회 • 과정 : 자유당 창당, 임시 수도 부산 일대에 계엄령 선포 → 야당 의원 연행·협박 → 개헌안 국회 통과 • 결과 : 제2대 대통령 선거에서 이승만 당선
사사오입 개헌(1954)	• 배경 : 이승만의 대통령 장기 집권 목적 • 내용 : 초대 대통령에 한해 중임 제한 규정 철폐 • 과정 : 개헌안이 1표 차로 부결 → 사사오입(반올림) 논리로 개헌안 불법 통과 • 결과 : 제3대 대통령 선거(1956)에서 이승만 당선(3선)
독재 강화	진보당 사건(조봉암 사형, 1958), 국가보안법 개정(1958), 경향신문 폐간(1959) 등

> • 사사오입 개헌 : 개헌안 통과를 위해 136명의 찬성이 필요하나 자유당은 사사오입, 즉 반올림한 135명만으로도 가능하다는 억지 논리로 개헌안을 통과시켰다.

     ⑥ 전후 복구와 원조 경제 체제
- 전후 복구 : 귀속 재산과 미국의 원조 물자를 민간 기업에 헐값으로 팔아 전후 복구 자금 마련
- 미국의 원조 경제 : 소비재 산업 원료(밀가루, 설탕, 면) 중심 물자 원조 → 삼백 산업(제분업, 제당업, 면방직 공업) 발달, 농산물 대량 유입으로 농업 기반 약화

    ② 전후 북한의 정치와 경제 변화
       ⑦ 김일성의 독재 체제 강화 : 6·25 전쟁 기간 중 남로당 출신 및 연안파, 소련파 인물 제거 → 반대파 숙청 → 김일성 1인 독재 체제 구축
       ⑥ 소련·중국의 지원과 사회주의 경제 체제 확립 : 사회주의 국가(소련, 중국)의 지원, 천리마 운동(대중 노동력을 중심으로 생산력 향상 도모), 농업 협동화(토지 및 생산 수단 통합, 노동량에 따른 수확물 분배)

4. 4·19 혁명과 민주화를 위한 노력

(1) 4·19 혁명(1960)
    ① 4·19 혁명의 배경과 전개 과정

배 경	• 이승만 정부의 독재와 부정부패 • 3·15 부정 선거
전개 과정	각 지역에서 부정 선거 규탄 시위 → 마산에서 김주열 학생의 시신 발견(4.11.), 전국으로 시위 확산 → 학생·시민 대규모 시위 → 경찰 발포로 여러 사상자 발생, 비상 계엄령 선포(4.19.) → 서울 시내 대학 교수단 시국 선언문 발표 및 시위(4.25.)
결 과	이승만 대통령의 하야 성명 발표(4.26.), 허정 과도 정부 구성

    ② 장면 내각 수립
       ⑦ 과도 정부 : 헌법 개정(양원제 국회, 내각 책임제) → 총선거 실시 → 국회에서 대통령 윤보선, 국무총리 장면 당선
       ⑥ 장면 내각의 정책
- 내용 : 지방자치제 실시, 공무원 공개 채용 제도 실시, 경제개발 5개년 계획 마련, 학생·노동 운동 전개, 통일 논의 활성화
- 한계 : 시민들의 민주화 요구 수용 미흡, 부정 축재자·부정 선거 책임자 처벌에 소극적, 5·16 군사정변으로 붕괴

(2) 5 · 16 군사정변과 박정희 정부

① 5 · 16 군사정변(1961.5.16.)

발생	박정희를 중심으로 한 군인들의 군사정변 → 정권 장악, 장면 내각 붕괴
군정 실시	반공을 국시로 한 혁명 공약 발표, 비상계엄 선포 → 국가 재건 최고 회의를 통해 군정 실시, 모든 정당과 사회단체 해산
박정희 정부 수립	중앙정보부 설치, 민주공화당 조직 → 헌법 개정(대통령 중심제, 단원제 국회) → 민주공화당 후보로 출마해 제5대 대통령 선거에서 박정희 당선(1963)

② 박정희 정부의 활동

한일 국교 정상화(1965)	미국의 한일 국교 정상화 요구 → 한일 회담 추진(경제 개발에 필요한 자본 확보 목적) → 반대 시위 전개(6 · 3 시위, 1964) → 정부의 휴교령 · 계엄령 선포, 시위 진압 → 한일 협정 체결(1965)
베트남 파병 (1964~1973)	• 전개 : 미국의 한국군 파병 요청 → 부대 파견 → 미국의 추가 파병 요청 → 미국의 군사적 · 경제적 지원 약속을 받고 추가 파병(브라운 각서 체결, 1966.3.) • 성과 : 미군의 차관 제공, 파병 군인들의 송금 · 군수 물자 수출 등 베트남 특수로 외화 획득에 도움, 한미 동맹 관계 강화 • 문제점 : 많은 사상자 발생, 고엽제 문제
3선 개헌	대통령 3회 연임을 허용하는 3선 개헌 추진 → 3선 개헌 반대 운동(야당 의원, 학생) → 반대 여론 억압, 개헌 단행(1969) → 제7대 대통령 선거에서 박정희 당선(1971)

(3) 유신 체제

① 유신 체제 성립

배경	닉슨 독트린(1969) 등 냉전 체제 완화, 장기 집권과 경제 불황으로 국민 불만 고조
전개	비상계엄령 선포, 국회 해산 → 유신 헌법 제정, 국민 투표로 확정(1972.10.17) → 통일 주체 국민 회의에서 제8대 대통령으로 박정희 선출
유신 헌법 (1972)	• 장기 독재 : 대통령 간선제(통일 주체 국민 회의에서 선출, 임기 6년), 대통령 중임 제한 조항 삭제 • 대통령 권한 강화 : 대통령에게 긴급조치권, 국회 해산권, 국회의원 3분의 1 추천권(사실상 임명권) 부여

② 유신 체제의 전개와 붕괴

유신 반대 운동	김대중 납치 사건 → 장준하 등이 개헌 청원 100만인 서명 운동 전개 → 긴급조치 발표, 제2차 인혁당 사건 조작 → 명동 성당에서 유신 체제 반대 3 · 1 민주 구국 선언 발표(1976)
유신 체제 붕괴	• 배경 : YH 무역 사건에 항의하는 야당(신민당) 총재 김영삼 국회의원직 제명, 부마민주항쟁 발생 (1979) • 전개 : 시위 진압을 두고 정권 내 갈등 발생 → 중앙정보부장 김재규가 박정희 암살(10 · 26 사태, 1979)

- YH 무역 사건(1979) : 신민당사에서 농성하던 가발 공장 여성 노동자 중 1명이 진압 과정에서 숨진 사건이다.
- 부마민주항쟁(1979) : YH 무역 사건으로 김영삼이 국회의원직에서 제명된 사건을 계기로 대학생들이 민주주의 회복과 학원 자율화 등을 요구하며 유신정권에 반대하는 시위를 벌이자, 정부는 부산과 마산 지역에 위수령을 발동했다.

(4) 5·18 민주화운동과 전두환 정부

① 신군부 등장

    ㉠ 배경 : 국무총리 최규하를 대통령으로 선출(통일주체국민회의) → 전두환·노태우 등 신군부 세력이 군사권 장악(12·12 사태, 1979)

    ㉡ 서울의 봄(1980) : 신군부 퇴진 요구, 유신 헌법과 계엄령 철폐 등을 요구하며 민주화운동 전개 → 정부의 계엄령 전국 확대, 모든 정치 활동 금지, 국회와 대학 폐쇄, 민주화운동 탄압 등

> • 서울의 봄 : 10·26 사태 이후 1980년 5월 17일까지 벌어진 학생과 시민들의 민주화운동 시기를 말한다. 이들은 신군부 퇴진, 계엄령 철폐, 유신 헌법 폐지 등을 요구했다. 서울의 봄은 신군부가 전국에 계엄령을 선포하고 무력으로 진압하면서 종료됐다.

② 5·18 민주화운동(1980)

전 개	광주에서 비상계엄 확대와 휴교령 반대에 따른 민주화 시위 발생(1980.5.18.) → 신군부의 공수부대 투입, 계엄군의 발포 → 시민군 조직, 평화적 협상 요구 → 계엄군의 무력 진압
의 의	• 민주운동의 기반 : 이후 민주화운동의 원동력이 됨 • 아시아 여러 나라의 민주화운동에 영향 • 5·18 민주화운동 기록물이 유네스코 세계기록유산에 등재(2011)

③ 전두환 정부

성 립	신군부의 국가보위비상대책위원회 설치 → 통일주체국민회의에서 전두환을 대통령으로 선출(11대, 1980) → 간선제(대통령 선거인단에서 7년 단임의 대통령 선출) → 제12대 대통령으로 전두환 당선 (1981)
정 책	• 강압 정책 : 삼청교육대 운영, 언론사 통폐합 및 기사 검열·단속(보도지침), 학생·노동 운동 등 민주화 요구 세력 탄압 등 • 유화 정책 : 야간 통행금지 해제, 두발과 교복 자율화, 대입 본고사 폐지, 해외여행 자유화, 프로 스포츠 육성 등

5. 경제 성장과 사회·문화의 변화

(1) 산업화와 경제 성장

① 1960~1970년대 경제 성장

    ㉠ 제1·2차 경제개발 5개년 계획(1962~1971)

배 경	박정희 정부가 장면 내각의 경제개발 5개년 계획 보완 → 국가 주도 경제 성장 정책 추진
특 징	• 경공업 육성, 노동 집약적 산업(가발·섬유 산업) 중심, 대규모 산업 단지 조성 • 베트남 특수로 고도 성장, 경부고속국도 개통(1970) → 한강의 기적

ⓛ 제3·4차 경제개발 5개년 계획(1972~1981)

배 경	경공업 중심의 경제 성장 한계 인식
특 징	• 중화학 공업 육성, 자본 집약적 산업 중심 • 포항제철소 준공, 울산·거제조선소 설립, 공업 단지 건설 • 중화학 공업 비중이 경공업 비중 초과, 수출액 100억 달러 달성(1977)
경제 위기	제1·2차 석유파동(1973, 1978), 중화학 공업에 대한 과잉 투자 → 기업 도산, 실업률 증가, 경제성장률 감소

② 1980년대 경제 변화

전두환 정부의 경제 정책	경제 안정화 실시(부실기업 정리), 중화학 공업에 대한 투자 조정
3저 호황	1980년대 중반 저유가·저달러·저금리 상황으로 세계 경제 호황 → 중화학 공업(자동차, 철강) 발달, 첨단 산업 육성(반도체) → 높은 경제성장률 기록, 국민소득 증가

③ 시장 개방

배 경	선진 자본주의 국가들의 보호 무역 강화, 후발 자본주의 국가들에 대한 개방 압력 강화
과 정	신자유주의 정책과 자유 무역 강조(우루과이 라운드) → 다국적 기업, 국제 금융 자본 등 국내 진출

④ 경제 성장 과정의 문제점

ⓙ 경제 불균형 심화 : 지역 간 경제 격차 심화(대규모 산업 시설이 영남 지방에 집중), 도시와 농촌 간의 소득 격차 심화

ⓛ 정부의 대기업 중심 육성 정책 : 정부와 대기업 간의 정경 유착 지속, 정부의 특혜를 받는 재벌 중심의 산업 독과점 발생

ⓒ 무역 의존도 심화 : 내수보다 무역의 비중이 커짐, 해외 자본에 대한 경제 의존도 심화, 외채 부담 증가

ⓔ 산업 불균형 심화 : 정부의 공업 중심 경제 개발 정책, 저임금·저곡가 정책 → 노동자·농민들 의 경제적 어려움 심화

(2) 경제 성장에 따른 사회 변화

① 산업화와 도시화

ⓙ 배경 : 제조업, 서비스 산업 → 도시로 인구 집중

ⓛ 특징 : 도시 빈민 증가, 빈민촌 형성, 정부의 신도시 건설, 대규모 아파트 단지 조성(경기도 광주 대단지 사건 발생)

ⓒ 소비·주거 형태 변화 : 분식·외식 문화 확산, 아파트·연립 주택 등장

② 농촌의 변화

　㉠ 새마을운동(1970)

배 경	정부의 공업화·저곡가 정책으로 도시와 농어촌 간 소득·문화 격차 심화
전 개	근면·자조·협동을 바탕으로 농촌 환경 개선에 중점을 둔 정부 주도 운동 → 도시로 확대
결 과	• 농어촌 근대화에 기여 • 유신 체제 유지에 이용 • 새마을운동 기록물이 유네스코 세계기록유산으로 등재(2013)

　㉡ 농민 운동의 성장

1970년대	• 정부의 저곡가 정책 → 농촌 경제 악화 • 추곡 수매 운동, 전남 함평 고구마 피해 보상 운동 등
1980년대	부족한 농산물 수입 개방 압력 → 외국 농산물 수입 개방 반대 운동 전개

③ 노동 운동의 성장

배 경	• 산업화로 도시 노동자 급증 • 정부의 지속적 저임금 정책, 열악한 작업 환경으로 노동자의 생존권 위협
노동 운동	• 전태일 분신 사건(1970), YH 무역 사건 • 민주화의 진전으로 노동 운동 활성화, 노동조합 설립

(3) 문화의 변화

① 교육의 변화

장면 내각	교육 자치제 실시 → 5·16 군사정변으로 중단
박정희 정부	• 국가주의 교육 → 국민 교육 헌장 • 사교육 열풍 → 중학교 무시험 추첨 제도(1969), 고교 평준화 제도(1974)
전두환 정부	국민 윤리 교육 강조, 과외 전면 금지, 대학 졸업 정원제

② 언론 활동의 성장

이승만 정부	언론 탄압 강화 → 경향신문 폐간(1959)
박정희 정부	• 유신 체제 성립 이후 정부에 비판적인 언론인 구속·해직 • 프레스 카드제 시행(기자 등록제) → 동아일보 기자들의 '자유언론 실천선언' 발표(1974)
전두환 정부	언론사 통폐합, 보도 지침을 통해 기사 검열

③ 대중문화 발달

1960년대	신문·라디오 보급 증가, 텔레비전 보유 가정 증가
1970년대	정부가 문화·예술 분야 검열 및 통제 강화(금지곡 지정), 반공 의식 고취
1980년대	상업적 프로 스포츠 등장(프로야구 출범, 1982), 6월 민주항쟁 이후 언론 및 대중문화 통제 완화

6. 6월 민주항쟁과 민주주의의 발전

(1) 민주주의의 발전

① 6월 민주항쟁(1987)

배 경	• 전두환 정부의 군사 독재, 대통령 간선제 유지 • 부천 경찰서 성 고문 사건, 박종철 고문치사 사건(1987.1.) → 정부의 사건 은폐·조작 • 4·13 호헌 조치(대통령 직선제 논의 금지)
전 개	대통령 직선제 개헌 및 전두환 정권 퇴진 운동 → 시위 도중 이한열이 경찰의 최루탄에 피격 → 민주 헌법 쟁취 국민운동 본부 민주항쟁 선언, '호헌 철폐, 독재 타도' 구호를 내세워 전국적 시위 전개(1987.6.10.)
결 과	여당 대통령 후보 노태우의 6·29 민주화선언 발표(대통령 직선제 개헌 요구 수용)

> • 박종철 고문치사 사건 : 1987년 1월 대학생 박종철이 경찰의 물고문에 의해 사망한 사건으로, 정부의
> 고문 은폐 시도가 드러나 전두환 정권에 대한 국민들의 분노는 더욱 커졌다.

② 민주화의 진전

노태우 정부	여소 야대 형성(여소 야대를 극복하기 위해 3당 합당 단행, 1990), 전두환의 비리 및 5·18 민주화운 동 진상 규명, 부분적 지방자치제 실시, 언론 자유 확대, 북방 외교(공산주의 국가와 수교)
김영삼 정부	공직자 윤리법 개정(고위 공직자 재산 등록 의무화), 금융실명제 시행, 지방자치제 전면 실시, '역사 바로 세우기' 사업 진행, 외환 위기로 국제통화기금(IMF)의 구제 금융 지원 요청

③ 평화적 정권 교체 정착

김대중 정부	최초로 여야 간 평화적 정권교체회담 개최(2000), 김대중 대통령 노벨 평화상 수상
노무현 정부	제2차 남북정상회담 개최(2007), 수도권 소재 주요 공공 기관 지방 이전(행정 수도 건설 특별법 제정), 과거사 정리 사업 추진, 권위주의 청산에 노력
이명박 정부	10년 만에 여야 정권 교체, 자유무역협정(FTA) 체결 확대, 기업 활동 규제 완화
박근혜 정부	민간인에 의한 국정 농단 의혹 사건으로 국회에서 대통령 탄핵 소추안 가결 → 헌법 재판소의 탄핵 인용
문재인 정부	국민의 나라·정의로운 대한민국을 국정 지표로 삼음, 지역 발전·복지·한반도 완전한 비핵화와 남북 평화에 중점을 둔 정책

(2) 시민 사회의 성장

① 노동 운동 활성화

배 경	6월 민주항쟁 이후 노동자의 사회의식 성장
내 용	• 노동 환경·처우 개선을 위한 '노동자 대투쟁' 전개(1987) • 전국적 노동조합 설립

② 시민의 정치 참여 확대

배 경	시민 단체가 경제, 환경, 여성, 인권 등 다양한 영역에서 활동하며 사회 문제 제기
과 정	호주제 폐지 운동, 2016년 국정 농단에 대한 진상 규명과 박근혜 대통령 퇴진 요구 집회, 총선 연대의 낙선 운동 등

③ 인권·사회 복지 증진
　㉠ 인권 증진 : 헌법 소원 심판 청구 제도 마련, 국가인권위원회 설립, 여성부 설치, 학생인권조례 제정
　㉡ 사회 복지 확대 : 의료보험, 국민연금, 국민기초생활보장법 등 사회 보장 제도 확대

7. 외환 위기와 사회·경제적 변화

(1) 세계화에 따른 한국 경제의 변화

① 시장 개방과 한국 경제

세계 경제의 변화	선진 자본주의 국가들의 전면적 시장 개방 논의 → 우루과이 라운드 타결(1993) → 세계무역기구(WTO) 출범(1995) → 국제 교역 증가, 세계 자본 시장 통합
한국 경제의 변화	시장 개방 압력 증가 → 상품과 자본 시장 개방으로 세계화 추진, 공기업 민영화, 금융 규제 완화, 경제협력개발기구(OECD) 가입(1996) 등 신자유주의 정책 추진

② 외환 위기 발생과 극복

전 개	동남아시아에서 시작된 외환 위기 및 금융 불안 → 외환 보유고 고갈, 기업 연쇄 부도 → 김영삼 정부가 국제통화기금(IMF)에 구제 금융 요청(1997)
극 복	• 김대중 정부 : 기업의 구조 조정 실시, 외국 자본 유치 노력, 공기업 민영화 및 경영 혁신 추진, 노사정 위원회 설치 • 금 모으기 운동 : 국민들의 자발적 참여
결 과	국제통화기금(IMF) 지원금 조기 상환(2001)
영 향	• 노동자 대량 해고, 비정규직 노동자 급증 → 고용 안정 저하, 소득 격차 심화 • 많은 자영업자의 도산 → 중산층 비중 감소

③ 외환 위기 이후 한국 경제
　㉠ 자유무역협정(FTA) 체결 : 2004년 칠레를 시작으로 미국, 유럽연합(EU) 등과 체결 → 시장 확대
　㉡ 첨단 산업 발달 : 반도체·전자·자동차 산업 및 정보기술(IT) 산업 발달
　㉢ 한국 경제의 과제 : 대외 무역 의존도 심화, 사회 계층 간 격차 심화, 농민 경제 위기, 대기업 중심의 경제 구조로 소상공인 생계 어려움

(2) 현대 사회의 변화

① 사회 양극화 심화

배 경	외환 위기 이후 실업 증가, 소득 격차 확대
현 상	개인 간·계층 간 소득 불균형 심화, 도시와 농촌 간 지역격차 심화, 부의 대물림 현상
해결 노력	사회취약계층 지원 제도, 중소기업 및 소상공인 지원 등

② 다문화 사회

  ㉠ 다문화 사회로의 변화 : 국제결혼을 통한 다문화 가정 증가, 외국인 이주 노동자와 새터민 유입 증가

  ㉡ 문제점 : 문화적 차이와 의사소통 문제, 사회적 차별과 편견

  ㉢ 해결 방향 : 사회 인식 개선, 각종 제도적 마련

8. 남북 화해와 동아시아 평화를 위한 노력

(1) 북한 사회의 변화

① 북한의 정치적 변화

  ㉠ 김일성 유일 지배 체제 확립

  • 주체사상 수립

  • 국가 주석제 채택

  ㉡ 3대 권력 세습 체제 확립

김정일	• 김일성 사망(1994) 이후 권력 승계・국방위원장 권한 강화 • 군대가 사회를 이끄는 '선군정치' 추구 • 두 차례 남북정상회담 진행
김정은	• 김정일 사망(2011) 이후 권력 승계 • 비핵화를 전제로 한 남북정상회담과 북미정상회담 성사

② 북한의 경제적 변화

1960~ 1970년대	• 경제개발계획 추진 → 공산품 생산 증가 • 지나친 자립 경제 노선, 국방비 증가로 목표 달성 실패
1980~ 1990년대	외국 자본과 기술 유치를 위해 합영법 제정(1984) → 동유럽 사회주의 국가의 붕괴와 미국의 제재, 식량난으로 경제 위기
2000년대 이후	7・1 경제관리개선조치 발표(2002)로 시장 경제 요소 부분적 도입, 신의주 경제특구 설치 등 개방 정책 실시 → 핵무기 개발, 미사일 발사 등으로 인한 국제 사회의 제재 지속

(2) 남북 화해와 협력을 위한 노력

① 남북 갈등 심화

  ㉠ 6・25 전쟁 이후 적대 관계 지속

  ㉡ 5・16 군사정변 이후 반공정책 강화, 북한의 군사 도발로 긴장 고조

② 남북 관계의 개선

박정희 정부	닉슨 독트린 이후 냉전 체제 완화 → 남북적십자회담 개최(1971), 자주・평화・민족 대단결의 3대 통일 원칙에 합의한 7・4 남북공동성명 발표(1972), 남북조절위원회 설치
전두환 정부	민족 화합 민주 통일 방안 제시, 최초로 이산가족 고향 방문 및 예술 공연단 교환 방문(1985)

③ 남북 관계의 변화와 진전

노태우 정부	남북한 유엔 동시 가입, 남북한 정부 간 최초의 공식 합의서인 남북기본합의서 채택, '한반도 비핵화 공동선언' 발표(1991)
김영삼 정부	북한의 핵확산금지조약(NPT) 탈퇴(1993)로 남북 관계 악화 → '한민족 공동체 건설을 위한 3단계 통일 방안' 제시(1994)
김대중 정부	대북 화해 협력 정책(햇볕 정책) 추진 → 정주영의 소떼 방북, 금강산 관광 시작, 평양에서 남북정상회담 개최 및 6・15 남북공동선언 발표(2000) → 이산가족 상봉, 경의선 철도 복구, 개성공단 건설 등 남북 교류 활성화
노무현 정부	대북 화해 협력 정책 계승・발전, 제2차 남북정상회담 개최 및 10・4 남북공동선언(6・15 남북공동선언의 이행 방안) 채택(2007)
이명박 정부	금강산 관광 중단(2008), 연평도 포격 사건(2010)
박근혜 정부	개성공단 폐쇄(2016), 대북 강경 정책 지속
문재인 정부	남북정상회담 개최 및 '한반도 평화와 번영, 통일을 위한 판문점 선언' 발표(2018)

(3) 역사 갈등 해결과 동아시아 평화를 위한 노력

① 영토 갈등

ㄱ 러일 간 북방 4도 분쟁 : 일본이 러일전쟁 때 러시아에 빼앗긴 사할린 남부와 섬 4개(북방 4도) 반환 요구

ㄴ 중일 간 센카쿠 열도(댜오위다오) 분쟁 : 청일전쟁에서 승리한 일본이 차지 → 중국은 강제로 빼앗겼다고 주장

② 역사 갈등

ㄱ 중국의 역사 왜곡 : '통일적 다민족 국가론'을 내세워 만주 지역의 고구려, 발해의 역사를 자국의 역사로 편입・왜곡 시도

ㄴ 일본의 역사 왜곡 : 한국 식민 지배 당시 강제 징병・징용 피해자 배상 거부와 침략 전쟁 옹호 발언, 일본군 '위안부' 문제 부인・배상 거부

③ 동아시아 역사 갈등 해결을 위한 노력

ㄱ 한국・중국・일본 공동 역사교재 집필

ㄴ 일본군 '위안부' 문제 해결을 위한 아시아 연대 회의 개최

ㄷ 음악, 영화 드라마 등 문화 교류

01 (가) 시기의 생활 모습으로 옳은 것은?

구석기 시대	(가)	청동기 시대	철기 시대

① 고인돌 축조

② 뗀석기 사용

③ 막집에서 생활

④ 빗살무늬토기 제작

해설

(가)는 신석기 시대로, 이 시기에는 진흙으로 그릇을 빚어 불에 구워 만든 토기를 음식물 조리와 저장에 이용했는데, 대표적으로 빗살무늬토기가 있다.

① 청동기 시대, ② · ③ 구석기 시대

02 단군 신화에 나타난 고조선의 사회상으로 적절하지 않은 것은?

① 농경이 발달했다.

② 제정이 분리된 사회였다.

③ 곰 부족과 환웅 부족이 연합했다.

④ 환웅 부족이 하늘의 자손임을 내세워 우월성을 과시했다.

해설

고조선을 다스린 단군왕검이라는 이름은 제사장을 뜻하는 '단군'과 정치 · 군사적 지도자를 뜻하는 '왕검'으로 이루어졌다. 따라서 이를 통해 고조선은 제정일치 사회였음을 알 수 있다.

03 다음 설명에 해당하는 것은?

동예는 다른 부족의 영역을 침범하면 노비나 소, 말로 배상하게 했다.

① 단 오 ② 순 장

③ 책 화 ④ 영 고

해설

동예의 책화라는 제도에 대한 설명이다.

04 다음 업적을 남긴 신라의 국왕은?

> • 화랑도를 국가적 조직으로 정비했다.
> • 한강 유역을 확보하고 4개의 순수비를 건립했다.

① 내물왕　　　　　　　　　② 지증왕
③ 진흥왕　　　　　　　　　④ 문무왕

해설
진흥왕은 신라의 전성기를 이끌었던 왕으로 한강 하류 지역을 점령해 삼국 통일의 기반을 마련했다.

05 (가)에 들어갈 왕의 업적으로 옳은 것은?

> 쌍기는 ⌐(가)⌐에게 상소를 올려 과거 제도를 통해 나라의 인재를 선발할 것을 건의했다.

① 국자감을 설치했다.
② 독서삼품과를 마련했다.
③ 노비안검법을 시행했다.
④ 12목에 지방관을 파견했다.

해설
고려 광종은 노비안검법을 시행해(956), 호족 세력에 의해 불법으로 노비가 된 자를 다시 양민으로 돌아가게 했다.
①·④ 고려 성종, ② 통일신라 원성왕

06 고려 때 몽골과의 강화에 반발해 진도와 제주도로 근거지를 옮기며 항쟁한 군대는?

① 별무반　　　　　　　　　② 속오군
③ 별기군　　　　　　　　　④ 삼별초

해설
고려 정부가 개경으로 환도하면서 몽골과 강화를 맺자 배중손과 김통정 등이 이에 반발해 진도와 제주도로 근거지를 옮기며 항전(삼별초 항쟁)을 이어갔다.

07 (가)에 들어갈 정치 기구가 아닌 것은?

주제 : 조선의 주요 정치 기구
- 언론 학술 기구 : [(가)]
- 왕권 강화 기구 : 승정원, 의금부

① 사간원　　　　　　　　　② 사헌부
③ 춘추관　　　　　　　　　④ 홍문관

해설

조선 시대에는 사간원, 사헌부, 홍문관 등 삼사가 언론의 기능을 담당했다.

08 다음과 같은 내용의 개혁 정치를 주장한 인물은?

- 현량과 실시와 위훈 삭제
- 소격서 폐지와 향약의 전국적 시행
- 불교 · 도교 행사 폐지

① 묘 청　　　　　　　　　② 조광조
③ 정도전　　　　　　　　　④ 최승로

해설

조광조의 개혁 정치에 대한 설명이다.

09 조선 후기에 볼 수 있었던 경제 상황으로 옳은 것은?

① 우경 시작
② 이앙법 확산
③ 청해진 설치
④ 해동통보 주조

해설

조선 후기 모내기법의 보급과 수리 시설의 확충으로 이앙법이 확산돼 농업 생산량이 증가했다.

10 흥선대원군의 정책을 〈보기〉에서 모두 고른 것은?

보기

ㄱ. 경복궁 중건
ㄴ. 호포제 시행
ㄷ. 대마도 정벌
ㄹ. 수원 화성 축조

① ㄱ, ㄴ   ② ㄱ, ㄹ

③ ㄴ, ㄷ   ④ ㄷ, ㄹ

해설

흥선대원군은 왕권 강화를 위해 임진왜란 때 불에 타서 방치된 경복궁을 중건하고, 국가의 재정을 확충하기 위해 양반에게도 군포를 부과하는 호포제를 시행했다.

11 다음에서 설명하는 것은?

• 흥선대원군이 권력을 잡은 후 프랑스 선교사 9명과 신자 8천여 명을 처형했다.
• 프랑스는 천주교인에 대한 탄압을 구실로 강화도를 침략했다. 그러나 양헌수 부대의 활약으로 프랑스군은 강화도에서 철수했다.
• 프랑스군이 외규장각 의궤 등 각종 문화재를 약탈해갔다.

① 갑신정변   ② 갑오개혁
③ 병인양요   ④ 임오군란

해설

병인양요는 1866년 병인박해를 빌미로 프랑스의 군함이 강화도를 침략한 사건이다. 프랑스군은 약 30일 간 강화도를 점령했으며 외규장각 도서 등 중요 문화유산을 약탈했다.

12 다음 설명에 해당하는 것은?

> 〈대한제국 시기의 (가)〉
> • '옛 법을 근본으로 하고 새로운 제도를 참작한다'라는 구본신참(舊本新參)을 기본 방향으로 했다.
> • 개혁 내용으로는 원수부 설치, 양전 사업 실시, 지계 발급 등이 있다.

① 갑신정변   ② 광무개혁
③ 을미개혁   ④ 정묘호란

> **해설**
> 고종은 광무개혁을 통해 원수부를 설치해 군 통수권을 장악하고 양지아문을 설치해 양전 사업을 실시했다. 또한, 지계아문을 통해 근대적 토지 소유 문서인 지계를 발급해 토지 소유권을 확립하고자 했다.

13 다음 설명에 해당하는 조약은?

> • 조선이 외국과 맺은 최초의 근대적 조약
> • 치외 법권과 해안 측량권을 인정한 불평등 조약

① 톈진 조약   ② 강화도 조약
③ 제물포 조약   ④ 시모노세키 조약

> **해설**
> 조선이 외국과 맺은 최초의 근대적 조약인 강화도 조약은 치외 법권과 해안 측량권을 인정한 불평등 조약으로, 조선은 일본의 요구에 따라 부산·원산·인천을 개항했다.

14 다음 내용을 담고 있는 책으로 옳은 것은?

> 러시아가 강토를 공격하려 한다면 반드시 조선이 첫 번째 대상이 될 것이다. …… 러시아를 막을 수 있는 조선의 책략은 무엇인가? 오직 중국과 친하며 일본과 맺고 미국과 연합함으로써 자강을 도모하는 길뿐이다.

① 〈조선책략〉   ② 〈조선상고사〉
③ 〈삼국사기〉   ④ 〈동국통감〉

> **해설**
> 1880년대에 김홍집이 청에서 황준헌의 〈조선책략〉을 국내로 들여왔다. 이로 인해 러시아의 남하 정책에 대비하기 위해 미국과 수교를 맺어야 한다는 여론이 형성됐고, 이만손을 중심으로 한 영남 유생들이 만인소를 올려 이를 비판하기도 했다.

15 밑줄 친 '이 조약'에 해당하는 것은?

일본이 대한제국의 외교권을 빼앗은 이 조약은 체결 절차의 강제성 때문에 늑약으로 부르기도 한다.

① 을사늑약　　　　　　　② 한성조약
③ 정미 7조약　　　　　　④ 강화도 조약

해설
조선은 일제의 강압으로 을사늑약을 체결해 외교권을 박탈당했다.

16 다음 내용에 해당하는 민족 운동은?

1920년대 후반부터 농촌 계몽의 일환으로 언론기관이 중심이 돼 한글을 보급했다. 조선일보는 문자 보급운동을, 동아일보는 브나로드 운동을 전개했다.

① 형평 운동
② 국채보상운동
③ 문맹 퇴치 운동
④ 6 · 10 만세운동

해설
1930년대 초 조선일보와 동아일보 등의 언론사를 중심으로 농촌 계몽 운동이 전개됐다. 조선일보는 한글 교재의 보급과 순회강연을 통한 문자 보급 운동을 전개했고, 동아일보는 문맹 퇴치 운동인 브나로드 운동을 전개했다.

17 (가)에 들어갈 기관에 대한 설명으로 옳은 것은?

　(가)　는 1885년에 조선 정부가 세운 최초의 근대식 병원이다. 정부는 미국 공사관의 소속 의사가 갑신정변 당시 중상을 입은 민영익을 치료하자 그의 건의를 받아 이 병원을 세웠다.

① 제중원으로 이름을 바꾸었다.
② 경운궁(덕수궁) 내부에 설치됐다.
③ 일본이 군사적 목적으로 부설했다.
④ 갑신정변으로 인해 운영이 중단됐다.

해설
조선 정부는 알렌의 건의를 받아들여 최초의 서양식 병원인 광혜원을 건립했고(1885), 설립 이후 이름을 제중원으로 바꾸었다.

18 다음 (가)에 들어갈 내용은?

1903년부터 （가） 지역의 하와이의 사탕수수 농장의 노동자를 선발하면서 이주가 시작됐다.

① 미 주 　　　　　　　　　　 ② 만 주
③ 연해주 　　　　　　　　　　 ④ 동남아시아

해설

미주 지역의 한인들은 하와이 사탕수수 농장의 노동자로 이주하기 시작해 한인 단체를 조직했으며, 대한인국민회 등 자치 단체를 만들어 독립운동을 전개했다.

19 개항 이후 외국 상인과 무역을 전개하면서 나타난 결과로 옳은 것을 〈보기〉에서 모두 고른 것은?

보기

ㄱ. 조선의 곡물 가격이 폭락했다.
ㄴ. 조선의 면방직 수공업이 쇠퇴했다.
ㄷ. 객주・여각이 중개 무역으로 성장했다.
ㄹ. 공인이 등장했다.

① ㄱ, ㄴ 　　　　　　　　　　 ② ㄱ, ㄹ
③ ㄴ, ㄷ 　　　　　　　　　　 ④ ㄷ, ㄹ

해설

개항 초기에는 개항장 주변에서 거류지 무역이 활발했다. 일본 상인은 영국산 면직물을 싸게 들여와 조선에서 비싼 가격에 판매했고 이로 인해 조선의 면방직 수공업이 쇠퇴했다. 또한, 외국 상인과 국내 상인의 중개 무역이 활발해져 이를 담당하는 객주와 여각이 성장했다.
ㄱ. 개항 이후에는 조선의 곡물이 일본에 다량 수출되면서 국내 곡물 가격이 폭등했다.
ㄹ. 조선 후기 대동법 실시 이후 공인이 등장했다.

20 1910년대 일제가 시행한 식민 정책이 아닌 것은?

① 조선태형령
② 헌병경찰제
③ 국가총동원법
④ 토지조사사업

해설
일제는 중일전쟁(1937) 이후 자원 수탈을 강화하기 위해 국가총동원법(1938)을 실시해 전쟁 수행에 필요한 인적, 물적
자원은 물론, 한민족의 문화까지 말살하려 했다.
①·②·④ 1910년대 일제는 조선총독부를 설치하고 강력한 헌병경찰통치를 실시했다. 이 시기에는 조선인에 대한 처벌
　　　　수단으로 태형을 시행하고, 근대적 토지 제도 확립을 명분으로 토지조사사업을 실시해 많은 토지를 약탈했다.

21 다음 설명에 해당하는 사건은?

> 모든 계층이 참여한 우리 역사상 최대 규모의 민족 운동으로, 대한민국 임시정부가 수립되는 계기가
> 됐다.

① 3·1 운동
② 브나로드 운동
③ 물산장려운동
④ 6·10 만세운동

해설
3·1 운동은 각계각층의 사람들이 참여한 대규모 독립운동으로 이후 대한민국 임시정부가 수립됐으며, 중국의 5·4 운
동, 인도의 독립운동에도 영향을 주었다. 또한, 일제는 3·1 운동 이후 통치 체제를 기존의 무단통치에서 문화통치로
정책방향을 바꾸었다.

22 다음 (가)에 들어갈 인물은?

> 1919년 만주 지린성에서 ⎯(가)⎯의 주도로 의열단이 조직됐다. 의열단은 일제 고위 관리나 친일파 거두를 처단하고, 식민 통치 기관을 파괴하는 항일 투쟁 활동을 전개했다.

① 김원봉   ② 김좌진

③ 안창호   ④ 홍범도

해설

김원봉을 중심으로 만주 지역에서 결성된 의열단은 신채호가 작성한 조선혁명선언을 기본 행동 강령으로 해 직접적인 투쟁 방법인 암살, 파괴, 테러 등을 통해 독립운동을 전개했다.

23 일제 식민지 지배 당시 문예 활동에 대한 설명으로 옳지 않은 것은?

① 이육사는 일제강점기의 저항 시인으로 활동했다.

② 나운규는 토월회를 결성해 신극 운동을 전개했다.

③ 이중섭은 일제강점기의 화가로 소 그림과 은지화 등을 남겼다.

④ 1920년대 후반 사회주의의 영향을 받은 카프(KAPF)가 결성됐다.

해설

박승희, 김기진 등이 중심이 돼 토월회를 결성해 신극 운동을 전개했다.

24 다음 중 일제가 1920년대 문화통치 시기에 시행한 정책으로 옳은 것은?

① 치안유지법을 제정했다.

② 남면북양정책을 추진했다.

③ 토지조사사업을 실시했다.

④ 헌병경찰제도를 실시했다.

해설

치안유지법(1925)은 일제가 1920년대 사회주의 운동이 활성화되자 이를 탄압하기 위해 만든 법으로, 주로 사회주의 사상과 민족 독립운동을 탄압하는 데 이용됐다.

② 1930년대 민족말살통치기의 병참 기지화 정책이다.

③·④ 1910년대 무단통치기에 실시된 정책이다.

25 다음 인물들의 공통된 사실로 옳은 것은?

> • 박은식
> • 신채호
> • 정인보

① 한글 보급 운동
② 한국사 연구
③ 민립대학 설립 운동
④ 경제 자립 운동

해설
박은식, 신채호, 정인보 등은 한국사 연구를 통해 민족 문화의 우수성, 한국사의 주체적 발전을 강조했다.

26 대한민국 임시정부의 활동이 아닌 것은?

① 갑오개혁 추진
② 독립공채 발행
③ 한국광복군 창설
④ 연통제와 교통국 조직

해설
갑오개혁은 고종 시기인 1894년에 실시됐다.

27 다음 설명에 해당하는 단체는?

> • 일제 식민 통치 아래 백정에 대한 사회적 차별 심화
> • 공평은 사회의 근본이고 애정은 인류의 본령

① 근우회   ② 형평사
③ 보안회   ④ 신민회

해설
일제강점기 때 백정에 대한 차별이 더욱 심해지자 이러한 차별을 철폐하기 위해 조선형평사를 결성하고 형평 운동을 전개했다(1923).

28 밑줄 친 '그'에 해당하는 인물은?

> <u>그</u>는 대한민국 임시정부의 주석을 역임했으며, 광복 후 남한만의 단독 정부 수립에 반대하고, 남북 협상을 추진했다.

① 김 구

② 나 철

③ 김옥균

④ 서재필

해설

김구의 활동에 대한 설명이다.

29 1948년 4월 평양에서 열린 남북 협상에서 채택된 내용으로 옳은 것은?

① 신탁 통치 반대

② 독재 정치의 타도

③ 통일된 조국 건설

④ 남한 단독 총선거 실시 결정

해설

1948년 김구와 김규식 등은 남북 협상(남북 지도자 회의)을 통해 통일 정부를 수립하기 위해 김일성에게 회담을 제의했다. 이 회담에서 남한 단독 정부 수립 반대, 미·소 양군 철수 등을 요구하는 내용의 결의문이 채택됐다.

30 다음 (가)에 들어갈 정부는?

> 주제 : (가) 시기의 주요 사건
>
> • 발췌 개헌
> • 사사오입 개헌
> • 경향신문 폐간

① 박정희 정부

② 전두환 정부

③ 노태우 정부

④ 이승만 정부

해설

이승만 정부 시기의 사건들이다.

31 5 · 16 군사정변을 일으킨 세력에 대한 설명으로 옳은 것을 〈보기〉에서 모두 고른 것은?

> **보기**
>
> ㄱ. 국가재건최고회의를 구성해 군정을 실시했다.
> ㄴ. 반민족행위처벌법을 제정했다.
> ㄷ. 대통령 중심제와 단원제 국회를 골자로 한 헌법 개정안을 공포했다.
> ㄹ. 이산가족 고향 방문을 최초로 성사시켰다.

① ㄱ, ㄴ
② ㄱ, ㄷ
③ ㄴ, ㄷ
④ ㄷ, ㄹ

해설

5 · 16 군사정변을 일으킨 박정희 군부 세력은 국가재건최고회의를 구성해 군정을 실시했다. 또한, 대통령 중심제와 단원제 국회를 골자로 한 헌법 개정안을 공포했다.
ㄴ. 이승만 정부
ㄹ. 전두환 정부

32 다음 (가)에 들어갈 내용으로 가장 적절한 것은?

> **대한민국의 경제 발전 과정**
>
> 1960년대 : 노동 집약적 경공업 육성
> 1970년대 : (가)
> 1980년대 : 3저 호황, 고도 성장

① 여러 국가와 자유무역협정 체결
② 경제협력개발기구(OECD) 가입
③ 수출 주도형 중화학 공업화 정책 추진
④ 국제통화기금(IMF)으로부터 긴급 자금 지원

해설

1970년대 박정희 정부 시기 수출 주도형 중화학 공업 정책을 추진하였으며, 1977년에는 수출 100억 달러를 달성하기도 했다.

33 밑줄 친 '선언'에 해당하는 것은?

> 박종철의 고문치사 등을 배경으로 직선제 개헌을 요구하는 시위가 전국에서 일어났다. 결국 전두환 정부는 조속한 대통령 직선제 개헌을 약속하는 <u>선언</u>을 발표했다.

① 정우회 선언
② 6·29 민주화선언
③ 3·1 민주구국선언
④ 물산장려운동

해설

1987년에 박종철 고문치사 사건과 4·13 호헌 조치를 계기로 6월 민주항쟁이 전국적으로 확산됐다. 정부는 국민들의 직선제 개헌과 민주 헌법의 제정 요구를 받아들여 6·29 민주화선언을 발표했고, 5년 단임의 대통령 직선제를 바탕으로 한 새로운 헌법이 마련됐다.

34 다음 내용을 일어난 순서대로 바르게 나열한 것은?

> ㄱ. 4·19 혁명
> ㄴ. 유신 헌법 선포
> ㄷ. 3·15 부정 선거

① ㄱ-ㄴ-ㄷ
② ㄱ-ㄷ-ㄴ
③ ㄴ-ㄱ-ㄷ
④ ㄷ-ㄱ-ㄴ

해설

ㄷ. 3·15 부정 선거(1960.3.15.) → ㄱ. 4·19 혁명(1960.4.19.) → ㄴ. 유신 헌법 선포(1972)

35 다음과 같은 정책을 실시한 정부는?

> • 금융실명제 시행
> • 지방자치제 전면 실시
> • 고위 공직자 재산 공개 의무화

① 박정희 정부
② 전두환 정부
③ 노태우 정부
④ 김영삼 정부

해설

김영삼 정부는 금융 거래의 투명성을 확보하기 위해 1993년 금융실명제를 실시했고, 공직자 재산 등록, 지방자치제를 전면 실시했다. 또한, 1996년 경제협력개발기구(OECD)에 가입했다.

36 다음 내용에 해당하는 정부 시기에 있었던 사실로 옳은 것은?

> • 남북한 유엔 동시 가입
> • 남북기본합의서 채택
> • 한반도 비핵화에 관한 공동선언 합의

① 개성공단이 조성됐다.
② 서울올림픽 대회가 개최됐다.
③ 베트남 전쟁에 국군이 파병됐다.
④ 국민기초생활보장법이 제정됐다.

해설
노태우 정부 때 서울에서 올림픽 대회를 개최했으며, 적극적인 북방 외교를 펼쳐 남북한의 유엔 동시 가입, 남북기본합의서 채택(1991)과 한반도 비핵화에 관한 공동선언이 이루어졌다.
① 노무현 정부
③ 박정희 정부
④ 김대중 정부

37 김대중 정부 시기의 통일 정책으로 옳은 것은?

① 이산가족이 최초로 상봉했다.
② 남북한이 유엔에 동시 가입했다.
③ 7 · 4 남북공동성명을 발표했다.
④ 6 · 15 남북공동선언을 발표했다.

해설
김대중 정부 시기인 2000년에 평양에서 최초의 남북정상회담을 개최하고 6 · 15 남북공동선언을 발표했다.
① 전두환 정부
② 노태우 정부
③ 박정희 정부

PART3
인천광역시 역사·문화 ·시책

많이 보고 많이 겪고 많이 공부하는 것은 배움의 세 기둥이다.

– 벤자민 디즈라엘리 –

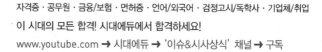

인천광역시 역사

01　인천 명칭의 유래

인천의 최초 명칭은 미추홀(彌鄒忽)이다. 이 지역이 하나의 행정구역으로 등장하는 것은 고구려 장수왕 때(475)로 매소홀현(買召忽縣)이었다. 이후 신라가 삼국을 통일한 후 경덕왕 때 한자식으로 바뀌어 소성현 (召城縣)이 되었다. 고려 숙종(1095~1105) 때 경원군(慶源郡)으로 개칭·승격되었다. 그 뒤 인종(1122 ~1146) 때에 순덕왕후 이씨의 내향이라 하여 인주(仁州)로 승격되었는데 이자겸의 난으로 인주 이씨가 몰락하다시피 하였으나 공양왕 2년(1390)에 이르러 다시 경원부로 환원되었다. 조선 왕조가 세워지면서 경원부는 다시 인주로 환원되었다. 그러나 태종 13년 주(州)자를 가진 도호부 이하의 군·현 명을 산(山), 천(川) 두 글자 중 하나로 개정토록 하여 현재의 인천으로 탄생하게 되었고, 그날(1413년 10월 15일)을 기려 '인천시민의 날'이 제정되었다.

02　시대별 인천의 역사

1. 선사 시대~삼국 시대

인천은 우리 민족의 역사가 동틀 무렵, 이미 한반도 서해안 지역의 중심으로 자리하고 있었다. 강화도를 비롯한 인천 지역 곳곳에서 구석기를 사용하던 사람들이 살기 시작하였고, 이들의 사회적·문화적 유산은 신석기·청동기 시대를 거치는 동안 축적 및 확장되어 기원 전 1세기 경에는 '미추홀(彌鄒忽)'을 건설하도록 하는 기반을 이루고 있었던 것이다. 세계문화유산으로 지정된 강화 고인돌 무리를 비롯하여 인천 지역 여러 곳에서 발견되는 고인돌들이 이를 말하고 있다.

그러나 한강 중류에서 백제가 세력을 떨치고, 대동강 유역에 고구려가 자리하게 되자 인천 지역사회는 점차 그 독자적 세력을 잃어 갔다. 이들 두 세력의 신장에 밀려 더 이상 서해안 지역의 중심세력으로 성장하지 못하고 끝내 백제의 평범한 군·현으로, 이어서 고구려의 군·현으로 편입되어 간 것이다. 백제의 지배 하에서 인천 지역은 대외교통의 창구가 되었는데, 고구려와는 달리 해상으로 중국과 교통할 수 밖에 없었던 백제가 그 수도를 충청도 공주로 옮길 때까지 100여 년 동안 능허대(凌虛臺)를 항구로 하여 중국과의 교통을 취했다. 그러나 상호 왕래가 빈번하지 못했던 탓인지, 이러한 기능이 인천 지역에 미친 영향은 거의 없었던 것으로 보인다.

이후 대동강과 원산만을 연결하는 지역까지 그 영토를 넓힌 통일신라는 중국과의 해상교통의 거점을 남양만(南陽灣)으로 하였다. 그리고 인천 지역에는 군진(軍鎭)을 설치하여 외침의 방어와 함께 해상교통의 안전을 기하는 군사기지로 삼았다. 고구려의 지배 하에서 다시 평범한 농·어촌사회로 돌아갔던 인천 지역사회가 이번에는 군사적 요충지로 부상하는 변화를 맞이하게 된 것이다.

2. 고려 시대

인천 지역사회가 경험했던 해상교통의 거점으로서의 역할은 고려 왕조가 개성에 도읍하면서 더욱 확대·촉진되었다. 일찍이 해로를 통한 대외무역에서 뛰어난 활동을 보였던 고려 왕실은 개성에 이르는 수로(예성강) 입구에 위치한 강화·교동·자연도 등을 중심으로 대외교통의 거점을 개발·정비하는 한편, 이를 군사적 경제적으로 지원하면서 수도 개성의 남방 지역을 방어할 안남도호부(安南都護府)를 부평에 설치한 것이다.

안남도호부에는 원인천[소성현(邵城縣)]과 시흥·양천·통진· 김포 등이 예속되어 있었다. 이로써 인천 지역사회가 '꼬레아'로 서방세계에 알려지는 고려의 국제 교류의 관문으로 정립되었다.

인천 지역사회는 이후 고려 왕조 일대에 걸쳐 날로 번성하여 갔다. 먼저 인주 이씨의 왕실과의 혼인으로 경원군(慶源郡)이 되고, 이어 다시 인주(仁州)로 그 위상을 높여갔으며, 고려 말에는 '칠대 어향(七代御鄕)'이라 하여 경원부(慶源府)로까지 격상되었다. 그리고 부평도 계양도호부(桂陽都護府)에서 길주목(吉州牧)으로 승격되었다가 부평부(富平府)로 고쳐졌고, 강화는 몽골(蒙古)의 침입 때 40년 가까이 피난수도로 자리하면서 대몽항쟁의 중심을 이루어 그 위상이 극에 달하였다.

3. 조선 시대

고려 왕조에 이은 조선은 유교지치주의(儒敎至治主義)를 내걸고 대내적으로는 자급자족적인 토지 경제와 유교적인 교화에 힘쓰고, 대외적으로는 쇄국 정책을 폈다. 따라서 황해의 해상교통이 전면 금지되었음은 물론, 내·외국인의 왕래가 극도로 규제되었고, 귀화하지 않은 외국인들은 모두 추방되었다. 사신의 왕래와 대외무역으로 번성하였던 인천 지역사회도 자연 그 기능을 상실하면서 평범한 농·어촌으로 변모했다. 그리고 중앙 집권의 강화에 맞물려 경원부는 인천군(仁川郡)으로 강등·축소되고, 강화·부평 등도 군사적 의미만을 지니는 일개 도호부(都護府)로 하락하고 말았다.

경원부의 지난 날 이름인 인주(仁州)에서 의 '인(仁)'자와, 지방 행정구역의 이름에 특별한 경우가 아니고는 산(山)이나 천(川)을 붙이도록 한 행정구역 개편 원칙에 따라 '천(川)'자가 합해져서 '인천(仁川)'이라는 행정구역명이 비로소 등장하게 되었다.

이후 200여 년 동안 인천 지역사회는 자급자족적인 한적한 농·어촌사회로 존속하였다. 다만, 세조 때 국방체제를 개편하는 과정에서 강화나 부평처럼 도호부가 되는 변동이 있었다(1459). 그러다가 1600년을 전후로 왜란(倭亂)과 호란(胡亂)을 연달아 겪으면서 인천 지역사회는 다시 한 번 국방 요충지로 부상하게 되었다. 일본의 침입을 받을 경우에는 남한산성(南漢山城)을 왕실과 조정이 잠시 피난하면서 전란을 극복하는 곳으로 하고, 대륙세력의 침입을 받을 경우에는 강화도를 피난처로 한다는 전략이 수립되면서 남한산성의 경영과 함께 강화도를 중심으로 한 인천 해안지역의 방어체제와 시설이 새롭게 보강되어 간 것이다.

이리하여 17세기 말엽에 이르러서는 인천 지역사회가 강화를 중심으로 하나의 거대한 육·해군의 기지로 변모하면서 왕실의 보장처로 자리하게 되었다. 그러나 이러한 변화는 어디까지나 행정·군사 편제상의 변동이었을 뿐, 이 지역의 사회구조나 주민 생활에 특별한 변화를 가져 오지는 않았다. 다만, 군량의 확보를 위하여 고려 시절부터 추진되었던 강화도의 갯벌 매립사업이 한층 확장되어 오늘날의 강화평야를 이룩하는 지형적 변화가 있었다.

그런데 19세기 중엽에 이르러 이미 중국과 일본에 진출했던 서양의 여러 나라들이 조선에도 통상(通商)을 요구해 오기 시작하자, 이들 군사시설은 서양세력의 진입을 저지·차단하는 최전방 방어시설로 기능하게 되었다. 러시아를 제외한 모든 서양세력들이 서해안지역, 그 중에서도 수도 한양에 이르는 입구인 인천해안으로 밀려들었기 때문이다.

조선에 진출하려는 서양세력의 끈질긴 시도와 이를 저지하려는 조선의 쇄국 정책은 끝내 인천해안에서 군사적 충돌, 이른바 병인양요(丙寅洋擾 : 1866)와 신미양요(辛未洋擾 : 1871)를 일으켰다. 전쟁의 주무대가 된 강화도는 몽골의 침공 때보다 큰 상처를 입었지만, 500여 년 만에 다시 한 번 조국수호의 성지로 부각되었다.

프랑스와 미국의 침공을 물리친 조선 정부는 쇄국 정책을 더욱 강화하였다. 그러나 일본의 강압과 국내 정세의 변화로 끝내 강화도 조약에 응하고 말았다(1876). 수백년 동안 지속되어 오던 일본과의 교린(交隣) 정책이 무너지자, 중국(청나라)은 조선에서의 일본의 지위를 견제하기 위하여 서둘러 미국을 비롯한 서방 열강들과의 수호통상조약을 주선하였다. 중국과 일본의 문호개방으로 조선도 그 문호를 개방하게 된 것이다. 원인천은 바로 이 같은 역사의 현장이 되었고, 또 문호개방의 최전방에 놓이게 되었다.

조선 정부도 이들의 조선 진출을 가능한 한 개항장에 국한시키고자 하였기 때문에 제물포에는 인천해관(海關)과 인천감리서(監理署)가 설치되고, 각국 영사관이 들어섰으며, 이들을 중심으로 하여 각국의 상·공업 시설과 종교·교육·문화시설들도 빠르게 설립되어 갔다. 황해를 통한 외국과의 해상교통이 폐쇄된 지 약 500년 만에 다시 인천 지역사회가 국제적 도시사회로 탈바꿈하기 시작한 것이다. '인천의 개항'을 이 제물포 개항으로부터 시작된 것으로 보는 것도 이러한 까닭이다.

4. 개항기

제물포 개항은 인천 지역사회에 또 다른 시련을 가져왔다. 외세의 진입과 이질적 문물의 유입에 따른 갈등도 있었으나, 무엇보다 일본이 원인천을 한국식민지 경영의 발판으로 삼은 데 있었다. 청일전쟁(1894 ~ 1895) 과 러일전쟁(1904 ~ 1905)을 치르면서 한국에서의 우월적 지위를 확보한 일본은 우선 제물포와 한양을 잇는 도로와 철도를 부설하고 이들과 연계되는 항만의 확장·수축에 착수하였다. 그리고 이어 일본의 식량(쌀)과 공업원료를 확보하기 위한 토지조사사업(1910 ~ 1918)과 산미증식계획(1920년대) 등을 추진하였다. 인천 지역사회는 이 과정에서 다른 지역에 앞서 많은 토지와 인력을 수탈당하고 대부분의 농민이 몰락하였다. 그리고 몰락한 농민은 저임금의 노동자와 가계보조적 노동인구(부녀자·아동)를 증대시켜 조선인의 노동 여건을 더욱 악화시켰다. 또 일본은 일본인 거주지 중심으로 도시시설을 집중 투자하여 일본인에게만 유리한 도시환경을 조성하기 위해 행정구역을 개편하였다. 인천지역에서는 제물포를 중심으로 한 원인천사회가 그 초점이 되었다. 앞서 경기도 인천군에서 인천부로 바뀌었던 원인천사회는 이 개편으로 도시지역과 농촌지역으로 양분되었다.

인천부는 일본인 시가지를 중심으로 영역이 크게 축소되고, 나머지 농어촌지역은 부평을 중심으로 신설된 부천군(富川郡)에 편입되었다. 그리고 각국공동조계와 청국전관조계도 모두 철폐되고, 부의 하부 행정조직도 모두 일본식으로 바뀌었다. 인천부는 완전히 일본인 도시로 변하였고, 전통적인 생활권역과 공동체 질서는 파괴·약화되었다.

5. 일제강점기

일본의 식민지 경영이 강화되고 대륙 침략 정책이 본격화되면서 일반인 이주자가 크게 늘어 공단과 거주지를 건설하고, 김포·부평평야를 식량공급지로 삼았다. 이를 위해 인천부는 옛 인천도호부의 영역에다가 부평군의 일부까지 차지하는 넓은 영역을 갖게 되었다.

개항 직후 제물포 중심의 작은 항구도시·상업도시였던 원인천사회가 거대한 항만도시이자 커다란 중공업단지와 농업단지를 배후에 두는 산업도시로 그 모습을 바꾸게 된 것이다. 그리고 이러한 가운데 인천 지역사회는 철저히 일본인 중심의 도시와 농공단지로 변하여 갔다. 따라서 그만큼 일본인의 억압과 수탈은 심해졌고, 그에 따른 한국인의 저항도 커지지 않을 수 없었다.

개항 직후 개항장에서의 한국인과 일본인 간의 마찰·갈등은 극히 개별적이고 간헐적이었다. 비록 일본의 강압으로 개항되기는 하였으나, 우리나라에서도 18세기부터 사회개혁을 모색·추구하는 기운이 있어 왔고, 또 그 과정에서 외래의 이질적 문물과도 접촉하여 왔기 때문에, 외래문물이나 시세의 변화에 대한 일방적인 거부감보다는 그에 적절히 적응하고 수용하는 분위기가 있었기 때문이다. 1897년에 설립된 인천항신상협회(仁川港紳商協會)는 그 좋은 사례였다. 이 협회는 일본 기업과 상인에 대응하여 우리 민족상인의 상권을 옹호·신장하면서 새로운 상업질서의 정립을 꾀하고 육영사업에도 힘을 기울였다. 인천 지역에서 외세에 대한 저항이 무력적이기보다는 노동 쟁의나 계몽 활동 같은 사회운동에서 더욱 두드러졌던 것도 이 같은 분위기 때문이었다. 그러나 일본의 억압이 심해지면서 한국인의 항일 감정은 날로 높아만 갔고, 그것은 점차 조직적·집단적 저항과 투쟁을 도모하게 하였다.

3·1 독립만세운동은(1919) 이러한 운동 양태를 표출시키는 하나의 전기가 되었다. 1919년 3월 6일 원인천에서도 만세운동을 시작하여 부평·김포·강화 등으로 확산되었고, 인천 지역사회에서도 그 기운을 이어 수많은 조직이 결성되고 다양한 활동이 전개되었다. 개항 후 전통적으로 강세를 보여 온 노동운동과, 기독교회를 중심으로 한 청소년운동은 그 중심에 있었다. 1920년대 초에 전국적으로 전개된 조선물산장려운동과 금주(禁酒)·단연(斷煙)운동이 인천조선물산소비조합(仁川朝鮮物産消費組合)을 중심으로 전개되고, 또 전국적 민족운동 조직인 신간회(新幹會)와 근우회(槿友會)의 인천지회가 조직되기도 하였으나(1927 ~1929), 광복에 이르기까지 합법적 또는 비합법적으로 저항과 투쟁을 지속하여 간 것은 노동운동과 청소년운동이었다.

항일운동은 일본의 다양한 한민족말살정책에도 불구하고 한민족과 인천 지역 주민을 광복에 이르도록 한 원동력이 되었고, 민주사회로 새롭게 출발하는 밑거름도 되었다.

6. 광복 이후

광복 후 한동안 우리나라는 인천 지역을 비롯해 다양한 성향의 정치세력들이 난립하여 혼란을 거듭하였다. 그러나 미군정(美軍政)을 거쳐 대한민국 정부가 수립되고 자유민주주의와 자본주의 경제를 지향한다는 국민적 합의가 이루어지면서 인천 지역사회는 빠르게 안정되어 갔다. 미군정 때 잠시 제물포시로 바뀌었던 인천부도 1949년 지방 자치법에 따라 경기도 인천시로 정립되었고(1949년 8월 15일), 시의회도 구성되었으며 시장 또한 간선(間選)으로 선출되었다(1952).

그리고 이들에 의하여 일본의 잔재와 미군정의 과도기적 조치들이 하나하나 청산되어 갔고, 경제 안정과 발전을 위한 여러 가지 시책도 속속 마련되어 갔다. 강화군·김포군 또한 다르지 않았으니, 인천 지역사회가 처음으로 경험하는 민주적 자치행정이었다. 주민에 의한, 주민을 위한 행정과 산업이 바야흐로 시작된 것이다. 그러나 1950년 6월 25일에 발발한 북한군의 남침은 인천 지역사회에 다시 한 번 시련을 주었다. 인명의 피해나 주민간의 갈등에서도 그러하였지만, 가까스로 일구어 가던 경제가 거의 무너지고 말았던 것이다.

휴전 후 20여 만명의 이북 피난민까지 수용했던 인천 지역사회는 각고의 노력을 다시 해야 하였다. 그리하여 휴전 이듬해 말에는 원인천에서만도 267개 공장을 갖게 되는 복구를 이루었으나, 자재난·전력난·자금난에다가 기술력의 부족까지 겹쳐 더 이상의 성장에는 한계를 보이고 있었다.

인천 지역사회의 본격적인 성장은 1960~70년대에 경제개발 5개년 계획이 거듭 추진되면서 이루어졌다. 원인천의 임해공단들과 부평공단(경인공단)에 대한 집중적인 투자가 수출 위주로 전개되면서 이를 위한 각종 기간(基幹)시설의 확충과 편의시설의 확대가 우선적으로 마련되었다. 원인천사회의 이러한 성장은 주변 지역에도 영향을 주어 각종 산업을 발달하게 하고 아울러 원인천사회를 중심으로 인구가 증가했다. 1968년 인천시는 서울, 부산, 대구에 이어 4대 도시로 성장하여 있었고, 지속된 경제 발전은 인천시의 산업과 사회를 더욱 성장시켜 인구 100만 명을 돌파하여 인천직할시로 승격하게 하였다(1981). 그리고 나아가서는 세계화·정보화의 추세와 중국의 개방화 정책으로 인천 지역의 지정학적 비중이 더욱 높아지자 인천광역시로 확장·승격되기에 이르렀다(1995년 3월 1일).

인천광역시는 지금도 개발과 성장을 지속하고 있다. 인천항과 인천국제공항(2001년 3월 개항)의 확장, 공유수면의 매립과 각종 산업·물류단지의 조성, 관광·레저단지와 새로운 주거단지의 건설, 인천지하철(1999년 12월 개통)과 고속화도로의 확대, 교육·문화시설의 증대 등등 이루 헤아리기 어려운 정도이다.

인천광역시는 현재 동북아시아의 중심도시로 세계를 향해 웅비하고 있다. 서울의 관문으로서 항만·상업도시를 이루어 온 원인천과 농공업도시 부평을 아우르고, 이어 농수산과 문화·관광의 보고(寶庫)인 강화와 옹진 등을 합했다. 또한 동북아시아의 허브(Hub) 공항을 더하여, 명실상부한 한반도의 거대한 관문이자 국제적 물류중심지, 산업·정보단지, 관광·휴양단지로 비약적인 성장을 하고 있는 것이다. 지난날의 인천(원인천)과는 완연히 다른 새로운 차원의 국제도시로 변화하고 있다.

1. 위 치

인천의 수리적 위치는 대략 126°37′E, 37°28′N에 해당되는데 이는 한반도의 한가운데이며 황해에 접하여 있고 한강의 하류에 위치해 있다. 대한민국의 수도인 서울과 28km 거리에 위치한 인천은 샌프란시스코, 워싱턴, 스페인 남부지역과 비슷한 위도에 위치해 있다.

2. 면 적

인천은 1981년 7월 1일 직할시로 승격 당시 면적은 201.21km²였으며, 1989년 1월 1일 경기도 김포군 계양면 (30.9km²)과 옹진군 영종·용유면(72.0km²) 편입으로 면적이 310.83km²가 되었다. 1995년 1월 1일 광역시로 명칭을 변경하고 같은 해 3월 1일 강화군(401.3km²), 옹진군(163.6km²), 김포군 검단면(42.2km²)의 통합으로 면적이 955km²가 되었다. 2000년 이후 공유수면매립 등으로 2005년에는 면적이 994.12km²로 전 국토 면적의 1%로 확장되었으며 2022년 12월 31일 기준 1,067.04km²에 이르고 있다.

3. 지 형

인천의 산지는 마니산(469m)과 계양산(395m), 삼각산(343m) 등 10여개의 산을 제외하고는 해발 300m 이내의 구릉성 산지이며 큰 하천의 발달도 없다. 한강으로 유입하는 하천은 굴포천, 청천천, 계산천 등이 있고, 황해로 유입하는 하천으로는 북쪽의 시천천, 공촌천과 남쪽의 승기천, 만수천, 장수천, 운연천 등이 있으며, 굴포천(11.5km)을 제외하면 승기천(6.2km), 검단천(6.74km) 등 대부분 하천 연장이 10km 미만이다. 인천의 해안은 리아스 해안으로 해안선이 길고 복잡하며 섬이 많다. 인천에는 모두 168개의 섬이 있으며, 이중 128개가 사람이 살지 않는 무인도이다.

4. 세계를 향한 동북아의 국제도시

인천항의 확장과 인천지하철의 개통(1999.10), 인천국제공항의 개항(2001.3), 공유수면의 매립과 각종 산업·물류단지의 조성, 관광·레저단지와 새로운 주거단지의 건설, 고속화도로의 확대, 교육·문화시설의 증대, 송도신도시 개발과 경제자유구역청의 개청(2003.10), 인천대교 개통(2009.10), 청라·영종지구개발 및 도시재생사업, 2014 아시안게임 성공 개최 등 인천은 지금도 개발과 성장을 지속하고 있다.

5. 행정구역 현황(8개 구 2개 군)

군·구	읍·면·동	법정동·리
계	1읍 19면 136동	136동 122리
중 구	12개 행정동	52개 법정동
동 구	11개 행정동	7개 법정동
미추홀구	21개 행정동	7개 법정동
연수구	15개 행정동	6개 법정동
남동구	20개 행정동	11개 법정동
부평구	22개 행정동	9개 법정동
계양구	12개 행정동	23개 법정동
서 구	23개 행정동	21개 법정동
강화군	1읍·12개 면	96개 법정리
옹진군	7개 면	26개 법정리

6. 인 구

연 도	2019	2020	2021	2022	2023
내국인	2,957,026명	2,942,828명	2,948,375명	2,967,314명	2,997,410명
등록외국인	72,259명	67,648명	66,364명	71,849명	81,016명
총인구	3,029,285명	3,010,476명	3,014,739명	3,039,163명	3,078,426명

7. 역대 시장(광역시 민선)

대 수	시 장	재임기간
8대	유정복	2022.7.1. ~ 현재
7대	박남춘	2018.7.1. ~ 2022.6.30.
6대	유정복	2014.7.1. ~ 2018.6.30.
5대	송영길	2010.7.1. ~ 2014.6.30.
3~4대	안상수	2002.7.1. ~ 2010.6.30.
1~2대	최기선	1995.7.1. ~ 2002.6.30.

02 인천광역시 문화

01 인천의 상징

1. 지역상징

(1) 시목 – 목백합

기품이 아름다워 공원수, 가로수로 적합한 목백합은 내한성과 병충해에 강하며, 성장이 빠르다. 원산지가 북미 지역으로서 인천 지역이 한미수교조약 체결의 현장임을 의미하기도 한다.

(2) 시화 – 장미

뛰어난 아름다움으로 오랜 세월 인천시민의 사랑을 꾸준히 받고 있어 시 전역에 고루 분포되어 있다. 능동과 정렬의 꽃말에서 능동적이고 정렬적인 인천시민의 모습을 확인할 수 있다.

(3) 시조 – 두루미

두루미의 도래지이면서 학의 고장인 인천 송학동, 청학동, 선학동, 학익동 등 학을 상징하는 지명이 많고, 특히 문학동은 인천의 옛 도읍지이기도 하다.

(4) 시색 – Incheon Blue

인천은 항구도시로서 청색은 바다색을 상징하며, 힘차고 굳센 기상과 대양을 향한 꿈을 상징한다.

2. 기관상징

(1) 심볼마크

① 인천의 "ㅇ" "川", 파도를 모티브로 끊임없는 움직임과 무한한 잠재력을 상징한다.

② 항만, 공항을 중심으로 상품, 서비스, 정보가 들어오고 나가는 교류 도시의 표상이다.

③ 세계의 관문도시로서 동북아의 중심지, 동북아의 허브로서 21세기 인천의 미래상을 표현한다.

(2) 캐릭터

인천시의 캐릭터는 등대와 점박이물범을 소재로 디자인되었다. 등대는 '대한민국 최초의 불빛' 팔미도 등대를 모티브로 첨단산업도시 인천의 과거와 미래의 연결을 의미한다. 점박이물범은 천연기념물이자 멸종위기 동물인 백령도의 점박이물범을 모티브로 인천시의 자연 친화적인 의미를 담았다. 캐릭터의 이름은 중앙의 등대 캐릭터가 '등대리(Daery)', 물범은 왼쪽부터 '애이니(Ainy)', '꼬미(Comy)', '버미(Bumy)'다.

3. 브랜드

(1) 핵심가치 : First Ever (최초를 넘어 최고가 되다)

대한민국 최초의 이야기는 인천에서 시작되었다. 대한민국 최초가 되고, 인천 최고를 의미하는 'First Ever'는 인천 도시브랜드의 핵심가치다. 'First Ever'는 대한민국의 시작을 열고, 새롭게 도전하는 역동적인 인천의 정신이며, 오늘의 대한민국을 있게 한 힘을 의미한다.

(2) 슬로건 : all_ways_Incheon

대한민국의 길을 열고, 세상의 길을 잇고, 너와 나의 길이 되는 인천으로 이는 '모든 길은 인천으로 통한다'라는 의미를 담고 있다. 인천광역시의 현재와 지향점을 나타내며, 도시브랜드가 전하는 메시지와 가치를 효과적으로 이해시키는 기능을 가진다.

(3) 브랜드 아이덴티티

all ways INCHEON

인천만의 '한국 최초, 인천 최고 100선' 중에서 길을 열고, 길을 잇고, 길이 되는 상징 두 가지인 등대(I : 팔미도등대)와 다리(N : 인천대교)를 디자인 모티브로 삼았다. 두 개의 N은 인천의 특징인 '연결과 확장'의 의미를 담고 있다.

인천광역시 시책

01 2024년 인천광역시 주요 정책 및 제도

1. 가족 돌봄

(1) 천사(1,040만 원) 지원금 신설

아이 키우기 좋은 환경을 만들고 부모들의 양육 부담을 덜어주기 위해 인천광역시에 거주하면서 출생한 1세부터 7세 아동에게 매월 10만 원씩 연 120만 원, 최대 840만 원을 지원한다. 첫만남 이용권 200만 원에 천사 지원금 840만 원(연 120만 원)을 더해 최대 1,040만 원을 지원받을 수 있으며, 인천e음 포인트로 지급되어 가맹점에서 사용 가능하다.

(2) 아이(i) 꿈수당 지원

아동의 건강한 성장환경 조성을 위해 아동수당이 중지되는 2016년생 아동(지급일 기준 인천광역시에 주민등록을 둔 아동)에게 매월 25일 5만원을 지원한다. 아동수당 중지월(생년월 전월)로부터 1개월 전부터 신청 가능하다.

(3) 임산부 교통비 지원

교통약자인 임산부에게 이동 편의를 제공하고 출산 가정의 경제적 부담을 경감하여 건강한 출산을 지원하기 위해 2024년 1월 1일 기준 인천광역시에 6개월 이상 주민등록을 두고 거주하는 임산부에게 1인당 50만원을 지원한다. 지원금은 인천e음 교통비 포인트로 지급되며 임신 12주부터 출산 후 1개월 이내에 신청할 수 있다.

(4) 은둔형 외톨이 맞춤 서비스 제공

사회적·경제적·문화적 원인 등으로 집이나 한정된 공간에서 외부와 단절된 상태로 생활하여 정상적인 사회활동이 곤란한 '은둔형 외톨이' 및 그 가족에게 맞춤형 서비스를 제공한다. 은둔형 외톨이를 위한 심리 상담 및 치료, 활동형 프로그램, 자조형 모임, 생활습관 개선사업 등을 실시한다.

(5) 위기 꿈둥이 보호 핫라인

위기 임산부와 아동을 보호하고 안정적인 양육환경을 조성하기 위해 위기 임산부의 출산 및 양육을 지원한다. 경제적·심리적·신체적 사유 등으로 인해 출산 및 양육에 어려움을 겪는 위기 임산부를 대상으로 1:1 상담 및 개인별 맞춤형 복지시스템 연계, 일시 보호, 시설·기관 연계 및 맞춤형 복지를 제공한다.

2. 복 지

(1) 장애인 전동보장구 전용보험 가입

장애인 전동보장구(전동휠체어, 전동스쿠터)를 사용하는 장애인을 대상으로 전동보장구 이용 중 발생한 사고에 대해 피해보상을 지원한다. 전동보장구 운행 중 발생한 피해자의 대인·대물 피해를 보상하며, 사고당 최대 5,000만 원 한도 내 피해를 보상한다. 단, 보험가입 기간에 발생한 사고에 대해 3년 이내로 보험을 청구해야 한다.

(2) 든든한 동행 방문 장애인 등록 서비스

장애인 신규등록을 원하지만 거동이 불편하고 동행가족이 없는 인천 시민에게 차량 지원 및 의료기관 방문 동행 서비스를 제공한다. 주소지 행정복지센터에 방문하여 상담 및 장애인등록 서류 접수를 지원하고, 군·구 장애인복지관 이동에 따른 차량 지원 및 자원봉사자와 함께 의료기관까지 동행하여 병원 접수·진료·서류발급 등 필요한 도움을 제공한다.

(3) 인천형 청년월세 지원

18세~39세 이하 무주택 청년의 월세를 최장 5개월간 월 20만 원 한도로 지원하는 사업이다. 부모님과 따로 거주해야 하며, 소득 기준 중위소득 60% 이하, 자산 1억 700만 원 이하, 월세보증금 5,000만 원 이하 및 월세 60만 원 이하 등 조건을 충족해야 한다. 모집인원 1,000명이 초과할 경우 거주기간, 소득활동, 자산 등을 고려하여 고득점순으로 선발한다.

(4) 군복무 인천청년 상해보험 지원

군복무 청년에게 불의의 사고가 발생하는 경우 청년과 가족들이 심리적·육체적·경제적 어려움을 극복할 수 있도록 상해보험을 지원한다. 별도의 가입 절차 없이 보험기간 중 입영 및 인천광역시에 전입하면 자동가입되며, 제대 및 전출 시 자동 해지된다. 군복무 중 상해사망, 상해후유장해, 질병사망, 질병후유장해, 상해입원(일당), 질병입원(일당), 정신질환위로금, 골절발생위로금, 화상발생위로금을 보장한다.

(5) 대중교통비 환급지원(K패스)

월 15회 이상 정기적으로 대중교통을 이용하는 시민을 대상으로 월 최대 60회까지 적립 환급을 지원한다. 전용카드(K-패스 카드)로 대중교통을 이용하는 경우 교통비 일부를 계층별 일정 비율(일반 20%, 청년 30%, 저소득층 53%)에 따라 환급한다.

3. 건 강

(1) 인천시 대상포진 예방접종 지원

접종일 기준 인천광역시에 1년 이상 거주한 65세 이상(2024년 기준 1959년 12월 31일 이전 출생자) 기초생활보장수급자를 대상으로 대상포진 무료 예방접종 지원이 확대된다. 다만 백신 금기자 및 접종 이력자는 제외되며, 백신 수급상황에 따라 이용가능한 의료기관이 변동될 수 있다.

(2) 이동형 자동심장충격기 대여

응급상황 발생 시 심정지 환자의 생존율을 높이기 위해 군·구별 3대씩 비치하고, 순간 최대 관람객 500명 이상 행사나 지역축제 등에 이동형 자동심장충격기를 대여하도록 한다.

(3) 인천광역시립요양원 개원

급속한 인구 고령화에 대비하기 위해 인천광역시 최초의 시립요양원을 운영하여 양질의 장기요양 서비스를 지원한다. 장기요양보험 시설등급 판정을 받았거나 기초생활수급자 중 생계·의료급여 수급자를 대상으로 한다. 입소 인원은 총 104명이며, 건강보험공단에서 정하는 장기요양보험수가에 따라 장기요양등급별 입소 비용이 정해져 있다.

4. 교 육

(1) 인천글로벌캠퍼스 유학 프로그램 제공

인천광역시에 거주하는 18세~39세 이하의 청년 100명을 대상으로 어학연수 및 진로탐색의 기회를 제공한다. 100명 중 우수장학생 16명을 선발하여 인천글로벌캠퍼스 외국대학(미국)과 연계해 견학 특전도 제공(7일~10일)된다.

(2) 도시민 기술교육(인천 귀어학교) 지원

귀어·귀촌 희망자나 귀어인, 어업 또는 양식업 창업 희망자가 어업 및 양식업 기술교육을 받을 수 있도록 인천 귀어학교를 개설하여 안정적인 어촌 정착을 지원한다. 인천광역시 수산기술지원센터에서 5주간 해양수산 핵심 정책 및 맞춤형 실습교육을 제공(4기, 각 20명씩 총 80명)하며, 교육 이수를 완료하면 귀어 창업 및 주택 구입 지원(저금리 융자) 사업 신청 시 해당 실적이 반영된다.

(3) 저소득 다문화 자녀 교육활동비 지원

저소득 다문화가족 자녀들에게 교육활동비를 지원하여 학습 격차를 줄여주고 아동의 안정적 성장을 지원한다. 중위소득 50% 초과~100% 이하 다문화가구의 7세~18세 자녀를 대상으로 가족센터 전담인력을 통한 사례 관리 및 교재 구입, 독서실 이용, 온라인 학습권 구매 등 교육활동비를 지원하며, 연간 초등학생은 40만 원, 중학생은 50만 원, 고등학생은 60만 원이 지급된다.

5. 경제 · 일자리

(1) 소상공인 원금상환 유예 지원 사업

3고(고물가, 고환율, 고금리)로 어려움을 겪는 소상공인의 원금상환을 유예하여 경영이 안정될 수 있도록 채무 연착륙을 지원한다. 인천신용보증재단 보증서 발급자 중 보증사고 우려 소상공인을 대상으로 원금상환 유예(1년) 및 보증료(0.6~1%)를 지원한다.

(2) 인천 재직청년을 위한 드림 For 청년통장 지원

경제적으로 어려움을 겪는 청년 근로자를 대상으로 3년 만기 적금 1,080만 원 자산형성을 지원한다. 인천광역시 소재 근무지에 1년 이상 재직 중인 청년 중 1,000명을 선발하며, 신청일 기준 주민등록상 인천광역시에 거주해야 한다. 통장 개설 후 매월 15만 원씩 3년간 만기 입금하면 시에서 적립금 540만 원을 일괄 지급한다.

6. 생활안전

(1) 여성안심드림(Dream)

범죄와 보안에 상대적으로 취약한 여성 1인 가구와 1인 점포에 범죄예방을 위한 안심장비를 지원하는 사업을 확대 추진한다. 총 6개구(2024년)에서 실시하며, 총 240세대 240점포(각 구별 40가구 40점포)를 대상으로 1인 가구에는 가정용 CCTV, 스마트 초인종, 도어가드 등 안심홈세트 중 선택하도록 하며, 1인 점포에는 위험상황 발생 시 경찰이 즉시 출동할 수 있도록 안심비상벨 설치를 지원한다. 범죄 피해자 또는 폭력 피해자는 우선 지원 대상이며, 신청자가 초과하는 경우 기초생활수급자 및 차상위계층을 먼저 선발한다.

(2) 어린이집 통학버스 3점식 좌석안전띠 지원

영유아 교통안전 피해를 사전에 예방하기 위해 영유아의 신체에 맞는 3점식 좌석안전띠를 지원한다. 3점식 좌석안전띠란 지지점이 3개인 좌석안전띠로, 다인승 승합차나 버스 뒷좌석에 많이 사용되는 2점식 좌석안전띠보다 안전하다. 인천광역시 어린이집 통학차량 605대에 3점식 좌석안전띠 1,600개를 지원한다.

7. 문 화

(1) 국립인천해양박물관 개관

수도권 최초의 국립해양문화시설로서 '교류의 바다, 연결의 시작'을 주제로 우리나라 해양 역사 및 문화에 대한 전시·교육·체험 공간을 제공한다.

(2) 함박마을 문화축제 개최

인천광역시 최대 고려인 집단 주거지인 함박마을에서 주민이 직접 참여하여 만드는 문화축제를 개최한다. 2024년 고려인 동포 이주 160주년을 맞아 고려인 이주사를 재조명하고, 선주민과 이주민의 문화적 화합과 소통의 자리를 마련하고자 한다.

01 인천의 최초의 명칭은?

① 소성현   ② 매소홀

③ 미추홀   ④ 경원부

> **해설**
> 인천의 최초 명칭은 미추홀(彌鄒忽)이다. 인천 일대는 고구려 장수왕 때 매소홀현(買召忽縣)이라는 이름으로 하나의
> 행정구역으로 기록됐다. 이후 통일신라 때에는 소성현(召城縣), 고려 숙종 때에는 경원군(慶源郡)으로 개칭·승격됐다.
> 인천이라는 명칭은 조선 태종 13년에 탄생했다.

02 인천광역시는 몇 개의 구·군으로 되어 있는가?

① 7구 1군   ② 7구 2군

③ 8구 1군   ④ 8구 2군

> **해설**
> 인천광역시는 중구, 동구, 미추홀구, 연수구, 남동구, 부평구, 계양구, 서구 등 8개 구와 강화군, 옹진군 등 2개의 군으로
> 되어 있다.

03 역대 인천광역시의 민선 시장을 2회 이상 역임하지 않은 사람은?

① 유정복   ② 안상수

③ 박남춘   ④ 최기선

> **해설**
> 유정복 시장은 6대와 현재 8대 인천광역시 시장을 역임 중이고, 안상수 전 시장은 3 ~ 4대, 최초의 민선 시장인 최기선
> 전 시장은 1 ~ 2대 시장에 재임했다.

04 다음 빈칸에 들어갈 알맞은 말은?

> 인천은 1981년 7월 1일 직할시로 승격되었고, 1989년 1월 1일 경기도 김포군 계양면과 옹진군 영종·용유면을 편입하였다. 또한 (   )년 1월 1일에는 광역시로 명칭을 변경하고 같은 해 3월 1일 강화군, 옹진군, 김포군 검단면을 통합했다.

① 1995　　　　　　　　　　　② 1993

③ 1990　　　　　　　　　　　④ 1987

해설

인천은 1995년 1일 1일부로 광역시로 승격되어 현재까지 이어진다.

05 다음 중 인천광역시의 지역 상징을 바르게 짝지은 것은?

① 시목 – 목백합, 시화 – 수선화, 시조 – 까치

② 시목 – 소나무, 시화 – 장미, 시조 – 두루미

③ 시목 – 목백합, 시화 – 장미, 시조 – 두루미

④ 시목 – 소나무, 시화 – 수선화, 시조 – 까치

해설

인천광역시의 시목은 목백합, 시화는 장미, 시조는 두루미다.

06 다음 중 등대와 함께 인천광역시 캐릭터의 모티브를 따온 동물은?

① 돌고래　　　　　　　　　　② 점박이물범

③ 바다사자　　　　　　　　　④ 갈매기

해설

인천시의 캐릭터는 등대와 천연기념물이자 멸종위기동물인 점박이물범을 소재로 디자인되었다. 점박이물범 캐릭터의 이름은 '애이니(Ainy)', '꼬미(Comy)', '버미(Bumy)'다.

07 다음 중 여성안심드림 사업에 대한 설명으로 옳지 않은 것은?

① 여성을 대상으로 한 범죄를 예방하고 안심 환경을 조성하기 위한 사업이다.
② 2024년에는 남동구, 부평구, 중구, 동구, 미추홀구, 연수구에서 시행된다.
③ 1인 가구에는 가정용 CCTV가 지원되며 지원품목은 변경 불가능하다.
④ 1인 점포에 설치되는 비상벨은 경찰과 양방향 통화가 가능하다.

해설
여성안심드림은 범죄에 상대적으로 취약한 여성 1인 가구와 점포를 혼자 운영하는 여성에게 범죄예방을 위한 안심장비를 제공하는 사업을 말한다. 1인 가구에는 가정용 CCTV, 스마트 초인종, 도어가드 등 안심홈세트가 지원되며 품목은 각 지자체 상황에 따라 변경할 수 있다. 1인 점포에는 비상벨 설치를 지원한다.

08 인천광역시가 '아이 키우기 좋은 환경'을 만들기 위해 1세부터 7세까지 매월 10만 원씩 지급하는 아동 정책 사업의 명칭은?

① 천사 지원금
② 아이 꿈 수당
③ 영아 수당
④ 첫만남이용권

해설
천사(1,040만 원) 지원금은 아이양육 부담을 덜어주기 위해 1세~7세 아동들에게 매월 10만 원씩, 연 120만 원을 지급하는 제도다.

09 인천광역시가 청년근로자의 장기근속 유지 및 자산형성을 위한 목돈 마련 기회를 제공하기 위해 실시하는 정책 지원금은?

① 드림 For 청년통장
② 모다드림 청년통장
③ 희망두배 청년통장
④ 미래두배 청년통장

해설
드림 For 청년통장은 인천광역시에 거주하는 18세~39세 이하 재직 청년을 대상으로 이들의 장기근속 유지 및 목돈 마련을 돕기 위해 실시하는 사업이다. 월 15만 원씩 3년 만기 시 최대 1,080만 원의 자산을 형성할 수 있다.

10 다음 중 인천광역시청의 소재지는?

① 미추홀구
② 남동구
③ 중 구
④ 옹진군

해설
현재 인천광역시청의 본관과 신관 모두 남동구 구월동에 소재하고 있다.

배우기만 하고 생각하지 않으면 얻는 것이 없고,

생각만 하고 배우지 않으면 위태롭다.

– 공자 –

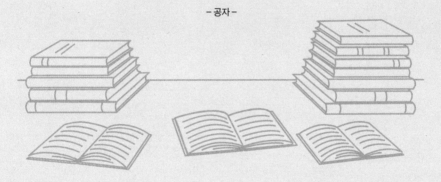

우리가 해야 할 일은 끊임없이 호기심을 갖고
새로운 생각을 시험해보고 새로운 인상을 받는 것이다.

- 월터 페이터 -

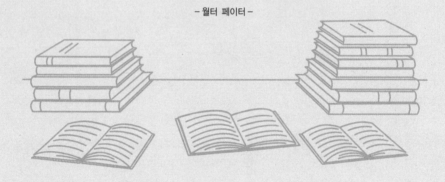

인천광역시 공무직 채용시험 일반상식 + 시사상식

개정1판1쇄 발행	2024년 09월 05일 (인쇄 2024년 08월 23일)
초 판 발 행	2023년 01월 05일 (인쇄 2022년 09월 22일)
발 행 인	박영일
책 임 편 집	이해욱
편 저	시사상식연구소
편 집 진 행	김준일 · 이보영 · 김유진
표지디자인	김도연
편집디자인	차성미 · 남수영
발 행 처	(주)시대고시기획
출 판 등 록	제10-1521호
주 소	서울시 마포구 큰우물로 75 [도화동 538 성지 B/D] 9F
전 화	1600-3600
팩 스	02-701-8823
홈 페 이 지	www.sdedu.co.kr
I S B N	979-11-383-7668-6 (13030)
정 가	20,000원